वेदबुक से फेसबुक तक स्त्री

वेदबुक से फेसबुक तक स्त्री

पुनीत बिसारिया

ATLANTIC
PUBLISHERS & DISTRIBUTORS (P) LTD

ATLANTIC
PUBLISHERS & DISTRIBUTORS (P) LTD
7/22, Ansari Road, Darya Ganj, New Delhi
Tel.: +91-11-4077 5252, 2327 3880
E-mail: orders@atlanticbooks.com
Web: www.atlanticbooks.com

Reprint 2025

Published by Atlantic Publishers & Distributors (P) Ltd.

Printed & bound in India by Atlantic Print Services

Book Title in English:
VEDBOOK SE FACEBOOK TAK STREE *(in Hindi)*
Author: PUNEET BISARIYA
ISBN: 978-81-269-2034-1
Subject: Sociology and Anthropology

समर्पण

पत्नी दीप्ति एवं पुत्री प्रशस्ति को

विषय-सूची

चयन-सम्पादन-खंडन-मंडन से मुक्ति स्त्री का स्पेस

भारतीय महिलाओं की अभिव्यक्ति का इतिहास हालांकि वेदों की ऋचाओं से शुरू होता हुआ बताया जाता है। स्त्रियों के द्वारा रचित ऋचाएँ बड़ी संख्या में नहीं हैं; जो हैं, उनमें अपनी आध्यात्मिक उन्नति की स्तुति की ऋचाएँ हैं या प्रकृति को सम्बोधित हैं; उनमें स्त्रियों के संघर्ष, खासकर परिवार और समाज में अपने लिए समानता का संघर्ष, अपनी पराधीनता के खिलाफ संघर्ष नहीं दिखता है। इसका कारण यह हो सकता है कि जिस समय ये रचनाएँ रची जा रही थीं, उस समय तक परिवार पर पितृसत्ता की पकड़ उतनी मजबूत नहीं हुई होगी। दूसरा कारण यह भी हो सकता है कि चूँकि ये ऋचाएँ स्मृति आधारित हैं, जिन्हें एक लम्बे समय तक स्मृतियों में रहने के बाद संग्रहीत किया गया। इसलिए 'कैननाइजेशन' की पितृसत्तात्मक राजनीति के तहत उन्हीं ऋचाओं को इनमें शामिल किया गया हो, जिन्हें पितृसत्ता ने पसंद किया हो। इसका एक प्रमाण यह भी है कि उपनिषद काल में मशहूर गार्गी-याज्ञवल्क्य शास्त्रार्थ की गार्गी की रचनाएँ/चिन्तन उपलब्ध नहीं हैं। ठीक वैसे ही जैसे अपने लिए अनुकूल न पा कर चार्वाक का चिन्तन नष्ट कर दिया गया।

ऋग्वेद में स्त्री रचनाकार घोषा की ऋचा है:

युवां ह घोषा पर्यश्विना यतो राज्ञ दुहिता पुच्छे वा नरा
भूतं में अहन भूत्मकतवे श्वायते रथिने शक्तिमर्वते

(मैं, राजकन्या, सर्वत्र वेद की घोषणा करने वाली, वेद का संदेश सर्वत्र पहुँचाने वाली स्तुति पाठिका हूँ। हे देव, मैं सर्वत्र आपका ही यशोगान करती हूँ, और विद्वानों से आपकी चर्चा करती हूँ। आप सदा मेरे पास रहकर मेरे इन इन्द्रियरूपी अश्वों से युक्त शरीर रूपी-रथ के साथ मेरे रमणरूपी अश्व का दमन करें)

यहाँ ऋचाकार स्त्री अपनी ही यौनिकता के दमन की प्रार्थना कर रही हैं; उससे मुक्ति का आग्रह कर रही है। यानी आध्यात्मिक उत्थान स्त्री रचनाकार का लक्ष्य है। राजकन्या घोषा के घुमंतू जीवन को स्वीकार कर अध्यात्म चिन्तन

के मार्ग में परिवार और समाज से कोई संघर्ष की कथा कहीं नहीं है। इनकी पंक्तियों में भी नहीं, जैसी कथा इनकी परवर्ती स्त्री रचनाकार मीरा के यहाँ है। कारण कोई भी हो सकता है। परिवार का वैसा ढांचा और उसके भीतर वैसा सत्ता समीकरण का न होना, जो बाद की अवधारणाएँ या मीरा के समय में हो गया।

बौद्ध कालीन थेरियों अपनी रचनाओं में परिवार के भीतर अपने शोषण, और वहाँ मौजूद सत्ता समीकरण, अपनी पराधीनता से मुक्ति का आह्लाद दर्ज करती हैं। इस समय तक सामंती समाज ने अपनी पूरी व्यूह रचना कर ली थी, परिवार उसका एक उपांग था। सुमंगला थेरी का यह आह्लाद उसकी रचना में केन्द्रीय है:

> "मुक्त हूँ मैं, मुक्त / धनकुटे से पिंड छूटा / देगची से भी / मैं कितनी प्रसन्नचित्त हूँ / अपने पति से मुझे घृणा हो गई है / उसकी छत्र छाया को अब / मैं बर्दाश्त नहीं कर सकती / इसलिए मैं नष्ट करती हूँ लालच और नफरत को / और मैं वह स्त्री हूँ / जो एक पेड़ तले जा बैठती है / और अपने आपसे कहती है / आह! यह है सुख / करती है चिन्तन मनन सुखपूर्वक।"

अपनी पूर्वजा थेरियों की भांति मीरा इस सुख की प्राप्ति के लिए परिवार, विवाह संस्था, पति, समाज सबको चुनौती देती है; उनसे संघर्ष करती है और घोषित करती है:

> "थें तो राणा म्हणे इसड़ा लागों ज्या वृक्षन में केर"

और इस तुच्छ नियंत्रण से मुक्ति के बाद मीरा की अभिव्यक्ति आह्लाद और पितृसत्ता को चुनौतियों से लबरेज हो जाती है:

> "लोकलाज कुल कानी जगत की दइ बहाय जस पानी / अपने घर का परदा कर लो मैं अबला बौरानी।"

आज स्त्री अभिव्यक्ति के आयाम विस्तृत हुए हैं–साहित्य, सिनेमा, राजनीति–आदि क्षेत्रों में स्त्रियाँ मुखर हैं। मुखरता के लिए एक स्पेस बना है सोशल मीडिया पर, यहाँ किसी सम्पादक या चयन और अस्वीकृति के किसी पितृसत्ताक दारोगा से मुक्त उनका अपना कोना है। इसीलिए वे निर्द्वन्द्व अभिव्यक्त हो रही हैं। फेसबुक की स्त्रियों की सक्रियता का जहाँ स्वागत हो रहा है, वहीं एक समूह इसे लेकर चिंतित भी है; क्योंकि इस देश में आधुनिकता और मध्यकालीनता एक साथ व्याप्त परिघटनाएँ हैं। यहाँ वे जमातें भी सक्रिय हैं जो लड़कियों से उनके मोबाइल तक छीन लेना चाहती हैं। फेसबुक आदि सोशल

नेटवर्किंग साइट्स पर मित्र बनाना और वहाँ खुद को अभिव्यक्त करना तो खैर किसी सूरत में बर्दाश्त के काबिल नहीं है।

यहाँ वे समाज, संस्कृति, राजनीति और अर्थशास्त्र–सभी क्षेत्रों में अपनी राय रख रही हैं तो वे अपने निजी राग-द्वेष, प्रेम-घृणा, पसंद-नापसंद को भी व्यक्त कर रही हैं। यौनिकता और यौन-विषय पर चर्चा भी अब वर्ज्य नहीं है; सब उनका निजी चुनाव है। यह निजी लेकिन सार्वजनिक स्पेस किसी प्रकार के कैननाइजेशन से मुक्त है। अब ऐसा संभव नहीं है कि उनके रचे से सिर्फ यौन-विषयक प्रसंग चुनकर संरक्षित कर लिया जाए, या उनका बहुत कुछ गायब ही कर दिया जाए–जैसा कि वेदकालीन स्त्रियों के साथ हुआ, और जिसकी चिन्ता इस पुस्तक में भी दिखाई पड़ती है। पुनीत बिसारिया की प्रस्तुत पुस्तक प्रारम्भ में ही वेदकालीन स्त्रियों की गायब रचनाओं का संकेत देती हैं; और जो हैं वह यौन-प्रसंगों तक ही सीमित हैं।

यह प्रस्तुति सिलसिलेवार ढंग से अलग-अलग कालखंडों में स्त्री अभिव्यक्ति और पब्लिक स्पेस में उनकी भागीदारी का विवरण करती है और अंततः फेसबुक की स्त्री-अभिव्यक्तियों या पुरुषों के द्वारा स्त्रीवादी अभिव्यक्तियों का कोलाज, अपने विश्लेषणों के साथ पेश करती है। इससे नकार नहीं किया जा सकता कि चुनाव में लेखक की अपनी दृष्टि काम कर रही होगी; फिर भी यह गायब होने के खतरों से सोशल साइट्स पर अभिव्यक्त होती स्त्रियों को बाहर करती है– बहुत कुछ दर्ज करती है। ऐसा नहीं है कि बस इतना ही अभिव्यक्त हो रहा है जो यहाँ शामिल है; परन्तु यह एक महत्त्वपूर्ण प्रयास जरूर है। हाल में किसी पत्रकार के द्वारा अपनी फेसबुक अभिव्यक्तियों को संपादित कर प्रकाशित किया गया है। यह पुस्तक दूसरों की, खासकर स्त्रियों की स्त्रीवादी अभिव्यक्ति का संपादन है–अभिव्यक्ति और भागीदारी के इतिहास की शोधपूर्ण प्रस्तुति के साथ। पुस्तक की अपनी स्थापनाएँ हैं, जिससे असहमति की गुंजाइश भी है किन्तु यह अपने ढंग का अलग और संभवतः पहला प्रयास अवश्य है।

संजीव चन्दन

संपादक–स्त्रीकाल

पुरोवाक्

स्त्री विमर्श आधुनिक हिन्दी साहित्य का बहुधा सबसे ज्वलन्त विषय है। हिन्दी की मुख्यधारा की रचनात्मक परिधि में स्त्रियों द्वारा ही नहीं अपितु पुरुष लेखकों द्वारा भी विगत कुछ वर्ष से इस विषय पर प्रभूत लेखन किया जा रहा है। लगभग पन्द्रह-बीस वर्ष से जाने कितने ग्रन्थ, शोध, पत्रिकाएँ और विशेषांक इस विषय व इस विषय को लिखने वालों को केन्द्र में रखकर रचे गए हैं। शोषित स्त्री के पक्ष में एकत्र हुए इन स्वर-ध्वनियों का इतिहास एवं लेखा-जोखा भी अनेकानेक शोधों का विषय रहा है। कुछ विश्वविद्यालयों में स्त्री-अध्ययन विभाग तक स्थापित किये गए हैं। यह स्थिति तो मात्र हिन्दी की है; विश्व साहित्य में भी विगत कई वर्षों से स्त्री-विमर्श प्रमुख विषय रहा है। भारत की शेष अन्य भाषाओं में भी स्थिति कमोवेश ऐसी ही है। इस साहित्य को मुख्यत: तीन दृष्टियों व उनकी प्रस्तोता लेखिकाओं/सामाजिक कार्यकर्ताओं के साथ जोड़कर हम देख सकते हैं; वे हैं सिमॉन, महादेवी एवं तसलीमा। ये तीन नाम तीन प्रमुख समाजों का प्रतिनिधित्व भी करते हैं और साथ ही अपनी-अपनी भाषा व अपने-अपने सांस्कृतिक वर्ग की परम्परा एवं तत्कालीन स्थिति का मूल्यांकन एवं विश्लेषण करने वाले तीन आधार स्तंभ भी हैं।

तब से आज तक विविध भाषा-समाजों में अनेकश: परिवर्तनों के साथ अपनी-अपनी सीमाओं में स्त्री की सामाजिक स्थिति तथा उपस्थिति पर अनेक उल्लेखनीय कार्य होने के बावजूद स्त्री की स्थिति में कोई सकारात्मक बड़ा बदलाव-विशेषत: भारत के सन्दर्भ में हुआ नहीं दीखता। शोषण के प्रकार व विधियाँ अवश्य बदल गई हैं, किन्तु कुछ वर्षों में भ्रूण-हत्या और बलात्कारों के जितने व जैसे भयावह प्रसंग हुए हैं, उन्होंने स्त्री-विमर्श की अपरिहार्यता को पुन: आम-जन के केन्द्र में भी ला दिया है। ऐसे में स्त्री की स्थिति पर गंभीर अध्ययनों की माँग की निरन्तरता समझी जा सकती है। आर्थिक मुद्दों के पश्चात्

भारत में संभवत: यही सर्वाधिक अनिवार्य क्षेत्र है जिस पर तन्त्र व समाज दोनों को एकजुट होकर बहुत काम करना अभी भी शेष है।

प्रस्तुत पुस्तक भी इसी अनिवार्य चिन्ता को केन्द्र में रखकर किए गए श्रमसाध्य प्रयास का प्रतिफल है। जहाँ तक वर्तमान और प्राचीन दो-चार सौ वर्ष की स्त्री की सामाजिक उपस्थिति और तत्सम्बन्धी प्रश्नों का सम्बन्ध है, उन अध्ययनों में विशेष अड़चन नहीं होती; किन्तु जैसे ही इतिहास, भाषा और दर्शन अथवा कोई अन्य विद्या-शाखा इस से मिलती है तो स्वाभाविक ही उन विषयों की पारंगतता एवं दक्षता की अनिवार्यता उपस्थित और अति वांछनीय हो जाती है। ऐसे में, वेदों में श्लोक नहीं, मन्त्र होते हैं जैसी–अनेकानेक आपत्तियाँ व प्रश्न वेदादि विषय का प्राथमिक स्तर का विद्यार्थी भी यदि उठाता है, और मन्त्रों के अशुद्ध पाठ पर खेद व्यक्त करता है–तो पुस्तक के लगभग उत्तरार्द्ध तक उससे सहमत होना पड़ता है।

आधुनिक प्रगतिशीलता में दीक्षित मनों को भारतीय परम्परा की पुरातनता और कालगणना की सूक्ष्मता निजी दुराग्रहों के कारण न तो ग्राह्य प्रतीत होती है और न संगत। परिणामस्वरूप उनका पिछले दो सौ बरस में पैदा किए गए और फैलाए गए मिथों द्वारा सम्मोहित हो जाना स्वाभाविक है। ऐसे विद्वान भ्रामक पाठों और अप्रामाणिक व्याख्याओं पर विश्वास करके उन्हें ही सत्य की भाँति अपनी नई स्थापनाओं का आधार बनाने लगते हैं। भारतीय परम्परा को अतार्किक, अलोकतांत्रिक और वीभत्स कहने और साबित करने में वे जिस उत्साह का प्रदर्शन करते हैं वह सचमुच दयनीय है। ऐसे लोग जब वेदों से लेकर जागरण आन्दोलन तक पर फतवेबाजी करते हैं तो दरअसल अपने पाठक/श्रोता को गुमराह कर रहे होते हैं। संयोगवश इस पुस्तक के लेखक पुनीत बिसारिया भी कुछ स्थलों पर इन फतवेबाजों से बच नहीं सके हैं; क्योंकि वेदादि उनका अपना क्षेत्र नहीं है। अन्यत्र जब वे आधुनिक युगीन प्रगति विषयक उस क्षेत्र में आते हैं जो उनके निजी दायरे में है, वहाँ वे बेहद प्रामाणिक और विश्वसनीय प्रतीत होते हैं।

आज आधुनिकता के साथ आयी तकनीक ने स्त्रियों को जो आकाश और अवसर दिए हैं उनका लेखा-जोखा पढ़ते हुए एक सकारात्मक परिवर्तन का-सा सुख अनुभव होता है (भले ही समाज उनके लिए तैयार नहीं है)। इन सन्दर्भों में लेखक का यह आग्रह कहीं नहीं रहा कि कौन प्रसिद्ध नाम है, या कौन कम प्रसिद्ध। पुस्तक में ऐसे प्रत्येक भेदभाव को भुलाकर विविध विषयों व घटनाक्रमों

पर व्यक्त विचारों के आधार पर एक विहंगम चित्र प्रस्तुत करने का एक बड़ा काम किया गया है। आंकड़ों, प्रसंगों व उद्धरणों की दृष्टि से यह पुस्तक एक विशद कार्य है।

भविष्य में पुनीत समाजोपयोगी विषयों पर और अधिक सुचिन्तित तथा सार्थक लेखन करते रहेंगे, इस आशा व भावना से उनके हाथों लोकमंगलकारी, तथ्यात्मक एवं सार्थक सृजन की कामना के साथ शुभकामनाएँ।

डॉ॰ कविता वाचक्नवी

10 जनवरी 2015

विश्व हिन्दी दिवस

स्त्री सशक्तिकरण की धार को तेज करने वाला प्रयास

वर्तमान में जबकि सूचना क्रांति के साधन तीव्रता से सबके हाथों में पहुँच रहे हों; आधुनिकता के वशीभूत समाज की परम्पराएँ ध्वस्त होने की कगार पर हों; नियम-परिपाटी को कहीं हाशिये पर रखकर निश्चित मानदंडों को विखंडित किया जा रहा हो; बंधी-बंधाई परिभाषाएँ बदलने की कोशिशें बदस्तूर जारी हों ऐसे समय में स्त्री की स्थिति पर लेखन का कार्य दुरूह भले ही न कहा जाये किन्तु जीवटता वाला अवश्य ही कहा जायेगा, दरअसल स्त्री की स्थिति को समाज ने सदैव बहुत ही गरिमामयी रूप में दर्शाया है किन्तु उसको उतना गरिमामयी स्थान प्रदान करने में समाज हमेशा ही नाकाम नज़र आया है। तलवार की धार पर चलने के समान यह कार्य उस समय और भी दुष्कर हो जाता है जब कालखंड को वेदबुक से फेसबुक तक निर्धारित किया गया हो। इसके लिए निश्चय ही पुस्तक के लेखक डॉ॰ पुनीत बिसारिया बधाई के पात्र हैं।

किसी समय में महज विश्वविद्यालय के विद्यार्थियों के बीच सुन्दर चेहरे के स्वीकार-अस्वीकार के रूप में प्रसिद्ध हुई एक साधारण सी एप्लीकेशन 'फेसबुक' के संस्थापक मार्क जुकरबर्ग ने भी कभी सोचा नहीं होगा कि किसी दिन ये इससे बहुत आगे जाकर नए-नए विमर्शों को आधार प्रदान करेगा, अपनी असीमित शब्द-क्षमता, सम्पादकीय हस्तक्षेप से मुक्त, निर्द्वन्द्व वैचारिकता के पोषक के रूप में दिन-प्रतिदिन नवीन संकल्पनाओं का उद्‌घाटन इसके माध्यम से किया जा रहा है। ये मंच एक तरफ विमर्शों की नई-नई आधारभूमि निर्मित कर रहा है साथ ही उन महिलाओं को व्यापकता प्रदान कर रहा है जो अपनी वैचारिकता के लिए अभी तक किसी सम्पादकीय हस्तक्षेप के डर के कारण आगे बढ़ने से हिचकती रही हैं। फेसबुक ने स्त्री की वैचारिकता को नवीन उन्मुक्त आकाश प्रदान किया है, जिसकी सीमा-रेखा अनादि-अनंत है; कहा जाये कि कोई सीमा-रेखा ही नहीं तो कोई अतिशयोक्ति नहीं होगी; अनेक नवीन विषयों को उद्‌घाटित करने वाले सुप्रसिद्ध साहित्यकार, इस पुस्तक के लेखक

पुनीत बिसारिया ने यदि स्त्री की उड़ान को कलमबद्ध करने का प्रयास किया है तो 'वेदबुक से फेसबुक तक स्त्री' के कालखंड द्वारा किया गया यह प्रयास साहसिक ही कहा जाएगा।

वैदिक काल से आरम्भ हुई स्त्री यात्रा फेसबुक युग तक की स्त्री विकास की यात्रा के आने तक भीषण उच्चावचन का शिकार होती रही है। कभी उसे अनंत ऊँचाइयों पर बैठा कर देवी मान लिया गया तो कभी उसे गहरे रसातल में उतारकर डायन घोषित कर दिया गया। स्त्री की दशा का आकलन करने के लिए लेखक ने वैदिक युग से उसकी यात्रा को आरंभ किया है। अनादिकाल से, जबसे कि सृष्टि ने अपने अस्तित्व का विकास करना शुरू किया, प्रकृति ने स्त्री-पुरुष को एकाकार रूप में संतति विकास हेतु जन्मा, तभी से स्त्री के स्वरूप, रूप आदि को परिभाषित किया जाने लगा था। मातृसत्तात्मक रूप में आरम्भिक स्त्री जीवन ने अपने प्रभावशाली रूप को क्रमशः गौड़ होते भी देखा। वैदिक युग में जिस स्त्री को परिवार संस्था को सुदृढ़ करने की महती जिम्मेवारी सौंपी जाती थी, जिस वधू को आशीर्वाद दिया जाता था कि वह सास-ससुर, ननद-देवर पर शासन करने वाली रानी बने वो उच्च आसीन प्रतिस्थापित नारी शनैः-शनैः उस पद से प्रतिस्थापित की जाने लगी। कालांतर में स्त्री की दशा के लिए कौन सी स्थितियाँ-परिस्थितियाँ प्रभावी रहीं, ये अपने आपमें अलग विषय है किन्तु वैदिक युग में स्त्रियों को विद्याध्ययन की स्वतंत्रता प्राप्त थी (कुछ महिलाओं द्वारा सैन्य शिक्षा के भी उदाहरण मिलते हैं)। उस समय सर्वोच्च शिक्षा (ब्रह्मज्ञान) प्राप्त करने हेतु भी स्त्रियों पर कोई प्रतिबन्ध नहीं था। वेद और शास्त्रों में पारंगत होने के अतिरिक्त वे ऋचाओं की रचना भी करती थीं, ऋग्वेद के अनेक सूक्त और मन्त्र उस समय की लेखिकाओं-ऋषिकाओं और ब्रह्मचारिणियों द्वारा रचे गए। इसका प्रमाण वेदों में अनेक स्थानों पर लोपामुद्रा, रोमशा, घोषा, सूर्या, अपाला, विलोमी, सावित्री, यमी, विश्वंभरा, श्रद्धा, कामायनी, देवयानी आदि नामों के उल्लेख द्वारा मिलता है, जिन्हें विद्वता के आधार पर ऋषिका और ब्राह्मणी कहा गया है। इस कालखंड में 'वांगामृणी' जैसी तेजस्वी स्त्रियों का आत्मविश्वास इतना प्रबल था कि उन्होंने कहा भी है-

> "अहमेव वात इव प्रवारम्यरभ माणा भुवनानि विश्वापरो,
> परो दिवा पर ऐना पृथित्यौतावनी महिमा सं वभूव।"

(अर्थात् मैं कारण रूप में समस्त विश्व की रचना करती हूँ। मैं पृथ्वी और आकाश दोनों के परे हूँ। अपनी महिमा से ही मैं ऐसी हुई हूँ।) इसके अलावा

वैदिक कालीन महिलाओं द्वारा सैन्य शिक्षा, ग्रहण करने, दौत्य कर्म, उपनयन संस्कार सम्पन्न करवाने आदि के शास्त्र-सम्मत प्रमाण मिलते हैं।

वैदिक युग के पश्चात् के ब्राह्मण ग्रंथों में भी स्त्री को 'स्त्री हिं ब्रह्म वभूविव' कहकर संबोधित किया गया है। इस कालखंड में धार्मिक कार्य शिक्षित महिलाओं द्वारा करवाए जाने के भी प्रमाण मिलते हैं, उद्दालिका, आर्तभागा, विदग्धा, अश्वला आदि विदुषी महिलाएँ आध्यात्मिक चर्चाओं और वाद-विवादों में भाग लेती रही हैं। हाँ, महिलाओं की शिक्षा पर एक तरह का अंकुश इस रूप में देखने को मिलने लगा था कि अब लड़कियों को गुरुकुल में न भेजकर योग्य रिश्तेदारों के घर भेजा जाने लगा था। बहुत हद तक इसी कालखंड के पश्चात् महिलाओं की स्थितियों में गिरावट देखने को मिलने लगी थी। हालांकि लेखक ने अपने पुस्तक में इस बात के स्पष्ट प्रमाण दिए हैं कि वैदिक कालीन महिलाओं के साथ ही दुर्व्यवहार आरम्भ हो गया था। इसके लिए वे लिंगपुराण का सन्दर्भ देते हुए बताते हैं कि 'पुरुषाणाम लोभेन नारी चैव पतिव्रता' अर्थात् पुरुषों के न मिलने पर ही नारी पतिव्रता रह सकती है। इसी तरह से वैदिककाल में ही महिलाओं को अपशकुनी मानने, जन्म से अपवित्र मानने, उनकी बलि दिए जाने, दासी बनाये जाने आदि प्रमाणों को लेखक ने विविध सन्दर्भों के द्वारा स्पष्ट किया है। ये अपने आपमें आश्चर्य का विषय है कि जिस कालखंड में महिलाओं में अनेक विदुषी महिलाओं ने शास्त्रार्थ द्वारा पुरुषों को पराजित किया हो उस कालखंड में स्त्रियों की दशा में गिरावट भी देखने को मिलती है।

वैदिककाल के पश्चात् के कालों में महिलाओं की स्थिति में निरन्तर गिरावट देखने को मिलती है। इसके लिए लेखक ने बहुतायत में सन्दर्भों को प्रदर्शित भी किया है। देखा जाये तो महिलाओं की गिरती दशा का सर्वाधिक जिम्मेवार काल उत्तर वैदिककाल रहा है और इसके पश्चात् तो निरन्तर गिरावट ही देखने को मिलती रही है। पी.वी. काणे लिखते हैं कि 'उत्तर वैदिक काल में स्त्रियाँ नीची दृष्टि से देखी जाती थीं। उन्हें सम्पत्ति में कोई भाग नहीं मिलता था तथा वे आश्रित थीं।' इस कालखंड में महिलाओं को मिले वे अधिकार जो वैदिक काल में प्राप्त थे, समाप्त हो गए थे। उत्तर वैदिक काल में महिलाओं के उपनयन का अधिकार समाप्त हो गया था। उनके संस्कारों के समय वेदों का उच्चारण नहीं किया जाता था। उत्तर वैदिक काल में स्थिति यहाँ तक गिर चुकी थी कि उस समय ईश्वर से प्रार्थना की जाती थी कि यदि गर्भ में पुत्री हो तो उसे पुत्र में परिवर्तित कर दिया जाये। ऐसा भी नहीं है कि उत्तर वैदिक काल में विदुषी महिलाएँ नहीं हुईं हैं, एकाधिक महिलाओं की चर्चा स्वयं लेखक भी

करता है किन्तु उनका योगदान महिलाओं की गिरती दशा के मुकाबले कहीं न्यून सा दिखाई देता है। पद्मपुराण, याज्ञवल्क्य, बृहस्पति, व्यास, स्कन्दपुराण आदि के द्वारा महिलाओं की गिरती दशा को ही दर्शाया गया है।

स्त्रियों की स्थिति में आती गिरावट एक बार शुरू हुई तो लगातार गिरती ही रही। ऐसा लगता है जैसे उनकी स्थिति, दशा सुधारने के लिए किसी भी रूप में कोई प्रयास भी नहीं किये गए। ये स्थिति मध्यकाल तक आते-आते और भी बिगड़ गई। यहाँ स्त्रियों को वर्णव्यवस्था के अनुसार निर्धारित शूद्र वर्ण के साथ रखा गया। हिन्दू धर्मशास्त्र और सामाजिक व्यवस्था को नियंत्रित करने वाले महत्त्वपूर्ण एवं विवादित ग्रन्थ 'मनुस्मृति' के अनुसार जप, तपस्या, तीर्थयात्रा, संन्यास ग्रहण, मन्त्र साधना और देवताओं की आराधना जैसे छह कर्मों को करने से स्त्री और शूद्र पतित हो जाते हैं। इसी कालखंड में शंख लिखित मतानुसार माना गया है कि 'पत्नी को चाहिए कि वह अपने नपुंसक, कोषवृद्धिग्रस्त, पतित, अंग के अधूरे, रोगी पति को न छोड़े क्योंकि पति ही पत्नी का देवता है।' कुछ इसी से मिलती-जुलती बातें मनुस्मृति (5/154), याज्ञवल्क्य (7/77), रामायण (अयोध्याकाण्ड 24/26, 27), महाभारत (अनु, प. 146/55), अश्वमेध पर्व (90/910), शांति पर्व (148/6, 7), मत्स्य पुराण (210/18), आदि में देखने को मिलती हैं। स्त्रियों की दशा में गिरावट के साथ-साथ इस कालखंड में उनके साथ मारपीट किये जाने को अपराध न मानने के सन्दर्भ भी देखने को मिलते हैं।

धान्यं कुप्यं पशुस्तेयं मघप-स्त्री निवेषणम
स्त्री शूद्र विद्क्षत्र वधो नास्तिक्यं चोप्यात्कम। (मनु. 1/66)

कालखंडों के अनुसार आगे की यात्रा में भी स्त्रियों को लगातार समस्याओं का सामना करना पड़ा। बौद्धकालीन, मौर्यकालीन महिलाओं की दशा को भी उन्नत नहीं कहा जा सकता है। तत्कालीन विदेशी भ्रमणकारी ने लिखा भी है कि पुरुष कुछ स्त्रियों को सन्तानों के लिए रखता था और कुछ को केवल शारीरिक सुख के लिए। इसका सीधा सा अर्थ है कि महिलाओं को इस कालखंड तक आते-आते यौन-सुख की वस्तु माना जाने लगा था। अविवाहित स्त्रियाँ गणिकाओं का जीवन व्यतीत करने लगीं किन्तु इनकी स्थिति में भी एक तरह की स्वतन्त्रता देखने को मिलती थी। जबकि कई उदाहरण ऐसे देखने को मिले हैं जिनमें गृहणियों को अतिथि सत्कार के लिए सौंपा जाने लगा था। संभवत: स्त्री की विकास-यात्रा का ये सबसे दुखद और निंदनीय पहलू कहा जा सकता है। ये इस कालखंड की स्थिति है जिसे साहित्य में स्वर्णयुग के नाम से जाना जाता है। ऐसी विषम स्थिति में कोढ़ में खाज का काम मुस्लिम आक्रान्ताओं ने

भी किया। परदा प्रथा, बाल विवाह, सती प्रथा, जौहर प्रथा आदि कुरीतियों का प्रादुर्भाव इसी समय में देखने को मिलता है। महिलाएँ बादशाहों के हरम में भेजी जाने लगीं, बालिकाओं की शिक्षा पर प्रतिबन्ध लगा दिया गया। इसके बाद भी इस कालखंड में ऐसी कई शिक्षित महिलाएँ सामने आईं जिन्होंने अपने प्रयासों से राजनीतिक घटनाक्रमों में अग्रणी भूमिका निभाई और शासन कार्यों में दक्षता प्रदर्शित की। इनमें रानी विद्या, रानी दुर्गावती, रानी कर्णवती, ताराबाई, देवलरानी, रूपमती पद्मिनी, रज़िया सुल्तान आदि के नाम प्रमुखता से लिए जा सकते हैं। तत्कालीन स्थिति में हिन्दू महिलाओं की तुलना में मुस्लिम महिलाओं की स्थिति ज्यादा बुरी थी। ऐसा लेखक ने अपनी पुस्तक में स्पष्ट रूप से संकेत भी किया है कि मुस्लिम स्त्रियाँ तभी बाहर निकलती थीं। जब वे अत्यधिक निर्धन हों अथवा लज्जाहीन हों लेकिन वे भी अपना सर ढंके रहती हैं। अकबर के बारे में चाहे जितनी बढ़ा-चढ़ाकर बातें इतिहास में लिखी मिलती हों किन्तु स्त्रियों की दशा सुधारने के मामले में भी उसकी तरफ से कोई विशेष प्रयास नहीं किये गए। उसके द्वारा तो सुन्दर स्त्रियों के चुनाव के लिए मीना बाज़ार लगवाना शुरू किया गया था। इसके बाद भी इस कालखंड की स्त्रियों में विस्मयकारी विशेषता इस रूप में देखने को मिलती है कि भले ही तत्कालीन महिलाओं का सामाजिक जीवन परदे के पीछे व्यतीत हुआ हो किन्तु समय आने पर वे प्राण देने से पीछे नहीं रहीं। उनके लिए अपने पति को रणभूमि में भेजना गर्व की बात हुआ करती थी। इसके साथ-साथ इस कालखंड की स्त्रियों का गौरवशाली तथ्य उनका शासन करना, सैन्य संचालन करना, राजनैतिक रणनीतियाँ बनाना आदि रहा है। ये और बात है कि इन महिलाओं के सवर्णिम इतिहास को स्वर्णिम स्थान प्राप्त नहीं हो सका है किन्तु अपेक्षा की जा सकती है कि लेखक का ये प्रयास कहीं न कहीं इन सशक्त महिलाओं के द्वारा स्त्री-विमर्श की नई परिभाषा निर्मित करेगा।

समय बीतने के साथ-साथ परिस्थितियों में बदलाव आते रहे; महिलाओं के प्रति सामाजिक सोच में भी परिवर्तन देखने को मिले; लोगों की धारणाएँ बदली; स्वयं महिलाओं ने अपने बारे में बनी-बनाई परिपाटियों को तोड़ने का काम करना शुरू किया। पश्चिम से चली स्त्री-विमर्श की बयार भारतीय वातावरण में भी घुलती दिखाई दी। ये और बात है कि भारतीय स्त्री-विमर्श को कहीं न कहीं पश्चिमी स्त्री विमर्श के चश्मे से देखने का प्रयास किया जाता रहा। जब भी स्त्री-विमर्श की चर्चा छेड़ी गई, चाहे वो पश्चिमी सन्दर्भों में रही हो अथवा भारतीय सन्दर्भों में, ऐसी चर्चाएँ हमेशा मेरी वोल्ट्सनक्राफ्ट, सिमोन द बोउआर के इर्द-गिर्द ही घूमती दिखी। पश्चिमी सन्दर्भों में तो इनके सन्दर्भों को स्वीकार

किया जाना समझ आता है किन्तु यदि भारतीय सन्दर्भों में देखें तो विगत पाँच हजार वर्षों के इतिहास में मीराबाई को छोड़कर कोई दूसरा नाम सामने नहीं दिखता जिसने शब्द नाद के द्वारा नारी-मुक्ति की तान छेड़ी हो। आज भी 'स्त्री पैदा नहीं होती, बनाई जाती है' जैसे वाक्य को स्त्री-विमर्श का ब्रह्म वाक्य सा घोषित कर दिया गया है और कदाचित लेखक भी इसी के इर्दगिर्द भटकता सा दिखा। स्त्री-विमर्श को एक आन्दोलन के रूप में चित्रित करने के अपने सफल प्रयास में लेखक ने महज पश्चिमी सन्दर्भों में स्त्री-विमर्श को तलाशने का प्रयास किया। हाँ, एक अन्य रूप में आधुनिक कालीन स्त्रियों के चित्रण में उनके द्वारा भारतीय स्त्रियों की दशा-दिशा को प्रस्तुत करने का प्रयास किया गया। इसे विशेष रूप से इस कारण चिन्हित करना समीचीन समझ आता है कि पश्चिमी स्त्री-विमर्श खुद अपनी अतिरंजिता के कारण से सफलता प्राप्त करने से पूर्व ही समाप्ति की ओर मुड़ गया था। गुलाम, कामगार, शोषित महिलाओं के नाम पर शुरू हुआ पश्चिमी स्त्री-विमर्श अपनी सफलता के चरम पर पहुंचकर दैहिक स्वतन्त्रता की तरफ मुड़ गया था। यही कारण रहा कि उससे जुड़ी प्रमुख हस्तियाँ कालान्तर से दूर हो गईं। जबकि भारतीय सन्दर्भों में ये बात विशेष रूप से गौर करने लायक है कि यहाँ स्त्री-विमर्श का सूत्रपात उस समय में हुआ जबकि वह पश्चिम में अपनी अंतिम साँसे गिन रहा था। भारतीय सन्दर्भों में स्त्री-विमर्श को भले ही लेखक ने स्त्री-विमर्श के रूप में न दर्शाया हो किन्तु आधुनिक स्त्रियों के रूप में प्रस्तुत उसके सन्दर्भ कहीं से भी भारतीय स्त्री-सशक्तिकरण की धार को भोथरा नहीं होने देते हैं। ये पुनीत बिसारिया की विशेष दृष्टि रही है कि उन्होंने अपने आपको उन आरोपों से मुक्त रखने में सफलता पाई है, जैसा कि तमाम महिला मुक्ति संगठनों की महिलाएँ लगाती हैं, कि पुरुषों द्वारा स्त्री-विमर्श, स्त्री-सशक्तिकरण का प्रस्तुतीकरण इस रूप में किया जाता है कि जिससे उसकी धार को भोथरा किया जा सके। लेखक ने स्त्री-विमर्श के समूचे बिन्दुओं के साथ पर्याप्त न्याय करते हुए पश्चिमी सन्दर्भों के सापेक्ष भारतीय सन्दर्भों को उठाने का प्रयास किया है। सावित्री बाई फुले से आरम्भ हुई उनकी यात्रा में रमाबाई रानाडे भी शामिल हैं, पंडिता दयाबाई की भूमिका को भी स्पष्ट रूप से चित्रित किया गया है, जिन्होंने अपने पति की मृत्यु के बाद भी घनघोर विरोध के बावजूद अंग्रेजी शिक्षा ग्रहण की। मुस्लिम शिक्षा व्यवस्था को सुधारने के लिए अग्रणी भूमिका निभाने वाली बेगम वाहिद जहाँ खाँ के योगदान को भी लेखक ने यथावत सामने रखा है।

देखा जाये तो भारतीय सन्दर्भों में ही महिलाओं की स्थिति में समकालीन परिस्थितियों के चलते भले ही गिरावट आती रही हो किन्तु यहाँ की महिलाओं

ने अपनी गौरवशाली छवि को धूमिल नहीं होने दिया है। इसमें महिलाओं के साथ-साथ पुरुषों ने भी कंधे से कन्धा मिलाकर अपना योगदान दिया है। सती प्रथा, बाल विवाह प्रथा समाप्त कराने, विधवा विवाह करवाने पर जोर देने, स्त्री शिक्षा के लिए प्रयास करने में भारतीय पुरुष समाज सुधारकों के योगदान को कम करके नहीं आँका जा सकता है। कुछ इसी तरह की स्थिति आधुनिकतम संचार साधन 'फेसबुक' में भी दिखाई देती है। सम्पादकीय हस्तक्षेप से दूर सोशल मीडिया के इस शक्तिशाली मंच ने स्त्री-पुरुष को वैचारिक उड़ान का अनन्त आकाश उपलब्ध करा दिया है। इस आकाश में स्त्रियों के कई-कई रूप अपनी-अपनी उड़ान भरते, कुलाचें भरते दिखाई देते हैं। 'वेदबुक से फेसबुक तक स्त्री' का सबसे प्रभावशाली और सर्वाधिक दुरूह पड़ाव फेसबुक की स्त्री को परिभाषित करने में समझ आता है। एक पल को विचार करिए, एक ऐसा मंच जहाँ पल-प्रति पल के हिसाब से स्वच्छंदता है, वैचारिक उड़ान के लिए असीमित आकाश है, सम्पादकीय बंधन से मुक्त रचनाधर्मिता है और लेखकीय दृष्टि से भी अनेक महिलाएँ, पुरुष हैं तब उसमें से सार्थकता को तलाश कर सामने रख पाना प्रशंसनीय कार्य है।

फेसबुक पर सक्रिय या कहें कि अपनी उपस्थिति को दर्शाने वाली महिलाओं की श्रेणियों का विभाजन करने में लेखक ने अतिरिक्त सतर्कता बरतने का प्रयास किया है, जो उनकी शोधपरक दृष्टि को ही इंगित करता है। महिलाओं के प्रति अतिशय उन्मुक्तता दर्शाने वाली मानसिकता यहाँ है तो महिलाओं को महिला समझकर अपने अस्तित्व पर गर्व कराने का बोध जगाने वाली महिलाएँ भी हैं। ये कह देना कि हम जो अपने घरों से एक बार बाहर निकले हैं, तो अब वहाँ लौटकर नहीं जायेंगे, महिलाओं की स्वतन्त्रता का बेजा इस्तेमाल करने की तरफ प्रेरित करने जैसा ही है। इस बेजा स्वतन्त्रता को भी पकड़ने वाली और उनमें माता-पिता को सचेत करने वाली लेखिकाएँ फेसबुक पर बेबाक राय देती हैं। इस तरह की स्वतन्त्र मानसिकता का किस तरह से कुत्सित मानसिकता वाले गलत फायदा उठाते हैं, बेटियों को, लड़कियों को बरगलाते हैं इसे जानते-समझते हुए बेबाकी से शोभा मिश्रा कहती हैं, "जैसे आपने किसी नरभक्षी के सामने अपने जिगर के टुकड़े को उसकी पसंद के मसाले लगाकर फेंक दिया हो और ऐसे में बच्चों के साथ कोई दुर्घटना घटती है...किसी वहशी की कुत्सित मानसिकता की शिकार आपकी बेटी होती है तो आप अपनी संतान से हाथ धो बैठेंगे। हाँ, आपकी दिवंगत संतान को इंसाफ दिलाने में कुछ स्त्री संगठनों और उससे जुड़े लोगों के चेहरे जरूर हाईलाइट होंगे।" ये बेबाक विचार ऐसे समय में आना

जबकि आये दिन हम महिलाओं के कपड़ों को लेकर बहस देखते हैं, करते हैं; ऐसे समय में आना जबकि पल-प्रति-पल ही कोई न कोई बेटी बलात्कार का शिकार हो रही है; ऐसे समय में लिखा जाना जबकि किसी न किसी मासूम लड़की को हवस का शिकार बनाकर हत्या कर कहीं सड़क किनारे फेंक दिया जाता है, कहीं पेड़ से लटका दिया जाता है। इस तरह के बयान किसी पुरुष के द्वारा नहीं दिए जाते वरन जब महिला ही इस तरह से जागरूक करने पर जोर देती है तो लगता है कि समाज में किस कदर भय का वातावरण बना हुआ है।

बेटियों के साथ बढ़ना, बेटियों के साथ जुड़ना, बेटियों के साथ खुद को आगे बढ़ाना समाज का एक विशेष कार्यक्रम होना चाहिए किन्तु विडम्बना ये है कि समाज में सशक्त स्त्रियाँ अपने आपको आगे बढ़ाने में लगी हैं, उनके लिए अपनी बेटियों के लिए महज इतना ध्यान रहता है कि उनके सम्बन्ध बिना गर्भ-निरोधक के न बनें, वे क्या बनें क्या न बनें इसके बजाय वे ध्यान इस पर केन्द्रित रखती हैं कि उनकी बेटियाँ गर्भवती न बनें। ऐसी दशाओं में यदि कोई अपनी बेटियों के नाम से जाने जाने की आकांक्षा रखता है तो गर्व होता है। लेखक ने फेसबुक पर स्त्री को उसी के बरअक्श देखने के प्रयास में निरपेक्ष दृष्टि अपनाने का भरपूर प्रयास किया है किन्तु मानवीय स्वभाव बिना भटके मानता नहीं है और कभी-कभी परिस्थितियाँ ऐसा करवा देती हैं, संभवतः लेखक के स्थिर मन को भटकाने में नई दिल्ली में 16 दिसम्बर 2012 को हुए घनघोर अमानवीय कृत्य ने अपनी महती भूमिका निभाई। फेसबुक की स्त्रियों का अध्ययन उन्हीं की तरह विशाल आकाश रचता किन्तु दिल दहलाने वाले इस कृत्य ने उस आकाश को अपने आसपास ही सिमटा लिया। दिल्ली कांड के बाद से फेसबुक पर न केवल स्त्रियाँ वरन पुरुष भी खुलकर इसके संदर्भ में, समर्थन में आते दिख रहे थे कि एकाएक जनवरी 2014 के खुर्शीद आत्महत्या प्रकरण के पश्चात् पुरुषों की ऐसे विमर्शों पर चुप्पी लग गई। स्त्री और पुरुष के मध्य बनता ये अबोल माहौल समाज में तो विखंडन की स्थिति पैदा कर ही रहा है, सोशल मीडिया पर भी भयंकर गहरी खाई बनाने में सफल दिख रहा है। सामाजिक सद्भाव के नाते भी ऐसा होना गलत है। यहाँ इस तरह के सन्देश तो बहुतायत में मिल जाते हैं कि 'यदि आप पुरुष हैं तो स्त्री का सम्मान करें। अगर आप स्त्री हैं तो स्त्रीत्व पर गर्व करें' किन्तु किसी के द्वारा भी ये सन्देश दिया जाता नहीं दिखा कि यदि आप महिला हैं तो पुरुष का सम्मान करें और दूसरी स्त्री को भी सम्मान दें।

संभवतः स्त्री-विमर्श के नाम पर लेखक दिल्ली काण्ड के आसपास फेसबुक की स्त्री को समेट बैठे हैं और यही कारण रहा कि बहुत सी जानी-अनजानी बातों को वे जाने-अनजाने में छिपा गए हैं। संभव है कि ऐसा करने के पीछे उनकी मंशा सामाजिक सद्भाव को स्थापित करना ही रहा हो क्योंकि फेसबुक की तमाम स्त्रियों की चर्चा करते वे दिखते हैं किन्तु गैर-हिन्दू महिलाओं की दशा-दिशा पर चर्चा करने में किंचित संकोच दर्शाते हैं। कुछ ऐसा ही संकोच वे धार्मिक ग्रंथों में महिलाओं की स्थिति के सन्दर्भ में चित्रित करने में दिखाते हैं। संस्कृत, बौद्ध, जैन ग्रंथों को विस्तृत रूप से सामने रखते हैं किन्तु मुस्लिम ग्रंथों के प्रति परहेज करते दिखते हैं। फेसबुक का एक कथन कि स्त्री का रहस्यमय रूप ही पुरुष को सबसे अधिक मान्य है। जिसका हम वर्णन नहीं कर पाते उसे रहस्यमय बना देते हैं। रहस्यमय बनाने का अर्थ है स्त्री को न समझना। यह काम हमारे फेसबुक मित्र भी बखूबी करते हैं, इस काम में स्त्रियाँ भी फेसबुक पर उनकी मदद करती हैं, ये भी लेखक की रहस्यमयता को बनाये रखता है। लेखक द्वारा वर्गीकृत स्त्री अपने आकाश को असीमित रूप से विस्तृत करने में जिस तरह से फेसबुक से जुड़ी है, उसे देखते हुए इस बिन्दु पर अध्ययन के और भी कई आयाम, नए-नए आधार निर्मित किये जा सकते हैं। अपने आपमें विशुद्ध अछूते विषय को उठाकर पुनीत बिसारिया ने अनूठा कार्य किया है जो न केवल स्त्री-विमर्श की नवीन संकल्पना को तैयार करेगा वरन शोधार्थियों के लिए भी अनुसंधान के नए द्वार खोलेगा। एक मित्र के नाते हमारी सदैव कामना है कि उनके द्वारा उठाया गया कोई भी कार्य अपनी पूर्णता को प्राप्त हो। 'वेदबुक से फेसबुक तक स्त्री' की यात्रा कहीं-कहीं भले अधूरी सी दिखाई दे किन्तु ये लेखक की असफलता नहीं वरन विचार-विमर्श के वे बिन्दु हैं जिनके द्वारा तर्क-वितर्क करके और आगे तक जाया जा सकता है।

लेखक को सफलता की शुभकामनाएँ और स्त्री-शक्ति, मातृ-शक्ति को उसके गौरवशाली भविष्य की राह निर्मित करने की मनोकामनाओं के साथ अपेक्षा है कि स्त्री यात्रा का ये चरण समाज को जगाने की दिशा में सार्थक कदम सिद्ध हो।

डॉ॰ कुमारेन्द्र सिंह सेंगर
सम्पादक-स्पंदन, मेनीफेस्टो

मेरी बात

जिस समय आपने यह पुस्तक पढ़ने के लिए हाथ में ली होगी, उस समय आप यह देखकर चौंक पड़े होंगे कि एक पुरुष स्त्री विमर्श के वैदिक काल से आज तक के इतिहास को कलमबंद कर रहा है, औरों की भांति आपके मन में भी यह विचार जन्मा होगा कि एक पुरुष भला कैसे स्त्री की गाथा को लिख सकता है और क्या वह अपने लेखन में स्त्री की व्यथा, उसके स्वप्न और संघर्ष को वाणी देने में सफल हो सकेगा! मैंने भी जब यह पुस्तक लिखने की सोची तो मेरे मन में बड़ी दुविधा थी कि मैं इस विषय पर लिखते समय क्या पूर्वाग्रहों से मुक्त होकर चिन्तन कर सकूँगा लेकिन लम्बे अंतर्मंथन के बाद मैं इस निष्कर्ष पर पहुँचा कि एक स्त्री का स्त्री विषयक चिंतन उसकी अपनी सीमाओं में कैद रहता है और वह पुरुष को खलनायक बनाकर ही स्त्री विजय की दुन्दुभि बजाने का प्रयास करती नजर आती है। यह शिकायत मुझ समेत प्रायः प्रत्येक पुरुष में रहती है, इस दृष्टि से एक पुरुष का स्त्री विषयक चिंतन अनुभूति की प्रमाणिकता के चौखटे पर भले खरा न बैठता प्रतीत हो किन्तु उससे निष्पक्षता और निस्पृहता की उम्मीद तो की ही जा सकती है। यही विचार मन में लाने के बाद मेरी हिचक खत्म हो गई और मैंने यह पुस्तक लिखने का बीड़ा उठा लिया।

प्रारम्भ में अन्य लोगों के प्रचलित विश्वासों की भांति मुझे भी लगता था कि वैदिक काल स्त्रियों के सम्मान और प्रतिष्ठा का काल था और कालान्तर में शनैः-शनैः इसमें गिरावट आई होगी, लेकिन ज्यों-ज्यों मैं इस विषय में डूबता गया, मैंने यह महसूस किया कि संभवतः मैं और मेरे जैसे साहित्य के अनेक विद्यार्थी यह नहीं जानते कि सभ्यता के विकास के साथ ही आर्य समाज में पितृसत्ता ने परिवार नामक संस्था पर अपना शिकंजा कसना शुरू कर दिया था और वैदिक स्त्री भी अन्य स्त्रियों की भांति ही बन्धनों में जकड़ी हुई थी। बाद में ज्यों-ज्यों मैं आगे बढ़ता गया, त्यों-त्यों पुरुषों द्वारा स्त्रियों पर किए गए लोमहर्षक अत्याचारों के भयावह चित्र मेरे मानस पटल पर बनते बिगड़ते गए

और मैंने यह महसूस किया कि नौ माह तक जिसके गर्भ में रहकर हम पुरुष अपनी जीवन शक्ति अर्जित करते हैं, युवा होते ही उसके कुल के प्रति हमारी दृष्टि इतनी मलीन और निकृष्ट हो जाती है कि हम उसे एक हाड़ मांस की जीती जागती पुतली तक नहीं समझ पाते और महज एक सेक्स टॉय समझकर येन-केन प्रकारेण उसका शोषण करने हेतु संलग्न रहते हैं, मुझे लगा कि ऋग्वेद की ऋषिकाओं से लेकर जन्नत की 72 हूरों से होते हुए 16 दिसम्बर की निर्भया तक कहीं कुछ भी नहीं बदला है। आदिम सोच की नृशंसता में कोई कमी नहीं आयी है बल्कि सभ्यता के विकास के साथ उसके औजारों की धार अधिक पैनी और तेज हुई है। आज सिनेमा, पोर्नोग्राफिकल वेबसाइटों तथा देह व्यापार के हाईटेक तौर तरीकों से स्त्री की अस्मिता और सम्मान के साथ जीने के अधिकार पर निरन्तर चोट की जा रही है। ययाति पुत्री माधवी से लेकर वैशाली की नगरवधू प्रभृति गणिकाओं से होते हुए आज के तथाकथित पंचसितारा 'कीप कल्चर' और आइसिस द्वारा इराक की यजीदी महिलाओं के बर्बर यौन शोषण तक मुझे कहीं से ऐसी नहीं लगता कि स्त्रियों के प्रति अपने पर्यवेक्षण में हम कहीं से भी सभ्य और उन्नत हुए हैं।

जब मैंने भारतीय समाज के संस्कारों के विश्लेषण से संबंधित अध्ययनों पर अपना ध्यान केन्द्रित किया तो यह पाया कि आज का शिक्षित-अशिक्षित प्रत्येक तबके का समाज प्रायः यही चाहता है कि स्त्री अपनी ढेरों योग्यताओं के बावजूद पुरुष से दोयम ही रहे। खुद को पिछड़ा और उत्पीड़ित रखने में स्त्रियाँ भी पीछे नहीं रहीं। वे भी इन बंधनों को खुशी-खुशी ओढ़ने में गौरव का अनुभव करती हैं और उन्हें भी पुरुषों द्वारा प्रताड़ित महिलाएँ ही आदर्श नारियाँ प्रतीत होती हैं। इक्कीसवीं सदी का डेढ़ दशक बीत जाने के बाद भी आज तक स्त्रियों का आदर्श सीता, द्रौपदी जैसे शोषित-उत्पीड़ित नारियाँ ही हैं, अपाला, गार्गी, मीरा, रानी लक्ष्मीबाई और इंदिरा गांधी नहीं। अधिकांश महिलाओं को तो इनके योगदान और नाम का भी पता नहीं है। दूसरी बड़े और मार्के की बात यह है कि सदियों से महिलाओं ने महिलाओं पर अत्याचार में पुरुषों का बखूबी साथ दिया है और वे जाने-अनजाने पुरुषों के हाथों की कठपुतली बनकर संचालित होने में गर्व की अनुभूति करती रही हैं। यह परम्परा संस्कारों के नाम पर आज भी अनवरत जारी है। 'मोहे न नारि नारि कै रूपा' की यह परम्परा गाँवों से शहरों तक, शहरों से महानगरों तक बेरोकटोक जारी है। दहेज हत्याओं के आंकड़े ही उठाकर देख लें।

आपको अधिकांश हत्याओं में सास और ननद का हाथ अवश्य मिलेगा। कन्या भ्रूण हत्या में पुरुष के साथ-साथ किसी न किसी स्त्री की सहमति अवश्य रहती है। चाहे वह पति की माँ हो या फिर बहिन या खुद कन्या को जन्म देने से परहेज करने वाली पत्नी। यदि इनमें से एक भी इसका पुरजोर विरोध करे तो कोई कारण नहीं कि पितृसत्ता अपने मंसूबे में सफल हो सके।

कभी हम इस बात पर क्यों ध्यान नहीं देते कि माँ भी बेटियों की उपेक्षा क्यों करती हैं और अपना तथा अपनी बेटियों का पेट काटकर बेटों को निवाला क्यों दे देती हैं। शायद इसलिए क्योंकि उनके दिमागों में भी बेटियों के पराई होने का फितूर भरा होता है। लेकिन वे इस सच को विस्मृत कर देती हैं कि बुढ़ापे में पुत्र उन्हें भले भुला दें, मगर पुत्रियाँ हमेशा उनकी फिक्र करती हैं। यहीं से स्त्री विमर्श में सिर्फ पुरुषों के खलनायक होने का चित्र धुंधलाने लगता है और नजर आता है एक दूसरा भयावह सच; वह यह कि स्त्री को स्त्री पर बंधन थोपने के लिए पुरुष के साथ-साथ स्त्री भी बराबर की उत्तरदायी है। लेकिन यह भी तस्वीर का एक ही पहलू है। वास्तविकता यह है कि क्रूर पितृसत्ता ने स्त्री दिमाग को इतना 'कुंद' और 'कैननाइज' कर दिया है कि वह पितृसत्ता की इस दुरभिसंधि से बाहर नहीं आ पाती। वह अपनी सुविधा के लिए कभी 'अनंग व्रत' की व्यवस्था करता है तो कभी 'नियोग प्रथा', 'देवदासी प्रथा' या 'हरम' या फिर 'मुतआ' (चार पत्नी की इस्लामी प्रथा) अथवा 'लिव इन' या 'कास्टिंग काउच' का इंतजाम कर लेता है।

हमारे देश में धर्म पर बात करना 'तलवार की धार पे धावने' सरीखा है। फिर भी मैंने भरसक प्रयास किया है कि धार्मिक परिप्रेक्ष्य में स्त्री की स्थिति को समझने का प्रयास किया जाए। हालांकि मैं यह भली-भांति जानता हूँ कि विभिन्न धर्मों के सम्बन्ध में मेरे दृष्टिकोण से असहमति और विमर्श की कई परतें खुलेंगी और कुछ विवाद और आरोप-प्रत्यारोप भी जन्म लेंगे। इसकी शुरूआत मेरे साथियों ने भूमिका में व्यक्त किए गए अपने विचारों से कर ही दी है। लेकिन फिर भी मैंने इस जोखिम को लिया है और इस नजरिए से भी स्त्री की स्थितियों पर प्रकाश डालने का प्रयास किया है। यह पुस्तक यदि विमर्श और स्वस्थ परिचर्चा की दिशा में सार्थक हस्तक्षेप की सकी तो मैं समझूँगा कि मैं अपने प्रयास में सफल रहा हूँ।

पुस्तक में मैंने एक नया प्रयोग यह भी किया है कि दो विपरीत विचारधाराओं के ख्यातिलब्ध पुरुष युवा लेखकों तथा एक प्रख्यात स्त्री व्याख्याकार लेखिका से स्त्री विषयक इस पुस्तक की भूमिका लिखवाई गई है। मैं अपने मित्रों *स्त्रीकाल* ब्लॉग के संपादक संजीव चन्दन तथा *स्पंदन* एवं *मैनिफेस्टो* के संपादक डॉ० कुमारेन्द्र सिंह सेंगर जी तथा प्रवासी लेखिका डॉ० कविता वाचक्नवी जी का आभारी हूँ कि उन्होंने मेरे अनुरोध पर इस पुस्तक के विषय में अपनी राय रखने हेतु समय निकालने का कष्ट किया। कविता दीदी ने तो दाहिने हाथ में और गर्दन में भीषण दर्द के बावजूद मेरे अनुरोध का मान रखते हुए इस पुस्तक के विषय में अपनी बेबाक राय रखी। सबसे अच्छी बात यह कि इन तीनों महानुभावों ने प्रचलित लेखकीय प्रशंसा के मापदंडों से परे जाकर बेबाक होकर निष्पक्षता के साथ अपनी राय दी है। इन तीनों के प्रति श्रद्धा व्यक्त करने के लिए कोई भी शब्द नाकाफी होगा। फरगुदिया ब्लॉग की संचालिका शोभा मिश्रा जी ने अपने ब्लॉग से कुछ बालिकाओं की डायरी के महत्त्वपूर्ण अंश उपलब्ध कराकर इस पुस्तक को पूर्ण बनाने में सहायता की है। मैं उनका हृदय से आभार व्यक्त करता हूँ। मेरे फेसबुक के अनेक मित्रों ने मेरे अनुरोध पर अनेक महत्वपूर्ण लिंक देकर तथा अपने विचार अभिव्यक्त कर मुझ पर भारी उपकार किया है। कुछ मित्रों के फेसबुक लिंक का उपयोग मैंने यथास्थान किया है। उन सबका नाम यहाँ ले पाना मेरे लिए मुश्किल है। इसलिए मैं उन सभी मित्रों के प्रति हृदय से कृतज्ञता ज्ञापित करता हूँ। मेरी प्यारी बेटी प्रशस्ति की बालसुलभ वात्सल्य चेष्टाओं तथा जीवन संगिनी दीप्ति के प्रोत्साहन एवं मुझे घरेलू जिम्मेदारियों की चिंताओं से मुक्त रखने का परिणाम है कि मैं निश्चिन्त होकर लेखन में संलग्न हो सका जिसका सुपरिणाम इस पुस्तक के रूप में आपके समक्ष है। श्रीमती जी और सुपुत्री के लिए इतना ही कहना चाहूँगा कि यदि उनका त्याग न होता तो संभवत: मेरा लेखन कार्य असंभव था।

इस पुस्तक को लिखने हेतु मुझे भारतीय उच्च अनुसंधान संस्थान, राष्ट्रपति निवास, शिमला के पुस्तकालय से काफी सहायता प्राप्त हुई है। संस्थान के तत्कालीन निदेशक प्रोफेसर पीटर रोनाल्ड डिसूजा तथा वहाँ के कर्मचारियों की तत्परता तथा सहयोग की भावना के लिए मैं उनका आभार प्रकट करता हूँ। नेहरू पी.जी. कॉलेज, ललितपुर के पुस्तकालय से भी मुझे इस पुस्तक के लेखन हेतु अनेक संदर्भ पुस्तकें प्राप्त हुईं, जिसके लिए मैं महाविद्यालय के पुस्तकालय के

प्रभारी राजीव गोस्वामी तथा उनके सहयोगियों को हृदय से धन्यवाद देता हूँ। इस पुस्तक को लिखते हुए समय-समय पर मैंने इतिहास के प्राध्यापक एवं सहकर्मी डॉ. पंकज शर्मा जी से भी चर्चा की है। उनके सुझावों से यह पुस्तक समृद्ध हुई है। इस पुस्तक को लिखते समय मेरा भरसक प्रयास रहा है कि मैं लैंगिक दृष्टि से निरपेक्ष रहते हुए तथ्यों के आधार पर अपनी समझ को आपके सामने रख सकूँ और सामाजिक, सांस्कृतिक, ऐतिहासिक एवं राजनैतिक दृष्टि से स्त्री की विकास यात्रा के विविध आयामों को बगैर लाग लपेट के आपके साथ बाँट सकूँ। मैं अपने इस प्रयत्न में कितना सफल हुआ हूँ। इसका फैसला अब आप पाठकों की अदालत में है। आप ही तय करें कि मैं अपने इस प्रयास में किस हद तक सफल रहा हूँ।

विश्व हिन्दी दिवस

पुनीत बिसारिया

1
वैदिक काल में स्त्री

सकारात्मक पक्ष

समकालीन साहित्य में स्त्री विमर्श एक अत्यन्त लोकप्रिय साहित्य कर्म है। वर्तमान समय में स्त्री-विमर्श पर वार्ता करना साहित्य की सर्वप्रमुख विशेषता बन गयी है, परन्तु हम इसकी जड़ें चिर प्राचीन काल से भारतीय दर्शन में पाते हैं। भारतीय संस्कृति एवं दर्शन 'यत्र नार्यस्तु पूज्यन्ते रमन्ते तत्र देवता' सिद्धान्त का अनुगामी है तथा भारत में स्त्री को अत्यन्त उच्च स्थान पर प्रतिष्ठित किया गया तथा उसे लक्ष्मी, देवी, साम्राज्ञी, महिषी आदि सम्मानसूचक नामों से अभिहित किया जाता था। वेदकाल में स्त्री को एक रत्न की संज्ञा दी जाती थी। अथर्ववेद में स्त्री के सम्मान को वर्णित करने वाला एक श्लोक दृष्ट्रव्य है–

> अनुव्रतः पितुः पुत्रो माता भवतु सम्मनाः।
> जाया परये मतुमर्ती वांच यददु शान्तिवाम्।।[1]

वैदिक काल में 'परिवार' नामक संस्था अत्यधिक विकसित एवं पल्लवित थी। इस काल में आर्यजन परिवार के रूप में एक इकाई बनकर रहा करते थे। उस समय सम्मिलित कुटुम्ब प्रथा थी। ऋग्वेद में विवाह के दौरान पुरोहित वर-वधू को यह आशीर्वाद दिया करते थे कि तुम लोग यहीं निवास करो, वियुक्त मत होओ एवं अपने घर में पुत्रों तथा पौत्रों के साथ खेलते तथा आनन्द मनाते हुए सम्पूर्ण आयु का उपभोग करो।[2]

विदा होते समय पुरोहित वधू को यह आशीष दिया करते थे कि तू सास-श्वसुर, ननद-देवर पर शासन करने वाली रानी[3] बन। इन श्लोकों से यह सिद्ध हो जाता है कि वैदिक काल में परिवार नामक संस्था अत्यन्त सुदृढ़तापूर्वक विद्यमान थी तथा उसमें वधू का अत्यन्त उच्च एवं प्रतिष्ठित स्थान हुआ करता था। घर की बड़ी स्त्री अपने पति के अधीन रहती हुई भी समस्त गृह प्रबन्ध

में प्रधान संचालिका हुआ करती थी। घर के समस्त कार्य तथा दायित्व उसके संरक्षण में तथा उसी की इच्छानुसार सम्पादित किए जाते थे। उत्सव, यज्ञ, हवन आदि के लिए उसकी सहमति आवश्यक थी। उसका सभी परिवारीजन आदर करते थे तथा उसकी आज्ञा पालन को सदैव तत्पर रहते थे। इतना ही नहीं, विवाह होने पर पति गृह में आते ही वधू को प्रतिष्ठित स्थान प्राप्त हो जाता था तथा घर के सभी कनिष्ठ सदस्य उसे सम्मान की दृष्टि से देखते थे एवं पति गृह में आते ही वधू सास, श्वसुर आदि की दृष्टि में साम्राज्ञी बन जाती थी।[4] सम्पन्न एवं कुलीन घरों की स्त्रियाँ परिचारकों तथा परिचारिकाओं का भी कर्त्तव्य निर्देशन किया करती थीं। पुरुषों का इसमें अनावश्यक दखल नहीं था। वे अपने कर्त्तव्यों के निर्वहन में पूर्ण प्रफुल्लित रहती थीं।

वैदिक काल में स्त्रियों के रहने हेतु पृथक स्थल हुआ करते थे, जिन्हें 'पत्नीनां सदन' कहा जाता था, जहाँ स्त्रियाँ पुरुषों की दृष्टि से अलग स्वतंत्रतापूर्वक विचरण करती थीं। एक कक्ष से दूसरे कक्ष तक वे स्वतंत्रतापूर्वक आया-जाया करती थीं, परन्तु बाहर जाते समय वे एक चादर से अपना शरीर ढँक लिया करती थीं।[5]

परिवार में तत्समय अनेक लोग मिल-जुलकर रहते थे। अथर्ववेद के स्वापन सूक्त[6] में परिवार के अनेक व्यक्तियों को सुलाने के मंत्र हैं तथा सामनस्य सूक्त[7] में कुटुम्ब के सभी व्यक्तियों के एक साथ एक जगह प्रेमपूर्वक निवास करने की प्रेरणा है। एक साथ भोजन-भजन करने, एक साथ दायित्वों का निर्वहन करने तथा मिल-जुलकर व्यवसाय में प्रवृत्त होने की भी प्रेरणा यत्र-तत्र विद्यमान है। उस काल में शत्रुओं से रक्षा करने हेतु भी संयुक्त परिवार होने आवश्यक थे, जिनमें परिवार के पंच आधारों मातृ स्नेह, पितृ स्नेह, दाम्पत्य आसक्ति, अपत्य प्रीति और सहधर्मिता की अनिवार्यता प्रतीत होती थी। ऋग्वेद[8], यजुर्वेद[9] और अथर्ववेद[10] में पितरों की तथा अग्नि की पूजा के अनेक मंत्र हैं।

स्त्री शिक्षा

वेद काल में स्त्री शिक्षा का पर्याप्त प्रचार था। गार्गी, मैत्रेयी आदि स्त्रियों ने शास्त्रार्थ में पुरुषों को पराजित किया था, इससे सुस्पष्ट है कि तत्समय स्त्रियों को विद्याध्ययन हेतु उदारतापूर्वक प्रोत्साहित किया जाता था। कहीं-कहीं तो सहशिक्षा भी थी, परन्तु यह सर्वत्र नहीं थी। अध्ययन कार्य में स्त्रियाँ पुरुषों के समान ही दक्षता प्राप्त करती थीं। काव्य, संगीत, नृत्य तथा अभिनय आदि ललित कलाओं में वे बढ़-चढ़कर ज्ञानार्जन करती थीं।

हारीत संहिता के अनुसार स्त्रियाँ दो प्रकार की होती थीं, जिन्हें ब्रह्मवादिनी और सद्योवाह कहा जाता था। ब्रह्मवादिनी यज्ञाग्नि प्रज्वलित करने, वेदाध्ययन करने तथा अपने ही घरों से भिक्षा माँगने की अधिकारिणी थीं। माधवाचार्य के मतानुसार स्त्रियों का विवाह उपनयन के पश्चात् ही होता था।[11] उच्च शिक्षा प्राप्त स्त्रियों में से कुछ आजन्म ब्रह्मचारिणी रहकर आध्यात्मिक उन्नति में लगी रहती थीं, इन्हें ब्रह्मवादिनी कहा जाता था। अन्य स्त्रियाँ गृहस्थ जीवन का संचालन करती थीं, किन्तु गृहस्थाश्रम में प्रवेश लेने से पूर्व वे ब्रह्मचारिणी रहकर अध्ययन कर चुकी होती थीं।[12] ब्रह्मवादिनी स्त्रियाँ वेदाध्ययन करतीं, काव्य रचना करतीं तथा त्याग, तपस्या के द्वारा ऋषिभाव प्राप्त करके मंत्रों का साक्षात्कार भी कर लेती थीं। ऋग्वेद के अनेक सूक्त स्त्रियों ने साक्षात्कृत किए हैं। उदाहरणार्थ–ऋग्वेद दशम मण्डल के 39, 40 वें सूक्त तपस्विनी ब्रह्मवादिनी घोषा के हैं और ऋग्वेद के 1.27.7 वें मंत्र की ऋषि रोमशा, 1.5.29 वें मंत्र की विश्वारा, 1.10.45 वें मंत्र की दृष्टा इन्द्राणी, 1.10.159 वें मंत्र की ऋषि अपाला थीं। अगस्त्य ऋषि की पत्नी लोपामुद्रा ने पति के साथ ही सूक्त का दर्शन किया था। सूर्या भी एक ऋषिका थीं।

सैन्य शिक्षा

तत्समय स्त्रियाँ पति के साथ युद्ध में भी जाती थीं तथा उनके रथों का संचालन करती थीं। विश्चला पति के साथ युद्ध में गयी थी, जहाँ युद्ध भूमि में उसकी टांग टूट गयी थी, जिसे अश्विनी कुमारों ने ठीक किया था। वृत्रासुर के साथ उसकी माता हनु भी युद्ध में इन्द्र के द्वारा मारी गयी थी। नमुचि के पास तो स्त्रियों की एक पूरी सेना ही थी। मुद्‌गल पत्नी इन्द्रसेना ने सूक्ष्म रथ संचालन और अस्त्र संचालन करके वीरतापूर्वक इन्द्र के शत्रुओं का नाश किया था। उसने शत्रुओं के छक्के छुड़ाकर उनसे अपहृत गाएँ छुड़ा ली थीं।[13] देवताओं के साथ मिलकर दानवों के विरुद्ध युद्ध में कैकेयी द्वारा दशरथ के रथ का संचालन करना विश्व विश्रुत है।

दौत्य कर्म

तत्समय स्त्रियाँ दौत्य कर्म में भी निपुण हुआ करती थीं। सरमा इन्द्र की ओर से दूत बनकर पाणि नामक असुर के पास गयी थीं। सरमा-पाणि संवाद तत्कालीन स्त्रियों की प्रखर बुद्धि का विस्मयकर उदाहरण है।

उपनयन संस्कार

प्रारम्भिक काल में स्त्रियाँ यज्ञोपवीत धारण करके वेद पढ़ती थीं तथा सन्ध्या-वन्दनादिक कर्म करती थीं, परन्तु बाद में स्मृति काल में उनके लिए इनका निषेध कर दिया गया।[14]

वैदिक देवियाँ

वेद काल में अदिति, उषा, इन्द्राणी, इला, सिनीवाली, प्रश्नि आदि सुप्रसिद्ध देवियाँ थीं, इनमें देवी अदिति का उल्लेख सर्वाधिक हुआ है। ये सभी सर्वशक्तिमती, विश्वहितैषिणी तथा मंगलकारी देवियाँ मानी गयी हैं। इनके अतिरिक्त दिति, सीता, सूर्या, वाक्, सरस्वती आदि का भी स्तवन हुआ है। देवियों की इस स्तुति से स्पष्ट है कि आर्यजन महिलाओं का कितना सम्मान किया करते थे। वस्तुतः पुरुष की स्त्री विषयक श्रद्धा का उदात्त रूप देवी स्तवन से स्पष्ट होता है। उस समाज में स्त्रियों का महत्त्वपूर्ण स्थान था। जैसा कि 'पत्नी' शब्द की व्युत्पत्ति से स्पष्ट है कि वह यज्ञ में यजमान की सहधर्मचारिणी होती थीं। पत्नी के बिना पति को यज्ञ करने का अधिकार कदापि नहीं था क्योंकि 'पत्नी अपना ही आधा भाग है' तथा 'जाया ही घर है', यह वेदकाल में एक सर्वमान्य भावना थी। दुहिता, पत्नी और माता तीनों ही रूपों में स्त्री सम्माननीया थी। गायों के दुहने का कार्य दुहिता के जिम्मे होने के कारण ही बेटी को दुहिता की संज्ञा दी जाती थी। परिवार का यह आवश्यक कार्य करने के कारण वह माता-पिता की लाड़ली होती थी। कन्या पवित्रता की प्रतीक तथा वात्सल्य का आधार थी। माता अथवा जाया से तो पुरुष ही पुनः उत्पन्न होता है।[15] इससे वही शोभा है, वही ऐश्वर्य है[16], जाया कल्याणी और सुषमामयी है।[17] जाया ही घर है और विश्राम स्थल है।[18] माता तो सर्वाधिक आदरणीय है।[19] माता इसलिए आदरणीया है क्योंकि वही तो निर्मात्री जननी है।[20] ऋग्वेद में माता शब्द अंतरिक्ष, नदी, जल तथा पृथ्वी के अर्थ में भी आया है, जिससे माता के महत्त्व का द्योतन होता है।

ऋग्वेद के अनुसार माता सर्वाधिक घनिष्ट और प्रिय सम्बन्धी है।[21] भक्त परमात्मा को पिता की अपेक्षा माँ कहकर अधिक सन्तुष्ट होता है।[22] यही कारण है कि प्रारम्भिकतम काल में ईश्वर के रूप में सर्वप्रथम मातृदेवी की अवधारणा की गयी होगी तथा उन्हें सम्मान प्रदान करते हुए प्रथम पूज्य ईश्वर के रूप में माना गया होगा। अनेक ग्रन्थों में सृष्टि की सर्जक के रूप में आदि शक्ति का प्रत्याख्यान आता है, जिससे सुस्पष्ट है कि सर्वप्रथम ईश्वर के रूप में महिला का ही अंकन कल्पित किया गया होगा। माता-पिता के समास में ऋग्वेद माता को

उच्च स्थान देता है।[23] वेद ने माता को गुरु की संज्ञा दी है और कहा है कि शिशु की प्रथम गुरु माँ ही होती है, जो सर्वप्रथम उसे दुग्धपान की शिक्षा देती है।[24]

अथर्ववेद में आदेश है कि माता के अनुकूल मन वाले बनो।[25] शांख्यायन धर्म सूत्र के अनुसार उपनयन संस्कार के समय ब्रह्मचारी को सर्वप्रथम अपनी माता से भिक्षा मांगने का विधान है, इससे माता का पिता से अधिक अधिकार एवं उत्कर्ष सिद्ध होता है।[26] वैदिक युग में माताएँ ही कन्याओं को सुसज्जित किया करती थीं।[27] कन्याओं के विवाह में माताओं के अधिकार अधिक होते थे। दार्म की कन्या के साथ श्यावाश्व का विवाह तभी हो सका, जब कन्या की माता ने स्वीकृति दे दी।[28] वीरिणी या वीर जननी होने के कारण माता की प्रतिष्ठा पिता से अधिक थी।[29]

वेदों में गृहिणी

वैदिक युग में पत्नी को बहुत आदर प्राप्त था। आर्य पत्नी को ही घर मानते थे–'पत्नी ही घर है।[30] उनका मत था कि पत्नी घर पर रानी की भाँति रहे।[31] उनके गृहस्थ धर्म का आशय था–स्त्री के साथ रहकर धर्म अनुष्ठान और यज्ञ सम्पादन करना। बिना गृहिणी के गृह का अस्तित्व कहाँ है और गृह के अभाव में गृहस्थ धर्म का सम्पादन हो तो भला कैसे? इस विचारधारा में गृहिणी गृहस्थ धर्म की प्रतिष्ठा का एकमात्र सहायक आधार थी। पति-पत्नी दोनों मिलकर यज्ञ करते थे।[32] यही नहीं स्त्रियाँ स्वतंत्र रूप से भी यज्ञ करती थीं।[33]

शस्य वृद्धि हेतु सीता स्वतंत्र रूप से यज्ञ करती थीं। यज्ञ वेदी के निर्माण में और स्थालीपाक में दानों के छिलके अलग करने तथा अन्य अनेक याज्ञिक कार्यों में वे पति की सहायता करती थीं। पूर्व मीमांसा[34] के अनुसार पति-पत्नी दोनों सम्पत्ति के स्वामी होते थे। अतः पत्नी को यज्ञ का अधिकार स्वतः था, परन्तु कालान्तर में स्त्रियों के मासिक धर्म, उपनयन संस्कार के अभाव, अन्तर्जातीय विवाह और कर्मकाण्ड की जटिलता के कारण उनका यज्ञ में भाग लेना कम होता गया।

पशु रक्षिणी तथा वीर प्रसविनी स्त्री का उस समय बड़ा आदर था। ऐसा इसलिए था क्योंकि आर्य जन शत्रुओं से रक्षा करने के लिए वीर सन्तान की इच्छा करते थे और पशु धन उनकी समृद्धि के द्योतक थे। ऐसी पत्नी की प्राप्ति के लिए लोग देवताओं की प्रार्थनाएँ तथा उपासनाएँ भी करते थे।[35] ऋग्वेद से ज्ञात होता है कि लोग स्त्री की प्राण रक्षा तथा मर्यादा रक्षा के लिए सहर्ष आत्म बलिदान तक कर देते थे।[36] समाज में उन्हें बहुत ही आदर और दुलार के साथ

रखा जाता था। सूर्या द्वारा आविष्कृत मंत्रों से स्पष्ट है कि यद्यपि स्त्री पति के अधीन थी, तथापि घर पर उसी का आधिपत्य था।

गृहिणी के नामों में जाया, जनी और पत्नी प्रचलित थे। पति का प्यार पाने वाली 'जाया', सन्तान की माता 'जनी' और पति की सहकर्मिणी 'पत्नी' ये तीनों एक ही भार्या की भिन्न-भिन्न अवस्थाओं के नाम थे। इन नामों से तथा विवाह की पद्धति से स्पष्ट है कि उस समय पत्नी के हाथों में घर के समस्त अधिकार दे दिए गए थे। वही सबकी भौतिक आवश्यकताओं एवं सुख-समृद्धि का प्रबन्ध करती थी। पत्नी सम्मान तथा सहानुभूति की पात्र थी, यहाँ तक कि जुआरी भी अपनी पत्नी की दुर्दशा पर दुखी होता था।[37] ऋग्वेद के कुछ मंत्रों से सती प्रथा[38] का प्रचलन भी प्रकट होता है, जिसमें मृत पति के साथ पत्नी के भी गाड़े जाने का उल्लेख है।

पत्नी के प्रति पति के कर्त्तव्य

पत्नी पुरुष का आधार स्वरूप है।[39] इसीलिए पत्नी के बिना पति अपूर्ण है। शतपथ ब्राह्मण के अनुसार पत्नी के बिना पति स्वर्ग नहीं जा सकता। पत्नी के बिना वह किसी यज्ञ का अधिकारी भी नहीं हो सकता।[40] यही कारण था कि राम को यज्ञ के समय सीता की मूर्ति रखनी पड़ी थी। इसी कारण याज्ञवल्क्य ने यह विधान किया कि एक पत्नी के मरने के बाद यज्ञ कार्य के लिए तुरन्त पति दूसरा विवाह करे।[41] वेदों के अनुसार पति को पत्नी का समादर करना चाहिए। वह लक्ष्मी का स्वरूप है।[42] पत्नी की यह पूजा पति को संसार में फँसा देने के लिए नहीं होती वरन् पत्नी की कर्त्तव्यपरायणता के कारण होती है।[43] स्त्रियों का नाम 'मेना' है क्योंकि वे पुरुष की सम्माननीया हैं।[44] पत्नी का नाम जाया है क्योंकि उसमें पति गर्भ रूप से उत्पन्न होता है।[45] पत्नी सखा है।[46] पति-पत्नी का सम्बन्ध सरस और प्रेममय होता है।[47] इस मार्ग से अपकार नहीं वरन् प्रशंसा और धन लाभ होता है तथा दम्पति सहयोगपूर्वक अपने जीवन को सफलता से पार कर लेते हैं।[48] दोनों का सामूहिक नाम ही 'दम्पति' है इसका अर्थ है-घर का स्वामी, अर्थात् दोनों मिलकर ही घर के स्वामी होते थे। पति-पत्नी परस्पर समान ही नहीं थे, वरन् एक ही सत्य के दो अंग थे। ऋग्वेद में पत्नी को पति का नेम अर्थात् आधा अंग कहा गया है।[49] शतपथ ब्राह्मण में इसकी व्याख्या करते हुए पति-पत्नी को दाल के दोनों दलों की भाँति कहा गया है।[50] वृहदारण्यक उपनिषद में भी यही शब्द है। इस प्रकार वे दोनों मिलकर एक मन होकर सब कार्य करते थे। यथा-सोमरस निकालते, यज्ञ करते तथा काम सुखोपभोग करते थे।[51]

स्त्रियों के अधिकारों एवं कर्त्तव्यों के सम्बन्ध में पति के कर्त्तव्यों की चर्चा करते समय ऋग्वेद में कहा गया है–

संजानाना उपसीदन्न भिजु पत्नीवंतो नमस्यो नमस्यन्[52]

अर्थात् ऋषियों ने अपनी–अपनी पत्नियों के साथ पूजनीय अग्नि की पूजा की। इसका अर्थ है कि यज्ञ कार्य में दोनों की समान सहभागिता रहती थी।

ऋग्वेद में कन्या को अपना पति स्वयं ढूँढने का अधिकार दिया गया था। ऋग्वेद का एक कथन है, "जब कन्या सुन्दर है और आभूषित है, तो वह पुरुषों के समूह में अपना सखा (पति) स्वयं ढूँढ लेती है।"[53]

वैदिक विवाह मंत्रों से भी स्पष्ट होता है कि विवाह के समय कन्याएँ पूर्ण युवती हुआ करती थीं।[54]

तरुणियों एवं तरुणों को मिलने की भी पूर्ण स्वतंत्रता थी, किन्तु स्त्रियों को सम्पत्ति में अधिकार नहीं था। ऋग्वेद की ऋचाओं में उसे 'स्वयं गृह' कहा गया है, जिससे उसके अधिकार का बोध तो होता है, किन्तु यह छलावा ही है।[55]

मनुस्मृति में पति के कर्त्तव्य के विषय में कहा गया है कि उसका कर्त्तव्य है कि ऋतुकाल में अथवा पत्नी के इच्छा व्यक्त करने पर उसे काम सुख दे।[56] इसके अतिरिक्त उसे वृद्ध माता–पिता, अपनी पतिव्रता पत्नी तथा छोटे बच्चों का भरण–पोषण अवश्य करना चाहिए, चाहे इसके लिए उसे निकृष्ट कार्य ही क्यों न करने पड़ें।[57] पति–पत्नी दोनों आमरण परस्पर निष्ठावान रहें, कोई भी व्यभिचार न करे तथा धर्म कार्य में सहभागी रहें[58] पुरुष का यह भी कर्त्तव्य है कि वह पत्नी, बेटी, बहन, माता–पिता, जीजा, दामाद, साला तथा नौकरों के साथ कभी भी विवाद न बढ़ाए।[59] उसे सम्मानित जन में सर्वप्रथम अतिथि को भोजन कराना चाहिए, अतिथियों से भी पहले घर में आई नई बहू को, कन्याओं को, रोगी को और गर्भवती स्त्री को भोजन कराना चाहिए।[60] पति का यह भी कर्त्तव्य है कि वह अपनी पत्नी के साथ–साथ सर्वदा उत्साहपूर्वक भोजन करे।[61] पति को पत्नी देवकृपा से प्राप्त होती है, अतः वह पत्नी का पालन करे।[62]

मनुस्मृति के अनुसार माता–पिता, गुरु, पत्नी, छोटे बच्चे, शरण में आए दीन–हीन व्यक्ति और अतिथि ये पोष्य वर्ग के अन्तर्गत आते हैं। इनका प्रतिपालन किया जाना चाहिए।[63] याज्ञवल्क्य स्मृति में भी ऐसे ही विचार व्यक्त किए गए हैं।[64]

पारस्कर गृह्यसूत्र में पति–पत्नी से कहता है, "ऐ वधू! मैं सौभाग्य के लिए तुम्हारे पाणि का ग्रहण कर रहा हूँ। तुम मुझ पति के साथ वृद्धावस्था तक सुख से रहो।"[65]

इसके प्रत्येक पद का प्रयोजन[66] निम्नांकित है–

1. अन्नादि, द्रव्य-समृद्धि एवं रस वृद्धि के लिए तुम मेरी होओ।
2. जीवन को ऊर्जा सम्पन्न बनाओ।
3. धन-पोषण करो।
4. मेरी होओ, मेरे मन-प्राण की प्रीति का वर्धन करो।
5. सन्तति उत्पन्न करो।
6. ऋतुचर्या करो।
7. सखा-सखी की भाँति प्रगाढ़ प्रेम सहित रहो।

वैदिक पति की पत्नी उसकी सखा है, मित्र है, दासी अथवा अधीनस्था नहीं।[67] सख्य, सौख्य, सन्तानोत्पादन एवं सन्तानोत्पति द्वारा पत्नी को सौभाग्यवती बनाने हेतु ग्रहण करना पति का कर्त्तव्य है।[68] ऋग्वेद में पत्नी को यह प्रेरणा दी गयी है कि वह गर्भाधान द्वारा संतान को उत्पन्न करे और पति का यह कर्त्तव्य है कि वह गर्भाधान द्वारा उसे संतानवती बनाए।[69] अथर्ववेद में पतियों को स्पष्ट निर्देश दिया गया है कि अपनी पत्नी के रहते वह किसी अन्य स्त्री का ध्यान न करे।[70] पति को यह भी शिक्षा दी गयी है कि वे अपनी पत्नी से विचार-विमर्श करके चले, उससे मधुर वचन बोले तथा उसे वस्त्राभूषणादि से सुसज्जित रखे।[71] अथर्ववेद कहता है कि पति का यह कर्त्तव्य है कि वह नारी का भरण-पोषण करे।[72] एस.के. घोष का मत है कि धर्म की दृष्टि में स्त्री तथा पुरुष के मध्य कोई भेदभाव वैदिक काल में नहीं था।[73]

ऋग्वैदिक स्त्रियों की ऋचाओं के अंतर्भाव अर्थात् नकारात्मकता की शुरुआत

ऋग्वेद के प्रथम मण्डल में कुल 2006 मंत्र हैं जिनमें से सिर्फ तीन स्त्रियों द्वारा कहे गए हैं। दो मंत्र लोपामुद्रा द्वारा तथा एक मंत्र रोमशा द्वारा कहा गया है। ये मंत्र कामवर्णन से भरे हुए हैं, जिनका उल्लेख किया जा रहा है–

ऋग्वेद का देवता या वर्ण्य विषय सम्भोग या रति है। इसकी ऋषिका लोपामुद्रा हैं। इसमें वे कहती हैं कि अनेक वर्षों तक दिन-रात और उपाओं में काम करती हुई अब बूढ़ी हो जाने के कारण मैं थक गई हूँ। अब बुढ़ापा मेरे अंगों की शोभा को नष्ट कर रहा है। इसलिए तरुण और वीर्यवान व्यक्ति अपनी पत्नियों के साथ सहवास करें, अर्थात् जो लोग जवानी में सम्भोग का पूर्ण आनन्द नहीं प्राप्त कर पाते, उन्हें बुढ़ापे में मेरी तरह पछताना पड़ेगा।[74]

दूसरे मंत्र में लोपामुद्रा कहती हैं कि काम का प्रभाव इतना तीक्ष्ण है कि इसके प्रभाव से कोई भी अछूता नहीं रह सकता। बड़े-बड़े महर्षि भी ब्रह्मचर्य का पालन करने में असमर्थ रहे। उन बलवान और वीर्य सिंचन में समर्थ ऋषियों से उनकी पत्नियों ने संभोग किया। तब साधारण मनुष्यों की बात ही क्या है?[75]

ऋग्वेद की रोमशा द्वारा अनुभूत ऋचा में कहा गया है कि उनका प्रेमी उन्हें बच्ची न समझे। अब उनके गुप्तांगों पर उसी तरह बाल उग आए हैं, जैसे गान्धारी भेड़ के उग आते हैं। इसलिए अब वह उनके पास आए।[76]

वैदिक वाङ्मय में सर्वाधिक प्राचीन और सर्वाधिक महत्त्वपूर्ण ऋग्वेद के प्रथम मण्डल में 2006 मंत्रों में से मात्र तीन का स्त्रियों द्वारा रचित होना और उसमें भी 'काम' को ही वर्ण्य विषय बनाना वैदिक युग में स्त्री शिक्षा की दयनीय दशा का प्रमाण है। इससे तो ऐसा प्रतीत होता है कि उस काल की स्त्री को भी 'काम' से अधिक ज्ञान देने की आवश्यकता नहीं समझी जाती थी।

ऋग्वेद के अन्य मण्डलों में भी स्त्रियों द्वारा प्रायः रति, पति-प्रेम, सपत्नी सम्बन्ध आदि विषय ग्रहीत किए गए हैं। आत्रेयी अपनी ऋचा में इन्द्र के लिए दाँत से सोमासव करती हुई अपने को त्वचा रोग से मुक्त करने की, अपने झड़ चुके दाँतों के पुनः उगने की और इस प्रकार पति का सान्निध्य सुख प्राप्त करने की प्रार्थना करती है।[77]

घोषा कक्षावती अश्विनी कुमारों से प्रार्थना करती है कि जो पति मुझसे प्रेम करे, उसी बलवान पति को मैं प्राप्त होऊँ।[78] ऋग्वेद की एक ऋचा में पत्नी द्वारा पत्याभिगमन के समय वक्ष स्थल प्रदर्शन और शरीर उद्घाटन का वर्णन हुआ है।[79]

ऋग्वेद की इन्द्राणी नामक ऋषिका कहती है कि वह सुबाहु, सुअंगुलि, पृथुजहना है। वह रति क्रिया में जितनी दक्ष और तृप्ति देने वाली है, उतनी कोई और नहीं हो सकती। वह यह भी बताती है कि किस प्रकार के पुरुष मैथुन में स्त्री को सन्तुष्ट नहीं कर पाते।[80]

इन्द्राणी कहती है कि मैं उस अत्यंत रूप गुण वाली लता रूपिणी औषधि को खोदती हूँ, जिसके द्वारा सपत्नी (सौतन) को कष्ट दिया जाता है और पति को आकर्षित किया जाता है। हे औषधि! तुम सर्वश्रेष्ठ हो। मैं भी तुम्हारी कृपा से प्रमुखों में प्रमुख होऊँ। मेरी सपत्नी निकृष्ट से निकृष्ट हो जाए। सपत्नी किसी के लिए प्रिय नहीं होती, इसलिए मैं अब सपत्नी का नाम तक नहीं लेती। मैं उसे दूर भेजना चाहती हूँ। जैसे गौ बछड़े की ओर जाती है और जल नीचे की ओर गमन करता है, वैसे ही मेरे पति का मन मेरी ओर गमनशील हो।[81]

ऋग्वेद के यम-यमी सूक्त से स्पष्ट होता है कि ऋग्वैदिक ऋषि स्त्रियों की उच्छृंखलता को भी पर्याप्त वाणी दे रहे थे। यहाँ स्त्री मर्यादा को तोड़कर अपनी कामभावना को सन्तुष्ट करना चाहती है। एकान्त निर्जन समुद्री द्वीप पर पहुँचकर यमी अपने भाई यम से समागम का अनुरोध करती है, परन्तु यम इस कृत्य की निन्दा करते हुए दृढ़तापूर्वक अपनी बहन का यह अनैतिक प्रस्ताव अस्वीकार कर देता है। यमी इस सूक्त में कामाभिभूत होकर प्रणय विलाप करती है।[82]

इसी प्रकार उषा के प्रसंग में वेद कहता है कि यह उषा शृंगार करके लज्जाहीना युवती के समान सूर्य के सम्मुख घूमती है और सूर्य को इशारे करती है–

एषा स्या नव्यमार्दुधाना गूढ़वी तमो ज्योतिषोषा अबोधि।
अग्र एति युवतिरहृयाणा प्राचिकित्सूर्यं यज्ञमग्निम्।।[83]

आज की फिल्मों में जिस प्रकार अभिनेत्रियाँ अंग प्रदर्शन करती हैं, उसका पूर्व रूप ऋग्वैदिक स्त्रियों में आप देख सकते हैं। ऋग्वैदिक युवतियाँ वर की खोज के लिए जब 'समन' नामक उत्सव में जाती थीं, तो सुयोग्य पुरुषों को अपनी ओर आकर्षित करने के लिए वे मुस्कुराती थीं तथा वक्षस्थल की मुद्राओं का प्रदर्शन करती थीं–

युवतिः पुरस्तादाविर्वक्षांसि कृगुवे विभातीं।[84]

डॉ. रमेश कुमार त्रिपाठी लिखते हैं कि ऋग्वेद की एक ऋचा में उल्लिखित है कि रोकी हुई नदी के पानी की तरह इधर-उधर चारों ओर मनुष्यों में काम का प्रभाव फैल जाता है। लोपामुद्रा बलशाली पुरुषों के साथ सम्भोग करती है और चंचल मन वाली वह दीर्घ श्वास लेने वाले धीर का उपभोग करती है।[85]

वैदिक काल में कन्याओं को प्रेम करने की स्वतंत्रता थी। युवतियाँ उन्मुक्त भाव से प्रेमियों से मिला करती थीं और कभी-कभी घर में बुलाकर भी वे अपने प्रेमियों से प्रेमालाप करती थीं। ऐसे उन्मुक्त वातावरण के कारण मित्र की बहन से भी प्रेम प्रसंग हो जाया करते थे।[86] ऐसा ही एक प्रसंग ऋग्वेद के नवम् सूक्त में आया है, जिसमें उल्लेख हुआ है कि जैसे सामगाता विद्वान कलश की ओर जाता है, उसी प्रकार प्रेमी व्यक्ति मित्र की बहन की ओर गमन करता है।[87] विवाहित पुरुष भी कन्याओं के प्रेमी हुआ करते थे–

जारः कनीनां पतिर्जनीनाम्[88]

इन तथ्यों से यह स्पष्ट हो जाता है कि जिन स्त्रियों ने शिक्षा प्राप्त की थी तथा ऋषिकाओं के रूप में वैदिक ग्रंथों में योगदान दिया था, उनकी सामाजिक

स्थिति बहुत अच्छी नहीं थी। उन्हें पुरुषों की भोग्या मानकर ही प्रतिष्ठा दी गयी थी। मैत्रेयी को भी उसके ब्रह्मज्ञानी पति ने बहुत मुश्किल से ज्ञानार्जन की अनुमति प्रदान की थी और याज्ञवल्क्य–गार्गी प्रसंग में एक स्थान पर यह उल्लेख आया है कि कमजोर पड़ने पर अथवा तर्क से परास्त होने पर याज्ञवल्क्य गार्गी को डाँटकर चुप करा दिया करते थे।[89]

सरोज कुमार गुप्ता अपनी पुस्तक 'भारतीय नारी: कल आज और कल' में यहाँ तक लिखते हैं कि वैदिक काल में पुत्रियों की बलि भी दे दी जाती थी जबकि पुत्रों को इसके लिए उपयुक्त नहीं समझा जाता था।[90]

जोसेफ गाथिया का मत है कि वैदिक काल में स्त्रियों को अपवित्र समझा जाता था और उन्हें जन्म से ही अपवित्र मानने तथा शिक्षा से वंचित रखने की परम्परा एक साथ पनपी होगी।[91] उनके अनुसार पतंजलि बताते हैं कि दासी और वृषली (शूद्र स्त्री) का काम यह है कि वे उच्च जातियों के पुरुषों की वासना की भूख को शान्त करें।[92]

स्त्री के साथ इससे बड़ा अपमानजनक व्यवहार क्या होगा कि लिंगपुराण का रचयिता लिखता है–

'पुरुषाणाम् लोभेन नारी चैव पतिव्रता'

अर्थात् पुरुषों के न मिलने पर ही नारी पतिव्रता रह सकती है।[93]

वैदिक काल में एक अत्यधिक निंदनीय परम्परा थी। इस परम्परा के अन्तर्गत कन्या के सामने खेत, श्मशान, बंजर स्थान तथा उपजाऊ भूमि की मिट्‌टी रख दी जाती थी। यदि वह कन्या श्मशान की मिट्‌टी छू लेती थी तो उसे अशुभ समझा जाता था।[94]

ऋग्वेद में पुरुष दासों का बहुत कम उल्लेख आया है, किन्तु दासियों का उल्लेख प्रचुर स्थलों पर हुआ है। स्वर्ण, पशु एवं अन्य सम्पत्ति की सूची में दासियों का भी नाम आता था। इससे भी अधिक महत्त्वपूर्ण तथ्य यह है कि प्रारंभिक वैदिक साहित्य में पशु और दासियाँ हस्तांतरणीय सम्पत्ति के दो रूप हैं, जबकि भूमि अहस्तांतरणीय है।[95]

वैदिक माइथोलॉजी पुस्तक में मैक्डॉनल ने लिखा है कि 'पद चिह्न भी सुरक्षित रहे' यह वाक्य खण्ड स्पष्ट करता है कि विधवा और मृत पति के सम्पूर्ण शस्त्र पति के शरीर के साथ जला दिए गए थे। इससे ऐसा लगता है कि विधवाओं में सती प्रथा तत्समय प्रचलित रही होगी।[96] 'हिस्ट्री ऑफ संस्कृत लिटरेचर' में भी इन्हीं मान्यताओं को पोषित किया गया है।[97]

अथर्ववेद में भी सती प्रथा को पुष्ट करने वाले कुछ स्थल हैं।[98] यद्यपि स्वामी दयानन्द ने वैदिक काल में सती प्रथा के अस्तित्व को अस्वीकार किया है,[99] परन्तु डॉ. शिवराज शास्त्री ने अपने शोध के आधार पर यह निष्कर्ष निकाला है कि वैदिक काल में सती प्रथा नहीं रही होगी, किन्तु उससे पूर्व सती प्रथा अवश्य अस्तित्व में थी।[100] डॉ. कमला भी वैदिक काल में सती प्रथा के प्रचलन में होने की बात को स्वीकार नहीं करतीं।[101]

वैदिक काल में सर्वत्र पत्नी को सम्मान प्राप्त नहीं था। वेदों में ऐसे अनेक प्रसंग आए हैं, जिनसे पति की पत्नी के प्रति हेय दृष्टि का आभास मिलता है। स्त्रियों के विषय में ऋग्वेद में जो विवरण आए हैं, उनके अनुसार स्त्री का मन चंचल होता है, उसे नियंत्रण में रखना असंभव सा है।[102] उसकी बुद्धि भी छोटी होती है।[103] वह अपवित्र होती है और उसका हृदय भेड़िये सा होता है।[104] यदि विवाह के पश्चात् वधू के घर आने पर परिवार के किसी सदस्य को यहाँ तक कि मवेशियों को भी कुछ हो जाता था, तो उसका दोष आज की भाँति ही नव वधू के सिर मढ़ दिया जाता था।

इस सन्दर्भ में इन्द्राणी और वृषाकपि का प्रसंग[105] अत्यन्त महत्त्वपूर्ण है। इन्द्र की अनुपस्थिति में वृषाकपि ने इन्द्राणी का शील भंग करने का प्रयास किया, जिसे इन्द्राणी ने प्रयत्नपूर्वक असफल कर दिया। इन्द्र के आने पर इन्द्राणी ने इन्द्र से वृषाकपि की शिकायत की, तो इन्द्र वृषाकपि पर क्रोध नहीं करते अपितु यह कहकर वे इन्द्राणी को शान्त कर देते हैं कि वृषाकपि मेरा घनिष्ठ मित्र है, उसके बिना मुझे सुख नहीं प्राप्त हो सकता–

"नाहमिन्द्राणि शरण सख्युर्वृषाक्रपेर्ऋते।"[106]

महाभारत में शुभ्रू नामक स्त्री का प्रसंग आता है, जिसने आजीवन तपस्या की। कालान्तर में शरीर के वृद्ध एवं निर्बल हो जाने पर उन्हें अपने जीवन को समेट लेने का विचार आया। यूँ तो तप की सिद्धि के कारण शुभ्रू स्वत: स्वर्ग की अधिकारिणी थीं, परन्तु नारद ने उन्हें चेतावनी दी कि तुम अविवाहित होने के कारण स्वर्ग में प्रवेश नहीं कर सकोगी। तब शुभ्रू ने अपने तप का आधा फल देने की शर्त पर एक पुरुष के साथ एक रात के लिए विवाह किया और इसके बाद ही वह स्वर्ग की अधिकारिणी बन सकीं।[107]

जरत्कारु ऋषि का भी प्रसंग इस सन्दर्भ में उल्लेखनीय है। नागराज वासुकि ने अपनी बहन को भिक्षा की भाँति ऋषि जरत्कारु को समर्पित किया। इस पर भी ऋषि जरत्कारु ने विवाह में आनाकानी करते हुए कहा कि मैं इस कन्या से विवाह तो कर लूँगा किन्तु इसका भरण–पोषण नहीं करूँगा।[108]

वैदिक काल में स्त्रियों का उपयोग ऋण लेते समय बन्धक के रूप में भी किया जाता था। एक स्थल पर नारद और विष्णु सुझाव देते हैं कि स्त्रियों को गाँवों की भाँति उधार में दिया जा सकता है। ब्याज पर उधार में दिए जाने वाली वस्तुओं में स्वर्ण, अन्न और गायों के साथ स्त्रियों का भी उल्लेख आता है। यदि स्त्री को उधार के लिए लिया जाता था तो स्वामी को वापस लौटाते समय उधार काल में उससे पैदा हुई एक सन्तान भी वापस देनी होती थी। यदि उसने एकाधिक सन्तान पैदा की हो तो उधार देने वाला व्यक्ति अन्य सन्तानों को अपने पास रख सकता था।[109]

सम्भवतः इसी कारण पी.वी. काणे जी लिखते हैं, "ऋग्वेद (1-109-12), मैत्रायाणी संहिता (1-10-1), निरूक्त (6-9, 1-3), तैत्तिरीय ब्राह्मण (1-7-10) आदि के अवलोकन से यह विदित होता है कि प्राचीन काल में विवाह के लिए लड़कियों का क्रय-विक्रय होता था।" उनका निष्कर्ष है कि वैदिक काल में स्त्रियाँ बहुत नीची दृष्टि से देखी जाती थीं। उन्हें सम्पत्ति में कोई भाग नहीं मिलता था तथा वे आश्रित थीं।[110]

यदि वैदिक काल की शूद्र स्त्रियों का अवलोकन करें, तो हम पाते हैं कि उनकी दशा तो और भी अधिक शोचनीय थी। वास्तव में शूद्र स्त्रियों के साथ जानवरों से भी बदतर व्यवहार किया जाता था। पाणिनि ने 'पत्नी' शब्द की व्युत्पत्ति करके बताया है कि उसी को पत्नी कहा जाता है, जो यज्ञ के फल में भागीदार होती है। इससे स्पष्ट हो जाता है कि जो स्त्रियाँ अपने पति के साथ यज्ञ में भाग नहीं लेती थीं, उन्हें 'भार्या' या पत्नी नहीं कहा जाता था।[111] महाभाष्य के मतानुसार किसी शूद्र की पत्नी केवल सादृश्य भाव से ही पत्नी कही जाती है क्योंकि शूद्र को यज्ञ करने का अधिकार नहीं है और उसकी भार्या को तो कतई नहीं है।[112] वशिष्ठ-धर्म सूत्र भी अपमानजनक ढंग से कहता है कि काले वर्णों वाली शूद्र नारी केवल आमोद-प्रमोद के लिए है न कि धार्मिक कृत्यों के लिए।[113] ऐसी ही बातें गोभिल स्मृति[114], याज्ञवल्क्य स्मृति[115] एवं व्यास स्मृति[116] में भी कहीं गयी हैं।

पति की मृत्यु हो जाने पर विधवा स्त्री स्वयं भी शव के साथ जल जाया करती थी या जला दी जाती थी। अथर्ववेद में इस प्रथा का उल्लेख है। यद्यपि ऋग्वेद में इसका प्रमाण नहीं मिलता, किन्तु यह अवश्य मिलता है कि पत्नी मृत पति की चिता के पास लेट जाती थी–

> उदीर्ष्व नार्यभि जीवलोकं गतासुपेतमुप शेष एहि।
> हस्तग्राभस्य दिधिषोस्तवेदं पत्युर्जनित्वमभि सं बभूथ।।[117]

कभी-कभी माता-पिता धन के लोभ में अपनी पुत्रियों का वृद्ध पुरुषों से भी विवाह कर देते थे।[118] भ्रातृहीन कन्याओं की सामाजिक स्थिति भी अच्छी नहीं थी। उन्हें वर प्राप्ति में कठिनाई होती थी और युवक इस भय से ऐसी कन्याओं से विवाह नहीं करते थे कि कहीं उससे उत्पन्न पुत्र को वधू का पिता न ले ले। ऋग्वेद में भ्रातृहीन कन्याओं को इधर-उधर घूमने वाली कहा गया है तथा उनकी उपमा असत्यभाषी (अनृता) एवं पापी लोगों से की गयी है।[119] ऐसा भी हो सकता है कि भाई के न होने के कारण वे प्राय: दुष्ट लोगों के चंगुल में फँसकर वेश्यावृत्ति अपनाने के लिए विवश हो जाया करती हों।[120] यही कारण था कि मैक्डॉनल ने यह अभिमत दिया था कि भ्रातृहीन कन्याओं को गणिकाओं की भाँति जीवन-यापन करना पड़ता था।[121]

वेदों में कतिपय ऐसे संकेत हैं, जिनसे ज्ञात होता है कि अविवाहित रह जाने वाली कन्याओं को समाज में आदर की दृष्टि से नहीं देखा जाता था और उन्हें अमाजुर (अमा-सर, जुर-वृद्ध होने वाली), पितृषद् (पितृ-पिता, षद्-निवास करने वाली) तथा अग्रू (अ+गुरु अर्थात् जिसने सन्तानोत्पादन द्वारा गुरुत्व प्राप्त न किया हो) कहकर चिढ़ाया जाता था।[122]

ऋग्वेद में जारिणी और दुराचारिणी स्त्रियों के भी उल्लेख आए हैं। वेद ऐसी स्त्रियों को घृणा एवं उपेक्षा की दृष्टि से देखते हैं। अक्षसूक्त में जारिणी स्त्री की उपमा देते हुए जुआरी कहता है कि मैं बार-बार जुआ न खेलने का संकल्प करता हूँ, लेकिन जब मैं पासों को खेलते देखता हूँ तो उनकी ओर स्वत: ऐसे खिंचा चला जाता हूँ, जैसे कोई जारिणी स्त्री जार की ओर खिंची चली जाती है–

ऐमीदेषां निष्कृतं जारिणीव[123]

इसी प्रकार ऋग्वेद में भ्रातृहीन एवं पति से द्वेष करने वाली दुराचारिणी स्त्रियों की उपमा इधर-उधर घूमने वाले असत्य एवं अनृत रूपी पापी जनों से की गयी है–

अभ्रातरो न पोषणो व्यन्त: पतिरिपो न जनयो दुरेवा:[124]

एक अन्य ऋचा में प्रात:काल का वर्णन करते हुए कहा गया है कि उषा रूपी भ्रातृहीन स्त्री रथ पर चढ़कर धन प्राप्ति के लिए पुरुषों (सूर्य) के सम्मुख जाती है।[125] एक अन्य ऋचा में एक स्त्री के साथ दो पुरुषों के सम्भोग का वर्णन आया है–

विभिर्द्वा चरत एकया सह प्र:वासेव वसत:[126]

अनेक मंत्रों में व्यभिचार में प्रवृत्त स्त्री का उल्लेख मिलता है।[127] ऋग्वेद में कुछ ऐसी स्त्रियों का भी वर्णन आया है, जो द्रव्याधिक्य से प्रसन्न होकर उन्हें चाहने वाले पुरुषों पर आसक्त हो जाती हैं।[128]

कहा जा सकता है कि यद्यपि वैदिक काल में स्त्री की स्थिति सम्मानजनक थी, परन्तु उन्हें पुरुषों की तुलना में निम्न स्थान ही दिया जाता था। ऋग्वेद की एक ऋचा में स्पष्ट रूप से कहा गया है कि पत्नी एक खेत की भाँति होती है, जिसमें पुरुष अपना बीज बोता है।[129] इससे सुस्पष्ट है कि खेत की उपज पर खेत का नहीं, बल्कि बोने वाले का ही अधिकार होगा। यहाँ यह उल्लेखनीय है कि वैदिक काल में कन्या, माता, बहन, कृषका के रूप में तो स्त्री को सम्मानजनक स्थान प्राप्त था, किन्तु पत्नी, विधवा, नर्तकी, परित्यक्ता, भ्रातृहीना के रूप में उसे समाज में अक्सर तानों का सामना करना पड़ता था। अविवाहित तथा विकलांग कन्याओं को भी समाज में उपेक्षा की दृष्टि से देखा जाता था।[130] लोगों की यह धारणा सम्भवतः इसलिए भी बन जाया करती थी क्योंकि ऐसी कन्याओं को विवाह के लिए स्वयं मुखर एवं प्रयत्नशील होना पड़ता था। ऋग्वेद में अपाला तथा घोषा के उदाहरण प्राप्त होते हैं, जो पितृगृह में लम्बे समय तक रही थीं। इनमें घोषा का तो काफी आयु हो जाने के पश्चात् विवाह हुआ था।[131]

वैदिक काल में पिता की सम्पत्ति में पुत्री का अधिकार था अथवा नहीं, इस विषय पर विद्वान एकमत नहीं हैं। कुछ विद्वान ऋग्वेद की निम्नलिखित ऋचा को उद्धृत करते हुए पिता की सम्पत्ति में कन्या के अधिकार को सिद्ध करते हैं–

> शासद् वह्निर्दुहितुर्नप्त्यं गाद् विद्वां तस्य दीधिति सपर्यन्।
> पिता यत्र दुहितुः सेकभृंजन् त्सं शग्म्येन मनसा दधन्वे।।[132]

इसके अतिरिक्त एक अन्य ऋग्वैदिक ऋचा में भी इससे सम्बन्धित विषय परिलक्षित होता है–

> न जामये तान्वो रिक्थमारैक् चकार गर्भं सनितुर्निधानम्।
> यदि मातरो जनयन्त वहिनमन्यः कर्ता सुकृतोरन्य ऋन्धन्।।[133]

किन्तु इन ऋचाओं की व्याख्या में पर्याप्त विवाद है। कोई आचार्य स्त्रियों को सम्पत्ति में अधिकार होने की वैदिक काल में परम्परा को स्वीकार करता है तो कोई आचार्य इसका निषेध करता है। कुछ ऐसे भी हैं, जो विशेष परिस्थितियों में इस अधिकार को दिए जाने की बात कहते हैं। निरुक्तकार ने उपरिवर्णित प्रथम ऋचा को उद्धृत करते हुए पुत्री का सम्पत्ति में अधिकार स्वीकारा है और प्राकृतिक दृष्टि पर आधारित यह युक्ति मानी है कि पुत्र एवं पुत्री में प्रजनन और

अंग रूप की दृष्टि से कोई अन्तर नहीं है, लेकिन वे अगले ही कथन में यह सुस्पष्ट कर देते हैं कि वे केवल अभ्रातृमती कन्या (जिस कन्या का भाई न हो) को ही पिता के सम्पत्ति की अधिकारिणी मानते हैं। उन्होंने उपरिवर्णित द्वितीय ऋचा को अपने इस तर्क के समर्थन में उद्धृत किया है। निरुक्तकार की मान्यता है कि सम्पत्ति का अधिकार केवल उसे है, जो सन्तानकर्म तथा पिण्डदान क्रिया द्वारा पिता का ऐहिक एवं पारलौकिक उपकार करता है। अभ्रातृमती कन्या भी 'पुत्रिका' बनकर अपने पिता का सन्तान कर्म और पिण्डदान से उपकार करती है। भ्रातृमती कन्या पितृकुल का इस प्रकार उपकार नहीं करती क्योंकि वह दूसरे कुल में जाकर वहाँ का उपकार करती है।[134] कुछ विद्वान ऋग्वेद के 2.17.7 मंत्र के आधार पर यह सिद्ध करने का प्रयास करते हैं कि आजीवन पितृकुल में निवास करने वाली कन्या सम्पत्ति की अधिकारिणी हुआ करती थी।

इस सम्बन्ध में डॉ. शिवराज शास्त्री का दृष्टिकोण उल्लेखनीय है। उन्होंने वेदों की समस्त ऋचाओं का अपनी युक्तियों से विश्लेषण करते हुए यह निष्कर्ष निकाला है कि "ऐसा प्रतीत होता है कि ऋग्वेद काल में भ्रातृमती पुत्री को पैतृक सम्पत्ति में दाय अधिकार प्राप्त नहीं था। इस कल्पना के कारण यह हैं–

1. ऋग्वेद काल में पितृ सत्ता की भावना अत्यधिक प्रबल थी, इसलिए उस समाज में इस विचार की कल्पना नहीं की जा सकती थी कि दूसरे कुल में जाने वाली पुत्री पैतृक सम्पत्ति में विशेषकर अचल सम्पत्ति में दाय की अधिकारिणी हो। ऋग्वेद काल में विवाह में कन्या को यौतक देने के साथ-साथ 'कन्या शुल्क' लेने की प्रथा भी प्रचलित थी, ऐसी दशा में पुत्री के दाय अधिकार की कल्पना असंगत प्रतीत होती है।
2. कृष्ण यजुर्वेद की संहिताओं में स्त्रियों को सामान्य रूप से दाय का अनधिकारी घोषित किया गया है। तैत्तिरीय संहिता 6.5.82 में कहा गया है कि जब स्त्रियों के लिए सोम लिया जाने लगा, तो सोम ने इसे सहन न किया। उन्होंने उसे घृत का वज्र बनाकर मारा, उस शक्तिहीन वज्र को स्त्रियों ने ले लिया, इसलिए स्त्रियाँ निर्बल तथा अदायाद होती है और पापी पुरुष से भी मंद बोलती हैं। इसी प्रकार मैत्रायाणी संहिता में (4-64) भी कहा गया है कि पुरुष दायाद (दाय को लेने वाला) होता है और स्त्रियाँ अदायादी होती हैं। शतपथ ब्राह्मण में भी स्त्रियों को दाय की अस्वामिनी कहा गया है। बौधायन

धर्मसूत्र में भी उपरिनिर्दिष्ट तैत्तिरीय संहिता के आधार पर स्त्रियों को दाय का अनधिकारी घोषित किया गया है।

3. पुत्र पिता के साथ तथा पिता की मृत्यु के पश्चात् भी कुल क्रमागत सम्पत्ति की रक्षा तथा वृद्धि में प्रयत्नशील रहता था, सन्तानोत्पादन द्वारा कुल को अक्षुण्ण बनाता था तथा पितरों को श्राद्ध तर्पण द्वारा उन्हें धार्मिक लाभ पहुँचाता था। इसके विपरीत पुत्री सन्तानोत्पादन द्वारा भौतिक तथा धार्मिक लाभ दूसरे कुल को ही पहुँचाती थी। इसलिए वह भाइयों के साथ समान दाय की अधिकारिणी नहीं मानी जा सकती थी।"[135]

कतिपय विद्वानों ने यह सिद्ध करने का प्रयास किया है कि ऋग्वैदिक समाज में कन्याओं को दाय-अधिकार प्राप्त था और वे अपने तर्क के समर्थन में ऋग्वेद की 2.17.7 ऋचा उद्धृत करते हैं। इसके सन्दर्भ में डॉ. शिवराज शास्त्री लिखते हैं, "2.17.7 ऋचा जो कि पितृकुल में रहने वाली अविवाहित पुत्री के दाय भाग की सिद्धि में विद्वानों द्वारा प्राय: उद्धृत की जाती है, उसके सन्दर्भ में यह कहा जा सकता है कि इस ऋक् में ऐसा कोई शब्द नहीं है, जिसका अर्थ 'भाग' किया जा सके। प्रो. विल्सन ने 'यथा भाग याचति' का अर्थ 'claims her support' किया है। इसलिए इस ऋक् से यह सिद्ध नहीं होता कि पिता के गृह में वास करने वाली अविवाहित पुत्री को दाय का अधिकार था। अथवा वह माता-पिता अथवा भाई का नैतिक कर्त्तव्य था।[136]

वे यह भी लिखते हैं कि, "विशुद्ध ऋग्वेद के साक्ष्य के आधार पर ऋग्वेद काल में अभ्रातृमती विवाहित पुत्री के दाय-अधिकार को सिद्ध नहीं किया जा सकता, क्योंकि उक्त दोनों ऋचाओं (3.31.1 तथा 1.124.7) का अर्थ, जिनके आधार पर यास्काचार्य ने अभ्रात्मती पुत्री का दाय अधिकार सिद्ध किया है, संदिग्ध है)।"[137]

पत्नी के साम्पत्तिक अधिकारों के विषय में डॉ. शिवराज शास्त्री दृढ़तापूर्वक यह निष्कर्ष निकालते हैं कि, "इस प्रकार ऋग्वेद में पत्नी के साम्पत्तिक अधिकारों का कोई संकेत नहीं हैं। जैसा कि पहले कहा जा चुका है कि तैत्ति. रीय संहिता में स्पष्ट रूप से स्त्री को 'अदायादी' कहा गया है। यह स्मरणीय है कि साम्पत्तिक अधिकारों के विषय में भारतीय स्त्री के अधिकारों में उत्तरोत्तर वृद्धि हुई है। इसलिए, जबकि उत्तर काल में स्त्री के साम्पत्तिक अधिकार बहुत ही सीमित थे, तब ऋग्वैदिक काल में स्त्री के साम्पत्तिक अधिकारों की कोई सम्भावना नहीं हो सकती।"[138]

इस सम्बन्ध में डॉ. कमला का निष्कर्ष है, "आधुनिक विद्वानों के मतों को यदि स्वीकार भी कर लिया जाए तो इसमें कोई विशेष आपत्ति इसलिए प्रतीत नहीं होती कि ऋग्वेद में सम्पत्ति के प्रति नारी की उद्दाम लालसा दृष्टिगोचर नहीं होती। ऋग्वेद में स्त्री की जो भी आर्थिक स्थिति है, उसमें वह संतुष्ट है क्योंकि कहीं भी उसका आर्थिक असन्तोष नहीं झलकता। ऋग्वेद में आर्थिक अधिकार किसी विवाद के रूप में उजागर नहीं हुआ है, जैसा कि परवर्ती काल में दृष्टिगोचर होता है। यह बात भी विशेष उल्लेखनीय है कि नारी को आर्थिक अधिकारों का कहीं भी निषेध नहीं है। अतः अनुमान किया जा सकता है कि नारी की आर्थिक स्थिति तत्कालीन समाज में असन्तोषजनक नहीं थी।"[139]

लेकिन डॉ. कमला इस तथ्य को विस्मृत कर जाती हैं कि वैदिक समाज में बहुपत्नी प्रथा या सपत्नी प्रथा भी प्रचलन में थी। ऐसे में आर्थिक असन्तोष स्वाभाविक रूप में सपत्नियों के बीच अवश्य विद्यमान रहता होगा, जिसकी चर्चा आगे करेंगे।

वेदों में पुत्र प्राप्ति की आकांक्षा सर्वत्र परिलक्षित होती है, किन्तु पुत्री प्राप्ति की स्पष्ट कामना का कोई उदाहरण वेदों में नहीं प्राप्त होता।[140] यहाँ यह उल्लेखनीय है कि वैदिक काल से पूर्व हड़प्पा सभ्यता मातृसत्तात्मक सभ्यता थी, परन्तु वैदिक सभ्यता पितृसत्तात्मक सभ्यता हो गई थी। अतः पुत्र कामना स्वाभाविक रूप से प्रधान बन गई थी। डॉ. शिवराज शास्त्री इसका कारण वैदिक सभ्यता के पितृसत्तात्मक होने को ही मानते हैं। उनका अभिमत है, "पितृसत्तात्मक समाजों में वंश को चलाने वाला तथा कुल की सम्पत्ति का अधिकारी पुत्र ही होता है। फिर ऋग्वैदिक आर्य योद्धा थे, उन्हें निरन्तर युद्ध करने पड़ते थे। इन युद्धों में पुत्रियों की अपेक्षा पुत्र अधिक उपयोगी होते थे। पुत्र का धनोपार्जन की दृष्टि से अधिक महत्त्व था।" वे आगे लिखते हैं, "दूसरे, पुत्र जन्म से लेकर मरण तक पितृ कुल में रहता था और अपने कुल की परम्पराओं को जीवित रखने के लिए प्रत्येक सम्भव प्रयत्न करता था। इसके विपरीत, पुत्री केवल विवाह से पूर्व तक ही पितृ गृह में रहती थी और विवाह होने के पश्चात् दूसरे कुल में चली जाती थी। ऋग्वेद में पुत्री के रूप में स्त्री का स्थान इतना महत्त्वपूर्ण नहीं था, जितना कि माता अथवा पत्नी के रूप में।"[141] वेद के प्रथम सूक्त में लोपामुद्रा को पुत्र प्राप्ति के लिए व्यग्र दिखाया गया है। यहाँ तक कि वह निःसंकोच होकर पुत्र प्राप्ति हेतु पति से 'मिलन' का अनुरोध करती है।[142] इसी प्रकार प्रौढ़ हो जाने के बावजूद घोषा अश्विनी कुमारों से पुत्र प्रदान करने

का अनुरोध करती है[143], इसी प्रकार अपाला इन्द्र से प्रजनन शक्ति प्रदान करने तथा पुत्र देने की प्रार्थना करती है।[144]

वैदिक काल में पुत्र प्राप्ति न होने पर अथवा अन्य किसी कारण से लोग एकाधिक पत्नियाँ रख लिया करते थे। कभी-कभी देवरों के साथ विधवा के विवाह कर लेने के कारण भी सपत्नियाँ हो जाया करती थीं, जिनमें स्वाभाविक रूप से ईर्ष्या-द्वेष तथा क्लेश हुआ करता था। ऋग्वेद तथा अथर्ववेद में कुछ स्थानों पर सौत पर अधिकार करने हेतु कुछ मंत्र दिए गए हैं।[145] एक स्थल पर एक पत्नी अपनी सौत पर अधिकार प्राप्त करने के लिए कहती है, "मैं उस औषधि लता को खोजती हूँ, जिसके द्वारा सपत्नी को सताया जा सकता है तथा पति पर अधिकार प्राप्त किया जा सकता है। हे उत्तानपर्ण सुन्दर लता, मेरी सौत को यहाँ से दूर हटाओ, मेरे पति पर मेरा पूर्ण अधिकार स्थापित करो। मैं तुम्हारी कृपा से सर्वश्रेष्ठ हो जाऊँ व मेरी सौत उत्कृष्ट से निकृष्ट हो जाए। हे स्वामिन्! यह महान शक्तिशाली औषधि मेरे द्वारा तुम्हारे सिरहाने स्थापित की गई है। मैंने शक्तिशाली तकिया तुम्हारे सिरहाने को रखा है।[146] अन्यत्र एक पत्नी अपनी सौत को पराजित कर सभी पर अपना वर्चस्व स्थापित करते दिखाई गई है।[147] ऋग्वेद में ही एक अन्य स्थान पर सपत्नी द्वारा दिए गए कष्टों का उल्लेख हुआ है।[148] ऋग्वेद में ही एक स्थान पर वर्णन आता है कि अश्विनी कुमारों ने च्यवन ऋषि को अनेक कन्याओं का पति बनाया।[149] स्वामी दयानन्द सरस्वती ने यद्यपि वेदों का सकारात्मक एवं आदर्श अर्थ ग्रहण किया है, तथापि उन्होंने भी अनेक मंत्रों में 'सपत्नी' का अर्थ 'सौत' ग्रहीत किया है और यह स्वीकार किया है कि एक पुरुष की एकाधिक पत्नियाँ होने से उसे दुख मिलता है। उनकी व्याख्याओं के अनुसार भी ऋग्वेद कालीन समाज में सपत्नी का अस्तित्व था।[150] ऋग्वेद में कुछ स्थलों पर 'कुवित् पतिद्विषः' कहकर पत्नियों द्वारा पति से ईर्ष्या करने के दृष्टांत भी आए हैं, जो बहुपत्नी वाद का समर्थन करते हैं।[151]

वैदिक काल भी अन्य सभी समाजों की भाँति विरोधाभासी प्रवृत्ति का रहा होगा। एक ओर वैदिक काल पितृसत्तात्मक हुआ करता था, तो वहीं दूसरी ओर ऋषियों के नामों में माता का नाम जोड़कर माँ को गौरव देने की आकांक्षा भी उस समाज में निहित थी। यही कारण है कि ऋषि दीर्घतमा को मामतेय (ममता का पुत्र)[152], सूर्य को आदितेय (अदिति का पुत्र)[153], पुरुरुवा को ऐल (इला का पुत्र)[154] आदि कहकर उनकी माँओं के गौरव को प्रतिष्ठा भी दी गयी है। हालाँकि दयानन्द सरस्वती इस तथ्य को स्वीकार नहीं करते कि इनकी माँओं को गौरव प्रदान करने के लिए इन्हें माँ का नाम भी दिया गया होगा। उनका कथन है कि

इला, अदिति और वध्रिमती स्त्री विशेष न होकर प्राकृतिक पदार्थों के पर्याय हैं और इनका क्रमशः अर्थ अन्न, पृथिवी या आकाश और विद्युत, सत्स्त्री अथवा भूमि है। इनके पुत्रों से उनका अभिप्राय उन पदार्थों से है, जो इनसे उत्पन्न होते हैं। इसी प्रकार आदितेय सूर्य और पुरुरुवा मेघ अर्थ का वाचक है।[155]

इन तथ्यों के आलोक में आचार्य चतुरसेन द्वारा उनके उपन्यास 'वयं रक्षामः' में व्यक्त विचारों की चर्चा भी आवश्यक है। आचार्य चतुरसेन आर्यों के प्रारम्भिक समाज की चर्चा करते हुए लिखते हैं, "जब सूर्य पुत्र मनु और उनके दामाद बुध ने अपने पैतृक राज्यवंशों की स्थापना कर ली और सूर्य मण्डल तथा चन्द्रमण्डल दोनों का भली-भाँति विस्तार हो गया तथा इस आर्यावर्त की समृद्धि सम्पूर्ण भारत से बढ़ चढ़कर हो गई। इन आर्यों में अनेक सांस्कृतिक-नवीन स्थापनाएँ हुईं। प्रथम तो यह कि इन दोनों ही कुलों ने अब तक चली आती हुई मातृसंज्ञक वंश परम्परा को त्याग पितृमूलक वंश परम्परा स्थापित की। कुल परम्परा को पितृमूलक स्थिर करने में एक महत्त्वपूर्ण सांस्कृतिक परिवर्तन यह हुआ कि आर्यों में विवाह मर्यादा दृढ़बद्धमूल हो गयी और स्त्रियों के लिए पुरुष 'पति' या 'स्वामी' हो गए। उनके शरीर और जीवन की सम्पूर्ण सत्ता पर उसका अखण्ड एवं स्वतंत्र अधिकार हो गया। यहाँ तक इस मर्यादा का रूप बना कि यदि वीर्य किसी अन्य पुरुष का भी अनुदान लिया हो तो भी संतति का पिता उस स्त्री का वह 'पति' ही माना जाएगा, जिससे उनका विवाह हो चुका है। अविवाहित स्त्रियों का पिता भी वही पति होगा। बहुत से ऋषियों ने तो वीर्यदान को अपना एक पेशा ही बना लिया, जिनमें उल्लेखनीय वेदर्षि दीर्घतमा थे। वशिष्ठ और दूसरे वरिष्ठ ऋषियों ने भी अन्य राजाओं की पत्नियों को वीर्यदान दिया। ऐसी सभी सन्तानें न माता की मानी गयीं, न वीर्यदाता पुरुष की। प्रत्युत वे उस पुरुष की सन्तानें और उसी कुल गोत्र को चलाने वाली प्रसिद्ध हुईं, जो उनकी माता का विवाहित पति एवं स्वामी था। इससे आर्य जाति को यह लाभ तो अवश्य हुआ कि वह एक संगठित जाति हो गयी। परन्तु इससे एक नयी और महत्त्वपूर्ण बात यह उत्पन्न हो गयी कि उनकी राज्य सम्पत्ति आदि सब वैयक्तिक होती गयी और देखते ही देखते मानवों और एलों के महाराज्यों का विस्तार हो गया।

परन्तु इससे स्त्रियों के अधिकारों का खात्मा हो गया। पत्नी का अपना कुल गोत्र कुछ भी न रहा। पितृमूलक वंश परम्परा में पिता का कुल गोत्र केवल पुत्र को ही मिलता था, पुत्री को नहीं। इसका अभिप्राय यह कि पुत्री को पिता की सन्तान ही नहीं गिना गया। वह पिता के कुल गोत्र से बहिष्कृत एक विच्छिन्न

वस्तु मान ली गयी, जो वयस्क होने पर किसी पुरुष को उसकी पत्नी बनने के लिए दे दी जाती थी। उसे न पिता का कुल गोत्र मिलता था, न पति का। इस प्रकार से आर्यों की वंश परम्परा में स्त्री मात्र पति के लिए सन्तान उत्पन करने की एक जीवित क्षेत्र थी। इस विवाह मर्यादा में दाम्पत्य प्रेम, समानता आदि के कुछ भी भाव न थे। न विवाह का उद्देश्य नर-नारी की नैसर्गिक कामैषणा की पूर्ति था, न वह अन्य शारीरिक और भौतिक एषणाओं पर आधारित था, उसका उद्देश्य अपने 'पति' के लिए–जो वास्तव में उसका स्वामी था–साथी, मित्र या जीवनसंगी बनना नहीं–सन्तान उत्पन्न करना था।

दूसरी महत्त्वपूर्ण सांस्कृतिक बात, जो आर्य कुलों में उत्पन्न हुई, वह उत्तराधिकार थी। पिता की सारी राज्य सम्पत्ति का निश्चित रूप से पुत्रों को ही उत्तराधिकार मिलता था–पुत्रियों को नहीं। इस प्रकार जहाँ पुत्रियाँ पिता के कुल गोत्र से वंचित कर दी गयीं, वहाँ सम्पत्ति से भी वंचित कर दी गयीं। सम्पत्ति का सर्वार्थ में उत्तराधिकारी पुत्र था। इस प्रकार आर्यों का संगठन एक प्रकार से अस्त्रीक संगठन था। अर्थात् आर्यों की जाति में स्त्री की कहीं भी गणना न थी। वह केवल पुरुष की पूरक थी। पति के लिए उसकी सम्पत्ति के उत्तराधिकारी को उत्पन्न करने के लिए वह विवाही जाती थी। इसलिए विवाह में अब स्त्रियाँ पति का स्वेच्छा से वरण नहीं करती थीं, वे पिता द्वारा दी जाती थीं। इस सम्बन्ध में उनकी सम्मति नहीं ली जाती थी। न उनकी रुचि और पसंद का विचार किया जाता था। जिस प्रकार पति को विवाहोपरान्त पत्नी पर पूर्णाधिकार प्राप्त था, उसी प्रकार विवाह से पूर्व कन्या पर पिता को। परन्तु मजेदार बात यह थी कि पिता की सम्पत्ति में और पति की सम्पत्ति में उनका कुछ भी भाग न होता था। वह कुल, गोत्र, सम्पत्ति के सब अधिकारों से वंचित थी। ज्यों-ज्यों आर्यों की राज्यश्री बढ़ती गयी, त्यों-त्यों विवाह के नियम रूढ़िबद्ध होते गए, जिनसे स्त्रियों की दशा एक प्रकार से दासता की सीमा को पहुँच गयी। विवाह के समय उसे पति की आज्ञाकारिणी और अधीन रहने का वचन भरना पड़ता था। वह 'दत्ता' थी। स्वयंवरों की प्रथा बड़े-बड़े आर्यकुलों में प्रचलित थी, परन्तु उसमें भी कन्या को अपनी पसन्द का पुरुष चुनने का अधिकार न था। पिता ही उस चुनाव की कोई शर्त रख देता था और उस शर्त को पूरा करने पर वह कन्या उसी को दे दी जाती थी। ऐसे स्वयंवरों में कन्या को 'वीर्य शुल्का' कहा जाता था। इसका अर्थ था–पराक्रम के मूल्य पर कन्या की खरीद। अर्थात् पराक्रम ही कन्या का मूल्य है। कुछ कुल कन्या के मूल्य में भी धन लेते थे। सीता 'वीर्यशुल्का' थी। परन्तु गाधि राजा ने एक हजार घोड़े लेकर ऋचीक को अपनी पुत्री ब्याह दी

थी। और इतना ही क्यों? राजा लोग अपनी कन्याएँ पुरोहित को यज्ञ दक्षिणा की भाँति भी दे देते थे। जैसे दशरथ ने ऋष्यश्रृंग को अपनी कन्या शान्ता दे दी थी।

बहुपत्नीत्व की प्रथा भी इसी कारण चली। पति को अनेक स्त्रियों से ब्याह करने के अधिकार प्राप्त हो गए, पर पत्नी को नहीं। विवाह के अतिरिक्त आर्य लोग दासियाँ भी रखते थे। इस समय आर्य राजाओं के अन्तःपुर में चार प्रकार की पत्नियाँ रहती थीं, एक महिषी–मुख्य महारानी–जिसे राजा के साथ यज्ञ में सम्मिलित होने का अधिकार था। दूसरी परिव्रता–जिस पर पति का प्रेम कम हो जाता था या जो बूढ़ी हो जाती थी। तीसरी–वाग्वृता जो मुख्य प्रेमिका होती थी। चौथी–पालावली-जो प्रायः मन्त्री की कन्या होती थी। अपना अधिकार बनाए रखने तथा राजा के भीतरी भेद लेने के लिए प्रायः मन्त्रिगण अपनी कन्या राजा ही को देते थे।[156]

इन तथ्यों के आलोक में डॉ. रमेश कुमार त्रिपाठी इस निष्कर्ष पर पहुँचते हैं कि, "कहना न होगा, परवर्ती स्मृतिकार, शास्त्रकार, विचारक और विद्वद्गण वैदिक मंत्रों को आप्त वाक्य मानते हैं। वे मानते हैं कि उनके समाज का निरन्तर पतन होता जा रहा है और यह पतन वैदिक आदर्शों से हट जाने के कारण हो रहा है। इसलिए वे बार-बार वैदिक आदर्शों को पुनः अपनाने की दुहाई देते हैं। वे यह नहीं समझ पाते कि किसी भी समाज का पतन उसी के गर्भ में छिपे विनाश के बीजों से होता है। वैदिक कालीन समाज शुद्ध भोगवादी दर्शन पर आधारित है। अधिकांश वैदिक मंत्रों में देवताओं का गुणगान और उनकी प्रार्थना की गयी है तथा बदले में उनसे धन-धान्य एवं भौतिक उपलब्धियों की याचना की गयी है। स्वाभाविक रूप से इस भोगवाद की प्रतिक्रिया हुई और बाद के समाज में आध्यात्मिक मूल्यों का तेजी से विकास हुआ। पूरा बौद्धिक समाज अध्यात्म की ओर मुड़ गया। परवर्ती शास्त्रों, स्मृतियों के विधानों में अधिकांश विधान स्त्रियों के प्रति अत्यन्त घृणित, दुःखद एवं अन्यायपूर्ण हैं, परन्तु वस्तुतः वैदिक काल से मिले हुए, वे ये ही विधान हैं जिनकी जड़ें वैदिक काल से ही मजबूत हो चुकी थीं।[157]

सन्दर्भ संकेत

1. अथर्ववेद 3.30.11
2. इहैव वस्त मा वियौष्टं, विश्वमामुर्ण्यश्नुतम्। क्रीडन्तो पुत्रेर्नप्तृभि मोर्दमानौ स्वे गृहे।। ऋग्वेद 10.85.42
3. ऋग्वेद 10.85.46 तथा अथर्ववेद 14.1.22
4. यथा सिन्धुर्नदीनां साम्राज्यं सुषुवे वृक्षा।

5. गुहा चरन्ती योषा यजुर्वेद 1.167.3
6. प्रोष्ठेश्या प्ल्मेशया नारीर्या बह्मशीवरी। स्त्रियों याः पुण्यगंध्यस्ता सर्वाः स्वापयामसि।। अथर्ववेद 4.5.3
7. सहृदयं साम्मनस्य मविद्वेषं कृणोमि वः। अन्यो अन्यंभिहर्यत वत्सं जातमिवध्न्या।। अथर्ववेद 4.5.7
8. यजुर्वेद 6.52.4
9. अथर्ववेद 10.15.9
10. ऋग्वेद 7.1.2 तथा 7.1.1
11. द्विविधाः स्त्रियो ब्रह्मवादिन्य सद्योवाहश्व। तत्र ब्रह्मवादिनी नामन्नीन्धनं वेदाध्ययनं स्वगृहे च भैक्षचर्येति।–हारीत कृत वीरमित्रोदय, संस्कार प्रकाश
12. ब्रह्मचर्येण कन्या युवानं विन्दते पतिम्। अथर्ववेद 1.15.18
13. ऋग्वेद 10.102.2–11, 7.9 एवं बैंस, डॉ. जगदीश कौर, *India Women on the Move*, Hind Publishers, Ludhiana, I Ed. 2007, pp. 1-2.
14. मनुस्मृति 4.205
15. तज्जाया जाया भवति यादस्यां जायते पुनः। एतरेय ब्राह्मण
16. आभूरेषाभूति एतरेय ब्राह्मण
17. कल्याणी जाया सुरणं गृहे ते। अथर्ववेद 3.52.6
18. जायेदस्तं मधवन् सेदुयोनिः। अथर्ववेद 3.53.4
19. मान् + तृ = मातृ अर्थात् आदरणीया।
20. यास्क - मातृ = निर्मातृ - निर्माण करने वाली।
21. ऋग्वेद 1.24.1
22. त्वं हि नः पितावसो त्वं माता शत्कृतो बभूविथ। ऋग्वेद 9.98.11
23. ऋग्वेद 4.6.7
24. मातमान पितृमान आचार्यमान् पुरुषो। ऋग्वेद
25. मातृ भवतु सम्मनः। अथर्ववेद 3.30.2
26. शांख्यायन धर्म सूत्र 2.6.5
27. ऋग्वेद 10.18.11
28. वृहद्देवता 5.41
29. यजुर्वेद 4.23 तथा शतपथ ब्राह्मण 3.3.1.12
30. ऋग्वेद 3.53.4
31. ऋग्वेद 10.85.46
32. शतपथ ब्राह्मण 10.2.3, 10.2.3.3, 1.9.2.1, 1.9.2.5, 21–25

33. आश्व श्रौ सू 1.11.1
34. पूर्व मीमांसा 6.1.17.21
35. ऋग्वेद 10.85.44
36. ऋग्वेद 10.39.40
37. ऋग्वेद 10.34.11
38. ऋग्वेद 10.18.07 तथा ऋग्वेद 10.10.13
39. ऋग्वेद 10.18.07 तथा एतरेय ब्राह्मण 3.3.65
40. शतपथ ब्राह्मण 2.2.6
41. याज्ञवल्क्य स्मृति 1.8.9
42. शतपथ ब्राह्मण 13.2.6-7
43. शतपथ ब्राह्मण 1.9.2-3
44. निरुक्त 3.2.1
45. शतपथ ब्राह्मण 7.1.3
46. शतपथ ब्राह्मण 8.3.13 तथा 3.3.1
47. अथर्ववेद 14.2.8
48. अथर्ववेद 14.2.11
49. ऋग्वेद 5.61.8
50. शतपथ ब्राह्मण 14.4.2.4-5
51. ऋग्वेद 8.31.5-9
52. ऋग्वेद 1.7.2.5 तथा 5.3.2
53. ऋग्वेद 10.27.12
54. ऋग्वेद 10.85.24 से 36 तथा 42 एवं 46-47
55. त्रिपाठी, रमेश कुमार *समकालीन हिन्दी पत्रकारिता में नारी सन्दर्भ,* नमन प्रकाशन नई दिल्ली, प्रथम संस्करण, 2007, पृ. 74 एवं गाथिया जोसेफ, *भारत में बालिका,* कन्सेप्ट पब्लिशिंग कम्पनी, नई दिल्ली, प्रथम संस्करण, 2002, पृ. 30
56. मनुस्मृति 5/153
57. मनुस्मृति 11/10
58. मनुस्मृति 1/101 तथा 1/102
59. मनुस्मृति 4/180
60. मनुस्मृति 3/114 तथा 3/115
61. मनुस्मृति 3/113

62. मनुस्मृति 9/95
63. मनुस्मृति 3/114-115
64. याज्ञवल्क्य स्मृति 1/224, 2/175
65. पारस्कर गृह्यसूत्र 1/8
66. केडिया, कुसुमलता एवं मिश्र, प्रो. रामेश्वर प्रसाद, *स्त्री: धारणाएँ एवं यथार्थ*, विश्वविद्यालय प्रकाशन, वाराणसी, प्रथम संस्करण, 2004, पृ. 38
67. डॉ. (श्रीमती) कमला, *ऋग्वेद में नारी*, विशाल प्रकाशन, दिल्ली, 2002, पृ. 115
68. ऋग्वेद 10.85.35
69. ऋग्वेद 10.18.3 तथा 10.85.45
70. अथर्ववेद 7.37.11
71. अथर्ववेद 14.1.31, यजुर्वेद 8.43
72. अथर्ववेद 14.1.50
73. Ghosh, S.K. *Indian women through ages*, Ashish Publishing House, New Delhi, I Edition, Page 2
74. त्रिपाठी, रमेश कुमार, *समकालीन हिन्दी पत्रकारिता में नारी सन्दर्भ*, नमन प्रकाशन, नई दिल्ली, प्रथम संस्करण, 2007, पृ. 75
75. वही, पृ. 75
76. वही, पृ. 75-76
77. ऋग्वेद 8.91
78. ऋग्वेद 10.40.11
79. ऋग्वेद 1.123.10 सन्दर्भ, डॉ. कमला की पुस्तक ऋग्वेद में नारी, पृ. 163
80. ऋग्वेद 10.86.2, 10.86.6, 10.86.9, 10.86.10, अथर्ववेद 3.8.1
81. ऋग्वेद 10.86.15, 10.86.16, 10.86.17, 10.86.18, 10.145
82. ऋग्वेद 10.10.11 कामभूता बहेतद्रपामि
83. ऋग्वेद 7.80.2
84. ऋग्वेद 1.123.10
85. त्रिपाठी, रमेश कुमार, *समकालीन हिन्दी पत्रकारिता में नारी सन्दर्भ*, नमन प्रकाशन, नई दिल्ली, प्रथम संस्करण, 2007, पृ. 76
86. डॉ. कमला, *ऋग्वेद में नारी*, विशाल प्रकाशन, दिल्ली, प्रथम संस्करण, 2002, पृ. 112.
87. ऋग्वेद 9.96.22
88. ऋग्वेद 1.66.4

89. त्रिपाठी, रमेश कुमार, *समकालीन हिन्दी पत्रकारिता में नारी सन्दर्भ*, नमन प्रकाशन, नई दिल्ली, प्रथम संस्करण, 2007, पृ. 77
90. गुप्ता, सरोज कुमार, *भारतीय नारी: कल, आज और कल*, प्रकाशन संस्थान, नई दिल्ली, प्रथम संस्करण, 2007, पृ. 20
91. गाथिया जोसेफ, *भारत में बालिका*, कन्सेप्ट पब्लिशिंग कम्पनी, नई दिल्ली, प्रथम संस्करण, 2002, पृ. 30
92. गाथिया जोसेफ, *भारत में बालिका*, कन्सेप्ट पब्लिशिंग कम्पनी, नई दिल्ली, प्रथम संस्करण, 2002, पृ. 29–30
93. गौतम, एस.एस., *भारतीय साहित्य में महिलाओं पर अभद्र कहावतें*, गौतम बुक सेन्टर, दिल्ली, प्रथम संस्करण, 2007, पृ. 9
94. डॉ. स्कॉलस्टिका कुजूर, *महाभारत कालीन नारी : एक तुलनात्मक अनुशीलन (वेद और स्मृतिका के प्रकाशन में)*, ईस्टर्न बुक लिंकर्स, दिल्ली, प्रथम संस्करण, 2001, पृ. 19
95. त्रिपाठी, रमेश कुमार, *समकालीन हिन्दी पत्रकारिता में नारी सन्दर्भ*, नमन प्रकाशन, नई दिल्ली, प्रथम संस्करण, 2007, पृ. 77
96. Macdonell, *Vaidik Mythology*, p. 165, एवं ऋग्वेद 10.18.8
97. Macdonell, *A History of Sanskrit Literature*, AAP.
98. अथर्ववेद 9.5, 9.27, 9.28 तथा 18.3.1
99. स्वामी दयानन्द सरस्वती, ऋग्वेद भाष्य भूमिका, नियोग विषय
100. शास्त्री, डॉ. शिवराज, *ऋग्वैदिक काल में पारिवारिक सम्बन्ध*, पृ. 379
101. डॉ. कमला, *ऋग्वेद में नारी*, पृ. 132
102. त्रिपाठी, रमेश कुमार, *समकालीन हिन्दी पत्रकारिता में नारी सन्दर्भ*, पृ. 98
103. त्रिपाठी, रमेश कुमार, *समकालीन हिन्दी पत्रकारिता में नारी सन्दर्भ*, पृ. 97
104. त्रिपाठी, रमेश कुमार, *समकालीन हिन्दी पत्रकारिता में नारी सन्दर्भ*, पृ. 97–98
105. ऋग्वेद 10.86 सूक्त : 1.134.3
106. ऋग्वेद 10.86.12 तथा डॉ. कमला, ऋग्वेद में नारी, पृ. 126
107. जोसेफ गाथिया, *भारत में बालिका*, पृ. 28–29
108. महाभारत 9.1.46
109. त्रिपाठी, रमेश कुमार, *समकालीन हिन्दी पत्रकारिता में नारी सन्दर्भ*, पृ. 78
110. त्रिपाठी, रमेश कुमार, *समकालीन हिन्दी पत्रकारिता में नारी सन्दर्भ*, पृ. 78 से उद्धृत
111. पाणिनि, अष्टाध्यायी 4.1.33
112. त्रिपाठी, रमेश कुमार, *समकालीन हिन्दी पत्रकारिता में नारी सन्दर्भ*, पृ. 79
113. वशिष्ठ, वशिष्ठ धर्म सूत्र 18.18

114. गोभिल स्मृति 9.103, 9.104
115. याज्ञवल्क्य स्मृति 1.88
116. व्यास स्मृति 2.12
117. ऋग्वेद 10.18.8 तथा ऐसा ही मंत्र अथर्ववेद 18.3.2 भी है।
118. ऋग्वेद 1.116.10, 1.117.13, 1.118.6, 5.74.5, 7.68.6, 7.71.5, 2.31.1
119. ऋग्वेद 4.5.5
120. शास्त्री, डॉ. शिवराज, *ऋग्वैदिक काल में पारिवारिक सम्बन्ध*, पृ. 232–33
121. Macdonell, *Vaidik Index*, p. 406
122. ऋग्वेद 2.17.7, 2.17.8, 2.17.21, 10.39.3, 1.117.7
123. ऋग्वेद 10.34.5
124. ऋग्वेद 4.5.5
125. ऋग्वेद 1.124.7, यजुर्वेद 23.31
126. ऋग्वेद 8.29.8
127. ऋग्वेद 1.124.8, 10.40.6
128. ऋग्वेद 10.27.12, 10.40
129. त्रिपाठी, रमेश कुमार, *समकालीन हिन्दी पत्रकारिता में नारी सन्दर्भ*, पृ. 78
130. ऋग्वेद 1.117.7, 2.17.7, 10.39.3, 10.40.5
131. ऋग्वेद 1.117.1
132. ऋग्वेद 3.31.1
133. ऋग्वेद 3.31.2
134. निरुक्त 3.4, 3.5
135. शास्त्री, डॉ. शिवराज, *ऋग्वैदिक काल में पारिवारिक सम्बन्ध*, पृ. 263–64
136. शास्त्री, डॉ. शिवराज, *ऋग्वैदिक काल में पारिवारिक सम्बन्ध*, पृ. 267
137. शास्त्री, डॉ. शिवराज, *ऋग्वैदिक काल में पारिवारिक सम्बन्ध*, पृ. 265
138. शास्त्री, डॉ. शिवराज, *ऋग्वैदिक काल में पारिवारिक सम्बन्ध*, पृ. 364–65
139. डॉ. कमला, *ऋग्वेद में नारी*, पृ. 87
140. डॉ. कमला, *ऋग्वेद में नारी*, पृ. 77
141. शास्त्री, डॉ. शिवराज, *ऋग्वैदिक काल में पारिवारिक सम्बन्ध*, पृ. 173–217
142. ऋग्वेद 10.3.9
143. ऋग्वेद 10.40.9
144. ऋग्वेद 8.80.5, 8.80.6

145. ऋग्वेद 10.146.1-6, अथर्ववेद 3.18.1-6
146. ऋग्वेद 10.145.1-6
147. ऋग्वेद 10.159.5-6
148. ऋग्वेद 1.105.8
149. ऋग्वेद 10.116.10
150. ऋग्वेद भाष्य, स्वामी दयानन्द सरस्वती, 1.105.8, 3.1.10
151. ऋग्वेद 4.5.5, 8.9.1-4
152. ऋग्वेद 1.147.3, 1.52.6, 1.58.6, 4.4.13
153. ऋग्वेद 10.88.11
154. ऋग्वेद 10.77.2
155. डॉ. कमला, *ऋग्वेद में नारी*, पृ. 107
156. आचार्य चतुरसेन, *वयं रक्षामः*, हिन्द पॉकेट बुक्स, नई दिल्ली, ग्यारहवाँ पुनर्मुद्रण, 2013, पृ. 283-85
157. त्रिपाठी, डॉ. रमेश कुमार, *समकालीन हिन्दी पत्रकारिता में नारी सन्दर्भ*, पृ. 80

2
उत्तर वैदिक काल में स्त्री

वैदिक काल की भाँति ही उत्तर वैदिक काल भी स्त्रियों के प्रति विरोधाभासी मान्यताओं से परिपूर्ण था। उपनिषद के ऋषि ने स्पष्ट शब्दों में घोषित कर दिया था, "न वै जायायै कामाय जाया प्रिया भवति आत्मा-वस्तु कामाय जाया प्रिया भवति" अर्थात् भार्या की रुचि के लिए भार्या प्रिय नहीं होती, बल्कि अपनी रुचि के लिए भार्या होती है।[1]

याज्ञवल्क्य स्मृति में कहा गया है, "अवरुद्धासु दासीषु भुजिष्यासु तथैव च। गाम्यास्वपि पुमान्दाप्यः पंचाशत्पणिंक दमन्।"[2] अर्थात् कोई पुरुष यदि अवरुद्धा, दासी या भुजिष्या जैसी स्त्रियों से सहवास करे तो उसे पचास पण का दण्ड दिया जाए, बावजूद इसके कि ये स्त्रियाँ गम्या (जिनसे कोई भी सहवास कर सकता है) हैं।

यदि हिन्दू धर्म के प्राचीन ग्रंथों की ओर देखें तो स्पष्ट हो जाता है कि वैरागिक विचारधारा में सर्वत्र स्त्रियाँ नैतिक एवं आध्यात्मिक उत्थान में बाधक मानी गयी हैं।[3] धार्मिक ग्रन्थ प्रायः इन प्रसंगों से भरे पड़े हैं जब अत्यन्त प्रतिष्ठित ऋषि-मुनि भी स्त्रियों के सौन्दर्य एवं आकर्षण से विचलित हो गए थे।[4] इससे स्पष्ट है कि, "हमेशा से ही नारी को भोग और विलास की सामग्री एवं अध्यात्म का दुश्मन माना जाता रहा है। अतः एकदम स्वाभाविक ही था कि वैदिक कालीन भोगवाद के बाद जब समाज अध्यात्म की ओर झुका तो नारी सहज ही नरक की द्वार और दुर्गुणों की खान घोषित कर दी गयी।[5]

मनुस्मृति में स्त्रियों की स्वतंत्रता को निषिद्ध करते हुए मनु ने लिखा है कि स्त्रियों को पति के बिना अलग यज्ञ, व्रत और उपवास करने का अधिकार नहीं है[6], उसे पति के मर जाने के बाद भी पर-पुरुष का नाम नहीं लेना चाहिए[7] किन्तु पहले मरी हुई स्त्री का दाह आदि अन्त्येष्टि कर्म करके पुरुष पुनः गृहस्थ आश्रम में जाने के लिए विवाह कर सकता है।[8] मेगास्थनीज ने लिखा है, "ब्राह्मण लोग

अपनी स्त्रियों पर विश्वास नहीं करते। वे उन्हें ज्ञानार्जन और वेदाध्ययन करने के अवसर नहीं देते। इतना ही नहीं, उन्हें डर सताता रहता है कि वेद पढ़ने के बाद उनकी स्त्रियाँ उन विषयों को उन लोगों (शूद्रों-अछूतों) के सामने प्रकट कर देंगीं, जो उनके अधिकारी नहीं हैं।[9]

ब्रह्मवैवर्त पुराण में कहा गया है कि कुलीन पतिव्रता नारी अपने पापी, पतित, पागल, दरिद्र, रोगी अथवा मूर्ख पति को (भी) विष्णु के समान देखती है।[10]

मनुस्मृति में एक ओर जहाँ 'स्त्री पूजा' की बात कही गयी है, वहीं उसकी भूमिका को अत्यन्त निरीह बनाकर पेश किया गया है। मनु कहते हैं कि क्षत्रिय की हत्या होने पर 15,000 गायों का दण्ड, वैश्य की हत्या होने पर 1,000 गायों का दण्ड एवं स्त्री तथा शूद्र की हत्या होने पर मात्र 10 गायों का दण्ड पर्याप्त है। लेकिन कौटिल्य स्त्रियों के अधिकारों की रक्षा किए जाने का समर्थन करते हैं और उन्हें समाज का एक सामान्य सदस्य मानते हुए सम्पत्ति का अधिकार भी प्रदान करते हैं।[11]

श्रीमद्भगवद्गीता में अर्जुन श्रीकृष्ण से कहता है कि हे श्रीकृष्ण! बुराई के बढ़ जाने के कारण परिवार की महिलाएँ भ्रष्ट हो जाती हैं और महिलाओं के दुराचारी एवं पतित हो जाने की स्थिति में अन्तर्जातीयता अर्थात् वर्णसंकरता बढ़ जाती है।[12]

इसमें अर्जुन ने बुराइयों के बढ़ने के फलस्वरूप स्त्रियों के ही पतित हो जाने की बात की है।

इस सम्बन्ध में गांधीजी का वक्तव्य भी उल्लेखनीय है। वे कहते हैं कि हिन्दुओं के धर्मशास्त्रों में स्त्रियों के सम्बन्ध में जो आक्षेप हैं, उनके निवारण के लिए सीता और द्रौपदी जैसी पवित्र, अत्यन्त दृढ़ संकल्पित और संयमी नारियाँ उत्पन्न करनी होंगी।[13] हालांकि गाँधीजी मनुस्मृति में व्यक्त स्त्री की स्वतंत्रता के नकार को अस्वीकार करते हैं और 'यत्र नार्यस्तु पूज्यन्ते, रमन्ते तत्र देवता' की भावना को स्वीकारते हैं।[14]

वृहदारण्यक उपनिषद में ऐसा वर्णित है कि पांचाल नरेश प्रवाहण जाबालि के पास ज्ञान प्राप्ति के लिए जब अपने पुत्र श्वेतकेतु के साथ पहुँचे तो उन्होंने अपने पास गौ, अश्व व दासियाँ होने का उल्लेख किया था। छांदोग्य उपनिषद में भी कहा गया है कि राजा अश्वपति ने सत्ययज्ञ से खच्चरियों से जुता हुआ रथ और दासियों के साथ हार का उल्लेख किया था।[15]

कमलेश कुमार गुप्ता का निष्कर्ष है कि, "महिलाओं को वैदिक काल में जो पुरुषों के बराबर सम्मान एवं महत्त्व प्राप्त था, वह उत्तरोत्तर कम होता चला गया। उत्तर वैदिक काल में धर्म सूत्रों में बाल विवाह का निर्देश दिया गया, जिसके परिणामस्वरूप महिलाओं की शिक्षा में बाधा पहुँची और उनकी शिक्षा का स्तर गिरता चला गया। उत्तर वैदिक युग में महिलाओं को धार्मिक तथा सामाजिक अधिकारों से वंचित रखने के दो प्रमुख कारण थे–(1) कर्मकाण्ड की जटिलता तथा पवित्रता की धारणा, (2) अन्तर्जातीय विवाह।"[16]

लाला लाजपत राय ने अपनी पुस्तक '*दुखी भारत*' में मिस कैथरीन मैयो की पुस्तक '*मदर इण्डिया*' द्वारा हिन्दू समाज के ग्रंथों में स्त्रियों की पराधीनता सम्बन्धी आरोपों का उत्तर दिया है तथा यह कहने का प्रयास किया है कि इन ग्रंथों में स्त्रियों के प्रति कदापि अनादर नहीं था। उनका मत है कि कतिपय अवस्थाओं में स्त्री को प्रधानता दी गयी है और कतिपय अवस्थाओं में पुरुष को। दोनों समान रूप से महत्त्वपूर्ण, अनिवार्य और अभिन्न हैं।[17] भगवान दास अपनी पुस्तक '*समाज संगठन विज्ञान*' में कहते हैं, "दोनों में कुछ ऐसी शारीरिक विशेषताएँ है, कि वे एक दूसरे की कमी को पूरा करती हैं। प्रत्येक के व्यक्तिगत जीवन में दोनों विद्यमान रहते हैं परन्तु कतिपय अवसरों पर एक अपने स्वरूप में और दूसरा अपने विशेष और समुन्नत स्वरूप में प्रकट होता है।"[18] एक प्रकार से वे भी लाला लाजपत राय की ही बात की पुष्टि करते हैं। लाला लाजपत राय इस मत के समर्थन में विष्णु पुराण से एक वर्णन उद्धृत करते हैं, जिसमें कहा गया है–

"पुरुष विष्णु है, स्त्री लक्ष्मी। पुरुष विचार है, स्त्री भाषा। पुरुष धर्म है, स्त्री बुद्धि। पुरुष तर्क है, स्त्री भावना। पुरुष अधिकार है, स्त्री कर्त्तव्य। पुरुष रचयिता है, स्त्री रचना। पुरुष धैर्य है, स्त्री शान्ति। पुरुष हठ है, स्त्री इच्छा। पुरुष दया है, स्त्री दान। पुरुष मंत्र है, स्त्री उच्चारण। पुरुष अग्नि है, स्त्री ईंधन। पुरुष सूर्य है, स्त्री आभा। पुरुष विस्तार है, स्त्री सीमा। पुरुष युद्ध है, स्त्री शक्ति। पुरुष दीपक है, स्त्री प्रकाश। पुरुष दिन है, स्त्री रात्रि। पुरुष वृक्ष है, स्त्री फल। पुरुष संगीत है, स्त्री स्वर। पुरुष न्याय है, स्त्री सत्य। पुरुष सागर है, स्त्री नदी। पुरुष स्तम्भ है, स्त्री पताका। पुरुष शक्ति है, स्त्री सौन्दर्य। पुरुष आत्मा है, स्त्री शरीर।" इसके अतिरिक्त वे मनुस्मृति से भी कई उद्धरण उद्धृत करते हैं।[19]

प्रोफेसर कुसुमलता केडिया तथा प्रोफेसर रामेश्वर प्रसाद मिश्र एक अत्यन्त तार्किक बात करते हैं, "मनुस्मृति का पालन आज तक कभी भी पूर्णतः निष्ठापूर्वक नहीं किया गया। मनु का प्रसिद्ध वाक्य है कि वृत्ति या शुल्क लेते

ही ब्राह्मण शिक्षक शूद्र हो जाता है तथा वेद न पढ़ने वाला द्विज शूद्र होता है। आज द्विज जातियों के लाखों शिक्षक वेतन ले रहे हैं। इसी तरह अन्य अनेक व्यवस्थाओं के विषय में यही स्थिति है। यथा, वेद न पढ़ने वाला शिक्षक शूद्र हो जाता है।[20] ब्याज लेने वाले ब्राह्मण को राजा किसी मुकदमे की गवाही में शूद्रवत् मानकर व्यवहार करे। इसी प्रकार व्यापार कर रहे, गायन नर्त्तन से जीविका चलाने वाले, सेवा वृत्ति वाले ब्राह्मणों को राजा साक्ष्य में शूद्रवत् माने।[21] दूध बेचने वाला ब्राह्मण तीन दिन में ही शूद्र हो जाता है, इत्यादि।[22] आज इनमें से प्रत्येक प्रकार के व्यक्ति ब्राह्मण जाति में मिल जाएंगे। उन्हें न तो ब्राह्मण समाज शूद्र मानता है, न ही शेष समाज और न ही भारतीय संविधान में ऐसी कोई व्यवस्था है कि अमुक त्याज्य कर्म करने पर ब्राह्मण शूद्र हो जाएगा।[23] अतः मनुस्मृति की दुहाई का आज अधिक अर्थ नहीं है। ब्राह्मणों की जो महत्ता मनुस्मृति में वर्णित है, उसे भी तो आज कोई मान्यता या प्रतिष्ठा प्राप्त नहीं है।[24] मदिरापान करने वालों को महापातकी मानकर उनसे सम्पर्क तक नहीं रखे, यह आज कौन मानता है? श्रेष्ठ धर्माचार्य तक आज इसे नहीं मान पाते। उनके सम्पन्न शिष्यों में मदिरा पान करने वाले मिल ही जाएंगे। ऐसे में केवल स्त्रियों के उपनयन एवं वेदाध्ययन के निषेध की बात पर मनुस्मृति का आग्रह करना तथा हारीत, यम प्रभृति स्मृतियों की, वेदों की, महाभारत की एवं गृहयसूत्रों की उपेक्षा और अवज्ञा करना कथमपि धर्मसम्मत नहीं कहा जा सकता।"[25]

डॉ. सुभाष शर्मा अपने वर्षों के चिन्तन एवं अनुसंधान के पश्चात इस निष्कर्ष पर पहुँचते हैं, "भारत में महिलाओं की कई छवियाँ रही हैं। पहली छवि देवी की है जिसकी पूजा की जाती है। यह आकस्मिक नहीं कि महिलाओं के नाम के साथ 'देवी' शब्द (जैसे–रमावती देवी, महादेवी) जोड़ा जाता है। इसके अलावा 'कुमारी' शब्द भी जोड़ा जाता है जो देवी का प्रतीक (कुमारी पूजा) है। इसी सन्दर्भ में मनु ने कहा है: 'यत्र नार्यस्तु पूज्यन्ते, रमन्ते तत्र देवता' अर्थात् जहाँ नारियों की पूजा होती है, वहाँ देवता वास करते हैं। मगर दूसरी छवि इसके बिल्कुल विपरीत है। कहा गया है: 'नाक न हो तो महिला मैला खा सकती है'; 'महिला डाइन होती है', 'सारा गाँव जरिगा फूहर कहें लता गन्धान'; 'बुजरी', 'छिनाल', 'बाँझ' (बन्ध्या), बेवा, रांड (विधवा), 'ढोल, गँवार, शूद्र, पशु, नारी, ये सब ताड़न के अधिकारी' (तुलसीदास), 'नारी तुम केवल श्रद्धा हो' (जयशंकर प्रसाद), 'अबला जीवन हाय तुम्हारी यही कहानी, आँचल में है दूध और आँखों में पानी', 'पराया धन', 'तिरिया चरित्र' आदि कहा जाता है। मनु ने तो सारी सीमाएँ तोड़ दीं, जब उन्होंने स्त्री को हमेशा बन्धन में रखने

की बात कही–"स्त्री बचपन में पिता के अधीन, युवावस्था में पति के अधीन तथा वृद्धावस्था में पुत्र के अधीन रहे। वह कभी स्वतंत्र न रहे। इस प्रकार महिला को दोयम दर्जे का नागरिक या अर्द्ध गुलाम माना गया है। तीसरा नजरिया इससे बिल्कुल भिन्न स्त्री-पुरुष सम्बन्धों पर आधारित है जिसके अनुसार स्त्री की भूमिकाएँ तीन प्रकार की हैं–पत्नी, प्रेमिका या रखैल।[26] अनामिका ने राजेन्द्र यादव तथा अर्चना वर्मा द्वारा सम्पादित पुस्तक 'अतीत होती सदी और स्त्री का भविष्य' में 'हम पुरबिया' औरतें और 'हमारा स्त्री विमर्श' शीर्षक से अत्यन्त विचारोत्तेजक लेख लिखा है, जिसमें उन्होंने मनुस्मृति के सम्बन्ध में कुछ रोचक प्रश्न उठाए हैं। उन्होंने मनुस्मृति में वर्णित आठ प्रकार के विवाहों में से अन्तिम तीन असुर विवाह, राक्षस विवाह तथा पैशाच विवाह को स्त्रियों के लिए त्रासद माना है और आश्चर्य प्रकट किया है कि स्त्रियाँ ऐसे विवाहों के लिए कैसे तैयार हो जाती होंगी।[27] वे एतरेय ब्राह्मण का उद्धरण देते हुए बताती हैं कि इस ग्रंथ में तो कन्या की उत्पत्ति को स्पष्ट शोक का कारण (कृपणं हि दुहिता, ज्योतिहि पुत्र:) माना गया है।[28]

देवी भागवत पुराण में स्त्री को 'देवी' माने जाने के बावजूद उसे विष से भरी हुई, अभिमानिनी तथा स्वार्थी कहा गया है। उसे मलीन हृदया, नित्य नए-नए युवकों की खोज में रहने वाली, कामदेव का आधार स्तम्भ, लज्जा का नाटक करने वाली तथा एकान्त में अपने प्रेमी से हँस-हँस कर बातें करने वाली कहकर अपमानित किया गया है।[29]

देवी भागवत पुराण के अनुसार समाज में दो प्रकार की स्त्रियाँ पाई जाती हैं–वास्तव रूपा तथा अवास्तव रूपा। इन्हें प्रशस्त तथा अप्रशस्त भी कहा जाता है। सरस्वती, लक्ष्मी आदि सभी देवियों के रूपों को वास्तव रूपा कहा गया है तथा इसी प्रकार सत्व प्रधान स्त्रियों को भी वास्तविक कहा गया है। तमो रूप स्त्रियों को अधम माना गया है।[30]

देवी भागवतकार साहित्य को भी स्त्रियों के आधार पर तीन भागों में वर्गीकृत करता है 1. सात्विक, 2. मध्यम, और 3. अधम। स्वकीया के वर्णन से पूर्ण साहित्य सात्विक, वेश्या का वर्णन करने वाला मध्यम तथा परकीया स्त्री के वर्णन से पूर्ण साहित्य अधम माना गया है।[31] स्त्रियों को देवी भागवतकार संन्यासियों के मार्ग का बन्धन स्वीकारता है और उन्हें अपवित्र तथा मलमूत्रादि दुर्गन्धपूर्ण वस्तुओं का आधार कहता है।[32]

इस आधार पर डॉ. लज्जावती निष्कर्ष निकालती हैं कि, "तत्कालीन समाज में स्त्री के विविध रूप दृष्टिगोचर होते थे परन्तु फिर भी स्त्री को समाज में

आदर की दृष्टि से नहीं देखा जाता था। उसकी स्थिति में अवनति के चिह्न प्रकट होने लगे थे।[33] यह कम आश्चर्यजनक नहीं है कि देवी को शिखर स्थान पर पूजित करने के लिए जिस देवी भागवत पुराण की रचना की गयी, उसी ग्रन्थ में स्त्रियों के प्रति उपेक्षा की भावना यत्र-तत्र दृष्टिगत होती है।

उपनिषदों के युग में सहशिक्षा का प्रसार तो था, परन्तु स्त्रियों की दशा में अवनति आनी प्रारम्भ हो गयी थी। वह सम्पत्ति की उत्तराधिकारिणी नहीं रह गयी थी और उसके द्वारा अर्जित धन पर उसके पिता अथवा पति का अधिकार समझा जाने लगा था। सामाजिक कार्यों में भी स्त्री का सहयोग कम होने लगा था और विवाह में भी उन्हें आंशिक स्वतन्त्रता ही प्राप्त थी। इस समय तक विधवा को पुनर्विवाह का अधिकार प्राप्त था, वह अपने पति के भाई अथवा किसी अन्य पुरुष के साथ विवाह कर सकती थी, परन्तु उसके धार्मिक अधिकारों पर अंकुश लगना प्रारम्भ हो गया था। बलिदान के बहुत से कार्य जो अभी तक केवल स्त्रियों के द्वारा सम्पादित हो रहे थे, अब पुरुष द्वारा सम्पादित किए जाने लगे थे।[34]

श्वेताश्वतरोपनिषद जीवात्मा को स्त्री, पुरुष अथवा नपुंसक भेद से रहित मानता है। उसके अनुसार जो जीवात्मा आज स्त्री है, वही दूसरे जन्म में पुरुष और जो पुरुष है, वह स्त्री हो सकता है–

नैव स्त्री न पुमानेष न चैवायं नपुंसकः।
यद् यच्छरीरमादत्ते तेन-तेन स युज्यते।।[35]

वृहदारण्यकोपनिषद् में प्रजापति से मिथुन की उत्पत्ति बताई गयी है। इसके अनुसार पति-पत्नी का शरीर अद्धवृगल (द्वि दल का एक भाग) की भाँति होता है। प्रजापति ने अपने शरीर को पति-पत्नी के रूप में दो भागों में विभक्त कर लिया। इसलिए यह (पुरुषार्द्ध) आकाश स्त्री से पूर्ण होता है।[36]

डॉ. अमलदार नीहार उत्तर वैदिक कालीन स्त्री विमर्श की चर्चा करते हुए कहते हैं, "स्त्री जाति के प्रति सामाजिक दृष्टिकोण का अध्ययन करने के लिए जब हम धर्मशास्त्र के प्रचलित ग्रन्थों, साहित्य और इतिहास में उल्लिखित आप्त वचनों और प्राचीन मूल्य-मान्यताओं का अवलोकन करते हैं तो बड़े अन्तर्विरोध देखने को मिलते हैं। इस अन्तर्विरोध से दो बातें प्रमाणित होती हैं–एक तो यह कि देश और काल के स्तर पर ऋचा, मंत्र अथवा सूक्त भाषा के आशय को समझने के लिए (निरुक्त, निघण्टु अथवा उपयुक्त आधार कोश के अलावा) जिस उपकरण का प्रयोग किया गया, वह असमर्थ रहा हो अथवा छिन्न प्रसंग व्याख्या भी कई बार विभ्रम को जन्म देती है और दूसरा यह है कि यदि

घृणोत्पादक बातें सचमुच कही गयी हैं तो उनका रचनाकार अथवा मन्त्रदृष्टा या तो तत्व ज्ञान रहित निरामूर्ख है या शिवेतरकामी, मनुष्यता का शत्रु और दुष्ट प्रकृति का कोई सेंधमार, जिसने सांस्कृतिक रत्नों के खजाने में घृणा की बारूदी सुरंग बिछा दी है।"[37]

इस प्रसंग में डॉ. भगवतशरण उपाध्याय एक अत्यन्त महत्त्वपूर्ण परन्तु चिन्तनीय प्रश्न उठाते हैं, "भरत का विधान था कि नारी नाटक में, चाहे वह जनक की पुत्री और राम की पत्नी क्यों न हो, विश्वामित्र की कन्या महर्षि कण्व की सांस्कृतिक अनुकम्पा में ही क्यों न पली हो, दुष्यन्त की पत्नी और भरत की माँ क्यों न हो, सम्यक् रूप से संस्कृत भाषा का उपयोग वह नहीं कर सकती। उसे प्राकृतें ही बोलनी होंगी–बोलियाँ ही, जो उसके भृत्यादि, उसकी चेरियाँ आदि बोलती हैं।"[38]

तस्लीमा नसरीन ने अपनी पुस्तक *औरत के हक में* में नारी के सन्दर्भ में अनेक अशोभनीय एवं अविश्वसनीय कथनों को महाभारत से उद्धृत किया है। उनके अनुसार, "महाभारत के इस भाग (भृगुवंशी ऋषिगण द्वारा रचित अन्तिम संयोजन (ब्राह्मण) में बहुत ही स्पष्ट रूप से लिखा है कि नारी अशुभ है, सारे अमंगल का कारण है, कन्या दुखद है (1/159/11)। भीष्म पितामह ने युधिष्ठिर से कहा–नारी से बढ़कर अशुभ और कुछ नहीं। नारी के प्रति पुरुष के मन में कोई स्नेह या ममता रहना उचित नहीं (12/40/1)। पिछले जन्म के पाप के कारण इस जन्म में नारी जन्म होता है (6/33/32)। स्त्री साँप की तरह है, इसलिए पुरुष को कभी उसका विश्वास नहीं करना चाहिए (5/37/29)। त्रिभुवन में कोई ऐसी नारी नहीं, जो स्वतंत्रता पाने योग्य हो (12/20/20)। जो छह वस्तुएँ एक क्षण की असतर्कता से नष्ट हो जाती हैं, वे हैं–गर्भ, सैन्य, कृषि, स्त्री, विद्या एवं शूद्र के साथ सम्बन्ध (5/33/90)।"[39]

तस्लीमा आगे लिखती हैं, "गिद्ध, नेवला, छछूँदर, कुत्ता, शूद्र और नारी के बीच शास्त्रों ने कोई अन्तर नहीं माना और कोई भेदभाव नहीं रखा। इसलिए समाज ने भी नहीं रखा। वैदिक भारत में नारी को मनुष्य के रूप में स्वीकृति नहीं दी गयी थी। ईसा पूर्व बारहवीं शताब्दी के समाज ने नारी को जितना असम्मानित किया, तीन हजार वर्षों में आज भी, वर्तमान ईस्वी का समाज भिन्न-भिन्न तरह से, भिन्न-भिन्न दशा में, नारी को एक समान असम्मानित करता आ रहा है।"[40]

जो लोग प्राचीन ग्रंथों की दुहाई देकर स्त्रियों के जीवन में काँटे खड़ा करते हैं, उन्हें धिक्कारते हुए महादेवी वर्मा ने ठीक ही लिखा है, "प्राचीनता की दुहाई देकर जीवन को संकीर्णतम बनाते जाना और विकास के मार्ग को चारों ओर से

अवरुद्ध कर लेना किसी जीवित व्यक्ति पर समाधि बना देने से भी अधिक क्रूर और विचारहीन कार्य है।"[41]

शायद यही ध्यान में रखते हुए नरेन्द्र सिंह सिसोदिया 'निर्मोही' अपनी कविता में कह उठते हैं–

"तुम देवों ने
वैदिक कर्म विहीन किया नारी को
धर्मशास्त्रों की व्यवस्थाएँ बदलीं
स्व अनुरूप
स्त्रियाँ इन्द्रियाँ शून्य हुईं घोर असंयमशीला
शास्त्र ज्ञान से रहित
असत्य की मूर्ति निपट
ये सभी विशेषण अभियोग सदृश
दिए पुरुषों ने
किन्तु धरती को बाँटा खण्ड-खण्ड में।"[42]

इस सन्दर्भ में के.एस. तूफान बड़ा ही मार्के का प्रश्न उठाते हैं। उनका कहना है, "वस्तुतः उत्तर वैदिक काल अथवा रामायण काल से ही नारी के पतन की कथा प्रारम्भ हो जाती है। यहाँ वह पति को स्वयं चुनती है, किन्तु उसका अधिकार संकुचित अथवा सीमित हो गया है। जो पुरुष पूर्वकाल में नारी की कृपा का प्रसाद पाने के लिए लालायित रहता था, वह अब नारी को बाहुबल से विजित भी करने लगा।"[43] वे ययाति का कामोपभोग हेतु देहान्तर तथा उनकी पुत्री माधवी की कारुणिक एवं लोमहर्षक विक्रय कथा का वर्णन करते हुए बताते हैं कि ऋग्वैदिक पुरुष ययाति की काम लालसा एवं अवैध सम्बन्धों के प्रति तीव्र स्पृहा वैदिक समाज की झाँकी प्रस्तुत कर देती है तो महाभारत के उद्योग पर्व के अध्याय 112-117 में माधवी को अश्वों के बदले बार-बार बेचे जाने की कथा निस्सन्देह एक शर्मनाक घटना है। इसी प्रकार वे इन्द्रासन के लिए प्रम्लोचा की बलि, अप्सराओं के प्रेम पर प्रतिबन्ध, देवदासियों की व्यथा, अमानुषिक सती प्रथा, बाल विवाह, बेमेल विवाह, दासी प्रथा, यौन शुचिता की सलीब पर टाँगी गयी अहिल्या के विवरण देकर बताते हैं कि नारी शोषण चिरकाल से मानव सभ्यता का प्रिय शगल रहा है।

ज्ञानेन्द्र रावत अपनी सम्पादित पुस्तक *औरत: त्रासदी का सच* में 'अपनी बात' में उत्तर वैदिक समाज की चर्चा करते हुए कहते हैं, "उत्तर-वैदिक काल जो 1000 ई.पू. से 600 ई.पू. तक माना जाता है, इस काल में स्त्री की स्थिति

बद से बदतर हो गयी। बालिका का जन्म दुर्भाग्य माना जाता था। इस काल में अनेक श्लोक ऐसे मिलते हैं, जिनसे यह पता चलता है कि उस समय ईश्वर से प्रार्थना की जाती थी कि गर्भ में यदि पुत्री हो, तो उसे पुत्र में परिवर्तित कर दिया जाए।"[44]

इसी पुस्तक में ज्ञानेन्द्र रावत पुखराज परिहार का सन्दर्भ देते हुए बताते हैं, "प्रख्यात लेखक पुखराज परिहार का मानना है कि ऋग्वेद काल में कभी नारी की स्थिति एक सी नहीं रही। इसी कारण ऋग्वेद के प्रारम्भिक मंत्रों में नारी की उपमा तथा अधिकारों पर विशेष बल दिया गया और आगे चलकर उसके अधिकारों को सीमित ही नहीं, बल्कि समाप्त भी कर दिया गया। रामायण काल में पुरुष को देवतुल्य माना गया और नारी को मात्र उसकी छाया–स्वार्थ रहित, पति परायण तपस्विनी नारी, मात्र पति की सेविका दासी। नारी को अशिक्षित और मूढ़ रखने के लिए हिंदू शास्त्रकारों ने कहा–"स्त्री को शिक्षित करा दो और समझो कि तुमने उसके हाथों में कटार थमा दी।"[45]

मीनाक्षी निशांत सिंह अपनी पुस्तक *महिला सशक्तीकरण का सच* में दुबाइस नामक एक पाश्चात्य लेखक का जिक्र करती हैं। वे बताती हैं कि, *हिन्दू: मैनर्स, कस्टम्स एण्ड सेरेमनीज़* नामक अपनी पुस्तक में दुबाइस ने लिखा है कि प्राचीन भारत में शिशु हत्या और सती प्रथा जैसी कई बर्बर परम्पराएँ प्रचलन में थीं। उनके अनुसार शिशु हत्या एक धार्मिक कृत्य था और शिशुओं में भी सबसे अधिक कन्या शिशुओं को जन्म लेते ही मार दिया जाता था।[46]

निशांत सिंह भी कुछ ऐसा ही मत प्रकट करते हुए लिखते हैं, "वैदिक युग के बाद ई.पू. 600 से 300 ई.पू. के कालखण्ड को क्रान्ति युग की संज्ञा दी जाती है। लगभग इसी समय कौटिल्य ने अर्थशास्त्र और मनु ने मनुस्मृति की रचना की। निष्कर्षत: इसी दौरान समाज में महिलाओं की स्थिति का क्षरण शुरू हुआ। अर्थशास्त्र व मनुस्मृति में कहीं भी महिला शिक्षा का जिक्र नहीं किया गया है। अब कन्याओं से अपना वर स्वयं चुनने की आज़ादी छीन ली गयी थी और पिता द्वारा चुने गए व्यक्ति को 'कन्यादान' करने की प्रथा प्रचलन में आ गयी थी।"[47]

डॉ. सुमंगला झा बताती हैं, "महाभारत काल से ही नारी के प्रति अन्याय शुरू हुआ। पुत्रों को पुत्री की अपेक्षा अधिक प्यार, स्त्रियों को अपवित्र मानना, उन्हें शूद्र के समकक्ष रखना, स्त्रियों का पुरुषों पर पूर्ण निर्भर होना आदि कई दोष उत्पन्न हो गए। फलस्वरूप नारियों के प्रति समाज उदार नहीं रहा।"[48]

डॉ. प्रतिभा येरेकार इस कथन से पूर्ण सहमति नहीं रखतीं। उनका मन्तव्य है कि उत्तर वैदिक युग में नारी को आध्यात्मिक ज्ञान और दर्शनशास्त्र की शिक्षा

अनिवार्य रूप से दी जाती रही है। उस समय लिखे ब्राह्मण ग्रन्थों में "'स्त्री हि ब्रह्मा बभूविव' अर्थात् नारी को सृजक कहा गया है, किन्तु इस युग में नारी को शिक्षा ग्रहण करने के लिए गुरुकुलों में न भेजकर उन्हें अपने ही किसी योग्य रिश्तेदारों के घर भेजकर शिक्षा पूरी करवा दी जाती रही है।"[49]

उपनिषद काल में नारी की विस्तीर्ण प्रतिष्ठित स्थिति धीरे-धीरे पतन की ओर उन्मुख होने लगी। आर्य-अनार्य संघर्ष के परिणामस्वरूप जाति बन्धन धीरे-धीरे कठोर होते गए और बहुविवाह, बाल विवाह, सती प्रथा जैसी कुरीतियाँ जड़ जमाने लगीं। इस दौरान तप और वैराग्य को अधिक महत्त्व मिलने से स्त्री के प्रति उपेक्षणीय दृष्टिकोण प्रबल होने लगा। जो पत्नी अभी तक सहचरी हुआ करती थी, वह अब दासी के तुल्य मानी जाने लगी।[50] मैत्रायाणी संहिता ने तो इससे आगे बढ़कर नारी को जुआ और मदिरा के समकक्ष स्थान दे डाला।[51] तैत्तिरीय संहिता द्वारा स्त्री को शूद्र से भी निकृष्ट घोषित किया गया।[52] पुत्री के जन्म न होने की प्रार्थना करने हेतु विशेष अनुष्ठान किए जाने लगे।[53]

कमलेश कुमार गुप्ता वैदिक युग को उत्तर वैदिक युग की तुलना में श्रेष्ठ मानते हुए कहते हैं, "इस युग में (उत्तर वैदिक युग)" 'विष्णु संहिता', 'पाराशर संहिता' एवं 'याज्ञवल्क्य संहिता' की रचना हुई, जिसमें 'मनुस्मृति' को ही व्यवहार की कसौटी मानकर वैदिक नियमों को पूर्ण रूप से तिलांजलि दे दी गयी। भारत में हिन्दू महिलाएँ इस युग में सामाजिक एवं धार्मिक रूप से संकीर्ण विचारधारा का शिकार बनीं। वैदिक काल की 'गृहलक्ष्मी', 'माता' एवं 'शक्तिप्रदायिनी देवी' अब 'याचिका', 'सेविका' तथा 'अबला' के प्रतीक के रूप में दिखाई देने लगी।"[54]

उत्तर वैदिक काल की स्त्रियों का प्रतिनिधित्व प्रमुख रूप से मैत्रेयी और गार्गी करती हैं। मैत्रेयी याज्ञवल्क्य की पत्नी थीं तथा अमरत्व के सिद्धांतों की तलाश करने में उनकी विशेष अभिरुचि थी। विदेहराज जनक के दरबार में आयोजित दार्शनिक वाद-संवाद में उन्होंने याज्ञवल्क्य तथा अन्य विद्वानों के समक्ष अपनी विद्वता का परिचय इस प्रकार दिया कि वे विद्वान स्वयं को विवेचना कर पाने तथा प्रत्युत्तर देने में असमर्थ पाते थे। तब वे उस पर क्रोधित होकर गरज उठते थे–गार्गी, माति प्राक्षीर्मा ते मूर्द्धा चयपत (री गार्गी, मुझसे बहुत सवाल पूछेगी, तो तेरा सिर नीचे गिर जाएगा) वृहदारण्यक उपनिषद 3/6/8।

जैमिनीय ब्राह्मण में स्त्री जाति को दुख का मूल बताया गया है, तो शंकराचार्य नारी को 'नरक का द्वार' बताते हैं। कौटिल्य की विश्व विश्रुत उक्ति

'त्रिया चरित्रम् पुरुषस्य भाग्यम्, दैवम् न जानामि कुतो मनुष्य:' से आज भला कौन व्यक्ति परिचित नहीं है। चाणक्य नीति के एक अन्य विचार को भी देखें–

स्त्रीनाम् सर्वशुभानाम् क्षेत्रम्
स्त्रीषु किंचिदषि न विश्वसेत।

अर्थात् स्त्री स्वयं के लिए शुभ ही क्षेत्र चाहती है, किन्तु वह कभी किसी अन्य स्त्री पर विश्वास नहीं करती।

वायु पुराण में दीर्घतमा ऋषि का प्रसंग आता है, जो स्त्री विमर्श की तत्कालीन दशा को समझने के लिए अत्यन्त महत्त्वपूर्ण है। जब दीर्घतमा अपनी माँ के गर्भ में थे, तभी उनके चाचा बृहस्पति ने उनकी माँ से पाशविक सम्भोग किया, जिससे वे अन्धे पैदा हुए और उनकी सोच भी दूषित हो गयी। वेद एवं वेदांग में पारंगत होने के बावजूद वे 'गोधर्म' (पशुओं की भाँति सार्वजनिक रूप से व्यभिचार करना) किया करते थे। उनके समकालीन मुनियों ने उनके इस अनैतिक व्यवहार पर रोष प्रकट करते हुए उन्हें आश्रम से निकल जाने को कहा। इसके पश्चात् उन्होंने प्रद्वेषी नामक एक युवा एवं सुन्दर ब्राह्मण कन्या के साथ विवाह किया तथा उससे अनेक पुत्र उत्पन्न किए लेकिन बाद में वह भी उनसे घृणा करने लगी। जब उन्होंने पत्नी से इसका कारण पूछा, तो उसने उत्तर दिया, "पति पत्नी को भोजन देता है इसलिए परम्परानुसार उसे वर्त्ता (पोषक) कहते हैं, वह पत्नी को आश्रय देता है, इसलिए परम्परानुसार उसे पति (स्वामी) कहा जाता है लेकिन आप जन्म से अन्धे होने के कारण मेरा पालन-पोषण कर पाने में असमर्थ हैं, फिर मैं आपसे प्रेम भाव क्यों रखूँ?" यह सुनकर ऋषि दीर्घतमा को क्रोध आ गया और उन्होंने क्रोध में उफनते हुए कहा, "रे मूढ़ स्त्री! तुझे कितने धन की आवश्यकता है? चल मुझे किसी क्षत्रिय राजा के पास ले चल। मैं तेरे धन की सारी इच्छा पूर्ण कर दूँगा।" इस पर क्रोध से फुफकारते हुए प्रद्वेषी ने कहा, "तुझसे मिला हुआ धन मेरे लिए कष्टकारी ही होगा, इसलिए मुझे तुम्हारे धन की आवश्यकता नहीं है। तुम्हारा जो जी करे, वह करो, कहीं भी जाओ लेकिन साफ सुन लो, मैं अब तुम्हारा भरण-पोषण नहीं करूँगी। मैं तो अपने और अपने पुत्रों के सुख के लिए दूसरा भर्त्ता कर लूँगी।" यह सुनकर दीर्घतमा व्याकुल होकर पुकार उठा, "ठहर प्रद्वेषी! दूसरे पति की बात अब मुँह से न निकालना। मैं आज से संसार में यह सदाचार स्थापित करता हूँ कि स्त्री मरते दम तक एक पति के ही अधीन रहेगी। जो इसका उल्लंघन करेगी, वह पतिता समझी जाएगी।" दीर्घतमा के यह कहने पर प्रद्वेषी और अधिक आग बबूला हो गयी और उसने क्रोध में आकर अपने पुत्रों को आदेश दिया कि

वे नेत्रहीन दीर्घतमा को गंगा नदी में बहा आएँ। गौतम आदि पुत्रों ने ऐसा ही किया।

जिस समय दीर्घतमा गंगा की धारा में बहा जा रहा था, उस समय बलि नाम के राजा गंगा में स्नान कर रहे थे। उन्होंने उसे नदी से निकाल लिया और उनका पूरा परिचय प्राप्त कर लेने के बाद उनसे प्रार्थना की "हे महात्मा आप धर्म को जानने वाले मेधावी पण्डित हैं। मेरी इच्छा है कि आप मेरी रानी के गर्भ से कुछ मेधावी पुत्र उत्पन्न करें। इससे बढ़कर मेरा और अधिक कल्याण आप नहीं कर सकते।" दीर्घतमा ने राजा बलि की बात मान ली, तब राजा ने अपनी रानी सुदेष्णा के पास जाकर अपना मन्तव्य बताया। रानी ने राजा की बात को अस्वीकार नहीं किया लेकिन बूढ़े और अन्धे दीर्घतमा को देखकर उसके मन में उसके प्रति वितृष्णा जाग उठी। वह स्वयं सहवास के लिए नहीं गयी, बल्कि उसने अपनी दासी को दीर्घतमा के पास सहवास हेतु भेज दिया। दीर्घतमा के वीर्य से दासी के गर्भ से कक्षीवान आदि ग्यारह वेदपाठी पुत्र उत्पन्न हुए। जब सभी पुत्र कुछ बड़े हो गए, तब एक दिन राजा बलि ने कौतूहलवश दीर्घतमा से पूछा, "हे महात्मा! क्या ये ग्यारह बालक मेरे ही पुत्र हैं?"

दीर्घतमा ने उत्तर दिया, "नहीं राजन्! ये मेरे वीर्य से शूद्र योनि में उत्पन्न बालक हैं। तुम्हारी रानी सुदेष्णा मुझे वृद्ध एवं अन्धा समझकर मेरे साथ सहवास करने नहीं आयी थी। उसने अपनी दासी को भेज दिया था। उसी के गर्भ से मैंने इन बालकों की उत्पत्ति की है, अतः ये तुम्हारे पुत्र न होकर मेरे पुत्र हैं।"

यह सुनकर राजा बलि को बहुत दुख हुआ। वे सुदेष्णा के पास गए और उन्होंने फिर उसे दीर्घतमा के द्वारा गर्भधारण के लिए राजी कर लिया। जब सुदेष्णा सहवास के लिए दीर्घतमा के पास पहुँची तो उस अंधे ऋषि ने सुदेष्णा के अंगों को छूकर कहा, "हे सुन्दरी! तुम्हारे गर्भ से अंग, बंग, कलिंग, पौण्ड्र और सुहय नाम के सूर्य के समान पाँच तेजस्वी पुत्र पैदा होंगे और वे अपने नाम से एक-एक देश में एक-एक राज्य स्थापित करेंगे।"[55]

यह कहानी महाभारत के अध्याय 104 के सम्भव उपपर्व में वर्णित है तथा वायु पुराण में 99वें अध्याय में भी आई है। इस कथा में स्त्री विमर्श के कई अर्थान्तर गुँथे हुए हैं। प्रथम, वैदिक व्यवस्था में भी दासी प्रथा थी, दूसरे स्त्री स्वतन्त्रता तथा स्त्री स्वच्छंदता बनाम स्त्री परतन्त्रता की अनेक गाँठें इस कथा में हैं। इस कथा से यह स्पष्ट होता है कि बलात्कार तत्समय भी हुआ करते थे और स्त्री भी आवश्यकता पड़ने पर पति को त्याग सकती थी। इसके अतिरिक्त यौन शुचिता जैसी कोई विचारधारा उस समय नहीं रही होगी क्योंकि जब एक

पति ही अपनी पत्नी को अन्धे एवं वृद्ध ऋषि के पास सम्भोग हेतु भेज सकता है, तो इससे उस समाज की दशा की सुस्पष्ट झाँकी मिल जाती है।

आइए, अब उपनिषदों पर विचार करते हैं। वृहादारण्यक उपनिषद में स्त्री-पुरुष 'जननेन्द्रियों' को सभी आनन्दों का 'एकमात्र अधिष्ठान' बताया गया है–

> 'स यथा सर्वसामापां समुद्र एकायतनमेवं सर्वेषां स्पर्शानां त्वगेकायतनमेवं'[56]

इसी ग्रंथ में अन्यत्र कहा गया है कि नाना उपभोगों की रसिक, रति रंग में निपुण, कमल जैसे नेत्रों वाली, प्रियतम से राग बाँधे हुए कामदेव के अभिमान को प्रदीप्त करने के स्वभाव वाली, कोयल रति वाली तीरमुक्त की स्त्री विद्वानों द्वारा 'समझी' जानी चाहिए।[57]

इससे भी बढ़कर वृहदारण्यक उपनिषद कहता है कि कामदेव से पीड़ित दीनमुख वाली स्त्री की जो कामना नहीं करता, उसे ब्रह्म हत्या का पाप लगता है।[58]

स्त्री के सम्बन्ध में मनु द्वारा दी गयी स्थापनाओं को ही अधिकांश पुराणों में स्वीकार किया गया है। अग्नि पुराण (172/9, 227/7, 173/44), हरिवंश पुराण (86/56, 89/79), गरुड़ पुराण (108/13, 111/12, 115/68, 109/48) ब्रह्मवैवर्त्त पुराण (35/77, 25/11) में अनेक स्थलों पर स्त्री को पुरुष की 'व्यक्तिगत सम्पत्ति' कहकर सम्बोधित किया गया है या उसे सम्पत्ति का अंश माना गया है और यह भी स्पष्ट कर दिया गया है कि स्त्री की कोई व्यक्तिगत सम्पत्ति नहीं होती।

यही कारण था कि तत्कालीन समाज में विधवा की स्थिति अत्यन्त दयनीय थी। स्कन्द पुराण में उल्लिखित है कि "अमंगलों में विधवा सबसे अमंगल है, विधवा दर्शन से सिद्धि नहीं प्राप्त होती और हाथ में लिया गया कार्य सिद्ध नहीं होता। विधवा की आशीर्वादोक्ति को विज्ञजन ग्रहण नहीं करते, मानो वे सर्प विष हों।"[59]

आज के पुरातनपंथी भारतीय समाज में भी कमोबेश यह मनोवृत्ति काम कर रही है। स्कन्द पुराण में ही विधवाओं का धर्म बताते हुए कहा गया है कि "विधवा को अपना सिर मुण्डित रखना चाहिए। उसे दिन में केवल एक बार भोजन करना चाहिए या उसे मास भर उपवास करना चाहिए या उसे चन्द्रायण व्रत करना चाहिए। जो स्त्री पर्यंक पर सोती है, वह पति को नरक में डालती है।"[60]

याज्ञवल्क्य कहते हैं कि पत्नी का कर्त्तव्य है कि वह घर के बर्तन उनके उचित स्थान पर रखे, गृह कार्य दक्ष हो, हँसमुख हो, पति के मन के योग्य कार्य करे, श्वसुर-सास के पैर दबाए, सुन्दर ढंग से चले-फिरे और अपनी इन्द्रियों को वश में रखे।[61]

पद्मपुराण में कहा गया है कि वही स्त्री पतिव्रता है, जो कार्य में दासी की भाँति, सम्भोग में अप्सरा जैसी, भोजन देने में माँ की भाँति तथा विपत्ति में मंत्री (अच्छी राय देने वाली) की भूमिका का निर्वहन करे।[62]

बृहस्पति पतिव्रता को परिभाषित करते हुए बताते हैं कि वहीं स्त्री पतिव्रता है, जो पति के आर्त्त होने पर आर्त्त होती है, प्रसन्न होने पर प्रसन्न होती है, पति के विदेश गमन पर मलिन वेश धारण करती है और दुर्बल हो जाती है एवं पति के मरने पर मर जाती है।[63]

पत्नी का कर्त्तव्य समझाते हुए बृहस्पति कहते हैं कि स्त्री को अपने पति एवं गुरुजनों से पूर्व ही सोकर उठ जाना चाहिए, उनके खा लेने के पश्चात् ही भोजन या व्यंजन लेना चाहिए तथा उनसे नीचे आसन पर बैठना चाहिए।[64]

स्कन्दपुराण कहता है कि पत्नी को पति के नाम का उच्चारण नहीं करना चाहिए, उसे परपुरुष का भी नामोच्चारण नहीं करना चाहिए, भले ही पति उसे उच्च स्वर में अपराधी क्यों न सिद्ध कर रहा हो, पीटे जाने पर उसे जोर से रोना नहीं चाहिए। उसे हँसमुख बने रहना चाहिए।[65]

व्यास का अभिमत है कि पति की मृत्यु के अनन्तर पत्नी को पति का शव गोद में लेकर अग्नि प्रवेश करना चाहिए। यदि वह जीवित रहती है और सती नहीं होती, तो उसे व्यक्त केश होकर तप से अपने शरीर को सुखा देना चाहिए।[66]

आइए अब पौराणिक काल की पाँच महान स्त्रियों पर भी विचार कर लें। अहिल्या, द्रौपदी, तारा, कुंती तथा मंदोदरी। इन पाँच स्त्रियों को किसी न किसी स्तर पर अपमान एवं तिरस्कार का सामना करना पड़ा है। इन्द्र द्वारा अहिल्या से व्यभिचार करना, द्रौपदी का पाँच पतियों के साथ जीवन निर्वाह करने को अभिशप्त होना, तारा का पति बालि की मृत्यु के पश्चात् देवर सुग्रीव की उपपत्नी बनकर रहना तथा मंदोदरी पति को राम से युद्ध न करने हेतु 'शतरंज' खेल का आविष्कार कर उसे उसमें रमाना चाहती है, परन्तु सफल नहीं हो पाती और रावण की मृत्यु के पश्चात् विभीषण की पत्नी बनकर रहने लगती है। हिन्दू समाज इन पाँचों स्त्रियों को नित्य स्मरणीय तो कहता है, परन्तु उनके गुणों की प्रशंसा होने के बावजूद उनका उद्धार पुरुष (अहिल्या का राम, द्रौपदी का कृष्ण) करते हैं। इनमें से अधिकांश को बहिष्कृत, अपमानित एवं अनिच्छापूर्वक दूसरों

के साथ संसर्ग करने या विवाह करने को विवश किया जाता है। इनके अलावा सत्यवती, सीता, पार्वती, सावित्री, दमयंती, शुभ्रू, सुदेष्णा, उर्वशी आदि स्त्रियों की भी कमोबेश यही स्थिति है। "भारतीय संस्कृति के द्योतक चरित्र सीता को भी अग्नि परीक्षा से गुजरना पड़ता है। पतिनिष्ठा को एकमात्र मॉडल गुण के रूप में भारतीय स्त्री के समक्ष रखा गया है, मैत्रेयी की ज्ञान पिपासा को स्थान नहीं।"[67]

मत्स्य पुराण में 'अनंग व्रत' का उल्लेख आता है। इसके अनुसार "देवों तथा असुरों के बीच हुए युद्ध में विजयी होने के बाद पराजित हुए असुरों की हजारों पत्नियों तथा विधवाओं को सम्बोधित करते हुए इन्द्र कहते हैं कि अब तुम सबको गणिका की भूमिका निभानी है और 'नृप मन्दिर' में निवास करना है। कोई पिता अथवा पुत्र जो भी चाहे, वह पैसा देकर तुमसे यौन संतुष्टि प्राप्त कर सकता है। ओ अनिन्द्य सुन्दरियों। तुम्हें सदैव ब्राह्मणों की सलाह माननी होगी। अब मैं तुम्हें एक व्रत के विषय में बता रहा हूँ, जो तुम्हें तुम्हारे सभी कष्टों से मुक्ति दिला देगा। यदि कोई रविवार पुष्य अथवा पुनर्वसु नक्षत्र में पड़े, तो उस दिन तुम स्त्रियों को सुगंधित जल से स्नान करने के पश्चात् मदन देव की प्रतिमा के समक्ष इस मंत्र का जाप करना होगा–

> कामाय मोहकरिणो कन्दर्प निधये प्रीतिमते सौख्यसमुद्राय
> समाय हृदयेशाय आहलादकारिणे पुष्पचापाय पुष्पबाणाय
> मानसाय विलोलाय स्र्वात्मने नमः।।

इसके पश्चात् प्रत्येक स्त्री को चाहिए कि वह एक वेदपाठी ब्राह्मण को ससम्मान सुगंधित पुष्प इत्यादि भेंट करे और अक्षत, मक्खन, पर्याप्त मात्रा में पकवान आदि प्रदान करे और कहे कि इसके द्वारा मैं माधव (भगवान विष्णु) को प्रसन्न करना चाहती हूँ। इसके पश्चात् उसे भोजन कराकर उस पवित्र पुरुष के समक्ष स्वयं को बिना कोई शर्त लगाए सौंप दे। ऐसा करने से इस व्रत का प्रथम चरण पूर्ण होगा। इस व्रत के नियमों को तेरह महीनों तक नियमपूर्वक करने पर ही इसे सम्पूर्ण माना जाएगा। इसके बाद भी यदि कोई ब्राह्मण किसी भी रविवार को घर पर पधारे तो तुम्हें उसकी कामाग्नि शान्त करनी चाहिए। जो स्त्री ऐसा करेगी, वह सीधे माधव लोक (विष्णु लोक) में जाएगी और देवता उसकी भूरि-भूरि प्रशंसा करेंगे।"[68]

पुराणों में व्रतों, तीर्थों तथा कुछ पवित्र नदियों के जल से स्नान की महिमा के पीछे कुछ अन्य कारण भी रहे हैं, जो पुरोहितों द्वारा गढ़े गए ताकि ब्राह्मणों को पाप करने के बाद भी दोषमुक्त रखा जा सके। माता-पुत्र[69] अथवा बहन-

भाई[70] के बीच पनपे अवैध सम्बन्धों के पापों को धोने के लिए उन्होंने पुरोहितों को भारी-भरकम दक्षिणा देने तथा यमुना एवं गोदावरी नदी में स्नान करके पाप मुक्त हो जाने का प्रावधान किया और इससे उन्होंने गन्दे रूमाल को पानी में धोकर साफ कर लेने की भाँति आसान व्यवस्था अपने कुकर्मों को छुपाने एवं दोष मुक्त होने के लिए कर ली।[71]

यद्यपि अग्नि पुराण में कुछ दण्डात्मक प्रावधान भी रखे गए हैं। यह पुराण कहती है कि यदि कोई व्यक्ति किसी अन्य स्त्री के नीबी बन्धन को जानबूझकर खोलने का प्रयास करता है, वक्ष स्थल के ऊपर की कंचुकी को खोलने का प्रयास करता है या उसके नाभि के नीचे के वस्त्रों को उतारने की चेष्टा करता है या अकेले में, भीड़-भरे अथवा अँधेरे स्थान पर उससे बात करने की चेष्टा करता है तो उस पुरुष तथा स्त्री दोनों में से प्रत्येक को 200 पण का दण्ड देना होगा।[72]

लेकिन कोई व्यक्ति यदि किसी वेश्या के साथ दिल्लगी करता है तो उसके लिए बहुत कम दण्ड का प्रावधान था। दूसरी ओर यदि कोई व्यक्ति अपनी नौकरानी अथवा साध्वी का शीलभंग करने का प्रयास करता था तो उसके लिए मृत्युदण्ड का प्रावधान था लेकिन यदि परस्पर सहमति के पश्चात् सम्भोग हुआ हो तो भी पुरुष पर भारी जुर्माना लगाया जाता था और महिला को छोड़ दिया जाता था।[73]

पुराणों में स्त्रियों की कोटियाँ वर्णित हैं। ब्रह्मवैवर्त्त पुराण के अनुसार अपने पति के प्रति तन-मन से निष्ठा रखने वाली स्त्री 'पतिव्रता' कहलाती है, जबकि दो पतियों (अथवा यारों) के साथ निष्ठा रखने वाली 'कुलटा' होती है और तीन के साथ सम्बन्ध रखने वाली धर्शिनी कहलाती है, जबकि चार के साथ सम्भोग करने वाली 'पुंश्चली' और पाँच या पाँच से अधिक पुरुषों से शारीरिक सम्बन्ध रखने वाली 'महावेश्या' कहलाती है। यदि कोई व्यक्ति इनमें से पतिव्रता को छोड़कर अन्य के साथ शारीरिक सम्बन्ध बनाता था तो उसके लिए विभिन्न प्रकार के दण्डों का प्रावधान था।[74] इसी प्रकार गरुड़ पुराण के छठवें अध्याय में भी स्त्रियों की कोटि का वर्णन करते हुए उन्हें हर प्रकार से हीन माना गया है। गरुड़ पुराणकार ने एक वेश्या के जीवन के स्याह पक्षों को ध्यानपूर्वक विश्लेषित किया है। वह स्पष्ट बताता है कि एक वेश्या की निद्रा दूसरे व्यक्ति के ऊपर निर्भर होती है, उसे दूसरों की पसन्द-नापसन्द पर संचालित होना पड़ता है, दुखी होने के बावजूद होठों पर सदैव मुस्कान लपेटे रखना पड़ता है। उसे हरेक व्यक्ति को अपना शरीर सौंप देना पड़ता है और अपनी इच्छाओं को मारना पड़ता है। शायद अंत में उन्हें किसी दुष्ट आगंतुक के आने पर मृत्यु का वरण करना पड़ता है।[75]

हालांकि मत्स्य पुराण में शुभ सूचकों में वेश्या दर्शन को भी स्थान दिया गया है। दक्षिण भारत में आज भी नव वधू के हाथों में जो मंगलसूत्रम् बाँधा जाता है, वह वेश्या के हाथों से निर्मित होता है। इसी प्रकार पूर्वी भारत विशेषकर बंगाल में माँ दुर्गा की प्रतिमा बनाने के लिए वेश्या के घर की मुट्टी भर मिट्टी मिलाना आवश्यक होता है। कौटिल्य ने अर्थशास्त्र में हिन्दू कर्त्तव्यों की चर्चा करते हुए कहा है कि यदि कोई वेश्या वृद्ध हो जाती है और उसे वेश्यावृत्ति से विरत होना पड़ता है तो उसे परिचारिका, रसोइया अथवा रानी की दासी बनाया जा सकता है।[76] विष्णु संहिता कहती है कि वेश्या को भ्रमण कराना एक पवित्र प्रथा है।[77]

रामायण काल तक आते-आते स्त्रियों की स्थिति और अधिक शोचनीय हो गयी थी। सीता के अग्नि परीक्षा सम्बन्धी वृत्तान्त से हम सभी भली-भाँति अवगत हैं, किन्तु एस.एन. सिन्हा एवं एन.के. वसु ने अपनी पुस्तक *वीमेन इन एन्शिएन्ट इण्डिया* में कुछ अछूते एवं रोचक वृत्तान्त वर्णित किए हैं, जिनमें हम पाते हैं कि अयोध्या नरेश दशरथ ने अपने ज्येष्ठ पुत्र राम के लिए एक श्रेष्ठ सेना की टुकड़ी तैयार करने का आदेश देते हुए कहा था कि जिन स्त्रियों की जीविका उनकी सुन्दरता पर निर्भर है, जो मृदुभाषी हैं, उन्हें राजकुमार की सेना को प्रसन्न करना होगा। इसके पश्चात् जब युवराज राम का राज्याभिषेक होने जा रहा था, उससे पूर्व वशिष्ठ ने नगर को सुसज्जित करने तथा राजमहल की सुन्दर महिलाओं को युवराज के स्वागत में खड़े होने को कहा था। किन्तु दुर्भाग्यवश राम को वनवास जाना पड़ा और चौदह वर्ष के वनवास के पश्चात् जब राम अयोध्या वापस आने लगे, तो उन्होंने इसकी सूचना भरत तक पहुँचाने के लिए हनुमान को भेजा। हनुमान से राम के अयोध्या लौटने की खबर सुनकर हर्षातिरेक में भरत ने कहा कि चूँकि हनुमान राम के अयोध्या आगमन का शुभ समाचार लेकर आए हैं, अतः उन्हें श्रेष्ठ कुलों की सुन्दर मुखों वाली, सुन्दर देह वाली, सुन्दर वक्ष वाली, चौड़े नितम्बों से युक्त, पतली जंघाओं वाली एवं सुन्दर आभूषणों से युक्त सोलह स्त्रियाँ पत्नी रूप में भेंट की जाएँ।[78]

वे आगे लिखते हैं कि जब भरत राम की अगवानी करने के लिए अपनी भारी-भरकम सेना के साथ ऋषि भारद्वाज के आश्रम पहुँचे, तो भारद्वाज ऋषि ने अपने तपोबल से सभी सैनिकों को दुराचार में प्रवृत्त कर दिया। ऋषि भारद्वाज ने इन्द्र के स्वर्ग से सभी अप्सराओं को बुलवा लिया, ब्रह्मा ने सत्तर हजार सुन्दर मोहिनी स्त्रियों को भेजा तो कुबेर ने नब्बे हजार रमणियों को भेजा, स्वयं इन्द्र ने बीस हजार स्त्रियाँ इन सैनिकों के मनोरंजन के लिए भेजीं। ऋषि भारद्वाज ने वन की लताओं को भी अपने तप के तेज से स्त्रियों में परिवर्तित

कर दिया। प्रत्येक सैनिक के (जो प्राय: विवाहित थे) स्नान के दौरान सात या आठ मनमोहक रमणियों ने उन्हें प्रसन्न किया और इसके पश्चात् उन्हें स्वादिष्ट भोजन एवं पेय दिया तथा उन्हें सभी प्रकार का विषय सुख प्रदान किया। इसके पश्चात् उन सैनिकों ने नाचते हुए कहा कि हे भरत! हम तो यहीं रहेंगे क्योंकि यही स्वर्ग है।[79]

वाल्मीकि रामायण के अरण्य काण्ड में वर्णित राम विवाह के अवसर पर अप्सराओं ने नृत्य किया था। अलौकिक अप्सराएँ और देवांगनाएँ सर्वसाधारण की सम्पत्ति कही जाती थीं और इनकी उत्पत्ति जल से मानी गयी थी। पुरुषों में बहुपत्नी विवाह की परम्परा भी प्रचलित थी क्योंकि अयोध्या नरेश दशरथ की साढ़े तीन सौ रानियाँ थीं, जिनमें कौशल्या ज्येष्ठा थीं। रामायण काल में परदा प्रथा भी रही होगी तथा विधवाएँ अत्यधिक सादगीपूर्वक श्वेत वस्त्र धारण करती थीं। प्राय: उस समय सती प्रथा नहीं थी क्योंकि दशरथ मरण के पश्चात उनकी रानियों ने सती प्रथा का अनुसरण नहीं किया था किन्तु मेघनाद की पत्नी सुलोचना पति के शव के साथ सती हो गयी थी। इससे ऐसा प्रतीत होता है कि तत्समय सती प्रथा ऐच्छिक रही होगी।

मुगलकालीन हरम की भाँति रामायण काल में अन्त:पुर हुआ करते थे, जहाँ केवल स्त्रियाँ ही रहा करती थीं। अन्त:पुर में प्रवेश से पहले सूचना देने का नियम था। लक्ष्मण ने सुग्रीव के अन्त:पुर में प्रवेश करने से पहले धनुष की टंकार ध्वनि से अपने आने की सूचना दी थी। परिवारों में दासी प्रथा भी प्रचलन में थी क्योंकि कैकेयी की प्रिय दासी मन्थरा विश्वविश्रुत है। ये दासियाँ विश्वसनीय भी हुआ करती थीं और रानियाँ तथा कुल की महिलाएँ उनसे सलाह भी लिया करती थीं। मन्थरा के कपट के कारण ही राम को वन जाना पड़ा था।

रामायण कालीन समाज का एक महत्त्वपूर्ण पक्ष यह है कि वानर तथा राक्षस कुल की स्त्रियाँ बलात् वश में रखने को अभिशप्त थीं। बालि द्वारा अनुजवधू रूमा को जबरन अपनी पत्नी बनाकर रखना तथा कालान्तर में सुग्रीव द्वारा अपने बड़े भाई बालि की पत्नी को अपनी पत्नी बना लेना एवं इसी प्रकार विभीषण द्वारा रावण की पत्नी मंदोदरी को अपनी पत्नी बनाकर रखना इसके उदाहरण हैं लेकिन आर्य परम्परा में ऐसा कम ही दृष्टिगत होता है।

कविता श्रीपत एवं निशा धवन ने 16 नवम्बर, सन् 1987 को अमृत बाजार पत्रिका में छपे 'सीता टॉप्स द लिस्ट' नामक लेख में कुछ महत्त्वपूर्ण निष्कर्ष निकाले हैं। उन्होंने यह जानने की कोशिश की कि महिलाओं एवं पुरुषों में आज के दौर में महिलाओं के प्रति क्या परिवर्तन आया है। इसके लिए उन्होंने

इलाहाबाद नगर के 900 लोगों का साक्षात्कार लिया। इनमें जो महिलाएँ उन्होंने चुनीं, वे सभी हिन्दू थीं और इनमें से आधी नौकरी पेशा थीं। पुरुषों में भी वे लोग शामिल किए गए, जो मध्यम वर्ग अथवा उच्च वर्ग से आते थे और पूर्णतः शिक्षित थे। उनसे पहला सवाल किया गया कि वे भारतीय महिलाओं में कौन-सा गुण होना आवश्यक समझते हैं। इसके जो परिणाम आए उसमें महिलाओं ने यह माना कि कुछ परम्पराओं का त्याग करना उचित है किन्तु वे स्त्रियोचित गुणों की बँधी-बधाई परिपाटी को जारी रखने पर अड़ी रहीं। आधी से ज्यादा महिलाओं का मत था कि एक महिला को शिक्षित, बुद्धिमान, तार्किक और स्पष्टवादी होना चाहिए, लेकिन 47 प्रतिशत महिलाओं ने महिलाओं में सहनशीलता, सहयोग की भावना और ताल-मेल बिठाकर चलने को महत्त्वपूर्ण माना। जैसा कि स्वाभाविक ही था, घरेलू महिलाओं ने परम्परावादी महिलाओं को ही आदर्श महिला बताया। आश्चर्य की बात यह थी कि किसी भी कामकाजी महिला ने अपनी आदर्श महिला के बारे में नहीं बताया जबकि लगभग चार प्रतिशत घरेलू महिलाओं ने अपनी पसन्द खुलकर बताई। कामकाजी महिलाओं ने एक महिला को शिक्षित और बुद्धिमान होना जरूरी बताया। ताज्जुब की बात यह रही कि इस सर्वेक्षण में अधिकांश महिलाओं ने 'सीता' को आदर्श नारी बताया। पुरुषों से भी जब यह प्रश्न किया गया तो उन्होंने भी 'सीता' का नाम लिया, जबकि कुछ पुरुषों ने अपनी माँ का नाम लिया।[80]

आइए, अब सीता पर विचार करते हैं। कहा जाता है कि भारत में परदा प्रथा मुग़लों की देन है लेकिन रामायण में जब सीता राम के साथ वनगमन के लिए राजमार्ग पर निकलती हैं तब इस बात पर पश्चाताप व्यक्त किया जाता है कि जिस स्त्री को आकाशीय आत्माओं ने भी नहीं देखा, वह अब सर्वसाधारण की वस्तु बनकर सार्वजनिक नजरों से भी देखी जाएगी। रामायण की व्याख्या में महत्त्वपूर्ण तथ्य यह है कि वानरों तथा राक्षसों की स्त्रियाँ अपेक्षाकृत अधिक स्वच्छन्द हैं। वे अपने पतियों रावण तथा बालि को राजनैतिक परामर्श भी देती हैं परन्तु आर्य स्त्रियों को सीमित स्वतन्त्रता है। कैकेयी को छोड़कर अन्य किसी स्त्री को स्वतन्त्रता नहीं दिखती। वास्तव में अयोध्या की नारियाँ पुरुषों के प्रति आज्ञाकारिता की डोर से बँधी हुई हैं। सीता राम की छाया बनकर सर्वत्र उनका अनुसरण करती देखी जा सकती हैं। उनका सब कुछ राम का है। राम से अलग सीता का कोई अस्तित्व नहीं है लेकिन राम ऐसी एकनिष्ठ पति परायणा सीता को बिना किसी अपराध के अग्नि परीक्षा देने के लिए विवश करते हैं। लंका विजय के पश्चात् सीता जब पालकी में बैठकर राम के पास आती हैं, तो राम इन शब्दों से उनका अभिनन्दन करते हैं–

"कः पुमास्तु कुले जातः स्त्रियाँ परिगृहीषिताम्।
तेजस्वी पुनराद्दयात् सुहल्लोचन चेतसा।
रावणांघ परिभ्रष्टा दुष्टां दुष्टां दुष्टेन चक्षुषा।
कव्य त्वा पुनरादधा कुल व्यवदिशन्महत।।
नास्ति में त्वप्यामिष्वंग को यथेष्ट गम्यतामिति।।"

अर्थात् "कौन ऐसा कुलीन पुरुष होगा, जो तेजस्वी होकर भी दूसरे के घर में रही स्त्री को प्रेम के लालच में ग्रहण करेगा। तुम रावण की गोद में बैठकर भ्रष्ट हो चुकी हो। उसकी कुदृष्टि तुम पर पड़ चुकी है। अपने उच्च कुल का बखान करते हुए भला मैं अब तुम्हें कैसे स्वीकार कर सकता हूँ? अतः अब तुम जहाँ जाना चाहो, जा सकती हो। मेरा तुमसे कोई अनुराग नहीं है।"

लेकिन बाद में राम ने अग्नि परीक्षा के बाद सीता को स्वीकार कर लिया था परन्तु कुछ समय बाद ही अयोध्या में एक धोबी का ताना सुनकर वे गर्भवती सीता को धोखे से वन भिजवा देते हैं। उस समय राम ने सीता को यह बताना भी आवश्यक नहीं समझा कि उनका अपराध क्या है और जिस तथाकथित अपराध के लिए वे पहले अग्नि परीक्षा दे चुकी है, उसी के लिए उन्हें निष्कासित कर देना भला कहाँ का न्याय है? अन्याय और शोषण का इससे बड़ा उदाहरण अन्यत्र मिलना दुर्लभ है। आज भी निरपराधों को न्यायालय द्वारा सजा नहीं मिलती और तो और एक अपराध की एक बार सजा मिल जाने के बाद उसी अपराध की दोबारा सजा नहीं दी जाती लेकिन सीता को तो उस अपराध के लिए दो बार सजा दी जाती है, जो उसने कभी किया ही नहीं था। इतना ही नहीं, सीता के जीवित रहते हुए सीता के निर्वासन के पश्चात् एकपत्नी व्रत निभाने के नाम पर सीता की स्वर्ण प्रतिमा के साथ यज्ञ का सम्पादन करके आदर्श के नाम पर जो दिखावा किया गया था, वास्तव में वह सम्पूर्ण नारी जाति के साथ एक बहुत बड़ा छल था, जिसका अनुमान प्रत्येक न्यायशील व्यक्ति कर सकता है।[81]

डॉ. रमेश कुमार त्रिपाठी सवाल उठाते हुए कहते हैं, "क्या सीता एक नागरिक तक न थी? इन्द्रिय तृप्ति का साधन मात्र थी? राम में लोकापवाद की भीरुता थी, न्याय पथ पर आरूढ़ होने का साहस न था। वे झूठ और अन्याय पर आधारित अपनी प्रजा के विचार नहीं बदल सकते थे मगर निरपराध सीता को निर्वासित कर सकते थे। पर वास्तव में यह राम की गलती नहीं थी–उस काल की सामाजिक व्यवस्था ही ऐसी थी।"[82]

इस सम्बन्ध में डॉ. रमेश कुमार त्रिपाठी के विचारों से सहमत हुआ जा सकता है कि जो रूढ़िवादी (ब्राह्मण) समाज अपने राजा राम के यज्ञ को करने

से केवल इस कारण मना कर देता है क्योंकि रावण की हत्या करके उन्होंने ब्रह्म हत्या का पाप किया था, यही नहीं बल्कि जो ब्राह्मण उनका यज्ञ करवाते हैं, उन्हें राम द्वारा सरयू नदी के किनारे बसाना पड़ता है और 'सरयूपारीण ब्राह्मण' नामकरण देना पड़ता है। वह समाज एक अत्याचारी ब्राह्मण के रूप में यदि रावण के वध को 'पाप' नाम देता है, तो सीता के निर्वासन में भी निश्चय ही ऐसे रूढ़िवादी समाज का दबाव रहा होगा।

लेकिन दूसरी तरफ असभ्य और अर्द्धविकसित वानरों के समूहों की ओर देखिए। अंजना अपने पति केशरी के रहते हुए भी वायु द्वारा 'शंकर पुत्र' हनुमान को गर्भ में धारण करती है और बालि द्वारा अपनी पत्नी रूमा के अपहरण के बावजूद सुग्रीव बाद में अपनी पत्नी रूमा को स्वीकार कर लेता है। राक्षसों में भी ऐसी ही परम्परा थी। शूर्पणखा अयोध्या की राजकुमारियों की अपेक्षा अधिक स्वतन्त्र है और निर्भीकता से विचरण करती है। राक्षसों का समाज वास्तव में मातृसत्तात्मक समाज है क्योंकि पुलस्त्य ऋषि का पुत्र होने के बाद भी रावण तथा उसके तीनों भाई राक्षस कहलाते हैं क्योंकि उनकी माँ केकसी राक्षस कन्या थी। राक्षसों के बीच भाई-बहन के सम्बन्धों की डोर भी काफी मजबूत है क्योंकि शूर्पणखा के अपमान का बदला लेने के लिए ही रावण सीता का हरण करता है, जबकि दूसरी ओर सीता अकेली दिखाई देती है और उसके अपमान का प्रतिकार करने के लिए कोई नहीं है। तपस्वी का आश्रम ही उसकी शरण स्थली बनती है।[83]

रामायण काल में स्त्री के सहयोग से दशरथ युद्ध में शौर्य का प्रदर्शन कर सकते थे[84], किन्तु वही स्त्री आत्म रक्षा करने में असमर्थ दिखाई पड़ती है–

गतिरेका पतिनीर्या द्वितीया गतिरात्मजः।
तृतीया ज्ञातयो राजश्चतुर्थी नैव विद्यते।।[85]

जहाँ एक ओर कैकेयी जैसी वीर महिला है, जो युद्ध भूमि में जाकर पति की सहायता करने को तत्पर रहती है, तो वहीं दूसरी ओर सीता जैसी परवर्ती स्त्री पतिव्रत तथा आदर्श के नाम पर पति की इच्छा एवं अन्याय के समक्ष झुककर स्वयं को मिटा देने में गर्व का अनुभव करती है। इस काल में ज्ञान पर सौन्दर्य को वरीयता देने की भी शुरूआत हुई। अब स्त्री का शारीरिक आकर्षण उसकी बहुत बड़ी पूँजी बन गया। सीता, कैकेई, अहिल्या, रम्भा, मेनका, तारा सुप्रसिद्ध सुन्दरियाँ हुईं। स्वयं वाल्मीकि 'सर्वांगी सर्वरम्यो हिकश्चिल्लक्ष्ये प्रजायते' कहकर नारी रूप को जगत की दुर्लभ सम्पत्ति स्वीकार करते हैं। वाल्मीकि रामायण में ऐसे अनेक उद्धरण हैं, जिनसे पता चलता है कि वेश्याओं और

नर्तकियों की उपस्थिति राजकीय शिष्टाचार के लिए अनिवार्य हुआ करती थी और स्त्री को उपहार स्वरूप भेंट करने की भी परम्परा थी।[86] वाल्मीकि रामायण में एक स्थान पर उल्लेख आता है कि वाल्मीकि के आश्रम में लव-कुश के साथ आश्रेयी नामक बालिका भी शिक्षा ग्रहण कर रही थी। यह तथ्य स्त्री के शिक्षा के प्रति आशान्वित करता है, परन्तु ऐसे स्थल अत्यल्प हैं।

यदि हम महाभारत काल की ओर देखें तो पाते हैं कि इस काल में दो परस्पर विरोधी धारणाएँ 'नारी नरकस्य द्वारम्' और 'नारी स्वर्ग का सोपान' संघर्षरत रहीं, महाभारत में एक तरफ कहा गया–

भार्या मूल त्रिवर्गस्य भार्या मूलं तरिष्यत:[87]

वहीं दूसरी ओर इसके विपरीत यह भी कहा गया–

जिह्वा सहस्र स्याजीवेच्च शरदां शतम्।
अनन्य कर्मा स्त्री दोषाननुक्त्वा निधनं ब्रजेत्।।[88]

एक ओर महाभारत कहता है कि स्त्रियाँ पति की आत्मा के जन्म लेने का सनातन पुण्य क्षेत्र है[89], तो वहीं महाभारत के अनुशासन पर्व में कहा गया है कि महाराज मनु जब स्वर्ग जाने लगे, तो उन्होंने स्त्रियों को पुरुषों के हाथों में सौंपते हुए कहा–

"अबला: स्वल्पकौपीना: सुहृद: सत्यजिष्णव:।
ईर्षवो मानकामाश्च् चण्डाश्च सुहृदोडबुद्धा:।
स्त्रियहतु मानमर्हन्ति वा मानयत मानवा:।।"[90]

अर्थात्, हे मनुष्यों! स्त्रियाँ अबला, थोड़े से वस्त्रों से काम चलाने वाली, अकारण हित साधन करने वाली, सत्य लोक को जीतने वाली, ईर्ष्यालु, मान चाहने वाली और भोली-भाली होती हैं।

वहीं दूसरी ओर भीष्म शान्ति पर्व में युधिष्ठिर को उपदेश देते हुए कहते हैं कि यदि कोई स्त्री अपने श्रेष्ठ पति को छोड़कर अन्य पापी की शय्या पर जाती हैं, तो उस कुलटा को अत्यन्त विस्तृत मैदान में खड़ी करके राजा कुत्तों द्वारा नोचवा डाले।[91]

महाभारत में विरोधाभासी दृष्टिकोण सर्वत्र प्राप्त होते हैं। कहीं-कहीं परदा प्रथा न होने का आभास मिलता है, तो कतिपय स्थलों पर ऐसा प्रतीत होने लगता है कि महाभारत काल में भी परदा प्रथा अवश्य रही होगी।[92]

महाभारत काल में स्त्री शिक्षा का भी पर्याप्त प्रचार रहा होगा। स्कॉलस्टिका कुजूर ने अपनी पुस्तक *महाभारत कालीन नारी: एक तुलनात्मक अध्ययन* में

महाभारत कालीन विदुषी स्त्रियों की सूची दी है, जिसमें द्रौपदी, सत्यवती, गान्धारी, उत्तरा, अरुन्धती, सुलभा, शकुन्तला, सावित्री, शिवा, विदुला, ब्रह्मज्ञा गौतमी, पतिव्रता शांडिली, दमयन्ती, शिखण्डी, पिंगला, माधवी, देवयानी, कुन्ती तथा आचार्य गौतमी की पुत्री के नाम शामिल हैं।[93] लेकिन वहीं महाभारत काल में स्त्री स्वतन्त्रता निषिद्ध भी थी क्योंकि अनुशासन पर्व में स्पष्ट कहा गया है–

नास्ति स्वतन्त्रता स्त्रीणाम स्वतन्त्रता हि योषितः।
प्रजापतिमतं हि एतन्न स्त्री स्वातन्त्र्यमर्हति।।[94]

स्वयं अष्टावक्र कहते हैं कि संसार की कोई भी स्त्री स्वतन्त्र रहने योग्य नहीं है। महाभारत में इसी कारण से स्त्री रक्षा का भार आयु और सम्बन्ध के अनुसार क्रमशः पिता, पति और पुत्र को सौंपा गया है–

पिता रक्षति कौमारे भर्त्ता रक्षति यौवने।
पुत्राश्च स्थाविरे भावे न स्त्री स्वातन्त्र्यमर्हति।।[95]

महाभारत में ऐसे अनेक स्थल हैं, जहाँ स्त्री की निन्दा की गयी है। पनचूड़ा नामक अप्सरा ने नारद से स्त्रियों के दोषों की विशद् चर्चा करते हुए बताया है कि स्त्रियाँ मर्यादा विहीन होती हैं, पापिष्ठ होती हैं तथा यदि उन्हें अवसर मिले तो वे अपने पति की प्रतीक्षा करने के स्थान पर परपुरुष को स्वीकार करने को तत्पर रहती हैं। कुलवती स्त्रियाँ भी स्वेच्छाचारिणी स्त्रियों के मार्ग पर चलने की चाहत रखती हैं तथा वे अन्धों, कानों, कुबड़ों, गूंगों और बौनों के साथ भी फँस जाती हैं। यदि उन्हें पुरुष किसी प्रकार से प्राप्त नहीं हो पाता, तो वे कृत्रिम उपायों से मैथुन में प्रवृत्त हो जाती हैं क्योंकि उन्हें काम प्रिय होता है।[96] यह भी कहा गया है कि यमराज, वायु, मृत्यु, पाताल, बड़वानल, क्षुरे की धार, विष, सर्प और अग्नि ये सब विनाश के हेतु एक तरफ और स्त्रियाँ अकेली एक तरफ बराबर है।[97] उस काल में विजयी राजा पराजित राजा की धन सम्पत्ति पर तो अधिकार करता ही था, उनकी स्त्रियों पर भी विजयी राजा का ही अधिकार हुआ करता था। वन पर्व में अर्जुन के लिए विलाप करता हुआ सहदेव कहता है–

यो धनानि च कन्याश्च युधि जित्वा महारथः।
अजहार पुरा राज्ञे राजसूये महाक्रतौ।।[98]

अर्थात् जिस महारथी ने पहले राजसूय महायज्ञ के अवसर पर युद्ध में जीतकर बहुत सारा धन तथा कन्याएँ युधिष्ठिर को भेंट की थीं, उसी अर्जुन को सामने न पाकर मुझे शान्ति नहीं मिल पा रही है।

चूँकि महाभारत काल में स्त्री को शूद्र माना जाता था, इसलिए उसे वेदाध्ययन करने की मनाही थी। महाभारत के अनेक उद्धरणों में स्त्री को शूद्रवत कहा गया है।[99]

यद्यपि महाभारत काल में स्त्री अवध्य थी, किन्तु यदि वह परपुरुष के साथ गमन करती थी तो उसे वध का दण्ड दिया जा सकता था। परशुराम की माता रेणुका मार्तिकावत देश के राजा पर आसक्त हो गयी थीं। यह जानकर उनके पति जमदग्नि ने परशुराम को माता के वध की आज्ञा देते हुए कहा था–

जहीमा मातरं पापां मा च पुत्र व्यथां कृथाः।
तत आदाय परशुं रामो मातुः शिरोऽहरत्।।[100]

अर्थात् हे पुत्र! अपनी माता को तुरन्त अभी मार डालो और इसकी मृत्यु के लिए किसी प्रकार का खेद मन में मत लाओ। तब परशुराम ने फरसा उठाकर उसी समय अपनी माँ का मस्तक काट डाला।

शान्ति पर्व में ब्रह्मा जी ने युधिष्ठिर को बताया था कि राजा जनमेजय ने द्विज स्त्रियों का वध किया था, फिर भी दैव ने उन्हें स्वर्ग जाने से नहीं रोका था।[101]

महाभारत काल में यौन अनैतिकता भी अपने वीभत्स रूप में विद्यमान रही होगी। राजा विराट के दरबार में सैरन्ध्री वेशधारी द्रौपदी के साथ राजा विराट का साला कीचक व्यभिचार करना चाहता है और राजा की पत्नी कीचक के इस दुष्कृत्य में उसका साथ देते हुए कहती है कि किसी पर्व के अवसर पर तुम अपने महल में मदिरा, अन्न, भोजन सामग्री आदि तैयार कराओ। फिर मैं सुरा लाने के बहाने से सैरन्ध्री को तुम्हारे पास भेजूँगी। फिर एकान्त में तुम उसे अपनी इच्छानुसार समझाना। शायद वह तुम्हारी इच्छा स्वीकार करके रमण के लिए तत्पर हो जाए। परन्तु जब द्रौपदी ने कीचक का प्रस्ताव अस्वीकार कर दिया तो उसने उस पर पैर से प्रहार किया। राजा विराट से शिकायत किए जाने पर भी राजा विराट ने न्याय करना स्वीकार नहीं किया।[102]

महाभारत में व्यभिचार के अनेक उदाहरण मिलते हैं। केशी राक्षस द्वारा पुलोमा का अपहरण, यवक्रीत मुनि द्वारा रैम्य मनु की पुत्र वधू के साथ व्यभिचार तथा अर्जुन जब वृष्णि और गंधक कुल की विधवाओं को हस्तिनापुर ला रहे थे, तो रास्ते में म्लेच्छ दस्युओं ने स्त्रियों को लूट लिया था। महाभारत काल में नारद और पंचनद के निवासियों के बीच गुरुपत्नी के साथ व्यभिचार की कुप्रथा विद्यमान थी। इसलिए कर्ण ने नारद और पंचनद के लोगों की भर्त्सना की थी।[103]

कर्ण पर्व में आरट्ट देश की सती स्त्री के साथ व्यभिचार का वर्णन है।[104] इसी प्रकार दमयन्ती से शिकारा ने व्यभिचार करने का प्रयास किया था।

यद्यपि महाभारत काल में व्यभिचार को पाप की संज्ञा दी गयी थी, परन्तु यदि संतान प्राप्ति हेतु स्त्री के साथ व्यभिचार किया जाए तो वह विधिक होता था। इसे 'नियोग' कहा जाता था। पराशर मुनि ने सत्यवती से समागम करके व्यास नामक पुत्र उत्पन्न किया था। अत: व्यास को सत्यवती की कन्यावस्था का पुत्र माना जाता था।[105] विचित्रवीर्य की विधवाओं अम्बिका और अम्बालिका से व्यास द्वारा नियोग करने पर धृतराष्ट्र और पाण्डु का जन्म हुआ, जबकि दासी से नियोग किए जाने के कारण विदुर का जन्म हुआ। कुन्ती ने कौमार्यावस्था में ही सूर्य से कर्ण को उत्पन्न किया था एवं कुन्ती तथा माद्री से उत्पन्न पाँचों पाण्डवों में से एक भी पाण्डु की औरस संतान नहीं थी। राजा बलि के नियोग से एक हजार पुत्र जन्मे थे।

आइए, अब नियोग प्रथा क्या थी, इसके बारे में जानने का प्रयास करते हैं। अपनी सम्पत्ति का 'वैध' उत्तराधिकारी प्राप्त करने के लिए नियोग प्रथा के आडम्बर को अपनाया गया था। नियोग के द्वारा स्त्री से उसके नपुंसक अथवा रोगी पति के स्थान पर पति का भाई, पुरोहित अथवा कुल का कोई अन्य सदस्य सन्तान उत्पन्न कर सकता था, परन्तु इसके लिए आवश्यक था कि नियोजित स्त्री एवं पुरुष में कामुकता का पूर्ण अभाव हो। नियोग करने जाते समय पुरुष के शरीर पर घी या तेल का लेप होना चाहिए। उसे न तो बोलना चाहिए और न चुम्बन करना चाहिए और न ही स्त्री के साथ किसी रति क्रीड़ा में संयुक्त होना चाहिए।[106] इतनी शर्तों के साथ क्या वास्तव में नियोग प्रथा सम्भव हो सकती थी? सम्भवत: यही कारण था कि गाँधी जी ने नारी स्वतन्त्रता में सबसे बड़े अवरोधक ब्राह्मणों के धर्मशास्त्रों की व्याख्या को अनडाइल्यूटेड एनीमलिज्म (undiluted animalism) नाम दिया था।[107]

महाभारत काल में बहुपत्नी प्रथा विद्यमान थी। अर्जुन की चित्रांगदा, उलूपी आदि पत्नियाँ थीं और उसने इरावती नामक विधवा से भी विवाह किया था। श्रीकृष्ण के सत्यभामा, रूक्मिणी आदि रानियों के अतिरिक्त सोलह हजार एक सौ आठ रानियाँ तथा कुब्जा, राधा आदि प्रेमिका गोपियाँ थीं। भीम ने हिडिम्बा से भी विवाह किया था। पाण्डुरंग वामन काणे ने 'धर्मशास्त्र का इतिहास' ग्रन्थ में बताया है कि पाँच विपदाओं में स्त्री पुनर्विवाह कर सकती थी–

नष्टे मृते प्रव्रजिते क्लीवे च पतिते पतौ।
पंचसु आपत्सु नारीणां पतिः अन्यो विधीयते।।[108]

अर्थात् पति के नष्ट, अदृष्ट या विलुप्त हो जाने पर, पति की मृत्यु हो जाने पर, पति के संन्यास ग्रहण कर लेने पर, नपुंसक होने पर अथवा पतित हो जाने पर स्त्री पुनर्विवाह कर सकती है।

परन्तु महाभारत काल में सती प्रथा भी प्रचलित थी। माद्री पाण्डु की चिता के साथ जलकर सती हो गयी थी, परन्तु यह भी सत्य है कि कुन्ती ने सती होने की अपेक्षा पुत्रों के पालन-पोषण को श्रेयस्कर माना था। वसुदेव की पत्नी देवकी, रोहिणी, भद्रा और मदिरा ने पति के साथ सती होना स्वीकार किया था। श्रीकृष्ण के देह त्यागने पर उनकी अनेक पटरानियों ने उनके साथ सहगमन किया था। पति की मृत्यु के पश्चात् सत्यवती, उत्तरा तथा दुर्योधन की विधवाओं ने विधवा जीवन स्वीकार किया था।[109] इससे ऐसा प्रतीत होता है कि तत्समय में सती प्रथा स्त्रियों पर बलपूर्वक नहीं थोपी जाती थी, अपितु यह ऐच्छिक हुआ करती थी किन्तु यह भी सत्य है कि विधवाओं का जीवन अत्यन्त दुखमय हुआ करता था। महाभारत के आदि पर्व में विधवा स्त्रियों की स्थिति के विषय में कहा गया है कि जिस प्रकार पृथ्वी पर पड़े हुए माँस के टुकड़ों पर पक्षीगण टूट पड़ते हैं, उसी प्रकार पतिहीन स्त्री पर पुरुष टूट पड़ते हैं। महाभारत के शान्तिपर्व में भी लिखा गया है कि अनेक पुत्रों के होते हुए भी विधवाएँ अपार कष्ट भोगती हैं।

नारी के प्रति सम्मान के विषय में महात्मा विदुर कहते हैं कि घर को उज्ज्वल करने वाली और पवित्र आचरण वाली महाभाग्यवती स्त्रियाँ पूजा-सत्कार के योग्य हैं, क्योंकि वे घर की लक्ष्मी कही गयी हैं। अतः उनकी विशेष रूप से रक्षा की जानी चाहिए लेकिन वे यह भी कहना नहीं भूलते कि स्त्री, पुत्र और दास ये धन के अधिकारी नहीं होते हैं।[110] वे इससे आगे बढ़कर कह देते हैं–

> यत्र स्त्री यत्र कितवो यत्र बालाक्नुशासति।
> मंजन्ति तेक्च्वशा देशा नद्याश्मप्लवा इव।।[111]

अर्थात् जिस प्रदेश में स्त्री या कुमारी शासन करती हैं, वे देश नदी में पत्थर की नाव की भाँति डूब जाते हैं।

महाभारतकार उन स्त्रियों को पतिव्रता मानता है, जो पति की अनुपस्थिति में कभी श्रृंगार न करती हों तथा निरन्तर ब्रह्मचर्य का पालन करती हों एवं सूखकर काँटा हो जाती हों। महाभारत में द्रौपदी पति के न होने पर श्रृंगार नहीं करती थी। इसी प्रकार नल के वियोग में दमयन्ती एक सूखी नदी की भाँति प्रतीत होती थी। वह पति के दर्शन की इच्छा से ही अपने शरीर को धारण कर रही थी। सुदेव नामक ब्राह्मण ने चेदिराज के भवन में दमयन्ती को देखकर कहा था कि वह उस पूर्णिमा की रजनी की भाँति प्रतीत होती है, जिसके चन्द्रमा पर राहु ने ग्रहण

लगा रखा हो। पति शोक में व्याकुल और दीन होने के कारण वह सूखे जल प्रवाह वाली नदी की भाँति प्रतीत हो रही है। यह राजकन्या प्रिय कामोपभोगों से वंचित है और अपने बन्धु-बान्धवों से बिछुड़ी हुई है तथा पति के दर्शन की इच्छा से ही अपने शरीर को धारण कर रही है–

पौर्णमासीमिव निशां राहु ग्रस्तनिशाकराम्।
पतिशोकाकुलां दीनां शुष्कस्रोतां नदीमिव।।
कामभौगै: प्रियहीनां हीनां बन्धुजनेन च।
देहं धारयन्तिं हि भर्तुदर्शनकांक्षय।।[112]

शाण्डिली ने सुमना से वार्त्तालाप में कहा था कि पति के बाहर जाने पर प्रोषितभर्तृका होने के कारण उसने आँखों में अंजन लगाना, ललाट पर गोरोचन का तिलक करना, फूलों की माला पहनना, अंगों में अंगराग लगाना तथा शृंगार करना छोड़ दिया था।[113]

महाभारत में स्त्रियों के अत्याचारों से पीड़ित पुरुषों के भी अनेक प्रसंग आए हैं। शान्ति पर्व में उल्लेख आया है कि शम्पाक नामक एक ब्राह्मण अपनी दुष्ट पत्नी के दुर्व्यवहार के कारण संन्यासी बनने को विवश हो गया था।[114] महाभारत में कुछ ऐसी स्त्रियों का उल्लेख आया है, जो अपने पतियों को वश में करने के लिए उन्हें हानिकारक दवाएँ खिलाकर जलोदर तथा कोढ़ का रोगी बना दिया करती थीं और उन्हें असमय ही वृद्ध, नपुंसक, अंधा, गूंगा तथा बहरा बना देती थीं।[115] महर्षि जमदग्नि की पत्नी रेणुका पति से प्रेम नहीं करती थी और वह मार्तिकावत देश के राजा चित्ररथ पर असक्त हो गयी थी किन्तु उनके शाप के भय से ही उनकी आज्ञा पालन किया करती थी। पिता के संकेत पर परशुराम ने माँ का मस्तक काट डाला था।[116]

भीष्म ने दुष्ट स्त्रियों के पुरुषों को यही सलाह दी है कि वे ऐसी स्त्रियों का परित्याग कर दें क्योंकि ये स्त्रियाँ दुष्ट होने के कारण कुलनाशी होती हैं और उनके मन में सदैव पाप बसता है।[117]

महाभारत में स्त्री-पुरुष समानता के भी कुछ दृष्टान्त आए हैं। अनुशासन पर्व के उमा महेश्वर संवाद में भगवान शिव उमा से कहते हैं कि तुम मेरी सहधर्मचारिणी हो, हम दोनों एक-सा ही धर्माचरण करते हैं। हम दोनों के शील समान हैं और व्रत भी समान हैं। जो मेरा पराक्रम है, मेरी शक्ति है, वही तुम्हारी शक्ति है। मेरा आधा शरीर तुम्हारे आधे शरीर से निर्मित है। तुम देवताओं का कार्य सिद्ध करने वाली हो।[118]

तब पार्वती जी प्रश्न करती हैं कि आत्मा स्त्री जाति की है अथवा पुरुष जाति की? इस प्रश्न का उत्तर देते हुए शिव कहते हैं–

निर्विकारः सदैवात्मा स्त्रीत्वं पुंस्त्वं न चात्मनि।
कर्म प्रकारेण तथा जात्यां जात्यां प्रजायते।।
कृत्वा तु पौरुषं कर्म स्त्री पुमानपि जायते।
स्त्रीभावयुक् पुमान कृत्वा कर्मणा प्रमदा भवेत्।।[119]

अर्थात् आत्मा में न तो स्त्रीत्व है, न पुंसत्व। कर्म प्रकार से जाति प्रकार बनता है। पौरुष कर्म वाली स्त्री अगले जन्म में पुरुष बनती है और स्त्री भाव वाला पुरुष अगले जन्म में प्रमदा बनता है।

ऐसा ही प्रसंग आदि पर्व के अन्तर्गत सम्भव पर्व में दुष्यन्त-शकुन्तला संवाद में भी आया है, जहाँ शकुन्तला दुष्यन्त से कहती है कि स्त्री पुरुष का अर्द्धांग होती है और वही पति की श्रेष्ठतम सखा है। भार्या ही धर्म, अर्थ एवं कामनाओं की सिद्धि का मूल आधार है। भार्या ही मोक्ष में परम सहायक होती है। जो भार्यावन्त पुरुष हैं, वे ही यज्ञादि क्रियाएँ कर सकते हैं तथा गृहस्थ कहलाते हैं और प्रसन्न-प्रमुदित रहते हैं। भार्यावन्त ही श्री सम्पन्न होते हैं। नितान्त एकान्त में पत्नी ही परम सखी होती है। वही हितकारक प्रिय वचन बोलती है। धर्मकार्य में भार्या पिता के समान संरक्षिका एवं पोषिका होती है और आपत्ति काल में वह माँ के समान खड़ी हो जाती है। यदि घोर वन में भी पत्नी साथ है तो वह विश्राम ही देती है। जो पत्नी के साथ है, उसी पर लोग भी विश्वास करते हैं। अतः पत्नी ही पुरुष की सर्वश्रेष्ठ गति है–

अर्धं भार्या मनुष्यस्य भार्या श्रेष्ठतमः सखा।
भार्या मूलं त्रिवर्गस्य भार्या मूलं तरिष्यतः।।
भार्यावन्तः क्रियावन्तः सभार्या गृहमेंधिनः।
भार्यावन्तः प्रमोदन्ते भार्यावन्तः श्रियान्विताः।।
सखायाः प्रविविक्तेषु भवन्त्येता प्रियंवदः।
पितरो धर्मकार्येषु भवन्त्यार्तस्य मातरः।।
कान्तारेष्वपि विश्रामो जनस्याध्वनिकस्य वै।
यः सदारः स विश्वास्यस्तस्माद् दाराः परागतिः।।[120]

वराहमिहिर ने वृहतसंहिता में पुरुषों को फटकारते हुए कहा है कि जो दुर्जन पुरुष स्त्रियों के गुण भुलाकर दोष-कथन करते फिरते हैं, वे बताएँ कि क्या पुरुषों में भी वे समस्त दोष नहीं पाए जाते? अरे अपनी माँ और पत्नी भी तो स्त्री ही

है। अरे दुष्ट कृतघ्नी! जिससे उत्पन्न हुए हो, उसी की निन्दा करके भला सुख कैसे पाओगे? केवल धृष्ट लोग ही निष्पाप स्त्रियों की निन्दा किया करते हैं।[121]

पतिव्रता स्त्री के विषय में महाभारत में ऐसी अनेक अतिश्योक्तिपूर्ण कथाएँ वर्णित हैं, जो अतिरंजित प्रतीत होती हैं। वन पर्व के बयालीसवें से अठहत्तरवें अध्याय में नल-दमयन्ती उपाख्यान, वन पर्व के ही दो सौ तैंतीसवें तथा दो सौ चौंतीसवें अध्याय में द्रौपदी-सत्यभामा संवाद तथा वन पर्व के दो सौ तिरानबेवें से लेकर दो सौ निन्यानबेवें अध्याय में सावित्री कथा वर्णित है। द्रौपदी सत्यभामा को पातिव्रत्य की महिमा बताते हुए कहती है कि हे सत्ये, स्त्री के लिए इस लोक में या परलोक में पति के समान कोई दूसरा देवता नहीं है। उसकी प्रसन्नता होने पर वह सभी सुख प्राप्त कर सकती है।[122]

पतिव्रता स्त्री का सर्वश्रेष्ठ उदाहरण महाभारतकार ने सावित्री का माना है, जिसने वाग्दान के बाद से ही सत्यवान को अपना पति मान लिया था। जब उसके पिता ने सत्यवान को अल्पायु जानकर विवाह नहीं करना चाहा तो सावित्री ने पिता से कहा–

दीर्घायुरथवाल्पायुः सगुणो निर्गुणोपि वा।
सकृद् वृतो भया भर्ता न द्वितीयं वृणोभ्यहम्।।[123]

अर्थात् वह दीर्घायु हों अथवा अल्पायु, गुणवान हों या गुणहीन। मैंने एक बार उन्हें अपना पति चुन लिया है। अब मैं दूसरे पुरुष का वरण कदापि नहीं करूँगी।

सत्यवान की मृत्यु होने के अनन्तर जब यमराज उसकी आत्मा को लेकर जाने लगे तो सावित्री यमराज के पीछे-पीछे जाने लगी और जब यमराज ने उससे उसकी पतिभक्ति पर प्रसन्न होकर वर माँगने को कहा तो उसने कहा–

न कामये भर्तृविनाकृता सुखं न कामये भर्तृविनाकृता दिवं।
न कामये भर्तविनाकृते श्रियं न भर्तृहीनां व्यवसामि जीवितुम्।।

अर्थात् सावित्री बोली, "पति के बिना यदि कोई सुख मिलता है, तो वह मुझे नहीं चाहिए। मैं पतिदेव के बिना स्वर्ग लोक में भी जाने की इच्छा नहीं रखती। उनके बिना मुझे धन-सम्पत्ति की भी आकांक्षा नहीं है। अधिक क्या कहूँ? मैं पति के बिना जीवित रहना भी नहीं चाहती।"[124]

और वाह रे यमराज! उसकी पति भक्ति से प्रसन्न होकर वे सत्यवान को जीवित कर देते हैं।[125] लेकिन प्रश्न यह उठता है कि उसके बाद क्या सृष्टि में ऐसी कोई पतिव्रता नहीं हुई जिसका पति उन्हें पुनर्जीवित करने योग्य लगा हो।

महाभारत के आश्वलायन पर्व में अर्जुन चित्रांगदा को विवाह करने के पश्चात् पुत्र के पालन-पोषण के लिए मायके में ही छोड़ आते हैं, जहाँ उसका पुत्र मर जाता है, तो भी वह पुत्र की मृत्यु से व्यथित नहीं होती बल्कि पति अर्जुन के जीवित रहने की आकांक्षा करती है। वह उलूपी से कहती है–

नाहं शोचापि तनयं हतं पन्नगनन्दिनि।
पतिमेव तु शोचामि यस्यातिथ्यमिंद कृतं।।
कामं स्वपितु बालोयं भूमौ मृत्युवंश गतः।
लोहिताक्षो गुड़ाकेशो विजयः साधु जीवतु।।[126]

वन पर्व में एक ब्राह्मणी का प्रसंग वर्णित है, जो पति की सेवा करने के कारण द्वार पर पधारे अतिथि ब्राह्मण के पास विलम्ब से आयी। इस पर अतिथि ब्राह्मण अत्यन्त क्रुद्ध हुआ और तब उस स्त्री ने उससे कहा कि विप्रवर मुझे पति की सेवा से जो धर्म प्राप्त होता है, मेरे लिए वही श्रेयस्कर है। सम्पूर्ण देवताओं में भी मेरे लिए मेरे पति सबसे बड़े देवता हैं।[127]

कुछ अतिरंजित प्रसंग और भी दृष्ट्रव्य हैं। महाराज नल ने अपनी पत्नी दमयन्ती को केवल इस कारण से वन में त्याग दिया क्योंकि कामान्ध व्याध ने उसका शीलहरण करने का प्रयास किया था। हालांकि वे यह भी जानते थे कि मेरी पत्नी सतीव्रता है और जब कामान्ध व्याध दमयन्ती का सतीत्व भंग करने का प्रयास करने लगा तो उसने शाप देकर उसे निष्प्राण कर दिया।[128] शाण्डिली अपने पतिव्रत धर्म के कारण अदृश्य होने की क्षमता रखती थी और इसीलिए सुमना को पतिव्रत धर्म का उपदेश देकर वह अदृश्य हो गयी।[129]

इसी प्रकार प्राचीन काल में आरट्ट देश की एक सती स्त्री का कुछ डाकुओं ने अपहरण कर लिया और उसके साथ जबरन व्यभिचार किया तब उसने उन्हें शाप देते हुए कहा–

बालां बन्धुमतीं यान्माम धर्मेणोपगच्छथ।
तस्मान्नार्यो भविष्यन्ति बन्धक्यो वै कुलस्य च।।
न चैवास्मात् प्रमोच्छध्वं घोरात् पापान्नराधमाः।।[130]

अर्थात् मैं अभी बालिका हूँ और मेरे भाई-बन्धु विद्यमान हैं, तो भी तुम दुष्टों ने अधर्मपूर्वक मेरे साथ समागम किया है। इसलिए तुम्हारे कुल की समस्त स्त्रियाँ व्यभिचारिणी होंगी। हे नराधमों! तुम्हें इस घोर पाप से कभी छुटकारा नहीं मिलेगा।

सुकन्या का प्रकरण तो और भी अधिक दिलचस्प है। सुकन्या अपने वृद्ध पति च्यवन ऋषि के साथ पतिव्रत धर्म का पूर्ण मनोयोग से पालन करती थी।

इससे प्रसन्न होकर अश्विनी कुमारों ने वृद्ध च्यवन ऋषि को तरुण एवं सुकुमार बना दिया था।[131]

महाभारत का युद्ध समाप्त होने के पश्चात् युधिष्ठिर गान्धारी से अत्यन्त भयभीत थे क्योंकि वे जानते थे कि गान्धारी कुपित होने पर तीनों लोकों को जलाकर भस्म कर देने की क्षमता रखती है।[132] श्रीकृष्ण का भी यही मन्तव्य था।[133] गान्धारी ने पाण्डवों को तो शाप नहीं दिया परन्तु श्रीकृष्ण को शाप देते हुए कहा कि हे चक्र और गदा धारण करने वाले केशव! मैंने पति की सेवा से जो भी तप अर्जित किया है, उस दुर्लभ तपोबल से मैं तुम्हें शाप देती हूँ कि तुम्हारा विनाश हो जाए।[134]

निष्कर्षत: कहा जा सकता है कि महाभारत काल में स्त्रियों की अवनति होने लगी थीं। उन्हें असहाय तथा पराधीन मूक पशु के सदृश समझा जाने लगा था। अपनी पत्नी को दाँव पर लगा देने वाले व्यक्ति को धर्मराज की संज्ञा देने वाले काल में स्त्रियों की दुर्दशा की कल्पना ही की जा सकती है। यह वह समय था, जब स्त्रियों पर पुरुषों के अधिकार की भावना बलवती होने लगी थी। एक तरफ स्त्री देवी का स्वरूप थी तो दूसरी ओर उसे दासत्व तथा वेश्यावृत्ति एवं व्यभिचार का स्रोत भी बनाया जाने लगा था। वास्तव में यह काल स्त्री के दमन एवं सम्मान दोनों के प्रति विरोधाभासी विचारों से युक्त था। एक ओर द्रौपदी के चीरहरण के अपमान का प्रतिकार, कुन्ती की मातृशक्ति, गान्धारी का पातिव्रत धर्म, दमयन्ती की राज्य प्रबन्ध पटुता, सावित्री की यम को चुनौती तथा शकुन्तला का शक्तिपूर्ण व्यक्तित्व महाभारत में उद्भासित होता है, तो वहीं दूसरी ओर व्यभिचार, परस्त्रीगमन, चीरहरण, वेश्यावृत्ति, स्त्री की परवशता आदि कुकृत्यों से स्त्री का पग-पग पर अपमान एवं पतन होता रहा।

सन्दर्भ संकेत

1. त्रिपाठी, डॉ. रमेश कुमार, *समकालीन हिन्दी पत्रकारिता में नारी सन्दर्भ*, पृ. 80
2. याज्ञवल्क्य स्मृति, व्यवहाराध्याय 290
3. प्रबोध चंद्रोदय, अंक-1, 27
4. महाभारत, चतुर्थ संस्करण, गोरखपुर, अनुशासन पर्व, पृ. 5597-5607
   वाल्मीकि रामायण, गीताप्रेस गोरखपुर, संख्या 2042, पंचम संस्करण, बालकाण्ड, पृ. 152
   तुलसीदास, रामचरित मानस, 48वाँ संस्करण, गोरखपुर, सं. 2052 बालकाण्ड, पृ. 110-11, दोहे-130-131
   भटनागर, वीरेन्द्र स्वरूप, *मध्यकालीन भारत में स्त्रियाँ लेख भारतीय स्त्री: सांस्कृतिक संदर्भ* सम्पादिका श्रीमती प्रेम रावत, प्रथम संस्कण 1998 पृ. 113

5. त्रिपाठी, डॉ. रमेश कुमार, *समकालीन हिन्दी पत्रकारिता में नारी सन्दर्भ*, पृ. 80
6. मनुस्मृति 5/155
7. मनुस्मृति 5/157
8. मनुस्मृति 5/168
9. डॉ. धर्मवीर, *मातृसत्ता, पितृसत्ता और जारसत्ता*, खण्ड छह, *दूसरों की जूतियाँ*, वाणी प्रकाशन, दरियागंज, नई दिल्ली, प्रथम संस्करण 2007, पृ. 194-95
10. ब्रह्मवैवर्त्त पुराण 9/70 पतितं रोगिणं दुष्टं निर्धनं गुणहीनकम्। युवान् चैव वृद्धं वा भजेतं न त्येजेत सती।।
11. गोयल, ले. (डॉ.) सुनील, *भारतीय समाज में नारी*, आर.वी.एस.ए. पब्लिशर्स, जयपुर, प्रथम संस्करण, 2003, पृ. 134-135 से सन्दर्भित
12. श्रीमद्भागवद्गीता 1/41
    अधर्माभिभवात्कृष्ण प्रदुष्यन्ति कुल स्त्रियः।
    स्त्रीषु दुष्टासु वार्ष्णेय जायते वर्ण संकरः।।
13. *गाँधीः संस्मरण और विचार*, गाँधी शान्ति प्रतिष्ठान तथा सस्ता साहित्य मण्डल का संयुक्त प्रकाशन, नई दिल्ली, 1968, पृ. 354
14. आशा कौशिक, *नारी सशक्तीकरण विमर्श एवं यथार्थ में लैंगिक समानता एवं महिला सशक्तीकरणः गाँधीय* दृष्टि शीर्षक से मंजू कविया का लेख, पोइन्टर पब्लिशर्स, जयपुर, प्रथम संस्करण, 2004, पृ. 57-58
15. गुप्ता, सरोज कुमार, *भारतीय नारीः कल, आज और कल*, प्रकाशन संस्थान, नई दिल्ली, प्रथम संस्करण, 2007 पृ. 72-73
16. गुप्ता, कमलेश कुमार, *महिला सशक्तिकरण*, बुक एनक्लेव, जयपुर, प्रथम संस्करण, 2007, पृ. 1-2
17. लाला लाजपत राय, *दुखी भारत*, बजरंग प्रकाशन, नई दिल्ली, 1998, पृ. 166-67
18. भगवान दास, *समाज संगठन विज्ञान*, थियोसोफिकल सोसायटी, अडयार, पृ. 222
19. विष्णु पुराण 1-8, विष्णु भागवत 6-19, लाला लाजपतराय की पुस्तक *दुखी भारत*, पृ. 167 से उद्धृत।
20. योडनधीत्य द्विजो वेदमन्थत्र कुरुते श्रमम्।
    स जीवन्नेव शूद्रत्वमाशु गच्छति सान्वयः।। मनुस्मृति 2/168
21. गोरक्षकान्वाणिजिकांस्तथा कारुशीलवान्।
    प्रेष्यान्वार्धुषिकांश्चैव विप्राशूद्रवदावचरेत्।। मनुस्मृति 8/102
22. सद्यः पतति मांसेन लाक्षया लवणेन च।
    त्रयहेण शूद्रो भवति ब्राह्मणः क्षीर विक्रयात्।। मनुस्मृति 10/92
23. यस्य कायगतं बह्म मघेनाप्लाव्यते सकृत्।
    तस्य व्यपैति ब्राह्मण्यं शूद्रत्वं च स गच्छति।। मनुस्मृति 11/97

24. सर्वं स्वं ब्राह्मणस्येदं यत्किंचिज्जगतीगतम्।
श्रेष्ठयेनाभिजनेदं सर्वं वै ब्राह्मणोअर्हति।। मनुस्मृति 1/100
अर्थात् जो कुछ पृथ्वी पर धन है, वह सब ब्राह्मण का है। ब्रह्मा के मुख से उत्पत्ति के कारण श्रेष्ठ होने से यह सब ब्राह्मण के ही योग्य है।

25. केडिया प्रो. कुसुमलता एवं मिश्र प्रो. रामेश्वर प्रसाद, *स्त्रीत्व: धारणाएँ एवं यथार्थ*, विश्वविद्यालय प्रकाशन, वाराणसी, प्रथम संस्करण, 2004, पृ. 36

26. शर्मा, सुभाष, *भारतीय महिलाओं की दशा*, प्रस्तावना, आधार प्रकाशन, पंचकूला, प्रथम संस्करण, 2006, पृ. 9

27. यादव, राजेन्द्र एवं वर्मा अर्चना, '*अतीत होती सदी और स्त्री का भविष्य*' पुस्तक में अनमिका का '*हम पुरबिया*' औरतें और '*हमारा*' *स्त्री विमर्श*' शीर्षक से आलेख, राजकमल प्रकाशन, नई दिल्ली, प्रथम संस्करण, 2001, पृ. 170

28. यादव, राजेन्द्र एवं वर्मा अर्चना, '*अतीत होती सदी और स्त्री का भविष्य*' पुस्तक में अनमिका का *'हम पुरबिया' औरतें और 'हमारा' स्त्री विमर्श'* शीर्षक से आलेख, राजकमल प्रकाशन, नई दिल्ली, प्रथम संस्करण, 2001, पृ. 172

29. देवीभागवत पुराण 9.18.30–32

30. देवीभागवत पुराण 9.18.51–66

31. देवीभागवत पुराण 1.6.14

32. देवीभागवत पुराण 9.18.46–48, 1.13.41

33. डॉ. लज्जावती, *देवीभागवत पुराण में नारी की स्थिति*, विशाल प्रकाशन, दिल्ली, प्रथम संस्करण, 2002, पृ. 94

34. श्रीवास्तव, डॉ. उर्मिला, *हिन्दी महाकाव्यों में नायिका की परिकल्पना*, सरस्वती प्रकाशन, कानपुर, प्रथम संस्करण, 1993, पृ. 54

35. श्वेताश्वतरोपनिषद 5.10

36. वृहदारण्यकोपनिषद् 1.4.3

37. डॉ. सियाराम *'नवीन क्षितिज' में स्त्री विमर्श* पुस्तक में डॉ. अमल दार नीहार का लेख *'स्त्री मुक्ति की चेतना और भारतीय समाज'*, ओमेगा पब्लिकेशन्स, नई दिल्ली, प्रथम संस्करण, 2012, पृ. 206

38. उपाध्याय, भगवतशरण, खून के छींटे इतिहास के पन्नों पर, पृ. 1

39. नसरीन, तस्लीमा, *औरत के हक में*, पृ. 70

40. नसरीन, तस्लीमा, *औरत के हक में*, पृ. 25

41. वर्मा, महादेवी, *शृंखला की कड़ियाँ*, लोकभारती प्रकाशन, इलाहाबाद, प्रथम संस्करण, पृ. 22–23

42. डॉ. सियाराम, '*नवीन क्षितिज में स्त्री विमर्श*', पुस्तक में, डॉ. राजीव कुमार के लेख '*नई कविता में स्त्री विमर्श: मिथक एवं यथार्थ*' से उद्धृत, पृ. 113

43. तूफान, के.एस., *नारी तन–मन गिरवी कब तक?*, साहित्य संस्थान, गाजियाबाद, प्रथम संस्करण, 2008, पृ. 27
44. रावत, ज्ञानेन्द्र, *औरत त्रासदी का सच*, राधा पब्लिकेशन्स, नई दिल्ली, प्रथम संस्करण, पृ. VII
45. रावत, ज्ञानेन्द्र, *औरत त्रासदी का सच*, राधा पब्लिकेशन्स, नई दिल्ली, प्रथम संस्करण, पृ. V
46. सिंह, मीनाक्षी निशांत, *महिला सशक्तिकरण का सच*, ओमेगा पब्लिकेशन्स, नई दिल्ली, प्रथम संस्करण, 2006, पृ. 25
47. सिंह, डॉ. निशांत, *महिला राजनीति और आरक्षण*, ओमेगा पब्लिकेशन्स, नई दिल्ली, प्रथम संस्करण, 2008, पृ. 13
48. झा, डॉ. सुमंगला, *मनुस्मृति में नारी*, संजय प्रकाशन, नई दिल्ली, प्रथम संस्करण, 2010, पृ. 167
49. येरेकार, डॉ. प्रतिभा, *मोहन राकेश के नाटकों में नारी*, विकास प्रकाशन, कानपुर, प्रथम संस्करण, 2009, पृ. 15
50. एतरेय ब्राह्मण 3/23
51. मैत्रायाणी संहित 4/6/4, 7/9
52. तैत्तिरीय संहिता 6/518/2
53. फुल्ल, डॉ. आशु, *हिमाचल के हिन्दी उपन्यास में नारी परिवेश का चित्रण*, लक्ष्मी प्रकाशन, दिल्ली, प्रथम संस्करण, 2008, पृ. 37
54. गुप्ता, कमलेश कुमार, *महिला सशक्तिकरण*, बुक एनक्लेव, जयपुर, प्रथम संस्करण, 2007, पृ. 2
55. कमलेश्वर, कथा संस्कृति, खण्ड 4, *नैतिक कहानियाँ* में रांगेय राघव की प्रस्तुति दीर्घतया और प्रद्वेषी, स्रोत www.hindisamay.com/contentdetail.aspx?id=840&pageno=2 तथा Sinha, S.N. & Basu, N.K. *Women in Ancient India*, Khama Publishers, Delhi, I Ed. 2002, pp. 38-39
56. त्रिपाठी, कल्याणमल रामसागर, *अनंगरंग:*, चौखम्भा संस्कृत प्रतिष्ठान, वाराणसी, 1988, पृ. 240
57. त्रिपाठी, कल्याणमल रामसागर, *अनंगरंग:*, चौखम्भा संस्कृत प्रतिष्ठान, वाराणसी, 1988, पृ. 240
58. त्रिपाठी, कल्याणमल रामसागर, *अनंगरंग:*, चौखम्भा संस्कृत प्रतिष्ठान, वाराणसी, 1988, पृ. 240
59. त्रिपाठी, डॉ. रमेश कुमार, *समकालीन हिन्दी पत्रकारिता में नारी सन्दर्भ*, नमन प्रकाशन, नई दिल्ली, प्रथम संस्करण, 2007, पृ. 82

60. त्रिपाठी, डॉ. रमेश कुमार, *समकालीन हिन्दी पत्रकारिता में नारी सन्दर्भ*, नमन प्रकाशन, नई दिल्ली, प्रथम संस्करण, 2007, पृ. 82-83
61. त्रिपाठी, डॉ. रमेश कुमार, *समकालीन हिन्दी पत्रकारिता में नारी सन्दर्भ*, नमन प्रकाशन, नई दिल्ली, प्रथम संस्करण, 2007, पृ. 83
62. त्रिपाठी, डॉ. रमेश कुमार, *समकालीन हिन्दी पत्रकारिता में नारी सन्दर्भ*, नमन प्रकाशन, नई दिल्ली, प्रथम संस्करण, 2007, पृ. 83
63. त्रिपाठी, डॉ. रमेश कुमार, *समकालीन हिन्दी पत्रकारिता में नारी सन्दर्भ*, नमन प्रकाशन, नई दिल्ली, प्रथम संस्करण, 2007, पृ. 83
64. त्रिपाठी, डॉ. रमेश कुमार, *समकालीन हिन्दी पत्रकारिता में नारी सन्दर्भ*, नमन प्रकाशन, नई दिल्ली, प्रथम संस्करण, 2007, पृ. 83
65. त्रिपाठी, डॉ. रमेश कुमार, *समकालीन हिन्दी पत्रकारिता में नारी सन्दर्भ*, नमन प्रकाशन, नई दिल्ली, प्रथम संस्करण, 2007, पृ. 83
66. त्रिपाठी, डॉ. रमेश कुमार, *समकालीन हिन्दी पत्रकारिता में नारी सन्दर्भ*, नमन प्रकाशन, नई दिल्ली, प्रथम संस्करण, 2007, पृ. 83
67. गाथिया जोसेफ, *भारत में बालिका*, कान्सेप्ट पब्लिशिंग कम्पनी, नई दिल्ली, प्रथम संस्करण, 2002, पृ. 28
68. मत्स्य पुराण, 70/28.
69. ब्रह्म पुराण (बंगवासी संस्करण), पृ. 309, स्कंद पुराण बृ. खण्ड अध्याय 35
70. वराह पुराण अध्याय 175 एवं 166
71. Sinha, S.N. & Basu, N.K., *Women in Ancient India*—Vedas to Vatsyayaha, Khama Publishers, Delhi, I Ed. 2002, p. 146
72. अग्नि पुराण, 268/59, 268/70
73. मत्स्य पुराण, 227/123-28
74. ब्रह्मवैपर्त्त पुराण 28वाँ अध्याय
75. गरुड़ पुराण, पूर्व खण्ड 114/12
76. कौटिल्य अर्थशास्त्र, 28, पृ. 2
77. विष्णु संहिता, 73/29
78. Sinha, S.N. & Basu, N.K., *Women in Ancient India*, p. 46
79. Sinha, S.N. & Basu, N.K., *Women in Ancient India*, p. 47
80. कविता श्रीपत एवं निशाधवन, आनन्द बाजार पत्रिका का लेख '*सीता टॉप्स द लिस्ट*' 16 नवम्बर, सन् 1987
81. त्रिपाठी, डॉ. रमेश कुमार, *समकालीन हिन्दी पत्रकारिता में नारी सन्दर्भ*, पृ. 86
82. त्रिपाठी, डॉ. रमेश कुमार, *समकालीन हिन्दी पत्रकारिता में नारी सन्दर्भ*, पृ. 86

83. त्रिपाठी, डॉ. रमेश कुमार, *समकालीन हिन्दी पत्रकारिता में नारी सन्दर्भ*, पृ. 87
84. वाल्मीकि रामायण 2/26/24, फुल्ल, डॉ. आशु, हिमाचल के हिन्दी उपन्यास में नारी परिवेश का चित्रण, लक्ष्मी प्रकाशन, दिल्ली, प्रथम संस्करण, 2008, पृ. 37
85. वाल्मीकि रामायण 2/61/24
86. वाल्मीकि रामायण 2/32/15, 2/32/16, 2/73/3
87. महाभारत, आदि पर्व, 74/40
88. महाभारत, 12/74/9
89. आत्मनो जन्मनः क्षेत्रं पुण्यं रामाः सनातनम्।
ऋषीणामपि का शक्तिः स्रष्टुं रामामृते प्रजाम्।।
महाभारत, आदि पर्व 74/52
90. महाभारत, अनुशासन पर्व, 46/8
91. महाभारत, शान्ति पर्व 165/64
92. महाभारत, आदि पर्व, 2/8/14, 13/2/51 एवं आश्रम पर्व 15/13, सभा पर्व 69/4-5, 9
93. कुजूर स्कॉलस्टिका, *महाभारत कालीन नारी: एक तुलनात्मक अध्ययन*, पृ. 255-50
94. महाभारत, अनुशासन पर्व, 20/14
95. महाभारत, अनुशासन पर्व, 46/14
96. महाभारत, अनुशासन पर्व, 13/19, 91-94
97. महाभारत, अनुशासन पर्व, 38/29
98. महाभारत, वन पर्व, 80/27
99. महाभारत, 12/35/30, 14/19/61, 6/33/12
100. महाभारत, आदि पर्व, 2/6/4
101. महाभारत, वन पर्व, 116/14
102. महाभारत, अनुशासन पर्व, 13/3/36
103. महाभारत, विराट पर्व, 15/5-6, 4/16, 4/15
104. महाभारत, 8/45/38
105. महाभारत, कर्ण पर्व, 45/12
106. महाभारत, 1/104/14
107. त्रिपाठी, डॉ. रमेश कुमार, *समकालीन हिन्दी पत्रकारिता में नारी सन्दर्भ*, पृ. 90
केशर, कीर्ति, स्वातन्त्रयोत्तर हिन्दी कहानी का समाज सापेक्ष अध्ययन, नचिकेता प्रकाशन, नई दिल्ली, प्रथम संस्करण, 1982, पृ. 203
108. काणे, पाण्डुरंग वामन, *धर्मशास्त्र का इतिहास*, द्वितीय खण्ड, 14 पुनर्विवाह

109. महाभारत, आदि पर्व, 158/12
110. महाभारत, उद्योग पर्व, 33/64
111. महाभारत, आश्रम वसिक पर्व, 44/32
112. महाभारत, वन पर्व, 68/14-18
113. प्रवासं यदि मे याति भर्ता कार्येण केनचित्।
मंग लैर्बुहभिर्युक्ता भवामि नियता तदा।।
अंजनं रोचनां चैव स्नानं माल्यानुलेपनम्।
प्रसाधनं च निष्क्रान्ते नाभिनन्दामि भर्त्तारि।।
महाभारत, अनुशासन पर्व, 123/16-17
114. महाभारत, शान्ति पर्व, 176/3
115. महाभारत, शान्ति पर्व, 3/233, 3/236
116. महाभारत, शान्ति पर्व, 13/95, वन पर्व, 116/14
117. महाभारत, शान्ति पर्व, 12/57, 13/43, 12/139
118. महाभारत, अनुशासन पर्व, दान धर्म पर्व, 146/8, 146/11
119. महाभारत, अनुशासन पर्व, दान धर्म पर्व के अन्तिम दो श्लोक
120. महाभारत, अनुशासन पर्व, सम्भव पर्व, 74/41-44
121. महाभारत, वृहत्संहिता, 74/5-16
122. महाभारत, वन पर्व, 234/2
123. महाभारत, वन पर्व, 297/27
124. महाभारत, वन पर्व, 297/53
125. एष भद्रे भयामुक्तो भर्ता ते कुलनन्दिदनि।
तोषितोहं त्वया साध्वि वाक्यैर्धर्मार्थसिंहितैः।।
अरोगस्तव नेयश्च सिद्धार्थः स भविष्यति।।
महाभारत, वन पर्व, 297/56
126. महाभारत, आश्वलायन पर्व, 80/7-13
127. महाभारत, वन पर्व, 3/206
128. महाभारत, वन पर्व, 62/114, 63/38-39
129. महाभारत, वन पर्व, 123/21
130. महाभारत, कर्ण पर्व, 45/12
131. महाभारत, अनुशासन पर्व, 11/13
132. महाभारत, स्त्री पर्व, 25/42
133. महाभारत, स्त्री पर्व, 9/63-64
134. महाभारत, स्त्री पर्व, 25/42-43

3
संस्कृत, जैन एवं बौद्ध साहित्य में स्त्री

महिलाओं के शोषण की परम्परा जैसा कि हम पूर्व के अध्यायों में देख चुके हैं, नई नहीं है। महिलाओं को अस्पृश्यों से भी हीन मानना, उन्हें वेद अथवा संस्कृत के ग्रन्थ पढ़ने की आज्ञा न देना आदि ऐसे अनेक प्रसंग पूर्व में वर्णित किए जा चुके हैं। संस्कृत साहित्य में नारियों के विषय में मूलतः दो प्रकार के विचार अभिव्यक्त हुए हैं। पहला विचार स्त्री-सौन्दर्य एवं काम पिपासा से ओत प्रोत है, तो दूसरा विचार सती-साध्वी पतिपरायणा स्त्रियों के गुणगान से भरा पड़ा है। इन पर दृष्टिपात करने से पहले एस.एस. गौतम द्वारा नामकरण के विषय में उद्धृत एक श्लोक की ओर आपका ध्यान आकृष्ट करेंगे–

> माण्डल्यं ब्राह्मणस्य स्योत्क्षत्रियस्यं बलान्वितम्।
> वैश्यस्य धन संयुक्त शूद्रस्य तु जुगुप्सितम्।।[1]

अर्थात् ब्राह्मणों के नाम विद्या और बुद्धि से मंगल सूचक, क्षत्रियों के नाम बल और प्रताप से, वैश्यों के नाम धन-धान्य से परिपूर्णता के सूचक तथा शूद्रों के नाम निन्दनीय, घृणा और सेवा भाव को प्रदर्शित करने वाले होने चाहिए।

वे आगे लिखते हैं कि महिलाओं से भी सेवा और समर्पण की अपेक्षा की गयी है, इसलिए उनके नामकरण पर विशेष ध्यान न देते हुए निम्नांकित आधार लिए गए–

1. फलों के नाम पर : केला, सन्तरा, अंगूरी, अनारकली, अनारो आदि।
2. सहारे वाले नाम जिनका अपना अस्तित्व न हो : लता, माला, बेला।
3. फूलों के नाम पर : फुल्लो, फूलवती, पुष्पा, चम्पा, चमेली, सुमन, कोमल, कमला, गुलाबो, सूरजमुखी।
4. मिठाइयों के नाम पर : इमरती, बरफी, जलेबी, मिश्री, रबड़ी, बतासो, मधु, प्रसादो। जैसे स्त्री न होकर वह कोई खाने की वस्तु हो।

5. जमीन की तरह सहनशील : महिषी, धरणी, भूमि, पृथ्वी आदि।
6. नदियों के नाम पर : गंगा, यमुना, कावेरी, जमना, कृष्णा, नर्मदा, शिप्रा, सुरजो, गोदावरी, भागीरथी आदि।
7. अँधेरे और रात्रि के प्रतीक शीतलतादायक नाम : काजल, निशा, कजली, यामिनी, रजनी, रोशनी, निशी, किरण, दीप्ति, चन्दा, चन्दो, प्रकाशी, प्रकाशो, शीतल, कृष्णा, दीपा, प्रभा, भानुमति, पूर्णिमा, उषा आदि।
8. पूजा, अर्चना और समर्पण की भावना : आरती, अर्पिता, अपर्णा, स्तुति, ऋचा, अर्चना, पूजा, आशा, अन्नपूर्णा, तृष्णा आदि।
9. ज़्यादतियों की शिकार स्त्रियों के नाम पर : सीता, उर्मिला, दमयन्ती, राधा, अनुसूया, सावित्री, शकुन्तला, सुभद्रा, जानकी, रुक्मिणी, मीरा, माया, देवकी, अहिल्या, माधवी, कौशल्या, द्रौपदी, कुन्ती आदि।
10. निरर्थक नाम देकर : किसनो, किसनी, जनका, रामभतेरी, बिरमो, बिरमी, शिब्बो, रमेशो, गणेशो, गणेशी, सुरेशी, रामो, श्यामो, रामकली, राममतेरी, सोहनी, मोहनी, मुन्दर, सुन्दर, सुन्हरी, ईश्वरी, पणमेशरी, ख्याली, लिच्छो, लिच्छमी, छोटो, मोटो, मँझली, बड़की, कल्लो, गूंगी, मुन्नी, नन्हीं, खजानी, करमो, धरमो, पानो, दानो, केशो, ओमवती, सोमवती, ज्ञानो, स्यानो, मानो, रेखा, लेखा, सिंगारी, मीना, शान्ति, रीना, बीना, अरुपा, सरुपा, जग्गो, मग्गो, प्यारी, न्यारी, बिमला, शिमला, मूरती, मुरली, रत्ना।
11. जिस दिन जन्म हो, उसके आधार पर :

    सोमवार को जन्म होने पर – सुमरो, सुमरी, सोमवती

    मंगलवार को जन्म होने पर – मंगली, मंगलो

    बुधवार को जन्म होने पर – बुधिया

    शुक्रवार को जन्म होने पर – जुम्मो, जुमनी

    शनिवार को जन्म होने पर – बारो

    रविवार को जन्म होने पर – इतवारो

सवर्णों में जो लोग कुछ सजग हुआ करते थे, वे अपनी पुत्रियों के नाम ऋतुओं, नक्षत्रों तथा देवियों के नाम पर रख दिया करते थे। जैसे ऋतु, स्वाति, शरद, लक्ष्मी, उमा, पार्वती, गौरी, सरस्वती, शीला, दुर्गा, गौरी, जगदम्बा।[2] कुछ

लोग अप्सराओं के नाम पर उर्वशी, रम्भा, मेनका आदि नामकरण भी कर दिया करते थे। काम का द्योतन करने वाले नाम जैसे कामिनी, रति, प्रिया, सुप्रिया, मोहिनी, कामेश्वरी आदि नाम रखकर भी स्त्रियों को उपहास की पात्र बनाया जाता था।

आज भी कुछ स्थलों विशेषकर बुन्देलखण्ड में यह परम्परा है कि विवाह के पश्चात् स्त्री का पूरा नाम ही बदल दिया जाता है और उसे नए नाम के साथ अपना अस्तित्व बनाना पड़ता है।

प्रकाश चन्द्र जैन आशा कौशिक द्वारा सम्पादित पुस्तक '*नारी सशक्तीकरण*' में *हिन्दू उत्तराधिकार अधिनियम, 1956 एवं महिला सशक्तीकरण* के अन्तर्गत लिखते हैं, "प्राइवेट (निजी) सम्पत्ति की संकल्पना का उद्भव और विकास होने पर स्त्री धीरे-धीरे अपनी प्रस्थिति को खोती चली गयी। धार्मिक अनुष्ठानों और संस्कारों के सम्बन्ध में उसकी शारीरिक निर्बलता और अन्य अक्षमताएँ उसे निम्न प्रस्थिति देने का बहाना बन गयीं।"[3]

प्रकाश चन्द्र जैन इसी लेख में आगे लिखते हैं कि सर्वप्रथम बौधायन ने वेद मंत्र की एक ऋचा को आधार बनाकर स्त्रियों को विरासत से वंचित किया था। वे लिखते हैं, "कृष्ण यजुर्वेद शाखा के प्रख्यात संप्रवर्तक बौधायन ने स्त्री को विरासत से अपवर्जित कर दिया। उसने विरासत से हिन्दू स्त्री के अपवर्जन के सिद्धान्त का आधार इस वेद मंत्र को बनाया "स्त्रियाँ निःशक्त होकर कोई भाग नहीं लेतीं (निरिन्द्रिया ह्यदायाश्च स्त्रिय)। बौधायन ने यह पूर्व स्थापना करने के पश्चात् कि पराक्रम से वंचित और दाय प्राप्त करने में अक्षम होने के कारण स्त्रियाँ निरर्थक होती हैं, यह प्रतिपादित किया कि वेदों ने स्त्री को उत्तराधिकारी बनने योग्य नहीं माना है।"[4]

यद्यपि बौधायन द्वारा वेद की इस सूक्ति के निर्वचन को अधिकांश विद्वानों ने सत्य नहीं माना। मैक्समूलर[5], वेस्ट एवं बूलर[6], जॉली[7] तथा पी.वी काणे[8] ने इसे असत्य मानते हुए कहा कि बौधायन ने उक्त वैदिक सूत्र का जो निर्वचन किया है, उसका विरासत से कोई सम्बन्ध नहीं है।

प्रकाश चन्द्र जैन कहते हैं, "मध्य युग के कतिपय विधानों में विधवा, माता और पुत्री को वारिसों की सूची में सम्मिलित किया गया था। उदाहरणार्थ-गौतम ने विधवा को, आपस्तंब ने पुत्री को और शंख ने माता और सबसे बड़ी पत्नी को वारिसों के रूप में सम्मिलित किया किन्तु वास्तविकता यह थी कि गौतम और आपस्तंब, जिन्होंने क्रमशः विधवा और पुत्री को वारिसों की सूची में सम्मिलित किया, उन्होंने उन्हें बहुत अधिक अन्यमनस्क होकर सम्मिलित किया और उससे

कोई व्यावहारिक प्रयोजन सिद्ध नहीं हुआ। उन्होंने विधवा और पुत्री को रक्त सम्बन्धियों और परव्यक्तियों (अजनबियों), जैसे–गुरु भाई, गुरु शिष्य और पुजारी की लम्बी सूची के अन्त में वारिसों के रूप में सम्मिलित किया। व्यावहारिक रूप से ऐसा होना कभी भी सम्भव नहीं था कि मृत व्यक्ति का कोई गुरु भाई, गुरु या शिष्य या पुजारी न होता। इन व्यक्तियों में से किसी एक की उपस्थिति में विधवा या पुत्री दाय प्राप्त नहीं कर सकती थी किन्तु स्मृति युग में स्त्रियों की साम्पत्तिक स्थिति में काफी परिवर्तन हुआ तथा मनु, याज्ञवल्क्य, बृहस्पति, नारद, विष्णु, देवल, कात्यायन आदि स्मृतिकारों ने कतिपय स्त्री वारिसों को उत्तराधिकार क्रम में स्थान प्रदान किया।... मिताक्षरा तथा दायभाग दोनों ने पाँच स्त्रियों अर्थात् विधवा, पुत्री, माता, पितामही और प्रपितामही को दाय योग्य माना है किन्तु इन दोनों में भी वारिसों के उत्तराधिकार क्रम के बारे में मतभेद रहा।[9]

संस्कृत साहित्य में (विशेषकर लौकिक संस्कृत) स्त्री के विषय में अनेक प्रकार के दृष्टिकोण प्राप्त होते हैं। महाकवि कालिदास ने स्त्री के लिए बाल विवाह का निषेध किया है और उनकी मान्यता रही है कि प्रौढ़ावस्था में ही स्त्री का विवाह किया जाना चाहिए। उनकी प्रायः सभी नायिकाएँ विविध कला प्रवीण एवं स्वेच्छानुसार पतिवरण में समर्थ होने के पश्चात् ही विवाह करती हैं। मालविका, शकुन्तला, इन्दुमती आदि सभी वयस्क होने पर ही विवाह करती हैं लेकिन इसका यह अर्थ कदापि नहीं लगाया जाना चाहिए कि वे प्रेम विवाह के समर्थक थे। उन्होंने तो शकुन्तला और दुष्यन्त के गान्धर्व विवाह के दुष्परिणाम दिखाकर यह सचेत किया है कि बन्धुजनों एवं गुरुजनों की सम्मति के बगैर किया गया विवाह अनर्थकारी होता है। रघुवंश में 'श्रीः सामिलापापि गुरुरोनुज्ञां धीरेव कन्या पितुराचकांक्ष' तथा अभिज्ञान शाकुन्तलम् में 'धर्माचरणे अपि परवशोयम् जनः, न च सन्निहतोत्र गुरुजनः' कहकर वे इसी ओर संकेत करते हैं।

कालिदास परम्परावादी भी थे क्योंकि वे रघुवंश में वर्णन करते हुए राम द्वारा निर्वासित सीता के मुख से यह कहलाते हैं कि तपस्या करने पर वे भावी जन्म में भी राम का ही पति रूप में वरण कर सकेंगी–

भूयो यथा मे जननान्तरेऽपि त्वमेव भर्त्ता न च विप्रयोगः[10]

सघन वन में लक्ष्मण जब श्रीराम के आदेश पर गर्भिणी सीता को छोड़कर जाने लगते हैं तो कालिदास की सीता लक्ष्मण से प्रश्न करती हैं कि क्या ऐसी विकट परिस्थिति में उनका परित्याग किया जाना शास्त्रानुकूल है अथवा क्या

यह इक्ष्वाकु वंश की मर्यादा के अनुकूल है? लेकिन थोड़ी देर में ही वे 'चेत' जाती हैं कि राम तो कल्याण बुद्धि ठहरे। वे अपने प्रिय पात्रों के कल्याण की कामना करने वाले हैं, इसलिए वे मेरे अकल्याण की कभी कल्पना भी नहीं कर सकते। फिर वह निष्कर्ष निकालती हैं कि यह मेरे 'प्राचीन पातकों' का ही जागरूक फल है–

कल्याण बुद्धिरचवां तवायं न कामचारोमपि शंकनीय।
ममैव जन्मान्तरपातकानां विपाकविस्फूर्ज थुरप्रमेयः।।[11]

रघुवंश में कालिदास उन्नीसवें सर्ग के अन्तर्गत राजा अग्निवर्ण की विलासिता तथा पतन की गर्हित अवस्था का निरूपण करते हुए गर्भवती रानी के राज्याभिषेक तथा गर्भस्थ बालक का उत्तराधिकारी होने के अमात्यों के निर्णय के साथ महाकाव्य का समापन करते हैं।[12] इससे ऐसा प्रतीत होता है कि राजा के अयोग्य होने पर रानी के उत्तराधिकारत्व पर कालिदास किंचित प्रगतिशील दृष्टिकोण अपनाते हैं।

रघुवंश में कालिदास ने अनेक स्थलों पर स्त्री की गरिमा के प्रति अपना सम्मान व्यक्त किया है। अज ने अपनी पत्नी इन्दुमती को सखा, सचिव तथा ललित कला सीखने में प्रिय शिष्या कहकर सम्बोधित किया है।[13] लेकिन अभिज्ञान शाकुन्तलम् में वर्णित है कि कुलीन स्त्रियाँ कहीं भी प्रस्थान करने से पहले अपने चेहरे पर परदा डाल लिया करती थीं।[14] लेकिन ऐसा सर्वत्र प्रचलित नहीं हुआ करता था। भास के कुछ नाटकों में भी परदा प्रथा के दर्शन होते हैं।

वर्णाश्रम व्यवस्था के परिप्रेक्ष्य में डॉ. अगम कुलश्रेष्ठ अत्यन्त महत्वपूर्ण तथ्य सामने रखती हैं। वे कहती हैं, "विभिन्न जातियों के पारस्परिक सौहार्द्र से समाज की सर्वांगीण उन्नति होती है और सर्वत्र शान्ति रहती है, परिणामतः सामाजिक पर्यावरण भी सुरक्षित रहता है। एक ही ब्रह्म अथवा पुरुष के मुख, बाहु उरु तथा चरणों से चारों वर्णों की उत्पत्ति रूप सिद्धान्त तथा उनकी आपस में संगति से समाज रूपी शरीर की रचना का आदर्श विधान हुआ है। भारत में प्राचीन काल में आर्य और आर्येत्तर जातियाँ थीं। बहुत-सी आर्येत्तर जातियाँ स्वेच्छा से मानवी संस्कृति को स्वीकार करते हुए अपने कर्म और रुचि के अनुसार ब्राह्मण, क्षत्रिय, वैश्य और शूद्र हो गए। एतरेय ब्राह्मण का रचयिता महिदास दासीपुत्र था। भीम का 'विवाह' हिडिम्बा राक्षस कन्या से हुआ। चतुर्वर्ण व्यवस्था गुण-कर्म विभाग थी। ऋषियों ने शूद्रों के लिए भी कल्याणकारी मंत्र लिखे हैं–

प्रियं मा दर्भ कृणु ब्रहम राजन्याभ्यां शूद्राय चार्याय च

(अथर्ववेद 19/32/8)

प्रियं मां कृणु देवेषु प्रियं राजसु मां कृणु।
प्रियं सर्वस्य पश्यत् शूद्र उतार्ये।।

(अथर्ववेद 19/62/1)

महाभारत में रत्नि परिषद में ब्राह्मण, क्षत्रिय, वैश्य, शूद्र सभी सदस्य होते थे (कर्ण तथा विदुर इसके उदाहरण हैं)। यज्ञावसर पर सभी वर्णों के प्रतिनिधि आमंत्रित किए जाते थे–

निमन्त्रयस्व नृपतीन् पृथिव्यां ये च धार्मिकाः।
ब्राह्मणान् क्षत्रियान् वैश्यान् शूद्रांश्चैव सहस्रशः।।"[15]

(रामायण, बालकाण्ड 13/20)

लेकिन डॉ. अगम कुलश्रेष्ठ यह भूल जाती हैं कि वैश्यों तथा शूद्रों को किसी भी महत्त्वपूर्ण कार्य हेतु उपयुक्त नहीं समझा जाता था और न ही स्त्रियों को किसी भी कार्य हेतु दायित्व प्रदान किया जाता था।

कालिदास स्त्री काम भावना के प्रति अत्यधिक सचेष्ट कवि थे, इसलिए अनेक बार उनके स्त्री रति विषयक वर्णन अश्लील हो गए हैं।[16]

उत्तररामचरितम् में भवभूति स्त्री की गरिमा के प्रति अपेक्षाकृत अधिक सचेष्ट प्रतीत होते है। चतुर्थ अंक में जब जनक को ज्ञात होता है कि सीता को राम ने निर्वासन दे दिया है तो वे क्रोध में कहते हैं–

जनक अहो निर्दयता दुरात्मनां पौराणम्। अहो रामभद्रास्य शिप्रकारिता,
एतद् वैशसवज्रघोरपतनं शश्वन्ममोत्पश्यतः,
क्रोधस्य ज्वलितं झटित्य कसरश्चापेन शापेन वा।[17]

अर्थात् जनक कहते हैं कि सीता निर्वासन से उत्पन्न इस हत्यारूप घोर वज्रपात पर निरन्तर चिन्तन करते हुए अब मैं इस निष्कर्ष पर पहुँच रहा हूँ कि अब मेरे क्रोधानल का शीघ्र ही धनुष अथवा शाप के रूप में जल उठने का अवसर आ गया है।

मालती माधव में भवभूति मालती के अन्तः सौन्दर्य को मूर्त्तमान करते हुए माधव के मुख से कहलाते हैं[18]–

सा रमणीयक निधेरधिदेवता वा, सौन्दर्यसार समुदाय निकेतनं वा।
तस्याः सखे नियतमिन्दुकला मृणाल ज्योत्स्नादि कारणम्तमदनश्चवेध।।

उत्तर रामचरित में वे गर्भवती सीता के सैन्दर्य को ही उद्घाटित करने लगते हैं, जो अन्यत्र दुर्लभ है।

महावीर चरित में भवभूति ने नायिका सीता को अनिन्द्य सौन्दर्य की साम्राज्ञी माना है, जो ताड़कावध पर दुखी होकर कह उठती हैं–

हा थिक एष एवात्र नियुक्ता:।[19]

इसलिए म. मे. मिराशी भवभूति की प्रशंसा करते हुए लिखते हैं, "भवभूति ने सीता के सभी भावुक वर्णनों को अत्यन्त कुशलता से चित्रित किया है।"[20]

डॉ. रामकरण भारद्वाज *कालिदास युग के नारी जीवन की चुनौतियाँ और आज का सन्दर्भ*, शीर्षक से *युगशिल्पी* में प्रकाशित लेख में कहते हैं, "शाकुन्तल की प्रियंवदा, अनुसूया और शकुन्तला आश्रम में ही बड़ी हुई और वहीं पर उन्होंने शिक्षा पाई थी। बालक-बालिकाओं की एक ही शिक्षा होती थी या उनके अलग-अलग वर्ग थे, इसका कालिदास के ग्रन्थों में उल्लेख नहीं मिलता।"[21]

भवभूति के वर्णनों में वाल्मीकि आश्रम में अरुन्धती का लव-कुश के साथ अध्ययन करने[22] तथा पद्मावती के शिक्षा केन्द्र पर कामन्दकी का भूरिवसु एवं देवरात के साथ शिक्षा ग्रहण करने[23] के सन्दर्भों से ज्ञात होता है कि भवभूति सहशिक्षा के पक्षपाती थे, किन्तु महावीरचरित के उनके राम परशुराम से मिलने से पूर्व सीता को घूँघट करने को कहते हैं।

अभिज्ञान शाकुन्तल में दुष्यन्त जब समस्त नारी जाति को छल एवं झूठ जैसे दुर्गुणों से लांछित करते हैं तो वह 'अनार्य' सम्बोधन करते हुए आँखे लाल कर क्रोध से उनकी ओर देखती है।[24] इसी प्रकार मालविकाग्निमित्रम् में मालविका से प्रणयरत् राजा को देखकर रानी इरावती रशना लेकर राजा की पिटाई करना चाहती है।[25]

मालतीमाधव के षष्ठांक में कपालकुण्डला का क्रोध अपने गुरु अधीरकण्ठ को मालती के निमित्त वध करने वाले माधव के प्रति व्यक्त होता है और वह प्रतिशोध की धमकी देती है।[26]

उपर्युक्त विवेचन से स्पष्ट है कि कालिदास तथा भवभूति दोनों ने स्त्री के सौन्दर्य को प्रमुखता देते हुए भी उसके अधिकारों के प्रति पर्याप्त सचेष्टता प्रदर्शित की है।

शूद्रक ने मृच्छकटिकम् में कहा कि व्यावहारिक क्षेत्र में पुरुषों की अपेक्षा स्त्रियाँ अधिक चतुर होती हैं क्योंकि पुरुषों की चतुराई तो शास्त्रोपदेश से होती है।[27] किन्तु इससे पूर्व वे पुरुषवादी सोच प्रदर्शित करते हुए कहते हैं–

अपण्डितास्ते पुरुषा मता में ये स्त्रीषु च श्रीषु च विश्वसन्ति।
श्रियो हि कुर्वन्ति तथैवं नायर्यो भुजंग कन्या परिसर्पणानि।।
स्त्रीषुन रागः कार्यो रक्तम् पुरुषं स्त्रियः परिभवन्ति।
रक्तैव हि रन्तव्या विरक्तभावा तु हातव्या।।[28]

अर्थात् मेरी समझ में जो औरत और धन पर भरोसा करते हैं, वे मूर्ख हैं। धन और औरत साँपिन की तरह हमेशा टेढ़ी चाल ही चलते हैं। स्त्रियों को अधिक प्यार भी नहीं देना चाहिए क्योंकि वे सदैव आसक्त पुरुषों को अपमानित करती हैं। इसके विपरीत अपने पर आसक्त स्त्रियों से ही प्रेम करना चाहिए और उदासीन स्त्रियों की शीघ्र उपेक्षा कर देनी चाहिए।

वसन्तसेना का वध होने के पश्चात् विट हत्यारे शकार को प्रताड़ित करता है। इससे ऐसा प्रतीत होता है कि तत्समय स्त्री को अवध्य समझा जाता था। परन्तु वेश्याओं को निन्दनीय समझा जाता था क्योंकि शूद्रक विट के मुँह से कहलवाते हैं–

तरुणजनसहायनिश्चन्त्याम् वेशवासो,
विगणय गणिका त्वं मार्ग जाता लतेव।
वहसि हि धनहार्यं पण्यभूतं शरीरं
सममुपचर भद्रे। सुप्रियं वा प्रियं वा।।[29]

अर्थात् वेश्यालय का जीवन युवकों की सहायता पर टिका समझो। राह में पैदा हुई लता की तरह तुम स्वयं को समझो। बाजार में खरीदी जाने वाली वस्तु की तरह तुम्हारी यह देह है। तुम्हें प्रिय अथवा अप्रिय के साथ एक समान व्यवहार करना चाहिए। वे परदा प्रथा के भी पक्षधर नजर आते हैं।

वेश्या अथवा गणिका के सम्बन्ध में भोज ने अपने ग्रंथ श्रंगारमंजरी में अत्यन्त महत्त्वपूर्ण बात कही है। भोज अपनी अन्तिम कहानी का उपसंहार करते हुए गणिकाओं के लिए 'स्वतन्त्र' विशेषण का प्रयोग करते हैं और बताते हैं कि यही एक बात है, जो उन्हें कुलवधू से प्रथक करती है।[30] मुकुन्द लाट ने श्रीमती प्रेम रावत द्वारा सम्पादित पुस्तक *भारतीय स्त्री: सांस्कृतिक सन्दर्भ* में इसकी विशद् विवेचना की है।[31]

हालांकि संस्कृत काल में भास्कराचार्य ने अपनी प्रतिभाशाली पुत्री लीलावती की अध्ययनशीलता से प्रभावित होकर उसे गणित की शिक्षा दी तथा उसकी रचनाओं को *लीलावती गणितम्* नामक अपने ग्रंथ में स्थान दिया। '*पाटी गणित*' के क्षेत्र में लीलावती का विशेष योगदान था। वराहमिहिर भी ज्योतिष के बड़े आचार्य थे। कहा जाता है कि वे भोज की सभा में उपस्थित थे। उनकी पुत्रवधू

खना लंका के एक प्रसिद्ध ज्योतिषी की पुत्री थीं और वह स्वयं भी ज्योतिष विद्या में प्रवीण थीं। कहा जाता है कि वराह के पुत्र का नाम मिहिर था, दोनों मिलकर काम करते थे इसलिए 'वराहमिहिर' नाम पड़ा। खना की भी स्वतन्त्र रचनाएँ रही होंगी, परन्तु कालान्तर में वे पति तथा श्वसुर की रचनाओं में समाविष्ट हो गयीं। लगभग इसी समय दर्शन शास्त्र में प्रवीण भारती हुईं। वे प्रसिद्ध मीमांसक और बौद्ध मत विध्वंसक कुमारिल भट्ट की बहिन तथा आचार्य मण्डन मिश्र की विदुषी पत्नी थीं। मण्डन मिश्र और आदि शंकराचार्य के शास्त्रार्थ की मध्यस्थता भारती ने ही की थी और पति के पराजित होने पर स्वयं शंकराचार्य से शास्त्रार्थ किया था। मण्डन मिश्र और भारती के ज्ञान की ख्याति इतनी थी कि कहा जाता था कि जिस घर के द्वार पर पिंजरों में टँगें शुक और सारिका परब्रह्म के स्वरूप पर चर्चा करते हैं, वही घर मण्डन मिश्र का है। आदि शंकराचार्य ने जब मण्डन मिश्र का पता पूछा, तो उन्हें यही पता बताया गया था। निश्चय ही घर के सदस्यों, यहाँ तक कि शुक-सारिका को भी शिक्षित करने का श्रेय भारती को ही जाता है। वह उच्च कोटि की दार्शनिक थीं, उनकी भी रचनाएँ नष्ट हो चुकी हैं।[32]

हर्षवर्धन के सभापण्डित बाणभट्ट ने कादम्बरी के चाण्डालकन्या वर्णनम् में लिखा है कि चाण्डालकन्या को देखकर राजा चकित रह गया और उसने मन में विचार किया कि ब्रह्मा ने अनुचित स्थान पर (अर्थात् अनुपयुक्त व्यक्ति) सौन्दर्य सृष्टि का प्रयत्न किया है क्योंकि यदि अपनी सुन्दरता से समस्त सौन्दर्य सम्पत्ति का उपहास करने वाली ही उन्होंने इसे बनाया था, तो फिर इसे स्पर्श एवं संभोगजन्य आनन्द से रहित कुल (चाण्डाल) में जन्म ही क्यों दिया। ऐसा लगता है कि चाण्डाल जाति से छू जाने के भय से ब्रह्मा ने इसे बिना छुए ही बनाया है। वरना इसमें इतना पूर्ण सौन्दर्य भला कैसे हो सकता था–

> दृष्ट्वा च तां समुपजान विस्मयस्याभून्मनसि महीपतेः–
> अहो विधातुरस्थाने रूपनिष्पादन प्रयत्नः। तथाहि यदि
> नामेयमात्मरूपोपहसिताशेषरूप सम्पदुत्पादिता, किमर्थमपगत-
> स्पर्शसम्भोग सुखे कृतं कुले जन्म। मन्ये च मातंग
> जातिस्पर्श दोषभयादस्पृशतेयमुत्पादिता प्रजापतिना, अन्यथा
> कथमियम क्लिष्टता लावण्यस्य।[33]

महाकवि भारवि ने किरातार्जुनीयम् में तथा माघ ने शिशुपालवध महाकाव्य में प्रथम सर्ग का प्रारम्भ क्रमशः श्रियः कुरूणा मधिपस्य पालिनीम् (भारवि) तथा श्रियः पतिः श्रीमति शासितुं (माघ) से किया है तथा दोनों ने अपने-अपने

महाकाव्यों का अन्त भी लक्ष्मीवाचक श्री शब्द से किया है। इससे ऐसा प्रतीत होता है कि दोनों ही महाकाव्यों में 'माँ' की प्रशस्ति से प्रारम्भ तथा अन्त किया गया है। भारवि ने किरातार्जुनीयम् में अप्सराओं के विहार के प्रसंग में स्त्री देह का बड़ा ही भव्य दृश्यांकन किया है तो माघ ने सुरांगनाओं के विलास वर्णन में पाण्डित्य प्रदर्शित किया है।[34]

कवितार्किक सम्राट हर्षवर्धन ने रत्नावली नाटिका में तत्कालीन समाज में स्त्रियों के विषय में व्याप्त विचारधारा का अंकन किया है। मदनोत्सव के अवसर पर श्रीहर्ष ने जिस उत्सव का चित्र खींचा है, आइए उसकी ओर देखते हैं–

धारायत्रविमुक्त संततपयः पूरप्लुते सर्वतः
सद्यः सान्द्रविमर्दकर्दमकृतक्रीडे क्षणं प्रांगणे।
उद्दामप्रमदाकपोलनिपतत्सिन्दूररागारुणेः
सैन्दूरीक्रियते जनेन चरणन्यासैः पुरः कुट्टिमम्।।[35]

अर्थात् चारों ओर से पिचकारियों से छूटती हुई अविरल जल धाराओं से व्याप्त तथा उसी समय आवागमन से उत्पन्न हुए कीचड़ में की गयी क्रीड़ा वाले आंगन में मदोन्मत्त स्त्रियों के कपोलों से गिरते हुए सिन्दूर के कारण लाल हुए पैरों के रखने से लोग फर्श को कुछ समय के लिए सिन्दूर से रंगा हुआ मान रहे हैं।

इस आमोद-प्रमोद का एक और दृश्य देखें–

राजा- (निर्वर्ण्य सविस्मयम्) अहो निर्भरः क्रीडारसः परिजनस्य। तथाहि–

स्रस्तः स्रग्दामशोभां त्यजति विरचितामाकुलः केशपाशः
क्षीबाया नूपुरौ च द्विगुणतरमिमौ क्रन्दतः पादलग्नौ।
व्यस्तः कम्पानुबन्धादनवरतमुरो हन्ति हारोयमस्या,
क्रीडन्त्याः पीडयेव स्तनभारविनमन्मध्यभंगानपक्षेम।।[36]

अर्थात् राजा आश्चर्य के साथ कहता है कि परिजनों का आमोद-प्रमोद पूर्णता को प्राप्त हो रहा है क्योंकि शराब से मतवाली, स्तनों के भार से झुके हुए कटि प्रदेश के टूटने की परवाह न करके क्रीड़ा करती हुई इस स्त्री (मदनिका) का बिखरा हुआ जूड़ा मानो पीड़ा के कारण धारण की गयी पुष्पमाला को छोड़ रहा है। पैरों में पहनी गयी पायल पीड़ा के कारण दोगुना क्रन्दन करती प्रतीत हो रही है। कम्पन के कारण हिलता हुआ यह मुक्ताहार मानो कष्ट के कारण छाती पीट रहा है।

उक्त दृश्यों से ऐसा प्रतीत होता है कि तत्समय आयोजित होने वाले मदनोत्सवों में राज परिवार की स्त्रियाँ भी शराब पीकर मदोन्मत्त हो जाया करती थीं तथा उन्हें पुरुषों के समान ही पूर्ण स्वतन्त्रता के साथ आनन्द मनाने का अवसर दिया जाता था तथा परदा जैसी कोई प्रथा अस्तित्व में नहीं थी। हालांकि तृतीय अंक में रानी वासवदत्ता को घूँघट में छिपकर राजा की सागरिका के साथ प्रणय वार्त्ता को सुनते हुए भी दिखाया गया है, किन्तु अन्यत्र ऐसा कोई विवरण नहीं है, जिससे ज्ञात हो कि तत्समय घूँघट या परदा प्रथा अस्तित्व में थी।[37] इसी नाटिका के प्रथम अंक में राजा उदयन का मंत्री यौगन्धरायण अपने स्वामी का विवाह सिंहल देश की राजकुमारी रत्नावली से कराना चाहता है, किन्तु रत्नावली का पिता उसके इस अनुरोध को ठुकरा देता है क्योंकि उदयन की पहली पत्नी वासवदत्ता के होते हुए वह अपनी पुत्री का विवाह उदयन से करने को उचित नहीं मानता।

लेकिन मौर्य काल में चाणक्य स्त्री की गरिमा के विपरीत वक्तव्य देते हुए कहते हैं–

> असत्यं साहसं भाया मात्स्र्य चाति लुब्धता।
> निर्गुणत्वम् शोचत्वं स्त्रीणा दोषा स्वभावजा।।[38]

अर्थात् असत्य, साहस, माया, भय, चपलता, अविवेक, अशौच तथा अदाया नारी के स्वभावजन्य दोष होते हैं। चाणक्य इसके आगे बढ़कर सुन्दर स्त्री को 'भार्या रूपवती शत्रुः' कहकर उसे शत्रु की उपमा दे डालते हैं।[39] वे उसे सभी उत्पातों एवं बुराइयों की जड़ सिद्ध कर देते हैं।[40] लेकिन साथ ही वे स्त्री के मातृ रूप को पूजनीय मानते हुए कहते हैं कि संसार में माता ही मनुष्य के लिए प्राथमिक विद्यालय है।[41] साथ ही वे यह भी कहते हैं कि राज्य को चाहिए कि वह स्त्रियों को बुनाई कार्य हेतु आवश्यक सुविधाएँ मुहैया करवाए।

इस युग की विवेचना करते हुए डॉ. वसुधा जोशी लिखती हैं, "जहाँ हर बात पर धर्म सिंधु अथवा निर्णय सिन्धु के पन्ने फड़फड़ाए जाते, वहाँ नीति तत्वों का तथा धर्म तत्वों का पूर्णतः ह्रास हो चुका था। छुआछूत, जातिभेद, वर्णभेद अनौचित्य की चरम सीमा तक पहुँचा हुआ था.... परदा प्रथा, विधवा विवाह निषेध आदि के द्वारा भारतीय समाज में नारी की स्थिति पशु से भी दयनीय थी.... शूद्र स्त्री की स्थिति तो शूद्रों से भी दयनीय थी। खरीदे हुए दास भी दासत्व से मुक्ति पा सकते थे किन्तु शूद्र स्त्री को पशुतुल्य जीवन बिताना पड़ता था। उसके लिए पैशाच विवाह स्वीकारा गया था।"[42]

वे राजस्थान तथा गुजरात की दो अत्यधिक पाशविक परम्पराओं का वर्णन करते हुए बताती हैं कि राजस्थान में कन्या का जन्म होते ही उसे एक मटके में डालकर मटके में बन्द कर दफना दिया जाता था और गुजरात में 'दूधपिती' नामक परम्परा प्रचलित थी, जिसमें कन्या के जन्म लेते ही उसे उबलते हुए दूध में डुबोकर मार दिया जाता था और कहा जाता था कि इससे उसे स्वर्ग की प्राप्ति होगी।[43] उधर दक्षिण भारत में यल्लमा देवी की उपासना के लिए देवदासी की प्रथा भी प्रारम्भ हो गयी थी।

प्रसंगानुसार इस सम्बन्ध में अश्वमेध यज्ञ की चर्चा की जानी भी आवश्यक है। अश्वमेध यज्ञ के पूर्ण हो जाने पर यज्ञीय अश्व की बलि दे दी जाती थी।[44] इसके पश्चात् उस पशु का पुरोडाश बनाया जाता था।[45] अश्वमेध यज्ञ के अश्व को बलि चढ़ा देने के पश्चात् पटरानी उस मृत अश्व के पास लेट जाती थी और अर्ध्वयु दोनों को नीचे पड़ी चादर से ढँक देता था। इसके बाद पटरानी मृत अश्व से सम्मिलन करती थी।[46] नैषध में उल्लिखित है कि कलि, यज्ञकर्त्ता स्त्री के वरांग से अवश्मेघ के घोड़े के शिश्न को संस्पृष्ट देखकर वेद बनाने वाले ईश्वर को भाँड कहने लगा।[47] इसके अलावा गोमेध यज्ञ में आज मातृतुल्य समझी जाने वाली गौ की बलि दी जाती थी।[48] इस तथ्य से हम उस काल में नारी की दुर्दशा का सहज ही अनुमान लगा सकते हैं।

जैन धर्म में नारी: जैन धर्म में स्त्री के मातृ स्वरूप को पर्याप्त सम्मान दिया गया। इस धर्म में ऐसी अनेक विदुषी महिलाएँ हुईं, जिन्होंने जैन धर्म के विकास में महत्त्वपूर्ण योगदान दिया। जैन काल में पतिव्रत एवं सतीत्व की प्रमुखता ने स्त्री की उच्छृंखल समझी जाने वाली विचारधारा को संयमित कर दिया। जैन धर्म के चौबीस तीर्थांकरों में उन्नीसवीं तीर्थांकर विदेह की राजकुमारी मल्ली या मल्लीनाथ स्त्री थीं।[49] मल्लिनाथ ने छह राजाओं का हृदय परिवर्तन किया था। लेकिन दिगम्बर शाखा इन्हें पुरुष कहती है। जैन जातक में एक जैन व्यक्ति का उल्लेख आता है, जो चार शिक्षित विदुषी पुत्रियों का पिता था, वह देश भर में अपनी पुत्रियों के साथ घूमा करता था और लोगों को उन पुत्रियों से दर्शन पर शास्त्रार्थ करने की चुनौती दिया करता था।[50] महावीर की पत्नी यशोदा ने सुदर्शन नामक पुत्री को जन्म दिया था, जो बाद में जैन भिक्षुणी बन गयी थी। एक उल्लेख जयन्ती नामक स्त्री का भी आता है, जिसने महावीर स्वामी के साथ गम्भीर तार्किक वाद-विवाद किया था। इनके अतिरिक्त कामा, शिवा, प्रभावती, पुष्पचूला, पद्मावती, देवनन्दा, ब्राह्मी, सुन्दरी, वैशाली नरेश चेटक की पुत्री मृगावती, महावीर स्वामी की माता त्रिशला, राजा उदयन की पत्नी वासवदत्ता, राजा दशरथ

की पत्नी सुप्रभा, प्रसेनजीत की पत्नी मल्लिका, गति, नागपति, धन्ने, बुद्धगौरी आदि जैन धर्म की प्रसिद्ध महिलाएँ थीं।

जैन ग्रन्थों में वर्णित चन्दन बाला, जो बाद में चन्दना के नाम से प्रसिद्ध हुई, जैन धर्म की प्रथम भिक्षुणी मानी जाती है, बाद में मृगावती ने चन्दना से ही जैन धर्म की दीक्षा ली थी। चन्दनबाला जैन दर्शन में पारंगत थीं, इसीलिए उसे भिक्षुणी संघ का प्रधान भी बनाया गया था। श्रवणबेलगोला के अभिलेख में अनेक अन्य विदुषी जैन स्त्रियों का वर्णन मिलता है। जैन भिक्षुणियाँ आदर्श तपस्वियों की भाँति जीवन-यापन करती थीं और वे सांसारिक प्रलोभनों से दूर रहती थीं। इस धर्म में सदाचार पर विशेष बल दिया गया है। स्वयं महावीर स्वामी ने अनेक महिलाओं को जैन धर्म की दीक्षा प्रदान की थी। उन्होंने जैन भिक्षुणियों को कुछ निर्धारित वस्त्र पहनने तथा मठों में रहने की अनुमति दी थी। उन्होंने कहा था कि महिलाएँ भी पुरुषों की भाँति मोक्ष की अधिकारिणी हैं। जैन संघ में महासती तथा चन्दना महिलाओं के संघ की प्रधान नियुक्त की गयी थीं।[51] चन्दना के निर्देशन में छत्तीस हजार महिलाएँ साध्वी का प्रशिक्षण देती थीं।

प्रोफेसर सुगम आनन्द ने सुषमा तथा भद्रा नामक दो अन्य विदुषियों का भी उल्लेख किया है। वे कहते हैं कि पितृसत्तात्मक समाज होने के कारण विदुषियों को भी समाज का विरोध झेलना पड़ता था। भद्रा, कुण्डलकेशी राजगृह के एक श्रेष्ठी की पुत्री थी, जो सभी शास्त्रों का अध्ययन कर परम विदुषी हो गयी थी। वह आश्रमों में जाकर वहाँ के विद्वानों को शास्त्रार्थ में पराजित किया करती थी।[52]

जैन भिक्षुणियों का जीवन अत्यन्त संयमित, सदाचारपूर्ण और अनुशासनबद्ध हुआ करता था। गृहस्थ जैनियों के लिए अलग नियम बनाए गए थे, जो भिक्षु-भिक्षुणियों के भोजन का प्रबन्ध करते थे। यह परम्परा आज भी चली आ रही है। जैन अनुश्रुतियों के अनुसार वर्धमान महावीर के चौदह हजार श्रमण और तीन लाख अठारह हजार श्राविकाएँ थीं। माना जाता है कि जैन संघ में पुरुषों की अपेक्षा महिलाओं की संख्या अधिक थी।[53]

जैन महिलाओं ने अनेक उपवन लगवाए थे तथा स्तूपों का निर्माण करवाया था। इन महिलाओं ने समाज में महिलाओं की स्थिति सुधारने का भी प्रयत्न किया था। महिलाओं की स्थिति में इनके प्रयासों से जो सुधार आया, वह उच्च वर्ग तथा वैश्य वर्ग की महिलाओं तक ही सिमटकर रह गया। जैन धर्म में कन्या जन्म को अशुभ नहीं माना जाता था और उनके जन्म पर शुभ आयोजन किए जाते थे। प्रो. सुगम आनन्द ने बताया है कि आदि पुराण के छठें पर्व में ऐसे आयोजन के विषय में विस्तृत उल्लेख प्राप्त होता है। जैन धर्म के

विद्वान हीरालाल जैन अपनी पुस्तक *भारतीय संस्कृति में जैन धर्म का योगदान* में लिखते हैं कि जैन धर्म में कन्याओं को पिता की सम्पत्ति में उत्तराधिकार प्राप्त था।[54] जैन धर्मग्रन्थ धर्मायुत सागर में कन्याओं के बाल विवाह का विरोध, उनके आध्यात्मिक विकास के समान अवसर तथा स्वयंवर की स्वतन्त्रता आदि वर्णित हैं।[55] स्वयं महावीर स्वामी की प्रथम जैन शिष्या एक दासी थी, इससे स्पष्ट है कि महावीर स्वामी ने जातिगत भेदभाव को भी अमान्य किया था।[56] नर्तकियों का भी जैन धर्म में काफी सम्मान था। चम्पा और बोधा नामक नर्तकियाँ जैन धर्म से प्रभावित होकर नृत्य त्याग कर धर्म पारायण बन गयी थीं।

लेकिन इतने से यह नहीं माना जा सकता कि जैन धर्म में स्त्रियों की दशा बहुत अच्छी थी। इस धर्म में भी अन्य धर्मों की भाँति गम्भीर अन्तर्विरोध विद्यमान हैं। श्वेताम्बर मानते हैं कि महिलाओं की मुक्ति सम्भव है, जबकि दिगम्बरों का मत है कि स्त्री पुरुष योनि में जन्म ले लेने के पश्चात ही मुक्ति प्राप्त कर सकती है। जैन धर्म के कुछ ग्रन्थों में स्त्री को 'हिंसक' भी माना गया है क्योंकि मासिक धर्म के दौरान उन्हें जो रक्तस्राव होता है, उससे उनके मतानुसार अनेक लघु प्राणियों की हत्या होती है।[57]

दिगम्बर आचार्यों ने नारी को 'वासना का मूल' कहा तथा उसका भिक्षुणी बनना व्यर्थ कहा। उनके मतानुसार सीमित धर्म का पालन कर नारी को पुरुष जन्म पाने का प्रयास करना चाहिए क्योंकि पुरुष जन्म में ही मुक्ति है।[58] डॉ. आलीस बी.ए. लिखती हैं कि बौद्धों और जैनों के निवृत्तिमूलक सिद्धान्त ने उसकी स्थिति और भी शोचनीय बना दी। उनके अनुसार स्त्री विरक्तिमूलक मार्ग में बाधक होने के कारण गर्हित समझी जाने लगी।[59] जैन धर्मग्रन्थ ज्ञानार्णव में तो जैन विचारकों ने 'नारी को मोक्ष की अधिकारिणी' भी नहीं माना और उसे 'सर्पिणी से भी भयंकर और नरकमय जीवन का द्वार' कहकर पुकारा।[60] "इसके अतिरिक्त इस काल में भी बहुपत्नी प्रथा अस्तित्व में थी तथा विधवा विवाह वर्जित था। श्री अभिव्यक्ति आविर्य ने अपने ग्रन्थ *सम्भावित रत्न संदोह* में स्त्री को 'चंचलमना अपकारी' कहकर उसे असत्य भाषण में चतुर तथा कुल कलंकित करने वाली कहा है। श्री अमरनाटा के ग्रन्थ *सभाश्रंगार* में चालीस प्रकार की नायिकाओं का उल्लेख है।"[61]

जैन धर्म के अन्तर्गत विभिन्न सम्प्रदायों में स्त्री के पुरुषों के समान पूजा सम्बन्धी अधिकारों को लेकर पर्याप्त मतभेद है। श्वेताम्बर लोगों का मानना है कि महिलाओं को पूजा स्थल के गर्भगृह में प्रवेश की अनुमति नहीं दी जा सकती और न ही वे मूर्तियों को स्पर्श कर सकती हैं क्योंकि वे इस हेतु आवश्यक

शुद्धता को कभी भी प्राप्त नहीं कर सकतीं। खरतर सम्प्रदाय बचपन से ही स्त्रियों को प्रतिमाओं के प्रत्यक्ष सम्पर्क में नहीं आने देता और न ही उन्हें देव प्रतिमाओं का चन्दन की लकड़ी से अभिषेक करने की अनुमति देता है।[62]

दिगम्बर समाज में 'अनावरण' अपरिहार्य है क्योंकि इससे प्रत्येक वस्तु से व्यक्ति विलग हो जाता है। लेकिन चूँकि महिला नग्न नहीं हो सकती क्योंकि उसकी शारीरिक संरचना उसे इसकी अनुमति नहीं देती और उसके शरीर में उपस्थित सूक्ष्म जीवों द्वारा उसे मिली अशुद्धियों के कारण वह मुक्ति तक नहीं पहुँच सकती। शायद यही करण है कि श्वेताम्बरों की तुलना में दिगम्बर सम्प्रदाय में साध्वियों की संख्या अपेक्षाकृत कम है। इन सभी मतभेदों के बावजूद सभी जैन सम्प्रदाय इस बात पर एकमत हैं कि स्त्रियाँ संतों के लिए 'खतरा' हैं क्योंकि वे उन्हें पथभ्रष्ट कर सकती हैं। प्राकृत शब्द 'इत्ति कहा' अर्थात् स्त्री के साथ बातचीत करने को सदैव शंकालु अथवा नकारात्मक दृष्टिकोण से देखा जाता था।

दिगम्बर सम्प्रदाय इस तथ्य को अस्वीकार करता है कि महावीर ने सांसारिक इच्छाओं को पूर्ण किया था। इसके अनुसार एक राजकुमार होने के बावजूद उन्होंने आडम्बर रहित जीवन व्यतीत किया तथा माया मोह के बन्धनों से वे सदैव दूर रहे। इसके विपरीत श्वेताम्बर सम्प्रदाय कहता है कि महावीर ने तनिक हिचक के साथ राजकुमारी यशोदा से विवाह किया था तथा इससे उन्हें अनोजा नामक एक पुत्री भी हुई थी, जिसका प्रियदर्शना भी नाम था। इसका विवाह उन्होंने अपनी एक बहन के पुत्र जमाली से किया था। यह युगल जैन सम्प्रदाय में अनेक शाखाओं के बनने का उत्तरदायी था।

डॉ. कुमारपाल देसाई जैन धर्म में नारी के विषय में चर्चा करते हुए कहते हैं, "'*सूत्रक्रतंग निर्युक्ति*' एवं '*चूर्णी* ग्रन्थों में '*नारी*' शब्द का वृहद् विश्लेषण हुआ है तथा नारी को 'द्रव्य स्त्री' एवं 'भाव स्त्री' में वर्गीकृत किया गया है। द्रव्य स्त्री नारी के शारीरिक गठन का प्रतीक है तथा भाव स्त्री नारी के अन्तः स्वभाव को विवेचित करता है। '*उत्तराध्ययन चूर्णी*', '*निशीथ चूर्णी*' तथा '*अचरंग चूर्णी*' ग्रंथों में स्त्री के स्वभाव का वृहद् विश्लेषण हुआ है। '*तण्डुलवैचारिक प्रकीर्णक*' में एक स्त्री के 94 अन्तः गुणों का वर्णन मिलता है। कुछ स्थलों पर यह वर्णन अशालीन भी प्रतीत होने लगता है परन्तु '*भगवती आराधना*' में स्पष्ट कर दिया गया है कि यह विश्लेषण मात्र साधारण स्त्रियों पर लागू होता है, जबकि सतीत्व से परिपूर्ण स्त्रियों पर ये बातें लागू नहीं होतीं। जैन धर्मग्रन्थों में यह भी वर्णित है कि एक गुणशील स्त्री की आभा चतुर्दिक विस्तीर्ण होती है और वह धरती पर एक 'देवी' की भाँति वास करती है। देवता भी ऐसी स्त्रियों

की पूजा करते हैं और ऐसी स्त्रियों की प्रशंसा के लिए कोई भी शब्द पूर्ण नहीं हो सकता। यही कारण है कि जैन आगमों में पत्नी को 'धम्मसहाया' अर्थात् धर्म में सहायक कहा गया है।"

डॉ. कुमारपाल देसाई आगे लिखते हैं, "जैन स्त्रियों ने पुरुषों को प्रेरणा देने का कार्य भी किया था। हेमचन्द्राचार्य अपनी माता पाहिमी की प्रेरणा से ही 'ज्ञानसागर' बन सके थे। कवि धनपाल को '*अमरकोष*' लिखने की प्रेरणा अपनी बहिन सुन्दरी से मिली थी। श्रीदेवी तथा अनुपमा देवी ने अपने पतियों को धर्म कार्य हेतु धन दान करने के लिए प्रेरित किया था। भगवान महावीर ने स्वयं दासी प्रथा का विरोध किया था। साध्वी यक्षकुँवर जी ने पशु बलि प्रथा का दृढ़तापूर्वक विरोध किया था। श्रावक आनन्द की पत्नी ने अपने पति के साथ मिलकर भगवान महावीर के उपासक संकल्प पूर्ण किए थे।[63]

बौद्ध धर्म में नारी

बौद्ध धर्म के प्रवर्त्तक महात्मा बुद्ध ने कुछ शर्तों के साथ महिलाओं को संघ में सम्मिलित होने की अनुमति प्रदान की थे, जिन्हें आठ गुरुधम्म कहा गया। हालांकि इन आठ गुरुधम्मों को गौतम बुद्ध के सन्देशों में सम्मिलित नहीं किया गया, फिर भी बौद्ध धर्म में स्त्रियों के लिए इनका पालन करना अनिवार्य था। ये आठ गुरुधम्म थे–

1. यदि किसी भिक्षुणी की आयु सौ वर्ष की हो चुकी हो, तो भी वह एक पुरुष भिक्षु, चाहे वह कितनी ही कम उम्र का क्यों न हो, के सामने अपने आसन से उठकर खड़ी होगी, दोनों हाथ जोड़कर प्रणाम करेगी तथा उसे पूर्ण सम्मान देगी।
2. जहाँ भिक्षु रहते हों, वहाँ से 6 घण्टे की दूरी पर स्थित मठ में निवास करेगी।
3. प्रत्येक 15 दिनों के बाद भिक्षुणी 'उपशोथ' (आचार कर्म) के लिए पूछेगी तथा आने वाले 'भिक्खुनोवाद' (उपदेश) में सम्मिलित होने की अनुमति मांगेगी।
4. भिक्खुओं तथा भिक्खुणियों से अनुमति प्राप्त कर ही भिक्खुणी वर्षा काल में यथोचित स्थान पर निवास करेगी।
5. यदि कोई भिक्खुणी किसी महत्त्वपूर्ण नियम का उल्लंघन करती है, तो उसे 15 दिनों तक संघ द्वारा निर्दिष्ट दण्ड का पालन करना होगा।

6. जब एक भिक्खुणी छह नियमों (छः धम्मा) में प्रशिक्षित हो जाएगी, तो वह उच्च विधान अर्जित करने का प्रयास करेगी।
7. कोई भी भिक्खुणी कभी भी किसी भिक्खु का अपमान नहीं करेगी।
8. एक भिक्खुणी को यह अधिकार नहीं होगा कि वह किसी भिक्खु को कोई सलाह दे सके।[64]

कहा जाता है कि यद्यपि भगवान बुद्ध ने उक्त नियम निर्धारित किए थे, फिर भी उन्होंने समय-समय पर इन नियमों में आंशिक या पूर्ण परिवर्तन किया था। *महापरिनिब्बान सुत्त* के 16वें खण्ड में उन्होंने स्वयं कहा कि मेरे जाने के बाद संघ आवश्यकता पड़ने पर नियमों में बदलाव कर सकता है।

आठ गुरुधम्मों के पीछे भी एक कथा है। जब वैशाली में महात्मा बुद्ध अपने पिता शुद्धोदन की मृत्यु का समाचार सुनकर गए, तो वहाँ उन्हें शाक्यों और कोलियों में रोहिणी नदी के सिंचाई के पानी सम्बन्धी विवाद में मध्यस्थता करनी थी। उस समय उनकी विधवा विमाता तथा उनकी माता माया की बहिन महाप्रजापति गौतमी ने उनके समक्ष आकर उनसे भिक्षुणी बनने की आज्ञा चाही, किन्तु बुद्ध के मन में स्त्रियों को संघ में प्रवेश देने के प्रति हिचक थी। अतः महात्मा बुद्ध ने तीन बार अनुमति देने से इनकार किया और वे वैशाली लौट गए। उनके पीछे केश मुण्डित करवाकर भिक्षु वेश में सूजे हुए पैरों से धूल में लथपथ होकर पैदल चलते हुए महाप्रजापति गौतमी अपनी पाँच सौ सखियों के साथ कपिलवस्तु आ गयीं और उनके द्वार पर आकर खड़ी हो गयीं।

जब बुद्ध के चचेरे भाई तथा उनके परम शिष्य आनन्द ने गौतम बुद्ध की विमाता गौतमी को इस दयनीय दशा में देखा, तो उन्होंने उनसे इसका कारण पूछा। तब गौतमी ने उन्हें बताया कि मेरे बार-बार अनुरोध करने के बावजूद बुद्ध मुझे संघ की शरण में नहीं ले रहे हैं। आनन्द ने तब उनसे कहा कि वे इस विषय पर बुद्ध से चर्चा करेंगे। आनन्द भगवान बुद्ध के पास पहुँचे और उन्होंने पूछा कि वे स्त्रियों को संघ में शामिल क्यों नहीं कर रहे हैं। क्या स्त्रियाँ पुरुषों के समान निर्वाण तथा बोध की हकदार नहीं हैं? इस पर बुद्ध ने स्वीकार किया कि ऐसी कोई वजह नहीं है कि स्त्रियों को निर्वाण नहीं प्राप्त हो सके।[65] आनन्द ने उनकी इस स्वीकारोक्ति के आधार पर उनसे उनकी विमाता महाप्रजापति गौतमी तथा उनकी 500 अनुयायियों को संघ में शामिल किए जाने के लिए आग्रह किया। बुद्ध ने उन्हें संघ की प्रथम भिक्षुणी बनने की स्वीकृति तो दे दी लेकिन इसके साथ ही उन्होंने यह भविष्यवाणी भी की कि उनके उपदेश जो पहले 1500 वर्षों तक प्रासंगिक रहने वाले थे, अब केवल 500 वर्षों तक ही प्रासंगिक

रह सकेंगे।[66] इसके बाद बुद्ध ने अपने अन्तःपुर की तिशा, धीरा, मित्ता, भद्दा, उपासमा तथा अन्य स्त्रियों को संघ में शामिल किया।

विनयपिटक में भिक्खुओं के लिए 250 नियम हैं तथा भिक्खुणियों के लिए 348 नियम हैं। इनके पीछे एक तर्क यह भी है कि बौद्ध धर्म में भिक्खुणियों की जनता के बीच बढ़ती लोकप्रियता एवं उनकी समाज सेवा से महाकसप एवं भिक्खु मन ही मन स्त्री भिक्खुणियों से ईर्ष्या करने लगे, जिसकी परिणति स्त्रियों पर आठ गुरुधम्मों के प्रतिबन्धों के रूप में सामने आयी। यहाँ यह महत्त्वपूर्ण है कि जैन धर्म में ऐसे पूर्वाग्रह नहीं थे, किन्तु कालान्तर में आए बौद्ध धर्म तक ऐसे पूर्वाग्रहों के बीज पड़ने लगे थे। प्रारम्भिक बौद्ध ग्रन्थ *विनयपिटक* के कुल्लवग्गा अंश में स्वयं गौतम बुद्ध यह घोषित करते हैं कि एक स्त्री को भी बोध प्राप्त हो सकता है। इसके विपरीत *मज्झिम निकाय* के बहुधातुका सुत्त में स्वयं गौतम बुद्ध से कहलाया गया है कि एक स्त्री का सम्यक बोध प्राप्त कर पाना असम्भव है। इससे ऐसा प्रतीत होता है कि बौद्ध धर्म में स्त्री के विषय में एक अजीब सा विरोधाभास मौजूद था।

बौद्ध दर्शन के एक सर्वाधिक प्राचीन माने जाने वाले ग्रन्थ *थेरवेद* में बुद्धत्व की प्राप्ति को अत्यन्त दुर्लभ बताया गया है और आम जनता को 'अर्हत' की दिशा में अग्रसर होने की सीख दी गयी है।[67] इसमें उन लोगों का वर्णन किया गया है, जिन्होंने अर्हत प्राप्त किया। इसमें सर्वाधिक महत्त्वपूर्ण नाम शाक्यमुनि बुद्ध की पूर्व पत्नी तथा उनके पुत्र राहुल की माँ यशोधरा का है। इन्हें 'भद्दा कच्चाना' नाम दिया गया।

डॉ. राजकुमार बताते हैं कि बौद्ध काल में संघ में दो प्रकार की महिलाएँ हुआ करती थीं–पहले प्रकार में वे स्त्रियाँ आती थीं, जो सांसारिक जीवन जीते हुए धार्मिक अनुष्ठान किया करती थीं तथा दूसरे प्रकार में पारिवारिक एवं सांसारिक बन्धन त्याग कर संन्यासी एवं भिक्खुणी बन जाने वाली महिलाएँ थीं।[68]

बौद्ध धर्म में स्त्रियों की दशा में 'सुधार' देखने को मिलता है। उन्हें रसोई से 'धम्म' तक लाने का श्रेय इस धर्म को दिया जाना चाहिए। बुद्ध काल में स्त्रियों की दशा बहुत अच्छी नहीं थीं। उन्होंने स्त्रियों को संघ में सम्मिलित होने की अनुमति देकर एक क्रान्तिकारी कदम उठाया था। इस काल में स्त्रियों की कैसी दयनीय दशा थी, इसका एक उदाहरण मार और भिक्खुणी के संवाद से देखा जा सकता है, जो निम्नवत है–

मार : औरतों का दिमाग संकुचित होता है, इसलिए वे साधुओं जैसी उच्चता को कभी प्राप्त नहीं कर सकतीं।

भिक्खुणी : जब किसी का मस्तिष्क एकाग्र होता है और बुद्धि उसे त्यागती नहीं है, तो उसके स्त्री अथवा पुरुष होने का कोई फर्क नहीं पड़ता।[69]

संयुत्त निकाय में एक प्रसंग आता है कि जब कोशल नरेश को ज्ञात हुआ कि उनकी रानी ने एक पुत्री को जन्म दिया है, तो वे अत्यधिक दुखी हुए। तब कोशल नरेश को सान्त्वना प्रदान करते हुए महात्मा बुद्ध ने कहा–

"हे जननायक! एक कन्या पुत्र से बेहतर हो सकती है, क्योंकि वह गुणवान और बुद्धिमान हो सकती है, उससे उत्पन्न पुत्र भी महान हो सकता है और अपने देश को सही रास्ते पर ले जा सकता है।"[70]

बुद्ध पहले ऐसे महात्मा थे, जिन्होंने स्त्रियों के सम्मान एवं गरिमा को समाज में प्रतिष्ठा दी। उन्होंने जाति भेद अथवा ऊँच-नीच को परे रखते हुए बौद्ध धर्म के द्वार सभी के लिए खोल दिए। उन्होंने विधवा, वेश्या एवं पतिताओं को भी मुक्त कण्ठ से धम्म में स्थान दिया। महात्मा बुद्ध ने आम्रपाली नामक देवदासी के निमन्त्रण को नगर पतियों के निमंत्रण से अधिक महत्त्व दिया था।[71] संघ के उल्लासमय वातावरण में तत्कालीन सामाजिक व्यवस्था से पीड़ित स्त्रियों के जीवन में नयी जान फूँक दी और वे अपने मन के उद्‌गारों को कविता के रूप में व्यक्त करने लगीं। *सुत्त पिटक* के *खुद्‌दक निकाय* के नवें अंश में '*थेरीगाथा*' के रूप में इनके विचार संकलित हैं।

थेरीगाथा में जिन भिक्खुणियों के नाम वर्णित हैं, उनमें बारह प्रसिद्ध एवं ऐतिहासिक नाम हैं। इनमें सुभद्रा, जातक, अमरा, उदुम्बरा, भद्रा-कुण्डा, केशा, जयन्ती, सुमा, सुमेधा, अनुपमा, खेमा आदि के नाम विशेष तौर पर उल्लेखनीय हैं। जयन्ती नामक विदुषी ने तो बौद्ध धर्म के पक्ष में वर्धमान महावीर से शास्त्रार्थ किया था, ऐसी जनश्रुति है।[72]

इनके अतिरिक्त मौर्य काल में चाणक्य की पत्नी यशोमति, सम्राट अशोक की पत्नी श्रीदेवी व पुत्री संघमित्रा ने भी बौद्ध धर्म के प्रचार-प्रसार में महत्त्वपूर्ण भूमिका निभाई।

भगवान बुद्ध ने विवाहित स्त्रियों को आदर्श जीवन-यापन हेतु कुछ सलाह दी थीं, जो निम्नांकित हैं–

1. विवाहित स्त्री को अपने पति के बारे में बुरे विचार मन में नहीं लाना चाहिए।

2. उसे अपने पति के प्रति क्रूर, कटु नहीं होना चाहिए तथा उसे उस पर रौब जमाने का प्रयास करने वाली नहीं होना चाहिए।
3. पत्नी को अत्यधिक खर्चीली नहीं होना चाहिए और मितव्ययता से गृहस्थी चलानी चाहिए।
4. उसे अपने पति की मेहनत से कमाई गयी सम्पत्ति की रक्षा हेतु हमेशा प्रयत्नशील रहना चाहिए।
5. उसे मन-मस्तिष्क से गुणवान एवं आडम्बररहित होना चाहिए।
6. उसे अपने पति के प्रति पूर्ण समर्पित होना चाहिए तथा अन्य व्यक्ति के लिए उसके मन में दूषित विचार नहीं आने चाहिए।
7. उसे अपने कार्यों में शान्त तथा स्निग्ध होना चाहिए।
8. उसे दयालु, परिश्रमी तथा लगनशील होना चाहिए।
9. उसे अपने पति के प्रति विचारवान तथा दयालु होना चाहिए तथा उसे अपने पति के साथ वैसा ही व्यवहार करना चाहिए जैसा व्यवहार एक माँ अपने पुत्र को प्रेम तथा संरक्षण देते हुए करती है।
10. उसे विनम्र तथा सम्मान हेतु तत्पर होना चाहिए।
11. उसे शान्त तथा पति की समस्याओं को ठण्डे दिमाग से समझने वाली होना चाहिए। उसे अपने पति को आवश्यकता पड़ने पर सच्चे मित्र की भाँति सलाह देना चाहिए।[73]

उन्होंने पतियों को भी सलाह देते हुए कहा कि उन्हें अपनी पत्नियों के प्रति वफादार एवं विनम्र होना चाहिए तथा उनका तिरस्कार नहीं करना चाहिए। सौन्दर्य के प्रति अत्यधिक संवेदनशील स्त्रियों को भी गौतम बुद्ध ने अपनी सलाह दी थी। राजा बिम्बसार की सुन्दर पत्नी खेमा को उन्होंने शारीरिक सौन्दर्य की निस्सारता का भान कराया था। इसी प्रकाश विशाखा नामक स्त्री को उसकी पौत्री की मृत्यु पर उन्होंने चार महासत्यों का उपदेश देकर उसका दुख दूर किया था। पताकरा नामक एक अन्य स्त्री के दो बच्चों, माता-पिता एवं पति तथा भाई के आकस्मिक निधन पर भी उन्होंने उसे जीवन की निस्सारता का उपदेश देकर संघ में दीक्षित किया था।

कुछ स्त्रियों ने बौद्ध भिक्खुणी बनने के पीछे अपने स्वार्थ की सिद्धि भी की थी। एक बार एक लिच्छवि पत्नी को उसके पति ने किसी दूसरे पुरुष के साथ व्यभिचार करते देख लिया और जब क्रोध में आकर वह उसे जान से मारने के लिए तत्पर हुआ तो यह खतरा भाँपकर वह स्त्री दौड़कर भिक्खुणी संघ पहुँच

गयी और संघ में सम्मिलित हो गयी। जब उसका पति उसे ढूँढता हुआ श्रावस्ती आया, तो वह यह देखकर आश्चर्यचकित रह गया कि उसकी पत्नी भिक्षुणी बन चुकी है। तब वह न्याय के लिए कोशल नरेश प्रसेनजित के पास पहुँचा और उनसे कहा कि वह स्त्री इस युक्ति के माध्यम से दण्ड से बचना चाह रही है। राजा ने उसके पति की अपील खारिज करते हुए कहा कि यदि एक बार कोई स्त्री भिक्खुणी बन जाती है, तो राजा को उसे दण्ड देने का कोई अधिकार नहीं रह जाता।[74] इसका दुरुपयोग करते हुए अनेक दुश्चरित्र स्त्रियों ने संघ की शरण लेकर दण्ड से बचने का मार्ग चुना।[75] इससे बचने के लिए बुद्ध ने कुछ कठोर नियम बनाए। आठ गुरुधम्म भी सम्भवतः इसीलिए बनाए गए ताकि भिक्खुओं एवं भिक्खुणियों के मध्य अनैतिक सम्बन्ध न पनपने पाएँ। सम्भवतः इसीलिए गौतम बुद्ध ने आनन्द के इस सुझाव को अस्वीकार कर दिया कि भिक्खु एवं भिक्खुणियों को आयु की वरिष्ठता के अनुसार एक दूसरे का सम्मान करना चाहिए। बुद्ध ने भिक्खुणियों के भिक्खुओं को स्पर्श करने, उनके साथ बैठने या घुलने-मिलने पर भी प्रतिबन्ध लगाए।[76] भिक्खुणियों के नाचने, गाने तथा वाद्य यंत्र बजाने, उद्यान में घूमने, प्रेक्षागृह में जाने पर भी प्रतिबन्ध लगाए गए, ताकि उनका ध्यान सांसारिक काम वासनाओं से हटाया जा सके। उनके आभूषण पहनने, सुगन्धित जल से स्नान करने, अकेले अथवा सहेलियों के साथ नग्न स्नान करने, मुलायम बिस्तर पर शयन करने, एक चादर को एक से अधिक भिक्खुणियों को ओढ़ने या एक ही शय्या पर सोने पर भी रोक लगायी गयी।[77]

इतने कठोर नियमों के बावजूद संघ में अनैतिक यौन गतिविधियों पर रोक नहीं लग सकी। खब्बग्गिया बौद्ध भिक्षु अपने शरीर का प्रदर्शन करते हुए अपने वस्त्रों को जाँघ से ऊपर उठाकर अपने शरीर के गोपनीय अंगों को भिक्खुणियों को दिखाने का प्रयास करने लगे, ताकि उनमें कामवासना जाग्रत की जा सके।[78] बुद्ध के कठोर नियमों का उल्लंघन करते हुए कुछ भिक्खुणी बन चुकी गणिकाओं ने युवा भिक्खुणियों से परस्पर सम्भोग करना, उनके साथ सोना, मालिश करवाना, नग्न स्नान करना, सार्वजनिक स्थान पर अपने केश मुँडवाना आदि शुरू कर दिया। कुछ प्रौढ़ भिक्खुणियों ने युवा प्रेमी जोड़ों के बीच मध्यस्थ की भूमिका निभानी आरम्भ कर दी।

इस प्रसंग में श्रावस्ती के एक धनाढ्य की पुत्री उप्पलवन्ना की कथा उल्लेखनीय है। वह अत्यन्त सुन्दर थी और अनेक धनाढ्य युवा एवं राजकुमार उसे पाना चाहते थे, किन्तु उसने सांसारिक वैभव को त्याग कर भिक्खुणी बनने का निर्णय कर लिया। उप्पलवन्ना ध्यान लगाने हेतु वन गयी। उसके एक प्रेमी,

जो वास्तव में उसका चचेरा भाई था, ने वन में उसका पीछा किया। एक दिन उसकी अनुपस्थिति में वह उसकी चारपाई पर आकर लेट गया। जब वन से लौटकर वह सोने का उपक्रम करने लगी, तो उस कामांध प्रेमी ने उसे निर्वस्त्र कर दिया और उसके विरोध करने के बावजूद उसके साथ बलात्कार किया। जब उप्पलवन्ना ने इसकी शिकायत अन्य भिक्खुणियों के माध्यम से बुद्ध तक पहुँचाई तो बुद्ध ने भिक्खुणियों का अकेले वन में ध्यान लगाने जाना प्रतिबन्धित कर दिया। उन्होंने भिक्खुणियों को अपनी रक्षा करने के लिए हथियार साथ में रखने की भी सलाह दी।[79]

कुछ भिक्खुओं ने संघ के नियमों का पालन करते हुए भी अपनी यौनेच्छा की पूर्ति हेतु एक नया रास्ता निकाला। एक प्रसंग है कि एक बार एक भिक्खु सुप्रभा नामक महिला के घर भिक्षा माँगने पहुँचा। उस महिला के पास भिक्षा में देने के लिए कुछ भी नहीं था, इसलिए उसने अपनी सुन्दर देह उस भिक्षु को समर्पित करने का निर्णय लिया। उस भिक्खु ने भी उसे निराश नहीं किया। कई बार युवा महिलाएँ भिक्खुओं को यौन सन्तुष्टि के लिए बुलाया करती थीं और ये भिक्खु इसकी आड़ लेते थे कि चूँकि ये महिलाएँ भिक्खुणी नहीं हैं, इसलिए इनके साथ यौन प्रंसर्ग करना धम्म के नियमों का उल्लंघन नहीं है। इसलिए वे ऐसे अवसरों का पूर्णतः लाभ लिया करते थे।[80] यही कारण था कि अपने अन्तिम समय में गौतम बुद्ध ने अपने प्रिय शिष्य आनन्द के समक्ष पश्चाताप व्यक्त करते हुए कहा था कि संघ में स्त्रियों को प्रवेश की अनुमति देकर उन्होंने बहुत बड़ी गलती की है।[81]

महात्मा बुद्ध के जाने के पश्चात् बौद्ध धर्म में बहुत-सी बुराइयाँ जड़ जमाने लगीं और स्त्रियों की दशा में और अधिक पतन दिखने लगा। महायान सम्प्रदाय बौद्ध धर्म का तांत्रिक रूप बन गया। इसके अनुसार प्रत्येक बुद्ध की एक शक्ति पत्नी होती है और इससे वासनामूलक साधना को प्राश्रय मिला।[82] इससे गृहस्थच्युत ये स्त्रियाँ पथभ्रष्ट हो गयीं और यह मान लिया जाने लगा कि नारी सबके उपभोग की सामग्री है[83] तथा उसे गिरवी भी रखा जा सकता है।[84] बुद्ध जैसे स्त्री की गरिमा को सम्मान प्रदान करने वाले महापुरुष के कुछ उत्तराधिकारी स्त्री पर भरोसा करने वाले को 'नराधम' कहने लगे[85] और स्त्री को 'असभ्य एवं कृतघ्न' की संज्ञा देने लगे।[86]

महात्मा बुद्ध के काल में दासियों का क्रय-विक्रय भी होता था। कार्य विभाजन की दृष्टि से दासियों के कई वर्ग थे। प्रसिद्ध समाजशास्त्री देवराज चानना ने इनका विस्तृत वर्णन किया है। दासियों के वर्गीकरण में कुलदासी,

नाती दासी, देवदासी, वण्णदासी, कुंभदासी, वीहि–कोट्टिक दासी, दास पत्नी, यक्ख दासी आदि के नाम उल्लेखनीय हैं।[87] लेकिन इस काल में दासियों के साथ उदारतापूर्ण व्यवहार किया जाता था। उन्हें परिवार के सदस्य जैसा ही समझा जाता था। *मज्झिम निकाय* में उल्लेख है कि उत्सवों के अवसर पर उन्हें दासता से मुक्ति भी दी जाती थी।

कहा जा सकता है कि भगवान बुद्ध ने स्त्रियों को संघ में प्रवेश देकर एक साहसिक एवं क्रान्तिकारी कदम उठाया था, किन्तु वे इस बात से आशंकित भी थे कि इनके संघ में आने से संघ में अनैतिकता पनप सकती है। इसी कारण उन्होंने आठ गुरु धम्मों के प्रतिबन्ध विनिर्दिष्ट करते हुए कहा, "कठोर नियम उसी प्रकार आवश्यक हैं, जैसे तड़ाग के जल को रोकने के लिए बाँध की आवश्यकता होती है, पर स्त्रियों के संघ में आ जाने से संघ उस घर की तरह हो जाएगा जहाँ पुरुषों की अपेक्षा स्त्रियाँ अधिक होने से लुटेरों के घुस आने की आशंका हो और जहाँ पहले संघ दीर्घजीवी होता और 1000 वर्ष तक रहता वहाँ अब 500 वर्ष चलेगा, अधिक टिकाऊ न रहेगा।"[88]

ललिताविस्त्र में उल्लेख आता है कि जब गौतम बुद्ध की दुल्हन गोपा को सगाई के समय घूंघट की सलाह दी गयी तो उसने यह कहकर इनकार कर दिया कि पवित्र विचारों को ऐसी सुरक्षा की आवश्यकता नहीं है। महादेवी वर्मा ने तत्कालीन नारी स्थिति के सन्दर्भ में अपने एक व्याख्यान में कहा था, "बौद्ध काल में स्थिति इतनी चिन्तनीय हो चुकी थी कि भगवान बुद्ध को नारियों के उद्धार के लिए उन्हें भिक्षुणी बनने की स्वीकृति देनी पड़ी। ये भिक्षुणियाँ सम्पन्न, विपन्न, सवर्ण, अस्पृश्य सभी वर्गों से सम्बन्धित नारियाँ रहीं। इन्होंने धर्म के साथ साधना एवं साहित्य रचना का भी कार्य किया है। थेरी गाथाएँ उन भिक्षुणियों की विद्वता, संवेदनशीलता आदि गुणों का ही अतर्क्य प्रमाण हैं।"[89]

बुद्ध के परवर्ती इतिहास में स्त्री की शक्ति एवं निष्ठा के केन्द्र ध्रुवस्वामिनी, महाश्वेता, कादम्बरी तथा राज्यश्री में केन्द्रित हो जाते हैं, परन्तु स्त्री की दशा में निरन्तर विघटन जारी रहता है। शकराज द्वारा ध्रुवस्वामिनी तथा समस्त सैनिकों की स्त्रियों की आपत्तिजनक मांग करना, राज्यश्री का सती होने का प्रयास करना तथा 'गाणिकाओं' अथवा 'सयाजीवा' की परम्परा का बढ़ना इसके प्रमाण हैं। यद्यपि चालुक्य प्रशासन (980–1160 ई.) में महिला प्रशासक तथा अधिकारी प्रचुर संख्या में रखे जाते थे तथा पुत्र के अल्पायु का होने पर सातवाहन वंश की डोवागर रानी नयनिका (200 ई.पू.), वाकाटक वंश की प्रभावती गुप्त (400 ई.), चालुक्य कुल की विजयभट्टारिका (700 ई.) तथा कश्मीर में सुगन्धा एवं

डिड्डा (1000 ई.) ने राजकाज की कमान सँभाली थी लेकिन फिर भी इस दौरान स्त्रियों की दशा में कोई बेहतरी नहीं दिखाई देती।

गुप्त काल के दौरान चन्द्रगुप्त प्रथम ने अपनी रानी के साथ मिलकर राज किया था। इस काल के राजकीय सिक्कों पर भी राजा एवं रानी दोनों के चित्र अंकित मिलते हैं[90], किन्तु इस सबके बावजूद इस काल में स्त्रियों की दशा गिरती चली गयी। इस काल में स्त्रियों को द्वितीय श्रेणी का नागरिक माना जाने लगा, छह से सात साल की अल्पायु में ही उसके विवाह होने लगे। ऐसा इसलिए किया जाने लगा ताकि वे अपवित्र न हो सकें। यह स्वीकृत तथ्य हो गया कि विवाह से पूर्व वह पिता के नियंत्रण में, विवाह के पश्चात् पति के नियंत्रण में तथा अन्त में उसे पुत्र के नियंत्रण में रहना होगा। यह प्रथा कमोबेश आज भी चली आ रही है। यद्यपि विधवा विवाह की परम्परा तत्समय थी लेकिन लोग इसे अच्छा नहीं मानते थे। सती प्रथा का भी प्रारम्भ होने लगा था और जो स्त्रियाँ अपने पति की चिता के साथ सती होने से इनकार कर दिया करती थीं, आम जनता ऐसी स्त्रियों से घृणा करती थी। अतः समाज की उपेक्षा के भय से स्त्रियाँ सती हो जाया करती थीं। गुप्त काल में पिता की मृत्यु के पश्चात् उसके द्वारा छोड़ी गयी सम्पत्ति पर पुत्र का अधिकार होता था और पुत्रियों को इससे वंचित रखा जाता था। स्त्रियों को शिक्षा प्राप्त करने की अनुमति दी गयी थी किन्तु उन्हें पवित्र धर्मग्रन्थों को पढ़ने तथा धार्मिक कर्मकाण्ड में भाग लेने की अनुमति नहीं थी।[91] उन्हें वेद पढ़ने की अनुमति नहीं थी, किन्तु वे साहित्य का अध्ययन कर सकती थीं। रजस्वला होने से पूर्व ही उनका विवाह कर दिया जाता था तथा उच्च वर्ग के परिवारों में परदा प्रथा भी प्रचलित होने लगी थी। एक पति अनेक पत्नियाँ रख सकता था।[92] स्त्रियों के अधिकारों में इस काल में जो कमी आयी, उसका एक कारण नगरीकरण था। कृषिविहीन मध्य वर्ग के उदय होने के साथ स्त्रियों के अधिकारों पर अंकुश लगा।[93]

गुप्त काल में यह विचार पनप गया था कि निम्न वंश अथवा कुल के व्यक्ति से प्रेमालाप करने वाली, परपुरुष से सन्तान उत्पन्न करने वाली अथवा पति की हत्यारी स्त्री को त्याग दिया जाना चाहिए। इस काल में देवदासी प्रथा भी अस्तित्व में थी। उज्जियनी के मन्दिरों तथा सिन्ध के सूर्य मन्दिरों में देवदासियाँ हुआ करती थीं। तत्कालीन कवि कालिदास के ग्रन्थों से इसकी पुष्टि होती है। सामान्यतः ये देवदासियाँ देवप्रतिमा के सम्मुख नृत्य तथा गायन किया करती थीं, परन्तु कभी-कभी वे पुरोहित वर्ग की काम लिप्सा का शिकार होकर नारकीय जीवन जीने को बाध्य हो जाया करती थीं।[94]

गुप्तकाल की प्रभावशाली महिलाओं में कुमार देवी, दत्त देवी, अन्नत देवी, देवकी, शीला भट्टारिका, इरावती, ध्रुवस्वामिनी और प्रभावती के नाम उल्लेखनीय हैं। ध्रुवस्वामिनी और प्रभावती शस्त्र विद्या में निपुण थीं तथा ये अपनी प्रशासनिक कुशलता के लिए भी विख्यात थीं।[95]

लगभग इसी काल में *बृहधम* ग्रन्थ की रचना हुई, जिसमें आठ वर्ष से बड़ी कन्या को प्रौढ़ा कहकर उसके विवाह को अनिवार्य घोषित किया गया–

अष्टवर्षा भवेद् गौरी नव वर्षा तु रोहिणी।
दशवर्षा भवेत्कन्या अत ऊर्ध्व रजस्वला।।
प्राप्त तु दशमे वर्षे यस्तु कन्यां न यच्छति।
मासि मासि रजस्तस्याः पिता पिबति शोणितम्।।[96]

हालांकि इस काल में कुछ महिलाओं को चिकित्सा शिक्षा में भी प्रवेश दिया गया। आठवीं शताब्दी में रस नाम की एक हिन्दू स्त्री का उल्लेख आता है, जिसने 'नर्स' की शिक्षा विधिवत प्राप्त की थी। इसी काल में भारतीयों के कुछ लेखन कार्य को महिलाओं ने अरबी भाषा में अनूदित किया था। कश्मीर में सुगन्धापीह नामक महिला साम्राज्य की रानी बनी थी।[97] लेकिन ऐसे दृष्टान्त बहुत कम हैं।

वात्स्यायन के '*कामसूत्र*' की चर्चा किए बगैर स्त्री विमर्श का विवेचन पूर्ण नहीं हो सकता। उसने 'काम क्षमता' के आधार पर स्त्रियों को 'चित्रिणी', 'शंखिणी' और 'हस्तिणी' इन तीन भागों में वर्गीकृत किया। इसके अतिरिक्त वात्स्यायन ने नायिकाओं के तीन भेद किए–दासी, पुनर्विवाहित स्त्री और देवदासी।[98] *कामसूत्र* के आठवें अध्यय में स्त्री को पुरुष की भाँति सम्भोग करने की विधि बताई गयी है।[99] इससे ऐसा प्रतीत होता है कि वात्स्यायन की दृष्टि में स्त्री 'सम्भोग का हथियार' होने के अतिरिक्त और कुछ नहीं थी। विभिन्न भारतीय प्रान्तों की स्त्रियों के यौन व्यवहार की चर्चा में भी उसका यही मन्तव्य लक्षित होता है। डॉ. त्रिपाठी कहते हैं, "दामोदर गुप्त की पुस्तक '*कुट्टानमतम*' और क्षेमेन्द्र की पुस्तक '*समयमात्रिका*' लगभग इसी काल के ग्रन्थ हैं। इनसे ज्ञात होता है कि इस काल में स्त्रियों की दशा अवनति की ओर जाने लगी और उन्हें कोठों पर बैठाकर वेश्यावृत्ति के लिए विवश किया जाने लगा। अजन्ता, सत्तनवासल, खजुराहो, पुरी और सिगरिया के भित्ति चित्र और उनमें नारी का नग्न चित्रण स्त्री की दशा का जीवन्त प्रतीक है। गुप्तकाल के अन्त में वज्रयान सम्प्रदाय के साधकों ने घोषणा की, कि सिद्धि का मार्ग 'संयम' नहीं अपितु अभितृप्ति है। इसका परिणाम यह हुआ कि साधक एवं आम पुरुष ब्रह्मचर्य

छोड़कर रजक, चर्मकार आदि की कुमारियों से कुकृप्य करके 'सिद्धि' प्राप्त करने में लग गए। स्त्रियों को आतिथ्य सत्कार हेतु परोसा जाने लगा। पतियों के यत्न का केन्द्र उत्तर में 'योगिनी' और दक्षिण में 'देवदासी' के रूप में हुआ। कलिंग से कामरूप और कामरूप से विंध्याचल तक नग्न स्त्री पूजी जाने लगी और उसकी संज्ञा कुमारी हुई। गुप्त काल में नारियों की जो दुर्गति हुई, वह अकथ्य है। उड़ीसा के मन्दिरों की बाहरी दीवारों पर नारी के घृणित चित्र उत्कीर्ण किए गए।"[100]

सन् 500 ई. के आस-पास स्त्रियों की स्थिति में भारी गिरावट आई। इस काल में सवर्ण समेत सभी समाजों की स्त्रियों को शूद्रों की स्थिति में धकेल दिया गया। 510 ई. के आस-पास एक विधवा के सती होने का उल्लेख आता है। सती प्रथा का पहला स्मारक भी सन् 510 ई. में एरन (वर्तमान जिला सागर, मध्य प्रदेश) में निर्मित हुआ।[101] वात्स्यायन ने कामसूत्र में लिखा है कि किसानों की स्त्रियों को गाँव के मुखिया के अनाज को कोठी में ले जाकर भरने, घर की वस्तुओं को बाहर और भीतर करने तथा अन्य सभी काम निःशुल्क करने पड़ते थे।

"ह्वेनसांग ने मुल्तान के सूर्य मन्दिर में देवदासियों के होने का वर्णन किया है। इत्सिग ने बौद्ध विहारों में भी देवदासियों का अस्तित्व स्वीकारा है। सोमनाथ के मन्दिर में द्वार पर 500 सुन्दर युवतियाँ गायन और नृत्य किया करती थीं। अरबी इतिहासकार अबू जैद ने इसका विस्तृत उल्लेख करते हुए बताया है कि भारत में देवदासी उन स्त्रियों को कहा जाता है, जो 'सार्वजनिक' होती हैं। उसके अनुसार इस प्रथा का उद्‌भव तब हुआ कि जब कोई स्त्री मनौती माँगती है और उसे एक सुन्दर कन्या होती है तो वह उस कन्या को उठकर मूर्ति के पास ले जाती है और उसे वहीं छोड़कर चली आती है। जब वह लड़की बड़ी हो जाती है, तब वह किसी सार्वजनिक स्थान पर एक कमरा ले लेती है और द्वार पर परदा लटकाकर आगन्तुकों की प्रतीक्षा करती है। वह एक निश्चित मूल्य पर स्वयं को समर्पित करती है फिर इससे अर्जित धन को वह पुरोहित को सौंप देती है ताकि मन्दिर का रखरखाव किया जा सके। हुरहुर आलम (929-983) ने गुजरात के चार मन्दिरों का उल्लेख किया है, जिनमें बीस हजार से अधिक देवदासियाँ विद्यमान थीं। अलबरूनी ने भी देवदासी प्रथा का उल्लेख किया है और इसके लिए शासन वर्ग को उत्तरदायी ठहराया है। उसका आरोप है कि इस प्रकार प्राप्त धन से राजा अपने नगरों को आकर्षक बनाते थे और राजस्व कमाते थे। ऐसा लगता है कि मातृसत्तात्मक आदिवासी समाज को छोड़कर या दक्षिण

के मातृसत्तात्मक परिवारों के अतिरिक्त स्त्रियों ने सैकड़ों वर्षों से इस देश में जुल्म सहा है।[102]

एस. के घोष इसका कारण बताते हुए कहते हैं कि 1000 ई. के आसपास आर्य परिवारों में अनार्य पत्नियों के आगमन से स्त्रियों की दशा में अवनति शुरू हुई। ये अनार्य स्त्रियाँ अशिक्षित हुआ करती थीं और वे धार्मिक कर्मकाण्डों में पति का साथ नहीं दे पाती थीं। वे कहते हैं कि 400 ई.पू. से पहले तक भारत में बालिकाओं का भी उपनयन संस्कार होता था, किन्तु बाद में यह प्रथा खत्म हो गयी।[103]

भरत मुनि ने *नाट्यशास्त्र* में नायिका की आठ अवस्थाएँ बताई हैं, ये हैं वासक सज्जा, विरहोत्कण्ठिता, स्वाधीन भतृका, कलहांतरिता, खण्डिता, विप्रलंघा, प्रोषितपतिका और अभिसारिका। उन्होंने नायिका के चार भेद करते हुए उसे दिव्या, नृपतिनी, कुल स्त्री और गणिका के रूप में विवेचित किया हैं। उनके अनुसार स्त्रियाँ तीन प्रकार की होती हैं–वेश्या, कुलजा और प्रेष्या। स्वभाव के अनुसार उन्होंने स्त्री के तीन प्रकार बताए हैं–उत्तमा, मध्यमा और अधमा। यौवन के अनुसार नवयौवना, द्वितीय यौवना, तृतीय यौवना और चतुर्थ यौवना स्त्रियाँ होती हैं। नायिकाओं का भेद करते हुए उन्होंने धीर, ललित, उदात्त और निमृत ये चार प्रकार माने हैं।[104]

अब आइए, धनंजय के *दशरूपक* के वर्गीकरण को देखते हैं। धनंजय ने *दशरूपक* में नायिका के तीन गुण बताए हैं–

स्वान्या साधारण स्त्रीति तद्गुण नायिका त्रिधा।
मुग्धा मध्य प्रल्भेति स्वीया शीलार्जवादियुक।।[105]

अर्थात् नायिका तीन प्रकार की होती है–स्वकीया, अन्या या परकीया और साधारण स्त्री। स्वकीया नायिका शील, लज्जा से युक्त होती है, वह सच्चरित्र, पतिव्रता, अकुटिल, लज्जावान तथा पति के व्यवहार में निपुण होती है। इसके तीन भेद स्वीया–मुग्धा, मध्या तथा प्रगल्भा हैं। उत्तर रामचरित की सीता स्वकीया नायिका है। परकीया स्त्री किसी की अविवाहित पुत्री तथा दूसरे व्यक्ति की परिणीता स्त्री होती है–

अन्यस्त्री कन्यकोढा च नान्योढाङ्रिसे क्वचित्।
कन्या नुरागमिच्छात: कुर्यादंगांगिसंश्रयम्।।[106]

तृतीय प्रकार की स्त्री साधारण स्त्री है, जो गणिका होती है और कलाचतुर, प्रगल्भा तथा धूर्त्त होती है–

साधारणस्त्री गणिका कलाप्रगल्भ्य धौत्ययुक।[107]

धनंजय कहते हैं कि जो लोग छिपकर कामतृप्ति करना चाहते हैं, जिनसे सरलतापूर्वक धन ऐंठा जा सकता है, ऐसे लोगों से गणिका प्रेम करने का नाटक करती है और जब उनके पास धन खत्म हो जाता है, तो वह उन्हें अपनी माँ के द्वारा घर से निकलवा देती है। इसके अतिरिक्त धनंजय ने अष्टनायिकाओं की कल्पना की है। उनके अनुसार अवस्था भेद से नायिकाएँ आठ प्रकार की होती हैं–स्वाधीनपतिका, वासकसज्जा, विरहोत्कण्ठिता, खण्डिता, कलहान्तरिता, विप्रलब्धा, प्रोषित प्रिया तथा अभिसारिका। जिस नायिका का प्रियतम समीप में रहता है, वह स्वाधीनपतिका कहलाती है, जो नायिका प्रिय के आने के समय हर्षपूर्वक श्रृंगार करती है, वह वासकसज्जा कहलाती है। प्रिय के अपराधीन होने पर भी देर तक जो नायिका उत्कण्ठित मन से उसकी प्रतीक्षा करती है, वह विरहोत्कण्ठिता नायिका है। जब नायिका को नायक के किसी दूसरी स्त्री से सम्भोग करने का पता चल जाता है और वह ईर्ष्या से कलुषित हो जाती है, तो वह खण्डिता नायिका कहलाती है। कलहान्तरिता नायिका वह है, जो नायक के अपराध करने पर क्रोधपूर्वक उसका तिरस्कार करती है और बाद में अपने किए पर पश्चाताप करती है। विप्रलब्धा नायिका वह है, जो प्रिय के द्वारा निर्धारित किए गए समय पर प्रियतम के न आने पर स्वयं को अत्यधिक अपमानित महसूस करती है। प्रोषितप्रिया या प्रोषितभर्तृका नायिका वह है, जिसका प्रिय किसी कार्यवश दूर देश चला गया है। अभिसारिका नायिका वह है, जो कामपीड़िता होकर या तो स्वयं नायक के पास जाती है अथवा वह नायक को अपने पास बुलाती है। धनंजय के अनुसार स्वाधीनपतिका तथा वासकसज्जा में क्रीड़ा, उज्ज्वलता तथा हर्ष विद्यमान रहते हैं, जबकि अन्य छह नायिकाओं में चिन्ता, निःश्वास, खेद, अश्रु, वैवर्ण्य तथा ग्लानि के भाव रहते हैं।

धनंजय *दशरूपक* में स्पष्ट कहते हैं कि राजा के रनिवास में वर्षपर्यन्त नपुंसक, किरात, गूंगे तथा बौने व्यक्ति रहने चाहिए। म्लेच्छ, आभीर, शकार (राजा का नीच जाति में उत्पन्न साला) ये सभी राजा के लिए अपने-अपने कार्य में उपयोगी हैं–

अन्तःपुरे वर्षवराः किराता मूकवामनाः।
म्लेच्छा भीर शकाराद्याः स्वस्वकार्योपयोगिनः।।[108]

धनंजय स्त्री की भाषा के विषय में बताते हुए कहते हैं–

पाठ्यं तु संस्कृतं नणामनीचानां कृतात्मनाम्।
लिंगतीनां महादेव्या मन्त्रिजावेश्ययोःक्कचित्।।
स्त्रीणां तु प्राकृतं प्रायः सौरसेन्यधमेषु च।[109]

अर्थात् नाटक में कुलीन कृतात्मा पुरुषों की भाषा संस्कृत ही होनी चाहिए। तपस्विनियों, महारानी, मंत्री पुत्री तथा वेश्याओं के सम्बन्ध में कहीं-कहीं संस्कृत पाठ्य का सन्निवेश किया जा सकता है लेकिन स्त्री पात्रों का पाठ्य प्रायः प्राकृत ही होता है और अधम जाति के अकुलीन पात्र भी प्राकृत ही बोलते हैं।

स्पष्ट है कि धनंजय ने भी नारी को प्रेम की शारीरिक-मानसिक अवस्थाओं से अलग करके नहीं देखा है।[110] वे भी नारी को पुरुष की कामवासनाओं का उपकरण मानते हुए पुरुष की चेष्टाओं के आधार पर नारी की गतिविधियों का वर्गीकरण करते देखे जा सकते हैं।

'*साहित्यदर्पण*' में विश्वनाथ ने धनंजय और भरतमुनि के वर्गीकरण को ही स्वीकार करते हुए स्वकीया, परकीया, सामान्या के साथ उत्तमा, मध्यमा और अधमा को भी जोड़ दिया है और नामों में किंचित परिवर्तन कर दिया है।[111] मूलतः उनका भाव भी इन दोनों से अलग नहीं है।

भानुदत्त ने '*रसमंजरी*' में नायिका के तीन प्रकार स्वकीया, परकीया और सामान्या मानते हुए स्वकीया के तीन उपभेद किए हैं—मुग्धा, मध्या और प्रगल्भा। इसके बाद प्रेमानुसार छह भेद धीरा ज्येष्ठा, धीरा कनिष्ठा, अधीरा ज्येष्ठा, अधीरा कनिष्ठा आदि दशा के अनुसार अन्य संभोग दुखिता, वक्रोक्ति गर्विता, मानवती तथा तीन प्रकार की नायिकाएँ दिव्य, अदिव्य तथा दिव्या मानी हैं। ये वर्गीकरण भी भरत मुनि के अनुरूप ही हैं। भानुदत्त के समान कृपाराम ने भी *हिततरंगिणी* में ऐसा ही वर्गीकरण किया है।[112]

राजतरंगिणी ग्रन्थ से हमें कश्मीर के महलों का वर्णन मिलता है। इससे ज्ञात होता है कि 700-1150 ई. के दौरान कश्मीर के महलों में परदा प्रथा का अस्तित्व नहीं था। हर्ष की बहिन राज्यश्री बिना किसी परदे के भाई के दरबार में आया करती थी। दसवीं सदी के अरबी यायावर अबू जैद ने भी लिखा है कि भारत की अधिकांश रानियाँ अपनी जनता के सामने राजदरबार में बिना किसी परदे के आती थीं। फिर भी उस समय औरतों पर कुछ प्रतिबन्ध अवश्य थे। स्त्रियों का रात में अपने सगे सम्बन्धियों के घरों पर ठहरना वर्जित था। ग्यारहवीं सदी के अन्त में लिखित कथासरित्सागर में भी परदा प्रथा नहीं मिलती लेकिन *रत्नप्रभा* की कहानियों में नायिका अपने पति से उसके दोस्तों के घर में प्रवेश

पर आपत्ति जताती है। *स्वप्नवासवदत्ता* में पद्मावती अपने कौमार्य के दौरान परदा नहीं करती, किन्तु विवाह के पश्चात् उसका पति जब उसे उज्जैन के राजनयिक के सामने बुलाता है, तो वह इसे पसन्द नहीं करती है, किन्तु उसका पति उसकी इस आपत्ति को यह कहकर निरस्त कर देता है कि रानी की परदे में उपस्थिति से समाज के महामहिम दुखी महसूस कर सकते हैं। भवभूति के *महावीर चरित* के राम (750 ई.पू.) परशुराम के पास पहुँचने पर सीता से घूँघट करने को कहते हैं किन्तु उनके सौन्दर्य का क्षणिक दर्शन हो ही जाता है, जब संयोगवश उनका घूंघट सरक जाता है। इससे ऐसा प्रतीत होता है कि घूंघट को लेकर भारतीय समाज में उस समय तक कोई कट्टरपंथी मानसिकता कार्य नहीं कर रही थी।

सन्दर्भ संकेत

1. गौतम, एस.एस., *भारतीय साहित्य में महिलाओं पर अभद्र कहावतें*, प्रस्तावना, गौतम बुक सेण्टर, दिल्ली, प्रथम संस्करण, 2007, पृ. 5
2. गौतम, एस.एस., *भारतीय साहित्य में महिलाओं पर अभद्र कहावतें*, प्रस्तावना, गौतम बुक सेण्टर, दिल्ली, प्रथम संस्करण, 2007, पृ. 5-6
3. कौशिक आशा, '*नारी सशक्तीकरण*' पोइन्टर पब्लिशर्स, जयपुर में प्रकाशित प्रकाश चन्द्र जैन का लेख, '*हिन्दू उत्तराधिकार अधिनियम, 1956 एवं महिला सशक्तीकरण*', प्रथम संस्करण, 2007, पृ. 206
4. कौशिक आशा, '*नारी सशक्तीकरण*' पोइन्टर पब्लिशर्स, जयपुर में प्रकाशित प्रकाशचन्द्र जैन का लेख, '*हिन्दू उत्तराधिकार अधिनियम, 1956 एवं महिला सशक्तीकरण*', प्रथम संस्करण, 2007, पृ. 206
5. मैक्समूलर, *सेक्रेड बुक्स ऑफ ईस्ट*, XIV
6. वेस्ट एण्ड वूलर, 178 (द्वितीय संस्करण)
7. जॉली, टैगोर लॉ लेक्चर्स, डी.एन. मित्तर की पुस्तक *पोजीशन ऑफ वीमेन इन हिन्दू लॉ* से उद्धृत, 1883, पृ. 449
8. काणे, पी.वी., *वैदिक बेसिस ऑफ हिन्दू लॉ*, पृ. 24
9. कौशिश, आशा, '*नारी सशक्तीकरण*', पोइन्टर पब्लिशर्स, जयपुर पृ. 208
10. कालिदास, *रघुवंश* 14/66
11. कालिदास, *रघुवंश* 14/62-65
12. कुलश्रेष्ठ, डॉ. अगम, *संस्कृत के प्रमुख पंच महाकाव्यों में धर्म*, बाँके बिहारी प्रकाशन, आगरा, प्रथम संस्करण, 2008, पृ. 8
13. त्रिपाठी, डॉ. रमेश कुमार, *समकालीन हिन्दी पत्रकारिता में नारी सन्दर्भ*, नमन प्रकाशन, नई दिल्ली, प्रथम संस्करण, 2007, पृ. 94

14. त्रिपाठी, डॉ. रमेश कुमार, *समकालीन हिन्दी पत्रकारिता में नारी सन्दर्भ*, नमन प्रकाशन, नई दिल्ली, प्रथम संस्करण, 2007, पृ. 94
15. कुलश्रेष्ठ, डॉ. अगम, *संस्कृत के प्रमुख पंच महाकाव्यों में धर्म*, पृ. 276-77
16. कालिदास, *मेघदूत*, पूर्वमेघ 8, 50, 53, 54, 55, उत्तर मेघ 9, 10, 11, 12, 14, 18 कुमार सम्भव तृतीय सर्ग, अष्टम सर्ग
17. भवभूति, *उत्तर रामचरितम्* 3/19
18. भवभूति, *मालती माधव* 1/122 तथा देखें 3/16
19. भवभूति, *महावीर चरितम्* अंक 1, पृ. 35
20. द्विवेदी, डॉ. कैलाशनाथ की पुस्तक *कालिदास एवं भवभूति के नारी पात्र*, साहित्य रत्नालय, कानपुर, प्रथम संस्करण, 1999 से उद्धृत पृ. 53
21. युगशिल्पी सम्पादक–डॉ. राजनारायण शुक्ल एवं डॉ. पुनीत बिसारिया, वर्ष 6 अंक 9, जनवरी 2012, पृ. 278
22. भवभूति, *उत्तररामचरितम्* द्वितीय अंक
23. भवभूति, *मालती माधव* प्रथम अंक
24. कालिदास, *अभिज्ञान शाकुन्तलम्* 5/23
25. कालिदास, *मालविकाग्निमित्रम्* 3/20 3/21
26. भवभूति, *मालती माधव*, 6/1 तथा 8/8 भी देखें
27. स्त्रियो हि नाम खल्वेता निसर्गादेव पण्डिताः।
पुरुषाणन्तु पाण्डित्यं शास्त्रैरेवोपदिश्यते।। 4/19 पृ. 200
(शूद्रक कृत *मृच्छकटिकम्*)
28. शूद्रक, *मृच्छकटिकम्*, 4/12, 4/13 चौखम्भा सुरभारती प्रकाशन, वाराणसी, 2006 पृ. 195-96
29. शूद्रक, *मृच्छकटिकम्*, 1/31, पृ. 47
30. भोज, *शृंगार मंजरी*, जैन ग्रन्थमाला संस्करण, पृ. 88
31. श्रीमती प्रेम रावत, *भारतीय स्त्रीः सांस्कृतिक सन्दर्भ*, रावत पब्लिकेशन्स, जयपुर, प्रथम संस्करण, 1998, में मुकुंद लाट का लेख *स्वतन्त्र स्त्री*, पृ. 93-112
32. व्होरा, आशारानी, *भारतीय भाषाओं में महिला लेखन*, श्री नटराज प्रकाशन, दिल्ली, प्रथम संस्करण, 2005, पृ. 25, कमला रत्नम् का लेख *संस्कृत लेखिकाएँ* से उद्घृत
33. बाणभट्ट, *कादम्बरी*, महालक्ष्मी प्रकाशन, आगरा, पृ. 110-11
34. माघ, *शिशुपालवधम्* महाकाव्यम्, भूमिका, महालक्ष्मी प्रकाशन आगरा, पृ. 56-57 तथा 1/65 पृ. 132
35. श्रीहर्ष, *रत्नावली* नाटिका, हंसा प्रकाशन, जयपुर, 2004, पृ. 57-58
36. श्रीहर्ष, *रत्नावली* नाटिका, हंसा प्रकाशन, जयपुर, 2004, पृ. 62

37. "सरोषमवगुण्ठनमपनीय' श्रीहर्ष, हंसा प्रकाशन, जयपुर, 2004, पृ. 149
38. डॉ. सौ. मंगल कप्पीकेरे, *साठोत्तरी हिन्दी लेखिकाओं की कहानियों में नारी*, विकास प्रकाशन, कानपुर, प्रथम संस्करण, 2002, पृ. 16 से उद्धृत
39. कौटिल्य (चाणक्य), *चाणक्य नीति* (कौटिल्य अर्थशास्त्र) 6/11
40. कौटिल्य (चाणक्य), *चाणक्य नीति* (कौटिल्य अर्थशास्त्र) 10/17
41. गुरुणा माता गरीयसी 1 सर्वास्थासु भाता भर्त्तव्या, 362-363
42. जोशी, डॉ. वसुधा, *हिन्दी-मराठी नाटकों में नारी*, चन्द्रलोक प्रकाशन, कानपुर, प्रथम संस्करण, 2001, पृ. 21-22
43. जोशी, डॉ. वसुधा, *हिन्दी-मराठी नाटकों में नारी*, चन्द्रलोक प्रकाशन, कानपुर, प्रथम संस्करण, 2001, पृ. 22
44. भारवि, *किरातार्जुनीय* 14/38
45. कालिदास, कुमार सम्भव 21/15
46. आपस्तम्ब 22/18/3-4 तथा कात्या 20/6/15-16 डॉ. अगम कुलश्रेष्ठ की पुस्तक *संस्कृत के प्रमुख पंचमहाव्यों में धर्म*, पृ. 92 से उद्धृत
47. नैषध 17/20, डॉ. अगम कुलश्रेष्ठ की पुस्तक *संस्कृत के प्रमुख पंचमहाकाव्यों में धर्म*, पृ. 92-93 से उद्धृत
48. नैषध 17/199, डॉ. अगम कुलश्रेष्ठ की पुस्तक *संस्कृत के प्रमुख पंच महाकाव्यों में धर्म*, पृ. 97-98 से उद्धृत
49. डॉ. आशु फुल्ल, *हिमाचल के हिन्दी उपन्यास में नारी परिवेश का चित्रण*, पृ. 39 तथा डॉ. ममता गंगवार, *इतिहास के आइने में महिला सशक्तीकरण*, सरस्वती प्रकाशन, कानपुर, प्रथम संस्करण, 2009, पृ. 31
50. Ghosh, S.K. *Indian Women through Ages*, Ashish Publishing House, New Delhi. 1989, I Ed., p. 4
51. खुराना, के.एल. एवं चौहान, एस.एस., *भारतीय इतिहास में महिलाएँ*, लक्ष्मी नारायण अग्रवाल, आगरा, प्रथम संस्करण, 2012, पृ. 54
52. डॉ. ममता गंगवार, *इतिहास के आइने में महिला सशक्तीकरण*, सरस्वती प्रकाशन, कानपुर, प्रथम संस्करण, 2009, पृ. 33
53. डॉ. ममता गंगवार, *इतिहास के आइने में महिला सशक्तीकरण*, सरस्वती प्रकाशन, कानपुर, प्रथम संस्करण, 2009, पृ. 33
54. डॉ. ममता गंगवार, *इतिहास के आइने में महिला सशक्तीकरण*, सरस्वती प्रकाशन, कानपुर, प्रथम संस्करण, 2009, पृ. 34
55. खुराना, के.एल. एवं चौहान, एस.एस., *भारतीय इतिहास में महिलाएँ*, पृ. 30-31
56. डॉ. ममता गंगवार, *इतिहास के आइने में महिला सशक्तीकरण*, पृ. 34

57. www.bbc.co.uk/religion/relgions/Jainism/beliefs/women.html
58. दिनकर, रामधारी सिंह, *संस्कृति के चार अध्याय*, राजपाल एण्ड संस, दिल्ली, प्रथम संस्करण, 1956, पृ. 14
59. डॉ. आलीस, बी.ए., *स्वातंत्र्य पूर्व हिन्दी महिला लेखिकाओं की कहानियों का अध्ययन*, सूर्यभारती प्रकाशन, दिल्ली, प्रथम संस्करण, 1996, पृ. 43
60. ज्ञानार्णव, 12/2, 12/3, 12/5
61. डॉ. ममता गंगवार, *इतिहास के आइने में महिला सशक्तीकरण*, पृ. 31
62. Institute of Joinology से साभार
63. Dr. Kumar Pal Desai, *Women in Jain Religion*, http://jainsamaj.org/rpg_site/printpreview.php, sixth world Jain conference 1995 souvenir.
64. Murcott Sussan, *The First Buddist Women: Translations and commentaries on the Therigatha*, p. 17
65. हानरी, आई.वी, *वीमेन अण्डर प्रिमिटिव बुद्धिज्म*, दिल्ली, 1975, पृ. 211-23
66. मुकर्जी, डॉ. राधाकुमुद, *हिन्दू सभ्यता*, पृ. 248
67. Pathathai Chungwam, dreamstime.com
68. डॉ. राजकुमार, *भारतीय नारी: सामाजिक अध्ययन*, अर्जुन पब्लिशिंग हाउस, नई दिल्ली, प्रथम संस्करण, 2007, पृ. 22
69. www.viet.net/qnson/ebud/what bud believe/227.htm
70. www.viet.net/aqsom/ebud/what bud beleive/227.htm
71. पाण्डेय, डॉ. दर्शन, *नारी अस्मिता की परख*, संजय प्रकाशन नई दिल्ली, प्रथम संस्करण, 2004, पृ. 114
72. लूनिया, बी.एन., *प्राचीन भारतीय संस्कृति*, लक्ष्मी नारायण अग्रवाल, आगरा, प्रथम संस्करण, 2006, पृ. 323
73. www.buddhistvihara.com/newsletter/2003-winter/statusofwomen.htm
74. भिक्खुणी विभंग संघदिशेष, खण्ड II, पृ. 225, Sinha, SN & Basu, N.K., *Women in Ancient India: Vedas to Vatsyayana*, Khama Publications, Delhi, I Ed., 2002. p. 187 से उद्धृत
75. *विनय पिटक* खण्ड IV, पृ. 225-26
76. *विनय पिटक* खण्ड IV, पृ. 220-21
77. Sinha, S.N. and Basu, N.K., *Women in Ancient India: Vedas to Vatsyayana*, Khama Publications, Delhi, I Ed., 2002. p. 188
78. *विनय पिटक*, कुल्लवग्ग, 9, पृ. 335

79. Sinha, S.N. and Basu, N.K., *Women in Ancient India: Vedas to Vatsyayana*, Khama Publications, Delhi, I Ed., 2002. pp. 189-90

80. Sinha, S.N. and Basu, N.K., *Women in Ancient India: Vedas to vatsyayana*, Khama Publications, Delhi, I Ed., 2002. pp. 189-90

81. *विनय पिटक* खण्ड III, पृ. 325-26

82. पाण्डेय, डॉ. सरोजनी, *भारतीय धर्म, समाज और नारी*, ग्रन्थम प्रकाशन, कानपुर, प्रथम संस्करण, 2003, पृ. 14

83. *अनाभिरत जातक* 65

84. *जातक कथा* 6/521, थेरी गाथा 72

85. *बन्धनमोक्ख जातक*, 120

86. *समुग्ग जातक*, 436

87. गाथिया जोसेफ, *भारत में बालिका*, सेन्टर ऑफ कन्सर्न फॉर चाइल्ड लेबर कन्सेप्ट पब्लिशिंग कम्पनी, नई दिल्ली, प्रथम संस्करण, 2002, पृ. 31-33 से उद्धृत

88. मुखर्जी, राधाकुमुद, *हिन्दू सभ्यता*, पृ. 248

89. संभाषण "नए दशक में महिलाओं का स्थान", महादेवी वर्मा, साहित्य भवन प्राइवेट लिमिटेड, इलाहाबाद, द्वितीय संस्करण, 1976, पृ. 90

90. Ghosh, S.K., *Indian Women through Ages*, Ashish Publishing House, New Delhi, I Ed., 1989. p. 5

91. http://www.the indian history.org/Gupta/gupta-empire-women.html

92. http://www.indianetzone.com/22/sociallifeguptaage.htm

93. http://answer.yahoo.com/question/index?qid=20.01223154553 AA UNie2

94. खुराना, के.एल. एवं चौहान, एस.एस., *भारतीय इतिहास में महिलाएँ*, लक्ष्मीनारायण अग्रवाल, आगरा, प्रथम संस्करण, 2012, पृ. 35

95. खुराना, के.एल. एवं चौहान, एस.एस., *भारतीय इतिहास में महिलाएँ*, लक्ष्मीनारायण अग्रवाल, आगरा, प्रथम संस्करण, 2012, पृ. 35

96. सौ. कमलाबाई टिलक, *स्त्री जीवनविषय काही प्रश्न* (मराठी), व्हीनस बुक स्टाल, पुणे, प्रथम संस्करण, 1940, पृ. 16

97. Bains, Dr. Jagdish Kaur, *Indian Women on the Move*, Hind Publishers, Ludhiana, I Ed., 2007, p. 4

98. वात्स्यायन, *कामसूत्र* 5/1

99. वात्स्यायन, *कामसूत्र* 8/2

100. त्रिपाठी, डॉ. रमेश कुमार, *समकालीन हिन्दी पत्रकारिता में नारी सन्दर्भ*, नमन प्रकाशन, नयी दिल्ली, प्रथम संस्करण, 2007, पृ. 95

101. गाथिया जोसेफ, *भारत में बालिका*, कन्सेप्ट पब्लिशिंग कम्पनी, नयी दिल्ली, प्रथम संस्करण, 2002, पृ. 35-36

102. गाथिया जोसेफ, *भारत में बालिका*, कन्सेप्ट पब्लिशिंग कम्पनी, नयी दिल्ली, प्रथम संस्करण, 2002, पृ. 36-37

103. Ghosh, S.K., *Indian Women through Ages*, Ashish Publishing House, New Delhi, I Ed., 1989. pp. 8-9

104. मीतल, प्रभुदयाल, *ब्रज साहित्यमाला* (भाग-2), अग्रवाल प्रेस, मथुरा, प्रथम संस्करण, 1948, पृ. 395

105. धनंजय, दशरूपकम्, द्वितीयः प्रकाशः 2/15, चौखम्भा विद्या भवन, बनारस, पुनर्मुद्रित संस्करण, 2006 ई., पृ. 98

106. धनंजय, दशरूपकम्, द्वितीयः प्रकाशः 2/15, चौखम्भा विद्या भवन, बनारस, पुनर्मुद्रित संस्करण, 2006 ई., पृ. 111

107. धनंजय, दशरूपकम्, द्वितीयः प्रकाशः 2/21, चौखम्भा विद्या भवन, बनारस, पुनर्मुद्रित संस्करण, 2006 ई., पृ. 112

108. धनंजय, दशरूपकम्, द्वितीयः प्रकाशः 2/44, चौखम्भा विद्या भवन, बनारस, पुनर्मुद्रित संस्करण, 2006 ई., पृ. 133

109. धनंजय, दशरूपकम्, द्वितीयः प्रकाशः 2/64, चौखम्भा विद्या भवन, बनारस, पुनर्मुद्रित संस्करण, 2006 ई., पृ. 144

110. डॉ. गणेश दास, *स्वातन्त्र्योन्तर हिन्दी कहानी में नारी के विविध रूप*, अक्षय प्रकाशन, कानपुर, प्रथम संस्करण, 1992, पृ. 55

111. मीतल, प्रभुदयाल, *ब्रज साहित्यमाला* (भाग-2), अग्रवाल प्रेस, मथुरा, प्रथम संस्करण, 1948, पृ. 397

112. मीतल, प्रभुदयाल, *ब्रज साहित्यमाला* (भाग-2), अग्रवाल प्रेस, मथुरा, प्रथम संस्करण, 1948, पृ. 398-400

4
मध्यकाल में स्त्री

पूर्व मध्यकालीन भारत का ऐतिहासिक दृष्टि से विवेचन करने पर स्पष्ट हो जाता है कि यह काल स्त्रियों की दृष्टि से सर्वाधिक दु:खद एवं अन्धकारमय काल था। मुसलमानों के भारत पर हो रहे लगातार आक्रमणों एवं स्त्रियों के प्रति उनकी उपेक्षणीय एवं शत्रुवत् सोच ने स्त्रियों की हालत और भी अधिक शोचनीय कर दी। इस काल को सल्तनत काल के नाम से भी जाना जाता है क्योंकि इस काल में पाँच राजवंशों ने भारत पर शासन किया। ये थे–गुलाम वंश, खिलजी वंश, सैयद वंश, तुगलक वंश और लोदी वंश। इसका समय 1206 ई. से 1526 ई. के मध्य तक माना जाता है। इब्नबतूता इस दौरान भारत आया था और उसने यहाँ आकर यह निष्कर्ष निकाला कि उस समय तुर्कों की स्त्रियों को भारत की स्त्रियों की तुलना में कहीं अधिक स्वतन्त्रता हासिल थी। अमीर खुसरो ने लिखा है कि "स्त्रियों का जीवन नियंत्रित था। पुत्री के रूप में वह अपने माता-पिता के, पत्नी के रूप में पति और विधवा के रूप में अपने बड़े पुत्र के संरक्षण में रहती थी।" उस काल के एक अन्य इतिहासकार अलबरूनी के अनुसार, "विधवा का एकमात्र विकल्प सती होना था। विधवा होना उसके पूर्व जन्म के पापों का फल समझा जाता था परन्तु मुस्लिम महिला को पुनर्विवाह का अधिकार था।" आशीर्वादी लाल श्रीवास्तव लिखते हैं, "सल्तनत काल में स्त्रियों की स्थिति बहुत खराब हो गयी थी।"[1]

राजस्थान की तत्कालीन महिलाओं की कारुणिक दशा का वर्णन करते हुए कर्नल टाड ने लिखा, "दूसरे देशों की महिलाओं को राजस्थानी महिलाओं का भाग्य भयभीत कर देने वाली कठिनाइयों से भरा हुआ दिखाई पड़ता है। जीवन के प्रत्येक चरण में मृत्यु उसे अंगीकार करने को तत्पर है। जन्म के समय विष, युवा होने पर अग्नि की लपटें उसका स्वागत करने को आतुर हैं। उसका सुरक्षित जीवन युद्ध की अनिश्चितता पर आधारित है, जो कभी भी बारह महीने

से अधिक नहीं रहता।"[2] सल्तनत काल में सम्पूर्ण भारत में स्त्रियों की दशा कमोबेश ऐसी ही थी।

सल्तनत काल के स्थापित होने से पहले भारत में स्थान-स्थान पर राजपूत क्षत्रपों ने अपनी स्वतन्त्र सत्ता स्थापित कर ली थी और ये वर्चस्व के लिए परस्पर युद्ध करते रहते थे। इनमें रक्त की शुद्धता और स्त्रियों के सतीत्व के प्रति अत्यधिक आग्रह हुआ करता था। मुसलमानों के आक्रमणों की शुरुआत के परिणामस्वरूप परदा प्रथा ने जोर पकड़ा और परपुरुष से बचने के लिए स्त्रियों का सती हो जाना स्वाभाविक घटना के रूप में सामने आने लगा। राजपूतों में यह प्रथा दो रूपों में प्रचलित थी। प्रथम सहमरण अर्थात् पति के शव के साथ जलना और द्वितीय अनुसरण अर्थात् पति का शव प्राप्त न होने की स्थिति में पति की किसी वस्तु के साथ जल जाना। गर्भवती महिलाओं को अवश्य यह छूट दी गयी थी कि वे सन्तान को जन्म देने के पश्चात् सती हों। यह प्रथा हिन्दू समाज के लिए कलंक के समान थी लेकिन इसके पीछे सोच यह थी कि विधवा का नारकीय जीवन जीने की अपेक्षा सती हो जाना श्रेयस्कर है। कभी-कभी पति के परिवार के लोग भी उसे सती हो जाने के लिए उकसाते थे।

हालांकि इनसे पूर्व "आठवीं शताब्दी के कवि बाणभट्ट ने कादम्बरी में सती प्रथा को आत्मघात, अज्ञान तथा अशिक्षा से प्रेरित अधार्मिक कृत्य कहकर इसकी भर्त्सना की थी। जैन मुनि समन्त भद्राचार्य ने राजस्थान में सती प्रथा के उभरते झुँझनू (शेखावाटी) केन्द्र में अपने उपदेशों द्वारा इसकी निन्दा की थी, जिससे सती होने में विधवाओं को अन्य व्यक्तियों का सहयोग न मिले। जिनदन्त सूरि (1075-1154 ई.) ने भी अपने उपदेशों द्वारा जैन समाज में स्त्रियों को सती होने से रोककर जैन धर्म में साध्वी के रूप में दीक्षित होने का दिशा निर्देश दिया।[3] लेकिन फिर भी राजपूतों में यह प्रथा प्रचलित रही। उत्तरी भारत में अहिच्छत्र में 850-1100 ई. के अनेक सतीपट्ट (Plaques) मिलते हैं। प्रोफेसर अल्तेकर कहते हैं कि यह प्रथा सीथियनों के साथ भारत आई, परन्तु यह सत्य प्रतीत नहीं होता क्योंकि सीथियनों के आगमन से पहले भी भारत में सती प्रथा विद्यमान थी और राजपूताना तथा मालवा के इलाकों में इसका अधिक प्रचलन था। 1070-1175 ई. के दौरान विज्ञानेश्वर ने भी इस प्रथा को विधवाओं के लिए सामान्य धर्म बताकर इसका समर्थन किया था। यद्यपि सभी जातियों में सती प्रथा के उदाहरण प्राप्त होते हैं और यहाँ तक कि जैन स्त्रियाँ भी सती होती थीं, किन्तु राजपूतों में यह परम्परा कुछ अधिक प्रचलन में थी।

डॉ. बर्नियर लिखते हैं कि उस समय हिन्दू कन्याओं को आरम्भ से ही यह बताया जाता था कि दुर्भाग्य से पति की मृत्यु हो जाने पर सती होना कुल गौरव के लिए श्रेष्ठ होगा। यह न सिर्फ स्त्री धर्म की परम्परा के अनुकूल होगा, बल्कि इससे वह अपने पति के साथ स्वर्गलोक में वास करेगी।

यद्यपि आठवीं शताब्दी में हर्षवर्धन ने अपनी बहिन को चिता में प्रवेश करने से रोककर उसे बौद्ध भिक्षुणी बनने हेतु प्रेरित किया था। राजस्थान में बसंतगढ़ (सिरोही) के शासक परमार पूर्णपाल ने सन् 1042 ई. में अपनी विधवा बहिन लाहिणी को संरक्षण देकर तथा समाज सेवा के कार्यों के लिए प्रेरित करके सती प्रथा का दृढ़तापूर्वक विरोध किया था। पृथ्वीराज तृतीय की माता कर्पूरदेवी ने सती न होकर अपने पुत्र के आश्रय में जीवनयापन किया था। गुर्जर प्रतिहार शासक पृथ्वी देव सावट की विधवा रानी ने सती होने की घोषणा की थी परन्तु अपने मंत्री के द्वारा समझाए जाने पर उसने अपने निर्णय पर पुनर्विचार किया और यह कृत्य नहीं किया था।[4] परन्तु ऐसे दृष्टान्त बहुत कम हैं। इसके विपरीत सन् 1679 में काबुल के निकट जमरूद में महाराजा जसवंत सिंह की मृत्यु के पश्चात् उनके साथ आठ खवासें सती हुई थीं और महारानी चन्द्रावतजी (रामपुरे की) जोधपुर में सती हुई थीं। सन् 1591 ई. में सादड़ी (मेवाड़) के एक जैन महानुभाव की मृत्यु पर उनकी चार पत्नियाँ उनके शव के साथ सती हो गयी थीं।[5]

राजपूतों में सती प्रथा से मिलती जुलती एक अन्य प्रथा भी प्रचलित थी, जिसे 'जौहर' नाम दिया गया था। इसका एक अन्य नाम 'शाका' भी था। 'जौहर' अथवा 'शाका' तब किया जाता था, जब विदेशी आक्रमणकारी से और प्रतिरोध कर पाना असम्भव हो जाता था तथा दुर्ग का पतन निश्चित हो जाता था। ऐसे समय में राजपूत एवं अन्य जातियों की दुर्ग में उपस्थित सभी स्त्रियाँ अपने सम्मान की रक्षा के लिए भभकती आग में कूद जाती थीं। सन् 1310 ई. में जब जालौर का किला अलाउद्दीन खिलजी के हाथों में जाना सुनिश्चित हो गया, तब 1584 घरों में जौहर हुआ था। उस समय परिवार के पिता, पुत्र, पितामह एवं निकट सम्बन्धी कतारों में खड़े हो जाते थे और उनकी माताएँ, पत्नियाँ, पुत्रियाँ आदि पूर्ण श्रृंगार कर कीमती कपड़ों से सुसज्जित होकर प्रज्वलित अग्नि कुण्ड में कूद जाती थीं। तब सभी पुरुष केसरिया वस्त्र पहनकर अन्तिम साँस तक शत्रु से लड़ते हुए अपनी जान दे देते थे। इस प्रकार के जौहर सन् 1301 ई. में रणथम्भौर, सन् 1303 ई. में पद्मिती द्वारा चित्तौड़, 1308 ई. में सिवाना तथा 1310 ई. में जालौर में अलाउद्दीन खिलजी के आक्रमण के कारण हुए थे तथा काम्पिल में

मोहम्मद तुगलक के आक्रमण के कारण जौहर हुआ था। सन् 1535 में गुजरात के बहादुर शाह के आक्रमण के कारण चित्तौड़ में व 1568 में अकबर के समय जौहर हुए थे। मुसलमानों में जौहर की परम्परा का एक प्रसंग मिलता है जब भटनेर के किले को तैमूर द्वारा घेर लिए जाने पर दुर्ग के स्वामी कमालुद्दीन ने सभी स्त्रियों एवं सम्पत्ति को आग में खाक करने के बाद भीषण युद्ध किया था। लेकिन ये उदाहरण हिन्दू राजपूतों में ही अधिक प्राप्त होते हैं। इस पर के.ए. निजामी अपनी पुस्तक '*सम ऐस्पेक्ट्स ऑफ रिलीजन एण्ड पालिटिक्स इन इण्डिया*' में लिखते हैं कि जहाँ कुछ सौ या कुछ हजार सैनिकों को बन्दी बना लिए जाने से समस्या हल हो सकती थी, वहाँ बड़े पैमाने पर जौहर किए गए और हजारों स्त्री पुरुष अनावश्यक ही राख हो गए।[6] कुछ विदेशी यात्रियों ने इस प्रथा का विस्तृत वर्णन अपने ग्रन्थों में किया है, जिनमें इब्नबतूता (1335-45 ई.) निकोलाओ कॉन्टी (1419-44 ई.), डॉ. बर्नियर (1640-66 ई.) आदि प्रमुख हैं। बर्नियर लिखता है कि यद्यपि मुगल सरकार के प्रयत्नों से सती होने की घटनाओं में कमी आयी है लेकिन फिर भी काफी संख्या में स्त्रियाँ सती हो रही हैं। विशेषकर हिन्दू राजाओं के इलाकों में, जहाँ मुसलमान अधिकारी नियुक्त नहीं हैं।[7] पेलसार्ट अपने ग्रन्थ '*जहाँगीर्स इण्डिया*' में लिखता है कि यह प्रथा खत्रियों, राजपूतों और बनियों में अधिक थी तथा आगरा में ही हर सप्ताह सती की 2 या 3 घटनाएँ हो जाया करती थीं।[8] शकुन्तला आर. शास्त्री अपनी पुस्तक '*वीमेन इन द सेक्रेड लॉज*' में लिखती हैं कि कुछ अभिलेखों एवं साहित्यिक रचनाओं से सती प्रथा के दक्षिण भारत में भी प्रचलित होने के प्रमाण मिले हैं।[9] बंगाल में भी इस परम्परा के क्रूर पंजे अपने विषदंत से स्त्री को घायल कर रहे थे।[10]

इस काल में मुसलमानों के लगातार आक्रमणों से आतंकित होकर बाल विवाह को भी शास्त्र विहित कर दिया गया। अब पुत्र जन्म शुभ और कन्या जन्म अशुभ मानकर राजपूतों की कुछ शाखाओं में नवजात कन्या की हत्या कर देने की परम्परा शुरू हो गयी।[11] मुस्लिम आक्रमणों के दौरान हिन्दू लड़कियों के अपहरण की घटनाओं को देखकर हिन्दुओं ने अपनी लड़कियों को पढ़ाना बन्द कर दिया और घर से निकलने की अनुमति भी उनसे छीन ली गयी। ब्राह्मणों ने अब धर्म रक्षा, रक्त शुद्धता एवं नारी सतीत्व के नाम पर नारी को अनेक प्रकार के सामाजिक बन्धनों में जकड़ दिया। अब हिन्दुओं ने अपनी छोटी-छोटी बच्चियों के विवाह करने शुरू कर दिए और परदा प्रथा अस्तित्व में आ गयी।

डॉ. लईक अहमद ने लिखा है, "मुसलमानों के आगमन से पूर्व भारतवर्ष में परदा प्रथा का सर्वथा अभाव था।"[12] मुस्लिम आक्रान्ता हिन्दू महिलाओं से सम्बन्ध स्थापित करने के लिए लालायित रहते थे, अतः उनसे सुरक्षा के लिए परदा प्रथा को अपनाया गया, ताकि नवयुवतियों को उनकी क्रूर कामपिपासा से बचाया जा सके।[13] हालांकि पी.एन. चोपड़ा मानते हैं कि परदा प्रथा धनी तथा समृद्धशाली परिवारों तक सीमित थी[14], वहीं एस.एम. जाफर ने परदे को हिन्दू स्त्रियों के लिए धार्मिक कर्त्तव्य बताया तथा रामायण की सीता एवं द्रौपदी के उदाहरणों से अपनी बात की पुष्टि की[15], वहीं पी.एन. ओझा मानते हैं कि निम्नवर्गीय समाज में परदा प्रथा प्रचलित नहीं थी क्योंकि निर्धन स्त्रियों को विशेषकर ग्रामीण क्षेत्रों में रहने वाली स्त्रियों को खेतों में जाकर हाड़तोड़ परिश्रम करना पड़ता था और आर्थिक करणों से वे परदा धारण कर पाने में असमर्थ थीं।[16] दक्षिण भारत इस प्रथा से अछूता रहा क्योंकि मुस्लिम आक्रान्ताओं का प्रभाव पश्चिमोत्तर भारत तक ही सीमित रहा और दक्षिण भारत इससे अप्रभावित रहा। मराठों में उन परिवारों में परदा प्रथा प्रचलित हुई, जिन्होंने मुस्लिम सरदारों की मनसबदारी स्वीकार की थी।

परदा प्रथा के विषय में कमलेश कुमार गुप्ता अपनी पुस्तक '*महिला सशक्तिकरण*' में लिखते हैं, "मध्यकालीन युग में परदा प्रथा का विकास तो इस सीमा तक हुआ कि परिवार के अन्य सदस्य तो दूर रहे, पति स्वयं भी किसी अन्य के सामने अपनी पत्नी का मुँह नहीं देख सकता था।"[17]

मध्यकाल में परदा प्रथा को धता बताते हुए रजिया सुल्तान ने दिल्ली में गद्दी सँभाली थी, लेकिन कट्टरपंथी तुर्की अमीरों द्वारा उसका विरोध किया गया और उन लोगों ने षड्यंत्र कर रजिया की हत्या करवा दी।

परदा प्रथा का दुष्प्रभाव मध्यकालीन स्त्रियों की शिक्षा पर भी पड़ा। अब शिक्षा की व्यवस्था घर में ही की जाने लगी लेकिन यह व्यवस्था बहुत महँगी थी, इसलिए सिर्फ उच्च वर्ग ही इसे वहन कर सका। इसका परिणाम यह हुआ कि लड़कियाँ अशिक्षित रहने लगीं।[18] डॉ. रेखा कुलकर्णी लिखती हैं, "मध्य युग अथवा अंग्रेज़ पूर्व काल (सन 1000–1800 ई. तक) में राजकीय एवं सामाजिक परिस्थितियों के कारण स्त्री का स्थान और अधिक गिर गया। उसे शिक्षा से हाथ धोना पड़ा। समाज में स्त्री शिक्षा का तीव्र विरोध होने लगा। समाज में यह अंध श्रद्धा प्रचलित हो गयी कि शिक्षित लड़की अपने पति के साथ नहीं रहेगी और वह किसी दूसरे पुरुष के साथ भाग जाएगी। एक विचार यह भी था कि लड़की

को पढ़ाने से उसके पति की आयु कम हो जाती है। इसलिए सिर्फ वेश्याओं और नर्तकियों का पढ़ना ही उचित समझा जाने लगा।[19]

आर.सी. मजूमदार एवं एच.सी. राय चौधरी अपनी पुस्तक *'एन एडवांस्ड हिस्ट्री ऑफ इण्डिया'* में लिखते हैं, "मध्यकाल में शिक्षा व्यवस्था की दृष्टि से नारी के तीन स्तर देखने को मिलते हैं। ग्रामीण स्त्री गृहस्थी की शिक्षा तक संकुचित रही, मध्यम श्रेणी की स्त्री धार्मिक ग्रन्थों की शिक्षा में झोंक दी गयी और उच्च वर्ग की स्त्री को विविध कलाओं का ज्ञान दिया जाता रहा।"[20]

विक्रमांक देवचरित से ज्ञात होता है कि बारहवीं शताब्दी के नगरों की स्त्रियाँ पर्याप्त शिक्षित हुआ करती थीं। जिन गाँवों पर तुर्कों के आक्रमण का प्रभाव नहीं पड़ा था, वहाँ की छोटी बालिकाएँ गाँवों की चटशालाओं व उपासरों में पढ़ने जाया करती थीं। इन स्त्रियों को समाज में भी सम्मान की दृष्टि से देखा जाता था।

मध्यकाल में ऐसी अनेक शिक्षित महिलाओं के उदाहरण मिलते हैं, जो शासन चलाने में दक्ष थीं अथवा राजनीतिक गतिविधियों में उनका प्रभाव रहता था। कश्मीर में रानी विद्या (दसवीं, ग्यारहवीं शताब्दी), अजमेर में कर्पूर देवी (बारहवीं शताब्दी), गोंडवाना की रानी दुर्गावती (16वीं शताब्दी), जलालुद्दीन खिलजी की पत्नी मलके जहाँ, मेवाड़ के शासक राजा सांगा की पत्नी कर्णवती, ताराबाई, चाँदबीबी, राजशेखर की पत्नी अवन्ति सुन्दरी, देवलरानी, रूपमती, पद्मिनी, रजिया सुल्तान आदि के नाम महत्त्वपूर्ण हैं।

वीरेन्द्र स्वरूप भटनागर एक बात की ओर संकेत करते हैं, "इस्लाम के प्रसार के समय से ही विशेषकर 740 ई. के बाद से अनेक देशों, जिनमें स्पेन, फ्रांस का आधा भाग व एशिया के अनेक देश शामिल थे, से लाखों स्त्रियाँ बन्दी बनाकर खलीफा के विशाल साम्राज्य के विभिन्न नगरों में पहुँच रही थीं। इस कारण संसार में फैले चार पाँच धर्मों में सबसे बाद में स्थापित धर्म के अनुयायियों को पत्नी की संख्या में ऐसी छूट बेहद आकर्षक थी। भारत में भी यही बात थी। मुसलमान शासकों के प्रत्येक आक्रमण में हजारों लाखों की संख्या में लोग बन्दी बनाकर लाए जाते थे और इनमें स्त्रियों की संख्या निश्चय ही अधिक होती होगी क्योंकि शत्रु के चंगुल से बचकर भागना उनके लिए पुरुषों की अपेक्षा अधिक कठिन होता था। इस प्रथा से जहाँ एक ओर इस्लाम धर्म के अनुयायियों में कई गुना वृद्धि दर सुनिश्चित हो गयी, इस छूट के कारण निश्चय ही काफी बड़ी संख्या में लोगों ने इस्लाम भी स्वीकार किया होगा क्योंकि आम पुरुषों की स्त्री सबसे बड़ी कमजोरी रही है।"[21]

मिर्जा अजीज कोषा की इस्लाम धर्म में चार पत्नियाँ रखने की प्रथा के पीछे सोच थी कि "खुरासानी नारी को गृह कार्य हेतु, हिन्दू नारी को बच्चों की देखभाल करने हेतु, ईरानी नारी को भोग-विलास हेतु तथा ब्रान्सोक्त्सीनी नारी को इन तीनों को डाँट फटकार कर रखने के लिए क्रय करके लाना चाहिए।"[22]

अमृतलाल नागर ने अपने उपन्यास '*ये कोठेवालियाँ*' में इसी बात का दूसरे तरीके से ज़िक्र किया है। उनके अनुसार, "हुमायूँ बादशाह के साथी बैरम खाँ फरमाया करते थे कि अमीर के लिए चार बीवियाँ चाहिए, मुसीबत और बातचीत के लिए ईरानी, खाना पकाने के लिए खुरासानी, सेज के लिए हिन्दुस्तानी और चौथी तुरकानी हो जिसे हर वक्त डाँटते-मारते रहें कि और बीवियाँ डरती रहें।"

हालांकि इस्लाम धर्म में महिलाओं को भी तलाक का अधिकार था और 'मेहर' के माध्यम से उनकी आर्थिक सुरक्षा कुछ हद तक सुनिश्चित भी होती थी किन्तु बहुपत्नी परम्परा से तथा तीन बार तलाक से विवाह टूट जाने की परम्परा से उनकी दशा में अपेक्षित सुधार न हो सका। डॉ. सबीहा रहमानी लिखती हैं, "धर्म तथा कट्टरपंथ के नाम पर इस्लाम व मुस्लिम सामाजिक व्यवस्था को पूर्णतया पुरुष प्रधान सामाजिक व्यवस्था में परिणत कर दिया गया तथा महिलाओं को प्रदान प्रस्थिति एवं भूमिका में भेदभाव किया जाने लगा, महिलाओं को दासत्व प्रदान कर हर पग पर उसके साथ विश्वासघात किया गया। श्रम के क्षेत्र में महिलाओं को वे क्षेत्र दिए गए, जो अर्थ प्रधान स्रोत नहीं थे।"[23]

एम.ए. अंसारी ने मुस्लिम महिलाओं की भूमिका पर गहन चिन्तन करने के बाद जो निष्कर्ष निकाले हैं, वे इस प्रकार हैं–

1. पुरुष की अंकशायिनी बनना।
2. घर परिवार की देख-रेख करना।
3. घर की चहारदीवारी में बन्दिनी रहकर उन दरो दीवारों को सजाकर रखना।
4. पति के सन्तान भार का पालन-पोषण कर उन्हें छाती से लगा अपने आँचल का अमृत समान दूध पिलाते रहना।
5. शर्म-ओ-हया व हिजाब (परदे) के नाम पर कैद रहना।
6. अनजान रिश्तों से मिले सास-ससुर, ननद, जेठ, जिठानी, देवर की सेवा कर उनके ताने सुनना व पति के कदमों के नीचे जन्नत मानकर उसका हर जुल्म सह लेना।

7. घर गृहस्थी में दासत्व भाव से कार्य करना और बदले में पाना तिरस्कार, उपेक्षा व निन्दा।

इस प्रकार सदा से महिलाएँ रिश्तों के भँवर जाल में फँसी एक चिड़िया के समान निस्सहाय रहती हैं, बरसाती धूप की तरह उनके होठों पर हँसी कभी-कभी आती है, अन्यथा उसके जीवन क्षितिज पर घने बादलों का पहरा है।[24]

यदि सल्तनत काल में भारत में मुस्लिम महिलाओं की स्थिति पर नजर डाले तो पाते हैं कि इस काल में नासिरुद्दीन महमूद को छोड़कर सभी सुल्तानों की एक से अधिक पत्नियाँ थीं। इल्तुतमिश की महत्वाकांक्षी बेगम ने अपने राजनैतिक प्रभाव को बढ़ाने के लालच में रजिया सुल्तान की हत्या का असफल षड्यन्त्र किया था। जलालुद्दीन खिलजी की पत्नी मलके जहाँ ने अपने दामाद अलाउद्दीन खिलजी के खिलाफ षड्यन्त्र किए थे, जिसका पता चल जाने पर अलाउद्दीन खिलजी ने जलालुद्दीन की हत्या कर दी तथा अपनी सास तथा उसके लड़कों को बन्दी बनाकर बाद में उन्हें भी मरवा दिया था। कुछ हिन्दू स्त्रियों का विवाह मुस्लिम सुल्तानों के साथ हुआ था। जैसे फिरोज तुगलक की माँ हिन्दू थी लेकिन फिरोज तुगलक ने मुस्लिम कट्टरपंथियों के दबाव में आकर मुस्लिम महिलाओं के मजारों पर जाने पर रोक लगा दी थी।[25] इसके पीछे उसने यह तर्क दिया कि मुस्लिम स्त्रियों के लिए शरीयत में इस प्रकार घूमने फिरने पर पाबन्दी है। फिरोज तुगलक के इस फरमान का मुस्लिम स्त्रियों में इतना भय था कि मलिक तातार खान, जो फिरोज तुगलक का एक अमीर था, की दासियों को ताले में बन्द होकर चादर से ढँकी डोलियों में यात्रा करनी पड़ी, ताकि कहीं नामहरम व्यक्ति की दृष्टि उन पर न पड़ जाए।[26]

डॉ. लॉएट ने लिखा है, "मुस्लिम स्त्रियाँ तभी बाहर निकलती हैं, जब वे अत्यधिक निर्धन हों अथवा लज्जाहीन हों लेकिन वे भी अपना सिर ढँके रहती हैं।"[27]

सल्तनत काल की मुसलमान स्त्रियों की शिक्षा के विषय में बहुत अधिक जानकारी प्राप्त नहीं होती। यद्यपि उस काल में कई मदरसे खोले गए लेकिन ऐसे प्रमाण नहीं प्राप्त होते कि इनमें मुस्लिम लड़कियाँ भी शिक्षा ग्रहण करती थीं। ऐसा प्रतीत होता है कि मुस्लिम कन्याओं की शिक्षा के लिए घर पर ही वयोवृद्ध मौलवी या शिक्षित महिलाएँ बुलाई जाती थीं, और उनसे यह अपेक्षा की जाती थी कि वे कुरान पढ़ने लायक ज्ञान प्राप्त कर लें।[28]

अकबर ने सती प्रथा पर रोक लगाने का प्रयास किया था और कुछ विधवाओं को सती होने से रोकने में सफलता पाई थी। सन् 1620 ई. में जहाँगीर

ने सती प्रथा पर रोक लगा दी थी। कुछ राजपूत राजाओं जैसे जयपुर के सवाई जयसिंह द्वितीय, सवाई प्रताप सिंह तथा जोधपुर के महाराणा भीमसिंह ने अपने राज्यों में इस पर रोक लगा दी थी।[29]

बाबर के आगमन के साथ ही सल्तनत काल खत्म हो जाता है और उत्तर मध्यकाल से मुगल वंश की शुरूआत हो जाती है। बाबर ने अपने पूर्वजों तैमूर तथा चंगेज खाँ की भाँति स्त्रियों को राजनीति में आने के लिए प्रोत्साहित तो किया, किन्तु उसने उन्हें सम्प्रभुता का अधिकार नहीं दिया। बाबर जब नाबालिग था और सिर्फ 11 बरस का था, तब उसकी माँ कुतलुक निगार खानम युद्धों में सदैव बाबर के साथ रही। उसकी दादी अहसान दौलत बेगम उस समय प्रशासन का कार्य सँभालती थी।[30] बाबर के दुख-सुख में परछाईं की भाँति चलने वाली उसकी बेगम माहीम बेगम सदैव दिल्ली के तख्त पर बाबर के साथ बैठा करती थी। बाबर की मृत्यु होने के बाद ढाई वर्षों तक शासन में उसका वर्चस्व बना रहा। हुमायूँ ने भी उसे पूर्ण सम्मान प्रदान किया। एस. के बनर्जी बताते हैं कि बेगम की मृत्यु के पश्चात् उसे 'पादशाह बेगम' की उपाधि से अलंकृत किया गया।[31] जदुनाथ सरकार मानते हैं कि यह उपाधि शाहजहाँ की प्रिय पुत्री जहाँ आरा बेगम को दी गयी थी[32] और बाद में औरंगजेब की दूसरी बेटी जीनतुन्निसा बेगम को भी यही उपाधि दी गयी।[33]

मुगल शासन के कुछ विवाह प्रेम विवाह भी थे। बाबर ने स्वयं स्वीकार किया है कि मासूमा सुल्तान बेगम (मीरान शाही) से उसका विवाह दो तरफा प्रेम के कारण हुआ था। हुमायूँ ने भी हमीदा बानू बेगम से इश्क करने के बाद निकाह किया था। हालांकि हमीदा स्वयं हुमायूँ से शादी करने के हक में नहीं थी क्योंकि उसे लगता था कि बादशाह होने के कारण हुमायूँ का कद उससे कहीं अधिक है लेकिन हुमायूँ के हरम की कई स्त्रियों के समझाने के बाद वह इस शादी के लिए तैयार हुई। अकबर को जन्म देने का श्रेय उसे ही है। जहाँगीर का नूरजहाँ के प्रति प्रेम जगजाहिर है। प्रमाण मिलते हैं कि जब अकबर को जहाँगीर और नूरजहाँ के बीच पनप रहे प्रेम का पता चला था, तो उसने नूरजहाँ का विवाह शेर अफगान नामक एक ईरानी युवा से करवाने का प्रयास किया था और जब जहाँगीर को इस षड़यंत्र का पता चला तो उसने शेर अफगान की हत्या करने का प्रयास किया लेकिन कुछ तत्कालीन सुबूत इस ओर इशारा करते हैं कि जब मेहरून्निसा विधवा के रूप में आगरा वापस आई, तब जहाँगीर उसके इश्क में गिरफ्तार हुआ था। बहुत प्रयत्नों के बाद सन् 1611 ई. में उसका विवाह सम्भव हो पाया। मुगल सम्राट तीस साल की उम्र

पार कर चुकी हरम की बेगमों से प्रायः सम्बन्ध तोड़ लिया करते थे लेकिन जिस समय नूरजहाँ का जहाँगीर से विवाह हुआ, उस समय नूरजहाँ यह उम्र पार कर चुकी थी और एक बेटी की माँ भी बन चुकी थी। नूरजहाँ का जहाँगीर के साम्राज्य एवं राजनैतिक निर्णयों पर भी प्रभाव रहता था। जहाँगीर का अकबर के हरम की एक नर्तकी अनारकली से इश्क भी मशहूर है लेकिन बादशाह अकबर इस इश्क से इतना क्रोधित हुआ था कि उसने अनारकली को दीवार में जिन्दा चुनवा देने का आदेश दिया था, जहाँ उसकी मृत्यु हो गयी थी लेकिन जब शहजादा सलीम सम्राट जहाँगीर बना तो उसने अनारकली की याद में लाहौर में एक खूबसूरत स्मारक बनवाया था। जहाँगीर के पुत्र शहजादा खुसरो को अपनी पत्नी से इस कदर मोहब्बत थी कि उसने नूरजहाँ की पुत्री लाडली बेगम से विवाह करने से इन्कार कर दिया था। शाहजहाँ का अपनी पत्नी मुमताज महल उर्फ अर्जुमंद बानो से प्रेम विश्वविख्यात है, जिसका खूबसूरत उदाहरण आगरा में बना ताजमहल नामक मकबरा है।[34] हालांकि रो कहते हैं कि वह अपनी सौतेली माता नूरजहाँ से भी मोहब्बत करता था।[35]

मुगल इतिहासकार मनूची एवं बर्नियर ने शाहजहाँ की पुत्रियों जहाँआरा और रोशन आरा के इश्क की भी चर्चा की है। विन्सेन्ट स्मिथ का तो यहाँ तक कहना है कि भले ही इस आरोप की पुष्टि न हो सके लेकिन इसको खारिज भी नहीं किया जा सकता कि शाहजहाँ के अपनी पुत्री जहाँआरा के साथ शारीरिक सम्बन्ध थे। बर्नियर भी इसकी पुष्टि करता है किन्तु मनूची इसे स्वीकार नहीं करता। इसी प्रकार दारा तथा उसकी बहन जहाँआरा के बीच भी ऐसे ही रिश्तों की बात कुछ पश्चिमी इतिहासकार करते हैं। लेकिन सोमा मुखर्जी इसे गलत बताती हैं।[36]

इसके विपरीत सोमा मुखर्जी ने दारा शिकोह की अपनी पत्नी नादिरा बेगम से बेइन्तहा मोहब्बत की चर्चा की है। वे हैन्सन के शब्दों को उद्धृत करते हुए कहती हैं, "27 वर्षों तक नादिरा बेगम एक बीबी से बढ़कर दारा की सलाहकार रही। वह मित्र, शिष्या, सलाहकार, सभी कुछ थी। माता मुमताज महल के निधन के बाद उसने दारा को एक माँ की तरह सँभाला था। 6 जून, सन् 1659 ई. को उसकी मृत्यु के पश्चात् दारा एकाकी रह गया और दुख के गहरे समुद्र में डूब गया था। वह औरंगजेब के इश्क की भी चर्चा करती हैं और बताती हैं कि दक्खन के सूबेदार पद पर रहने के दौरान औरंगजेब का हीराबाई नाम की एक दासी से इश्क हो गया था, जिसका उपनाम जैनाबादी था। लेकिन हीराबाई के असामायिक निधन से यह इश्क परवान न चढ़ सका। बाद में अपने

जीवन के अन्तिम समय तक औरंगजेब ने अपनी बेगम उदयपुरी महल के साथ प्रेम किया।"[37]

"यदि मुगल सम्राटों के हरम के जीवन की ओर देखा जाए, तो कह सकते हैं कि एक मुगल हरम की महिला का पूरा जीवन बादशाह के इर्द-गिर्द ही घूमता रहता था। एक महिला की प्रतिष्ठा तथा उसका वर्चस्व इस पर निर्भर करता था कि बादशाह के दिल में उसके लिए कितनी जगह है। हरम की महिलाएँ परस्पर मित्रवत होने का दिखावा करती थीं, किन्तु उनमें सौतिया डाह भरा होता था जो सामने नहीं दिखाई देता था क्योंकि बादशाह के क्रोध का भय उनमें बना रहता था। हरम की प्रत्येक महिला बादशाह को खुश करने का भरसक प्रयास करती थी। बादशाह के पहले बेटे को जन्म देना हर महिला का सपना हुआ करता था और कभी-कभी हरम की अन्य स्त्रियाँ उस महिला का गर्भपात करवाने का प्रयास करती थीं, जो सबसे पहले गर्भवती हो जाती थी। उनकी मृत्यु की सूचना भी महल में नहीं भिजवाई जाती थी और बीमार होने पर उन्हें हरम से 'बीमारखाना' भेज दिया जाता था। किसी प्रभावशाली महिला की मृत्यु होने पर ही मातम होता था। एक महिला को जितना अधिक बादशाह महत्त्वपूर्ण मानते थे, उसकी उतनी ही अधिक प्रतिष्ठा हुआ करती थी। यदि ऐसी स्त्री को सन्तान नहीं भी होती थी, तो भी उसे हरम की किसी अन्य महिला की सन्तान को पालने के लिए दे दिया जाता था। उदाहरण के लिए बाबर की प्रधान बेगम माहम बेगम के हुमायूँ के जन्म के पश्चात् चार बच्चे मर गए थे और तब उसे बाबर की एक अन्य पत्नी दिलदार बेगम के हिन्दाल और गुलबदन ये दो बच्चे पालने हेतु दिए गए थे। उसने इन दोनों का भी लालन-पालन हुमायूँ के साथ किया था। अकबर की पहली पत्नी रुकैया सुल्तान बेगम के कोई बच्चा न होने पर उसे शहजादा सलीम के बेटे खुर्रम को पैदा होते ही लालन-पालन के लिए दे दिया गया था। जहाँगीर ने तुजुके जहाँगीरी में अपने पुत्र की धाय माँ की प्रशंसा करते हुए लिखा है कि मेरे पिता ने मेरे बेटे खुर्रम को पालन-पोषण के लिए उन्हें (रुकैया सुल्तान बेगम) सौंप दिया था और उन्होंने उसे अपने बेटे से भी हजार गुना अधिक प्यार दिया, मानों वह उन्हीं का पुत्र हो। इसी प्रकार जहाँगीर की इच्छानुसार शाहजहाँ के द्वितीय पुत्र शुजा का पालन-पोषण नूरजहाँ बेगम ने किया था।"[38]

"मुगल शहजादियाँ साज श्रंगार की बहुत शौकीन हुआ करती थीं, जब एक शहजादी को परिवार के बुजुर्ग ने कहा कि वह इतने कम कपड़े न पहने कि जो देखने में उचित न लगें तो उसने पलटकर जवाब दिया कि यदि बंगाल की

मलमल की साड़ी को पाँच बार लपेटना भी अपर्याप्त है तो इसमें उसकी कोई गलती नहीं है। डॉ. बर्नियर ने अपने विवरण में ऊँचे शानदार हाथियों पर रखे सजे हुए मेघाडम्बरों व विभिन्न रंगों की रेशमी डोरों से बुनी हुई व कढ़ी हुई जालियों से ढँकी हुई चण्डोल, जो लोग कन्धों पर रखकर ले जाते थे अथवा राजसी ठाठ बाट के अनुरूप सजी पालकियों में कश्मीर की ओर जाती शाही परिवार की नवयुवतियों व अन्य प्रतिष्ठित महिलाओं का वर्णन किया है। वह उनके राजसी ठाठ बाट से बेहद प्रभावित हुआ था। बर्नियर ने लिखा है कि इन शाही महिलाओं तक पहुँचना आसान नहीं है और वे लगभग अजनबी पुरुषों की दृष्टि से परे ही रहती हैं। शाही हरम की चौकसी के लिए खोजे रहते थे परन्तु कड़ी निगरानी के बावजूद भी इनके छिपे तौर पर इश्क और मोहब्बत की कारगुजारियों की चर्चा जब तब सुनाई पड़ती थी।"[39] मोहम्मद शाह (1719-1748) की पत्नी का अपने प्रधान हिजड़े जावेद खान के साथ प्रेम प्रसंग चला था।[40]

मुगल काल में भी दास-दासी प्रथा विद्यमान थी। मुगल वंश के पूर्ववर्ती तुगलक वंश में मुहम्मद तुगलक राज्य में एकत्रित हो गयी दासियों को अमीरों और अपने सम्बन्धियों को तोहफे में देता था।[41] इब्नबतूता ने लिखा है कि चीन के सम्राट को हिन्दू समाज से 100 पुरुष दास तथा नृत्य एवं गायन में प्रवीण 100 दासियों को उपहार स्वरूप दिया गया था।[42] डॉ. यू. एन. घोषाल अपनी पुस्तक '*दिल्ली सल्तनत*' में लिखते हैं, "मुसलमान बादशाह अधिक से अधिक हिन्दू स्त्रियों को गुलाम बनाकर खुश हुआ करते थे। कभी-कभी वे हिन्दू राजकुमारियों को भी गुलाम बना लेते थे, जिन्हें दरबार में नाचने गाने के लिए मजबूर किया जाता था।[43] मनूची लिखता है कि उस समय शाही हरम में विभिन्न धर्मों एवं नस्लों की दो हजार से अधिक महिलाएँ थीं, जिनमें राजपूत तथा ईसाई महिलाएँ भी शामिल थीं।[44] गुलबदन बेगम ने 'हुमायूँनामा' में लिखा है कि हरम की दासियाँ अपनी सेवा तथा वफादारी के लिए विख्यात थीं। बाबर की माँ कुतलुक निगार खानम की देखभाल के लिए अतुन मया नियुक्त की गयी थी और बाबर के महल के लिए बचका खलीफा नियुक्त हुई थी। जहाँगीर ने तुजुके जहाँगीरी में आका अकायम नाम की एक मुख्य दासी की प्रशंसा की है। शाहजहाँ के समय में मुमताज महल की देखभाल के लिए सतीउन्निशा की नियुक्ति की गयी थी, जिसने राजकुमारी जहाँआरा को पढ़ाया था।[45]

मुगलकाल में कुछ ऐसी स्त्रियाँ हुई हैं, जिन्होंने तत्कालीन राजनीति पर अपनी अमिट छाप छोड़ी थी। बाबर ने '*बाबरनामा*' में लिखा है कि जब उसका

छोटा भाई जहाँगीर मिर्जा उसके खिलाफ षड्यंत्र कर रहा था और उसने उसके शत्रु तम्बल से हाथ मिला लिया था, उस समय बाबर तथा उसके लड़ाकू सैनिक बहादुरी से उसके खिलाफ लड़े थे। उस समय बाबर की दादी शाह सुल्तान बेगम बाबर के युद्ध शिविर में आयी थी और उसने उससे विनती की थी कि यदि जहाँगीर मिर्जा को जिन्दा पकड़ा जाए तो उसे माफी दे दी जाए। ऐसे ही बाबर के मौसा और काबुल के शासक मिर्जा मोहम्मद हुसैन गुरखान के पुत्र मिर्जा खान को भी बाबर ने मौसी के कहने पर माफ कर दिया था। हुमायूँ ने भी अपनी चाची खानजादा बेगम के कहने पर अपने भाइयों कामरान और अस्करी के विद्रोह करने पर उन्हें सख्त सजा नहीं दी थी।[46] हुमायूँ के चचेरे भाई की पत्नी हराम बेगम को उसकी प्रशासनिक योग्यता के कारण 'वली नियामत' की उपाधि दी गयी थी। सन् 1549 में जब हुमायूँ ने काबुल से बल्ख पर आक्रमण किया था तो हराम बेगम ने उसकी सहायता की थी। अभिजात्य वर्ग के लोग हराम बेगम से भयभीत रहते थे और उसका सम्मान करते थे। चुनार के अफगान गवर्नर ताज खाँ सारंगखानी की पत्नी लाड मलका से ताज खाँ की मृत्यु के बाद शेर खाँ ने विवाह का लिया था।[47]

सन् 1556 ई. में अकबर चौदह साल की अल्पायु में गद्दी पर बैठा था, उस समय उसके चारों ओर ऐसी महिलाओं का जमावड़ा था, जो राजनीतिक दृष्टि से अत्यन्त महत्त्वाकांक्षी थीं। इनमें माहम अनगा का नाम सर्वोपरि था। उसने बचपन से अकबर की देखभाल की थी, इसलिए अकबर भी उसका बहुत सम्मान करता था। अनेक प्रशासनिक नियुक्तियों में भी उसका दखल रहता था। उसने अपने पुत्रों बाकी कूका को अलीगढ़ का गवर्नर बनवाया था तथा दूसरे पुत्र आदम खाँ को भी ऊँची पदवी दिलाई थी। उसके प्रभुत्व की चर्चा करते हुए अबुल फजल ने '*अकबरनामा*' में लिखा है—"माहम अनगा ने अपनी वफादारी एवं बुद्धिमत्ता से अपना वर्चस्व स्थापित कर लिया था और शिहाबुद्दीन अहमद खाँ तथा ख्वाजा जहाँ को अपना हथियार बनाकर इस्तेमाल किया था। उसने अली कुली खाँ के भाई बहादुर खाँ को वकील जैसा महत्त्वपूर्ण ओहदा दिलाया था लेकिन बहादुर खाँ नाममात्र का वकील था, असलियत में सारा कामकाज माहम अनगा ही करती थी।"[48] बैरम खाँ के पतन के पीछे माहम अनगा का ही हाथ था क्योंकि वह बैरम खाँ को हटाकर अपने पुत्र आदम खाँ को प्रधानमंत्री बनाना चाहती थी। हालांकि वह अपने इस प्रयास में असफल रही और कुछ दिन बाद ही अकबर और माहम अनगा के सम्बन्धों में भी गर्मजोशी कम होने लगी। इसके पीछे मालवा के राजा

बाजबहादुर का प्रसंग था। सन् 1561 ई. में अकबर ने आदम खाँ को बाजबहादुर पर आक्रमण करने हेतु मालवा भेजा। आदम खाँ ने बाजबहादुर को हराकर उसे सारंगपुर भागने पर विवश कर दिया तथा उसकी सारी सम्पत्ति एवं उसके हरम की सभी सुन्दर स्त्रियों को अपने अधिकार में ले लिया। इनमें रूपमती नामक एक अत्यन्त सुन्दर स्त्री भी थी। आदम खाँ के सैनिकों ने हरम की स्त्रियों का उत्पीड़न करना शुरू कर दिया, जिससे तंग आकर अनेक स्त्रियों ने आत्महत्या करने का प्रयास किया। इस प्रयास में रूपमती भी जख्मी हो गयी। आदम खाँ ने उससे झूठा वादा किया कि यदि वह ठीक हो गयी तो उसे बाजबहादुर के पास भेज दिया जाएगा। इस बीच उसने सम्राट अकबर को भी लूट का माल भेजना ज़रूरी नहीं समझा और सारा धन अपने पास रख लिया। अकबर ने माहम अनगा को चेतावनी देते हुए कहा कि वह अपने पुत्र को समझाए। इस बीच अकबर स्वयं सारंगपुर गया और आदम खाँ उसे देखकर आश्चर्य चकित रह गया। अगले दिन माहम अनगा भी वहाँ पहुँची और उसने आदम खाँ को समझाया कि वह लूटा हुआ सारा माल सम्राट के हवाले कर दे। लेकिन अकबर के जाते ही आदम खाँ ने फिर से रूपमती तथा अन्य स्त्रियों को कब्जे में ले लिया। यह सुनकर अकबर ने इन महिलाओं को फौरन मुक्त करने का फरमान जारी किया लेकिन माहम अनगा ने इन्हें रिहा करके बाजबहादुर को सौंपने की बजाए इन सभी स्त्रियों का कत्ल करवा दिया ताकि ये सम्राट तक अपने प्रति अत्याचार की कहानी न पहुँचा सकें। आदम खाँ के इस रवैये से अकबर बेहद नाराज हुआ। हालांकि माहम अनगा ने मीठी जबान से अकबर को प्रभावित करने का प्रयास किया, लेकिन उस पर इसका कोई प्रभाव नहीं पड़ा और अब अकबर स्वयं माहम अनगा के शिकंजे से मुक्त होने का प्रयास करने लगा। उसने अपनी एक अन्य धाय माँ जीजी अनगा के पति शम्सुद्दीन अहमद गजनवी को मुनीम खाँ के स्थान पर अपना प्रधानमंत्री नियुक्त किया और आदम खाँ के स्थान पर पीर मोहम्मद को मालवा के गवर्नर पद पर तैनात किया लेकिन सत्ता के मद में अन्धे होकर आदम खाँ ने 16 मई, 1562 ई. को शम्सुद्दीन की हत्या कर दी। सम्राट अकबर फौरन वहाँ पहुँचा और उसने आदम खाँ को रँगे हाथों पकड़ लिया। इसके बाद अकबर के आदेश पर आदम खाँ को महल की मुँडेर से नीचे फेंककर उसकी हत्या कर दी गयी। सम्राट अकबर ने माहम अनगा के पास स्वयं जाकर यह बताया कि हमने आदम खाँ की हत्या कर दी है। यह सुनकर वह गहरे शोक में डूब गयी और इसके चालीस दिन बाद माहम अनगा की भी मृत्यु हो गयी। अकबर ने माहम अनगा के प्रति सम्मान व्यक्त करते हुए उसकी अर्थी को स्वयं कन्धा

दिया।[49] माहम अनगा ने 1560-62 ई. के दौरान एक प्रकार से शासन किया, जो 'पेटीकोट शासन' के नाम से चर्चित रहा। माहम अनगा ने स्त्रियों की शिक्षा के लिए दिल्ली में 'मदरसा-ए-बेगम' की स्थापना की।[50]

हुमायूँ की विधवा माहचुचक बेगम ने भी अकबर के शासन काल के प्रारम्भिक दिनों में उसके रास्ते में अनेक मुश्किलें खड़ी कीं। हुमायूँ ने अपने जीवन काल में ही सन् 1554 ई. में माहचुचक बेगम के तीन वर्षीय पुत्र मिर्जा मोहम्मद हकीम को काबुल का गर्वनर बना दिया था और मुनीम खाँ को उसका संरक्षक नियुक्त किया था। सन् 1556 में अकबर ने भी इसे मान्यता दे दी थी। सन् 1561 ई. में मुनीम खाँ को काबुल से बुलाकर प्रधानमंत्री बनाया गया और उसके स्थान पर उसके पुत्र गनी की नियुक्ति काबुल में कर दी गयी। लेकिन माहचुचक बेगम ने गनी को काबुल से भगा दिया और स्वयं काबुल पर शासन करने लगी। जब अकबर ने गनी से यह घटनाक्रम सुना तो उसने माहचुचक बेगम के खिलाफ लड़ने के लिए मुनीम खाँ को रवाना किया लेकिन जलालाबाद के युद्ध में माहचुचक बेगम ने मुनीम खाँ को पराजित कर दिया। उसी समय सैयद वंश का शाह अबुल माली लाहौर की जेल से फरार होकर काबुल पहुँचा और उसने माहचुचक बेगम से शरण माँगी। बेगम ने उसका स्वागत किया और अपनी पुत्री फखरुन्निसा का उससे विवाह कर दिया। लेकिन कुछ दिनों में ही शाह अबुल माली माहचुचक बेगम के तानाशाहीपूर्ण बर्ताव और टोकाटाकी से तंग आ गया। अब वह काबुल पर स्वयं अधिकार करने की सोचने लगा और इसके लिए सन् 1564 ई. में उसने माहचुचक बेगम की हत्या कर दी। इस प्रकार एक महत्त्वाकांक्षी महिला का अंत हो गया।[51]

अकबर की सौतेली बहन बख्तुन्निसा बेगम ने अकबर के समय में राजनीति में महत्त्वपूर्ण भूमिका निभाई थी। वह हुमायूँ तथा माहचुचक बेगम की पुत्री थी। उसका विवाह बदख्शाँ के ख्वाजा हसन नक्शबन्दी से हुआ था। बख्तुन्निसा बेगम का दूसरा नाम फखरुन्निसा बेगम भी था। इसका भाई मिर्जा मोहम्मद हकीम काबुल का गवर्नर था, जिसने सन् 1581 ई. में विद्रोह कर दिया था और पंजाब को जीतकर काबुल तक आ पहुँचा था जहाँ उसकी टक्कर मान सिंह से हुई। अकबर जब स्वयं काबुल जा पहुँचा तो मिर्जा हाकिम पहाड़ियों में भाग गया। हालांकि अकबर ने उसे क्षमा दे दी किन्तु उसके स्थान पर बख्तुन्निसा बेगम को काबुल का गवर्नर बना दिया। अकबर ने यह भी कहा कि भविष्य में वह मिर्जा हाकिम के प्रति कोई दयालुता नहीं दिखाएगा। इसके बाद मिर्जा हाकिम काबुल वापस लौट आया लेकिन उसके बाद से सभी शाही आदेश बख्तुन्निसा बेगम के

नाम से ही जारी होने लगे। इस प्रकार बख्तुन्निसा बेगम ने काबुल की समस्या को सुलझाने में अकबर की सहायता की।[52]

अकबर के हरम में 500 से अधिक महिलाएँ थीं लेकिन आमेर के राजा बिहारीमल की ज्येष्ठ पुत्री जोधाबाई का उसके महल में सर्वोच्च स्थान था। उससे अकबर ने सन् 1562 में विवाह किया था। इसके अलावा सन् 1570 ई. में उसने जोधपुर के राजा मालदेव की पुत्री तथा जैसलमेर के राजा रावल हरि राय की पुत्री से भी विवाह किया था। इन विवाहों से उसने राजपूतों के साथ अपने सम्बन्ध प्रगाढ़ किए।

हालांकि अकबर के समय में कुछ स्त्रियों का शासन-प्रशासन में भारी दखल था, लेकिन कभी-कभी वह शाही स्त्रियों के सुझावों को अस्वीकार भी कर दिया करता था। एक बार उसकी माँ हमीदा बानू बेगम तथा पत्नी रुकैया बेगम ने एक सुन्नी मुस्लिम को माफी देने की अपील की थी, जिसने एक शिया की लाहौर में धर्मान्धता के वशीभूत होकर हत्या कर दी थी, जिसे अकबर ने दृढ़तापूर्वक अस्वीकार कर दिया था और उसको कड़ी सजा सुनाई थी।[53] लेकिन जब उसके अपने पुत्र सलीम के बारे में उसकी शाही महिलाओं ने अपील की, तो उसका रुख उदारतापूर्ण रहा।

सलीम ने 1601 ई. में अपने पिता के खिलाफ विद्रोह का बिगुल बजाया और इलाहाबाद में खुद को बादशाह घोषित कर दिया। जब उसे समझाने के सारे प्रयास विफल हो गए, तो अकबर ने उसे दण्ड देने का निर्णय किया। उस समय इससे भयभीत होकर अकबर की माँ हमीदा बानू बेगम, चाची गुलबदन बेगम, सलीम की माँ जोधाबाई और अकबर की एक अन्य पत्नी सलीमा सुल्तान बेगम इन सभी ने मिलकर अकबर से उसके सबसे प्रिय पुत्र को माफी देने की अपील की। काबुल की गवर्नर बख्तुन्निसा बेगम, जो अकबर की सौतेली बहिन थी तथा अकबर के साथ ही रह रही थी, उसने भी अकबर तथा सलीम के बीच शान्ति स्थापित करने के प्रयास किए। सलीमा सुल्तान बेगम ने अकबर को बार-बार यह याद दिलाने का प्रयास किया कि कितनी मन्नतों के बाद उसका सलीम पैदा हुआ था। इस पर अकबर का हृदय पिघला और उसने सलीमा सुल्तान बेगम से कहा कि वह इलाहाबाद जाए और सलीम को विद्रोह न करने के लिए समझाकर आगरा लेकर आए।[54] बेनी प्रसाद लिखते हैं कि सलीमा सुल्तान बेगम ने इलाहाबाद जाकर शहजादे सलीम को मनाया और वह उसे लेकर आगरा आ गयी। उसकी इस सफलता का जश्न सभी ने मनाया। सलीम के आने पर उसे उसकी दादी हमीदा बानू बेगम के महल में कड़ी सुरक्षा में रखा गया। वह अकबर से

कुछ दिन बाद किसी खास मौके पर मिलना चाहता था लेकिन अकबर उससे फौरन मिलना चाहता था।[55] मिलने पर उसने सलीम को माफ कर दिया लेकिन इसके दो साल बाद सन् 1603 ई. में अकबर ने सलीम को आदेश दिया कि वह मेवाड़ जाकर महाराणा प्रताप के पुत्र राणा अमर सिंह को राजस्थान के मुगल क्षेत्रों पर कब्जा करने से रोके। सलीम को अपने पिता के इरादों पर सन्देह हुआ और उसने मेवाड़ जाने से इनकार कर दिया। जब समझाने के सभी प्रयास विफल हो गए, तो शाही हरम की स्त्रियों ने अकबर से आग्रह किया कि वह अपने पुत्र को दरबार में ही रखे। सलीम इलाहाबाद वापस जाना चाहता था और काफी सोच-विचार के बाद अकबर ने उसे इलाहाबाद जाने की अनुमति दे दी। सलीम जैसे ही इलाहाबाद पहुँचा, वैसे ही उसने एक बार फिर विद्रोह का बिगुल बजा दिया। इस पर क्रुद्ध होकर अकबर एक बड़ी सेना लेकर इलाहाबाद जाने को तैयार हुआ लेकिन तभी उसे अपनी माँ हमीदा बानू बेगम के गम्भीर रूप से बीमार होने की खबर प्राप्त हुई। उसे पहले तो यह लगा कि हमीदा ने पुत्र को दण्डित करने से रोकने के लिए यह खबर भिजवाई है। लेकिन जब उसे इस खबर की पुष्टि हो गयी तो वह फौरन आगरा वापस आ गया, जहाँ 29 अगस्त, सन् 1603 ई. को हमीदा बानू बेगम की मृत्यु हो गयी।[56]

अपनी दादी की मृत्यु की खबर सुनकर सलीम भी आगरा लौट आया और अकबर ने भी उसका उपहारों के साथ स्वागत किया लेकिन वह उसे सबक सिखाना भी चाहता था, इसलिए उसने सलीम को शाही हरम में नजरबंद कर दिया और उसके अफीम तथा शराब पीने पर पाबन्दी लगा दी। अकबर की बहिनों के अपील करने के 10 दिन बाद उसे माफी दे दी गयी।[57] जहाँगीर की माँ और अकबर की पत्नी जोधाबाई के पास 1200 टन माल ढोने की क्षमता वाला एक जहाज हुआ करता था।[58] अकबर की पत्नी सलीमा सुल्तान बेगम फारसी की विद्वान महिला थी और अच्छी शायरा थी। वह 'मख्फी' उपनाम से फारसी में शायरी किया करती थी, जिसका अर्थ होता है 'छिपा हुआ'। उसके पुस्तकालय में अनेक पुस्तकें थीं। सलीमा ने बाद में जहाँगीर तथा मिर्जा अजीज कोका के बीच समझौता करवाया था।[59] उस सयम मिर्जा अजीज कोका के उकसाने पर खुसरो तथा उसकी पत्नी मानबाई ने सन् 1605 ई. में विद्रोह कर दिया था। जहाँगीर ने उस समय हरम की महिलाओं के कहने पर मिर्जा को माफी दे दी थी। लेकिन सन् 1613 ई. में खुसरो ने पुनः विद्रोह कर दिया और उस समय एक बार फिर शाही हरम की स्त्रियों ने खुसरों को माफी देने के लिए जहाँगीर को बाध्य किया।

जहाँगीर के समय की सर्वाधिक प्रभावशाली महिला निस्सन्देह नूरजहाँ थी। वह जहाँगीर की अन्तिम पत्नी थी। नूरजहाँ का उस समय जहाँगीर पर इतना अधिक प्रभाव था कि वह ही 'वास्तविक शासक' कहलाने लगी थी। मुगल काल के उस दौर में जो विदेशी यात्री भारत आए थे, उन्होंने नूरजहाँ के प्रभावशाली होने का विस्तारपूर्वक वर्णन अपने ग्रन्थों में किया है। पेट्रो डेलावेली लिखता है, "वह (जहाँगीर) अपनी एक ही बेगम पर सबसे ज्यादा विश्वास करता है और वह है नूरजहाँ। उसकी सलाह पर ही पूरा शासन चलाया जा रहा है। वह सर्वोपरि शक्ति बन चुकी है। उसकी प्रतिद्वन्द्वी अथवा उससे ईर्ष्या करने वाली स्त्रियों को उसने हरम से बाहर का रास्ता दिखा दिया है।"[60]

उसी काल में भारत आने वाले फ्रांसिस्को पेल्सर्ट ने भी ऐसा ही विचार व्यक्त करते हुए लिखा है, "जहाँगीर ने अपनी प्रतिष्ठा तथा ख्याति को परे रखते हुए अपनी चतुर बेगम नूरजहाँ के समक्ष आत्मसमर्पण कर दिया है। वह अपनी इस चालाकी का भरसक फायदा उठा रही है और धीरे-धीरे अपना खजाना भरती जा रही है और वह एक सत्ता का केन्द्र बनती जा रही है। उसके वर्तमान एवं पूर्ववर्ती समर्थकों को उसके कहने पर लाभ पहुँचाया जा रहा है।"[61]

जहाँगीर के समय में मुगल दरबार में आने वाले सर टॉमस रो ने भी विस्तारपूर्वक बताया है कि उस समय नूरजहाँ का शाही दरबार में कितना प्रभाव था और किस प्रकार से उसके परिवार के सदस्य राजनीति एवं प्रशासन में अपनी अपार शक्तियों का उपयोग किया करते थे। विलियम हॉकिंस, एडवर्ड टेरी, बर्नियर तथा मनूची ने भी नूरजहाँ के प्रभाव का विशद् विश्लेषण किया है। एडवर्ड टेरी ने नूरजहाँ के विषय में लिखा है, "वह जहाँगीर के प्रति प्रेम की बदौलत अपने समकक्षों से बहुत आगे निकल चुकी है।"[62] स्वयं जहाँगीर ने भी अपने संस्मरण '*तुजुके जहाँगीरी*' में इस बात की स्वीकारोक्ति करते हुए लिखा है, "मुझे नहीं लगता कि नूरजहाँ से अधिक कोई और मुझसे मोहब्बत करता है।"[63] डॉ. पंत तो यहाँ तक कहते हैं कि "सन् 1611 ई. के बाद का उसका (जहाँगीर) शासन वास्तव में नूरजहाँ का शासन था।"[64]

जहाँगीर का नूरजहाँ से विवाह होते ही नूरजहाँ के पिता गयास बेग को प्रधानमंत्री बना दिया गया और उसे 5000 घोड़ों की मनसबदारी दी गयी। उसके भाई अबुल हसन को भी ऊँचा पद दिया गया। शायद नूरजहाँ ने जहाँगीर के विवाह से पहले तीन शर्तें रखी थीं। पहली शर्त थी कि उसके पिता को 'एतमाउद्दौला' अथवा प्रथम मंत्री बनाया जाएगा और दूसरी शर्त थी कि उसे पटरानी का दर्जा दिया जाएगा और तीसरी शर्त थी कि उसके भाइयों तथा

रिश्तेदारों को दरबार के महत्त्वपूर्ण पद दिए जाएंगे।[65] और शाहजहाँ ने भी वादा निभाया।

नूरजहाँ इतने से ही सन्तुष्ट नहीं हुई। उसने अपने राजनैतिक प्रभुत्व को और अधिक मजबूत करने के लिए अपनी भतीजी और आसफ खाँ की बेटी अर्जुमन्द बानू बेगम से शहजादा खुर्रम का विवाह करवा दिया। यह विवाह सन् 1612 ई. में हुआ। हालांकि यह भी कहा जाता है कि इस विवाह के पीछे नूरजहाँ नहीं थी, बल्कि शहजादा खुर्रम सन् 1607 ई. से ही अर्जुमन्द बानू बेगम से मोहब्बत कर रहा था। इस विवाह से नूरजहाँ के प्रभाव में भले ही वृद्धि हुई हो किन्तु एक तथ्य यह भी है कि नूरजहाँ खुसरो का विवाह अपनी बेटी लाडली बेगम से कराना चाहती थी। जहाँगीर को भी तख्त पर बैठते ही सन् 1606 ई. में अपने पुत्र खुसरो का विद्रोह झेलना पड़ा। उसके बाद उसे नज़रबन्द कर दिया गया। इस दौरान नूरजहाँ खुसरो से मिलने आयी और उसने खुसरो के समक्ष यह प्रस्ताव रखा कि यदि वह उसकी बेटी लाडली बेगम से विवाह करने को तैयार हो जाता है तो उसे कष्टकर जीवन से मुक्ति मिल जाएगी और नज़रबन्दी से रिहा कर दिया जाएगा क्योंकि नूरजहाँ जानती थी कि एक दिन खुसरो को ही हिन्दुस्तान का शहंशाह बनना है। लेकिन खुसरो ने नूरजहाँ का यह प्रस्ताव ठुकरा दिया। यह प्रस्ताव उसने कई बार रखा लेकिन हर बार खुसरो ने उसके प्रस्ताव ठुकरा दिया। खुसरो की बेगम ने भी उसके साथ नज़रबन्द रहना स्वीकार किया और उसने भी खुसरो को समझाया कि वह नूरजहाँ के प्रस्ताव को स्वीकार कर ले, लेकिन उसने यह प्रस्ताव स्वीकार नहीं किया। डेला वेली कहते हैं कि यही कारण था कि नूरमहल (नूरजहाँ) खुसरो से नफरत करती थी।

सन् 1614 ई. में खुसरो को नूरजहाँ के कहने पर छोड़ दिया गया और उसे बादशाह के दरबार में आकर बादशाह को सलामी देने की अनुमति दी गयी। उसे सही ढंग से रहने के लिए नूरजहाँ के इशारे पर आसफ खाँ के हवाले कर दिया गया। अब खुसरो नूरजहाँ के जुन्ता के नियंत्रण में आ गया। सर टॉमस रो लिखता है कि नूरजहाँ ने बादशाह को समझाने का प्रयास किया कि खुसरो अभी भी खतरनाक साबित हो सकता है। जब वह समझा पाने में असफल रही तो उसने यही बात अपने पिता एतमाउद्दौला, आसफ खाँ तथा शाहजहाँ के माध्यम से भी जहाँगीर तक पहुँचवाई। आखिरकार उसे आसफ खाँ के हवाले कर दिया गया। इस बीच खुसरो तथा जुन्ता के बीच सुलाह के प्रयास भी चलते रहे। सन् 1619 ई. में खुसरो को रिहा कर दिया गया लेकिन इसके बाद वह ज्यादा दिनों तक जीवित नहीं रहा और सन् 1621 ई. में उसकी मृत्यु हो गयी। सर टॉमस रो

का मानना है कि जुन्ता द्वारा दिए गए जहर से धीरे-धीरे वह घुलता गया और अन्त में उसकी मृत्यु हो गयी।[66]

जब नूरजहाँ खुसरो से अपनी बेटी लाडली बेगम का विवाह करवा पाने में असफल रही, तो उसने जहाँगीर के सबसे छोटे बेटे शहरयार से उसका विवाह करवा दिया। इसके बाद वह इस प्रयास में लग गयी कि कैसे शहरयार को वह जहाँगीर का उत्तराधिकारी बना सके। अपने राजनैतिक जीवन के शुरुआती दौर में ही नूरजहाँ ने यह महसूस कर लिया था कि उसे कुछ ऐसे योग्य तथा वफादार लोगों की जरूरत है, जो हमेशा उसके इर्द-गिर्द रह सकें और जिन पर वह पूरा विश्वास कर सके और जो उसके बाद स्वाभाविक रूप से सत्ता का केन्द्र बन सकें। इसकी परिणति 'जुन्ता' समूह के तौर पर सामने आयी। जुन्ता के सदस्यों में नूरजहाँ के अलावा उसका पिता एतमाउद्दौला, भाई आसफ खाँ और शहजादा खुर्रम थे। जहाँगीर का तीसरा बेटा शहजादा खुर्रम आसफ खाँ का दामाद था और मुगल तख्त का स्वाभाविक उत्तराधिकारी था। सबसे बड़े शहजादे खुसरो को पहले ही नज़रबन्द किया जा चुका था और जुन्ता के सदस्य उसे बड़ा खतरा मान रहे थे। इसके अतिरिक्त बादशाह के अन्य दो पुत्र परवेज और शहरयार को खुर्रम की तुलना में कम सक्षम समझा जा रहा था।[67]

अब सत्ता का वास्तविक अधिकार जहाँगीर से छिनकर नूरजहाँ के जुन्ता के पास आ गया था। पेलसर्ट लिखते हैं, "वह (जहाँगीर) तो नाम भर का बादशाह था, जबकि वह (नूरजहाँ) तथा उसके भाई आसफ खाँ ने शासन को दृढ़तापूर्वक अपने कब्जे में कर रखा था।"[68]

जुन्ता की भूमिका के विषय में सर टॉमस रो लिखता है, "नूरमहल ने यह साबित किया कि दरबार के सभी मामलों में एक गुट के रूप में वह एक महत्त्वपूर्ण कड़ी है और उसने अपनी बुद्धिमत्ता तथा चतुराई से अपनी धाक जमा ली है।"[69]

नूरजहाँ की रणनीतिक चतुराई तथा जहाँगीर पर उसके प्रभाव के विषय में पेलसर्ट ने रोचक जानकारी दी है। उसके अनुसार, जहाँगीर से किसी आदेश को जारी करवाने के लिए नूरजहाँ ने एक युक्ति निकाली थी। वह सभी महत्त्वपूर्ण अनुमतियाँ बादशाह से उस समय लेती थी, जब रात में वह शराब के नशे में चूर होकर बिस्तर पर आराम फरमाने आता था। हम यह नहीं कह सकते कि इस बात में कितनी सच्चाई है कि जहाँगीर ने नूरजहाँ की एक भी बात कभी नहीं टाली। यही कारण था कि नूरजहाँ के हाथों में वास्तविक ताकत आ गयी। यहाँ तक कि बादशाह के आदेशों और नियुक्तियों तथा बर्खास्तगी का भी

उस समय तक कोई महत्त्व नहीं था, जब तक उसे नूरजहाँ अनुमोदित नहीं कर देती थी। उस समय बादशाह जहाँगीर के पास यदि कोई व्यक्ति अपनी फरियाद लेकर आता था, तो सबसे पहले वह आसफ खाँ के पास जाता था। आसफ खाँ इस विषय में नूरजहाँ से चर्चा करता था और यदि उसे मनमाफिक आदेश मिल जाता था अथवा उसकी किसी ऊँचे पद पर नियुक्ति हो जाती थी, तो वह बादशाह को धन्यवाद देने की जगह नूरजहाँ को धन्यवाद देता था।[70] दरबार के कुछ वरिष्ठ पदाधिकारियों जैसे मिर्जा अजीज कोका ने जहाँगीर को समझाने का प्रयास किया था कि वह नूरजहाँ के हाथों में इतनी शक्ति और अधिकार न दें लेकिन बादशाह पर इन चेतावनियों का कोई असर नहीं हुआ।[71]

नूरजहाँ ने शाही दरबार में ईरानी संस्कृति तथा शिष्टाचार विकसित किया एवं सांस्कृतिक गतिविधियों को प्रोत्साहन दिया। उसने निर्धन मुसलमानों को राजकोष से अनुदान दिलवाया, ताकि वे अपनी पुत्रियों का विवाह कर सकें। उसे भारत में फैशन की शुरुआत करने का श्रेय दिया जा सकता है। इत्र बनाने का श्रेय भी उसे है।[72] वह शिष्टाचार प्रिय महिला थी। वह एक श्रेष्ठ शायरा थी। उसे अरबी, फारसी तथा इतिहास में विशेष रुचि थी। सलीमा बेगम की भाँति उसने भी 'मख्फी' उपनाम से शायरी की थी। उसने दरबार में विख्यात शायरों, लेखकों तथा विद्वानों को संरक्षण दिया। उसके समय में नाजिरी, तालिब, इस्फहानी, शायदा, मुनीर लाहौरी, निशानी, सैयदा-ए गिलानी, नकीब खाँ, नियामतुल्लाह, अब्दुल हक देहलवी आदि शायरों को दरबार में प्रतिष्ठा प्राप्त हुई। उसने मुगल दरबार में मुशायरे की भी शुरुआत की। उसकी बहिन मानिजा बेगम का पति कासिम खाँ, जो स्वयं एक उत्कृष्ट शायर था, वह इन मुशायरों में बढ़-चढ़कर हिस्सा लेता था। नूरजहाँ ने महिला शायराओं को भी इन मुशायरों में भाग लेने के लिए प्रोत्साहित किया। मेहर हरवी तथा सरापा-ए-महरी नामक शायराएँ इन मुशायरों में भाग लेने आया करती थीं।[73] वह एक अच्छी गायिका भी थी। महान संत शेख सादी की रचनाओं का वह सस्वर वाचन किया करती थी।

नूरजहाँ के प्रभाव का अंदाज इस बात से लगाया जा सकता है कि उसके नाम पर सिक्के भी चलाए गए। ये सिक्के सोने के थे तथा इनमें बारह राशियों के चिह्न अंकित थे। वह महल में बैठकर 'झरोखा दर्शन' भी दिया करती थी। हालांकि झरोखा दर्शन बादशाह का एक विशिष्ट कर्त्तव्य हुआ करता था, किन्तु यहाँ बादशाह का स्थान नूरजहाँ ने ले लिया था। यहाँ तक कि फरमान भी उसके नाम से जारी किए जाने लगे। उसने अपनी सम्पत्ति बढ़ाने के लिए नज़राने की शुरुआत की।[74] नूरजहाँ की आर्थिक शक्ति का विश्लेषण करते हुए

बेनी प्रसाद लिखते हैं, "यदि उसकी (नूरजहाँ) तुलना मनसबदारों से की जाए, तो उसकी सभी जागीरों को मिलाकर उसकी श्रेणी 30000 मनसबदारों से कम की नहीं रही होगी।"[75]

जब दक्कन में मलिक अम्बर ने दोबारा विद्रोह का झण्डा बुलन्द किया, तब नूरजहाँ ने उस समस्या को सफलतापूर्वक सुलझाया और उसे 50 लाख रुपए दण्ड स्वरूप देने पर विवश किया। उसने अपने बेटी की शादी खुसरो से करने का प्रयास किया था, किन्तु विफल रहने पर उसने अपनी बेटी का विवाह जहाँगीर के एक अन्य पुत्र शहरयार से किया और उसे अगला बादशाह बनाने के लिए प्रयास करने शुरू कर दिए। लेकिन खुसरो की मृत्यु के बाद अब उस राह में खुर्रम सबसे बड़ा रोड़ा था। इसलिए जब सन् 1622 ई. में फारस के सुल्तान शाह अब्बास ने कन्धार को अपने कब्ज़े में ले लिया, तो कन्धार से शाह अब्बास को खदेड़ने के लिए नूरजहाँ ने खुर्रम को भेजने का निर्णय लिया लेकिन खुर्रम नूरजहाँ की इस चाल को समझ गया और अब उसने बादशाह के खिलाफ बगावत करने का फैसला कर लिया। उसने नूरजहाँ के दामाद शहरयार की जागीरें जब्त कर लीं। इस पर जहाँगीर ने उसे सुधरने की चेतावनी दी, लेकिन उसने उसकी बात मानने से इंकार कर दिया और आगरा तक बढ़ आया। इससे क्रुद्ध होकर जहाँगीर ने खुर्रम को सबक सिखाने का निर्णय लिया। इस अवसर पर नूरजहाँ ने गजब के युद्ध कौशल का परिचय दिया, जिससे खुर्रम को इस युद्ध में पराजय मिली। खुर्रम 1623 ई. में मालवा भाग गया और वहाँ से भागकर दक्षिण चला गया और उसके विद्रोह का परिणाम कुछ नहीं निकला। वहाँ से वह बंगाल और बिहार आया और उसने रोहतास एवं असीरगढ़ के दुर्ग पर अधिकार कर लिया। इससे कुद्ध होकर नूरजहाँ ने महावत खाँ के नेतृत्व में एक भारी भरकम फौज खुर्रम को सबक सिखाने के लिए भेजी। इस पर खुर्रम फिर भागकर दक्षिण चला गया और सन् 1625 ई. में वहाँ उसने अहमदनगर के साथ गठजोड़ बनाने का प्रयास किया क्योंकि महावत खाँ का बीजापुर से गठजोड़ था। अब नूरजहाँ ने महावत खाँ और शहजादे परवेज को उससे लड़ने के लिए दक्षिण भेजा। इन दोनों की सेना ने खुर्रम को पराजित कर दिया। इस समय तक खुर्रम लड़कर बुरी तरह टूट चुका था और वह अपने पिता के समक्ष आत्मसमर्पण करके क्षमा मांगना चाहता था।

नूरजहाँ के कहने पर मार्च सन् 1626 ई. में जहाँगीर ने खुर्रम को आदेश दिया कि वह रोहतास और असीरगढ़ के दुर्ग उसके हवाले कर दे और अपने पुत्रों दारा एवं औरंगजेब को लाहौर के शाही दरबार में बंधक के रूप में रखने

के लिए भेजे। इस प्रकार इस शर्त के स्वीकार कर लेने के बाद नूरजहाँ के खिलाफ खुर्रम का विद्रोह खत्म हो गया। इस विद्रोह को दबाने का पूरा श्रेय नूरजहाँ को दिया जाना चाहिए, हालांकि सम्राट के विरुद्ध खुर्रम के विद्रोह के लिए भी नूरजहाँ ही उत्तरदायी थी।[76]

खुर्रम के विद्रोह के खत्म होने के फौरन बाद नूरजहाँ को महावत खाँ के विद्रोह का सामना करना पड़ा। इससे भी उसने बेहद सख्ती से निबटा। दक्षिण से खुर्रम को हराकर महावत खाँ वापस आ ही रहा था कि उसे "शाही फरमान मिला कि उसका स्थानान्तरण बंगाल कर दिया गया है। इसके पीछे नूरजहाँ का ही दिमाग काम कर रहा था क्योंकि महावत खाँ पहले एक दो अवसरों पर सभी शक्तिशाली बेगमों के विरुद्ध खुलकर अपनी नाराजगी जाहिर कर चुका था। लेकिन उसके साथ गए शहजादे परवेज ने उसके साथ जाने से इंकार कर दिया। महावत खाँ ने शाही फरमान लाने वाले दूत को लौटा दिया। इस पर क्रुद्ध होकर नूरजहाँ और जहाँगीर ने दूसरा बेहद सख्त फरमान भेजा। इससे चिढ़कर महावत खाँ 5000 राजपूत सैनिक लेकर शाही दरबार की ओर बढ़ा। जहाँगीर मार्च सन् 1626 ई. को काबुल की ओर बढ़ा। महावत खाँ से उसका सामना झेलम नदी के किनारे हुआ। महावत खाँ ने सुअवसर देखकर जहाँगीर को बन्दी बना लिया। लेकिन यहाँ वह एक चूक कर गया कि उसने नूरजहाँ को बन्दी नहीं बनाया। जब वह शाही शिविर पहुँचा तो उसने पाया कि नूरजहाँ चतुराईपूर्वक नदी के दूसरे किनारे पहुँच चुकी थी। नूरजहाँ ने आसफ खाँ के साथ मिलकर एक सेना तैयार की और महावत खाँ पर आक्रमण कर दिया। हालांकि जहाँगीर ने कई सन्देश नूरजहाँ के पास भेजे कि वह इतने शक्तिशाली व्यक्ति के खिलाफ हथियार न उठाए लेकिन उसने जहाँगीर की बातों पर ध्यान नहीं दिया। इस पर बौखलाकर महावत खाँ ने नदी के दोनों किनारों को जोड़ने वाला पुल उड़ा दिया। इसके बावजूद नूरजहाँ साहस के साथ नदी में अपने सैनिकों के साथ कूद पड़ी और महावत खाँ की सेना से लड़ने लगी। कहा जाता है कि इस सम्पूर्ण युद्ध का संचालन तथा सेना का मार्गदर्शन नूरजहाँ ने स्वयं किया। इस युद्ध में नूरजहाँ तथा उसके साथ चल रही उसकी नवजात पोती बुरी तरह घायल हुए। उसकी सेना उखड़ने लगी और उसकी सेना के कई सैनिक शत्रु सेना से जाकर मिल गए। अब नूरजहाँ के लिए युद्ध लड़ना मुश्किल होता जा रहा था, फिर भी उसने ऐसी विकट परिस्थिति में भी दृढ़ता एवं साहस का परिचय दिया।[77]

इन विषम परिस्थितियों में उसने बुद्धिमत्ता से काम लेते हुए महावत खाँ के समक्ष आत्मसमर्पण कर दिया और अपने पति के साथ बन्धक के रूप में

रहने पहुँच गयी। धीरे-धीरे परिस्थितियाँ नूरजहाँ के पक्ष में होने लगीं क्योंकि महावत खाँ के कई सरदार महावत खाँ से कुछ बातों पर नाराज हो गए। नूरजहाँ ने इसका फायदा उठाते हुए उन्हें अपने पक्ष में कर लिया। इसके कुछ समय बाद एक चतुर रणनीतिकार के रूप में उसने एक महत्त्वपूर्ण चाल चली। उसने जहाँगीर को महावत खाँ के पास यह कहने के लिए भेजा कि वह उसकी सेवा में किए गए इन्तजामों से बेहद खुश है और नूरजहाँ के शिकंजे से छुटकारा पाना चाहता है। जहाँगीर ने महावत खाँ को यह भी बताया कि नूरजहाँ अबू तालिब की पत्नी के हाथों उसे जहर देकर मारना चाहती है। नूरजहाँ की यह युक्ति काम कर गयी और वह सम्राट जहाँगीर, नूरजहाँ तथा अन्य बन्दियों को लेकर काबुल से लाहौर की ओर चल पड़ा। इस बीच नूरजहाँ ने अपने विश्वस्त हिजड़े हुश्यार खाँ के प्रयास से लाहौर में 200 सैनिक इकट्ठे कर लिए। जहाँगीर ने सेना का निरीक्षण करके इसकी सूचना महावत खाँ को भिजवा दी। अब महावत खाँ की समझ में आ चुका था कि उसका खेल खत्म हो चुका है और उसने कुछ चेतावनियों तथा जानमाफी के आश्वासन के बाद नूरजहाँ तथा उसके भाई आसफ खाँ, उसके पुत्र तथा कुछ अन्य लोगों को रिहा कर दिया। इसके बाद लाहौर में नूरजहाँ ने शाही दरबार लगाया और अपने प्रशासनिक ढाँचे को पुनर्गठित किया। उसने अपने भाई आसफ खाँ को वकील नियुक्त किया तथा अपने अन्य विश्वस्त लोगों को महत्त्वपूर्ण ओहदे दिए। इस बीच महावत खाँ ने शहजादे खुर्रम (शाहजहाँ) से हाथ मिला लिया। इससे भयभीत होकर नूरजहाँ ने खान जहाँ को सेनापति नियुक्त किया और उसे खुर्रम को दबाने हेतु रवाना किया। इसी बीच कश्मीर से लाहौर आते समय अक्तूबर, सन् 1627 ई. में जहाँगीर का निधन हो गया। इसके बाद नूरजहाँ ने अपने दामाद शहरयार को बादशाह बनाने का प्रयत्न किया लेकिन उसके इस प्रयास में उसके भाई तथा खुर्रम उर्फ शाहजहाँ के ससुर ने उसका साथ न देकर अपने दामाद का साथ दिया। शाहजहाँ आखिरकार आगरा पहुँचा और 19 जनवरी, सन् 1628 को आसफ खाँ द्वारा खुर्रम को मुगल बादशाह बनाने का खुतबा पढ़ा गया। इसी के साथ नूरजहाँ के राजनैतिक जीवन का अन्त हो जाता है। उसके जीवन के अन्तिम दिन उसकी बेटी लाडली बेगम के साथ लाहौर में कटते हैं।[78]

यदि नूरजहाँ का निष्पक्ष तौर पर मूल्यांकन किया जाए तो हम पाते हैं कि उसने अपने बुद्धि चातुर्य, रणनीतिक कौशल तथा साहस एवं मानसिक सन्तुलन के बल पर वह सब कुछ हासिल किया, जो मुगल काल की अन्य स्त्रियों के लिए स्वप्न के समान था। जिस मुगल सम्राट के हरम की तीस वर्ष से अधिक

की स्त्रियों को बादशाह छूना तक पसन्द नहीं करते थे, उस हरम में विधवा होकर तथा एक पुत्री की माँ होकर चौंतीस वर्ष की उम्र में जहाँगीर से विवाह करके पहुँचना तथा शासन सत्ता संचालन के सभी सूत्र अपने हाथों में ले लेना एक अजूबा ही कहा जाएगा। आपदाओं एवं संकटों के समय उसने जिस प्रकार के साहस, बुद्धिमत्ता, व्यूह रचना कौशल तथा त्वरित निर्णय लेने की क्षमता का परिचय दिया, उससे उसकी क्षमताओं का सहज ही आकलन किया जा सकता है लेकिन अतिमहत्त्वांकाक्षी होने के कारण ही अन्त में उसका पतन हो गया। उसके प्रभाव को यदि एक पंक्ति में कहा जाए तो जहाँगीर की आत्मकथा की एक उक्ति से इसका पता किया जा सकता है, "मैंने एक रकाबी गोश्त, एक प्याला जाम और नूरजहाँ की बाहों के लिए अपना साम्राज्य नूरजहाँ के हवाले कर दिया है।"

शाहजहाँ के गद्दी पर बैठने के दौरान उसकी सबसे प्रिय पत्नी अर्जुमन्द बानू बेगम उर्फ मुमताज महल का हम तत्कालीन राजनीति में प्रभाव देखते हैं। मुमताज महल का प्रभाव नूरजहाँ के प्रभाव जितना तो नहीं था, किन्तु उसने भी तत्कालीन प्रशासन एवं राजनीति में अपना वर्चस्व प्रदर्शित किया था। शायद ऐसा इसलिए भी था क्योंकि वह नूरजहाँ के भाई आसफ खाँ की बेटी थी और उसमें अपनी बुआ के कुछ गुण स्वतः ही आ गए थे। सन् 1612 ई. में 20 वर्ष की अवस्था में उसका विवाह शाहजहाँ से हुआ था और 39 वर्ष की अवस्था में अपने चौदहवें बच्चे को जन्म देते हुए उसका निधन हो गया। उसका सम्पूर्ण जीवन पति के चारों ओर घूमता रहा। पति के सुख-दुख में उसने उसका पूरा साथ दिया।

जब शाहजहाँ गद्दी पर बैठा तो उसने अपनी पत्नी को 'मलिका-ए-जमाँ' का खिताब दिया। शाहजहाँ शाही मसलों पर अक्सर मुमताज महल से मशविरा लिया करता था। शाहजहाँ उस पर इतना अधिक भरोसा करता था कि बादशाह के नाम की शाही मुहर हमेशा मुमताज महल के पास रहा करती थी। सभी शाही फरमान तथा शाही कागजात मुमताज महल के पास लाए जाते थे और वह ही उन पर शाही मुहर लगाती थी। इससे उसके प्रभाव का पता चलता है।[79]

सन् 1627-28 ई. में जब शाहजहाँ तख्त हासिल करने के लिए उत्तर भारत आ रहा था, तभी उसे पता चला कि मुमताज महल का रिश्तेदार तथा गुजरात का गवर्नर सैफ खाँ उसके खिलाफ साजिश रच रहा है। उसने सैफ खाँ को दण्ड देने का निश्चय किया, किन्तु मुमताज महल के कहने पर उसे माफी दे दी गयी।

जब मुमताज महल को पता चला कि पुर्तगाली लोगों ने उसके हरम की दो दासियों को बन्धक बना लिया है तो वह अपनी दासियों को लेकर इतनी चिन्तित हो गयी कि उसने शाहजहाँ से पुर्तगालियों पर आक्रमण करने को कहा और पुर्तगालियों का भारी पैमाने पर संहार किया गया।

हालांकि मुमताज महल अत्यन्त दयालु हृदय की महिला थी। अनाथ, विधवाएँ, बेसहारा तथा निर्धन लोग समूचे देश से उसके पास अपनी फरियाद लेकर आते थे और वह शाही खजाने से उनकी आर्थिक मदद किया करती थी। यह भी कहा जाता है कि उसने शाहजहाँ से हिन्दुओं का उत्पीड़न करने को कहा था, परन्तु शाहजहाँ ने ऐसा नहीं किया क्योंकि वह इसके दुष्परिणाम जानता था।[80] सन् 1631 ई. में उसकी मृत्यु के बाद शाहजहाँ ने ताजमहल जैसी विश्व प्रसिद्ध इमारत का निर्माण कराया, जो आज भी प्रेम की निशानी के रूप में विश्वविख्यात है।

शाहजहाँ के जीवन के अन्तिम समय में उसके चारों पुत्रों में उत्तराधिकार के लिए संघर्ष छिड़ गया। इस दौरान उसकी दोनों पुत्रियों जहाँआरा और रोशनआरा ने राजनैतिक परिदृश्य पर अपनी महत्त्वपूर्ण भूमिका निभाई।

जहाँआरा शाहजहाँ की प्रिय बेटी थी, जिसका सत्ता संघर्ष में अपने बड़े भाई दाराशिकोह की ओर झुकाव था क्योंकि वह उसे सर्वश्रेष्ठ एवं सबसे योग्य उत्तराधिकारी मानती थी। ऐसा सम्भवतः इसलिए भी था क्योंकि वह भी दारा की भाँति सर्वधर्म समभाव की समर्थक थी और शिक्षित एवं विद्वान महिला थी। उस समय भारत आने वाले इतिहासकारों मनूची एवं बर्नियर ने भी उसकी तारीफ की है। सन् 1631 ई. में अपनी माँ मुमताज महल की मृत्यु के बाद चौदह साल की अल्पायु में ही वह हरम की सबसे प्रभावशाली महिला बन गयी और अगले सत्ताइस सालों तक वह इस प्रतिष्ठा का निर्वहन करती रही, किन्तु औरंगजेब द्वारा उसे नज़रबन्द करने के बाद उसकी प्रतिष्ठापूर्ण स्थिति समाप्त हो गयी। जहाँआरा को 'बेगम साहब' का खिताब दिया गया था और मुमताज महल की मृत्यु के बाद शाही मुहर उसके पास ही रहने लगी थी।[81] जहाँआरा ने भी उसे मिले महत्त्वपूर्ण दायित्व को पूर्ण निष्ठा एवं ईमानदारी से निभाया। अमीरो उमरा उससे शाही काम कराने के लिए उसे कीमती नजराने भी दिया करते थे, जिससे उसकी सम्पत्ति भी बहुत अधिक बढ़ गयी थी। उसके पास कई जहाज थे, जिनसे वह हॉलैण्ड तथा इंग्लैण्ड तक व्यापार करती थी।

राजनीतिक मामलों में भी जहाँआरा ने महत्त्वपूर्ण भूमिका अदा की थी। उसने शाहजहाँ तथा अपने चारों भाइयों के बीच मतभेद दूर करने के भी

प्रयास किए थे। जहाँआरा के कहने पर ही एक बार औरंगजेब से छीनी गयी जागीरें शाहजहाँ ने उसे वापस लौटा दी थीं। श्रीनगर के राजा पृथ्वीचन्द को सन् 1656 ई. में जहाँआरा की सिफारिश पर ही क्षमा किया गया था। जब सन् 1656 ई. में औरंगजेब की सलाह को दरकिनार कर शाहजहाँ ने दारा तथा जहाँआरा के कहने पर गोलकुण्डा पर हमला करने से इंकार कर दिया और वहाँ के गवर्नर कुतुबशाह को माफी दे दी, तो इससे औरंगजेब इन दोनों से चिढ़ गया और इस बात से उनमें मतभेद की गहरी रेखा खिंच गयी।

सन् 1658 ई. में शाहजहाँ गम्भीर रूप से बीमार पड़ गया और उसके चारों बेटों के बीच सत्ता की जंग शुरू हो गयी। इस जंग में जहाँआरा ने अपने बड़े भाई दाराशिकोह का साथ दिया और उसकी बहिन रोशनआरा औरंगजेब के साथ मिल गयी। रोशनआरा हरम तथा दरबार की सारी सूचनाएँ औरंगजेब तक पहुँचाती थी, जिससे औरंगजेब को अपनी रणनीति बनाने तथा तख्त पर कब्जा करने में सहायता मिली।[82]

शाहजहाँ के बीमार पड़ने की सूचना को जहाँआरा ने अपने भाइयों से छिपाने का प्रयास किया तथा उन सभी को पत्र लिखकर आश्वस्त करने की कोशिश की कि बादशाह का स्वास्थ्य बिल्कुल ठीक है, ताकि वे आपस में सत्ता संघर्ष में न उलझने पाएँ।[83] एक अन्य बहिन गौहरआरा बेगम मुराद को शाही दरबार की पल-पल की सूचनाएँ पहुँचा रही थी।

इस बीच रोशनआरा ने औरंगजेब तक यह सूचना पहुँचाई कि शाहजहाँ गम्भीर रूप से बीमार है और वह शीघ्र ही दारा को अपना उत्तराधिकारी घोषित करने वाला है। उसने यह भी लिखा कि इस्लामी कट्टरपंथी मौलवी दारा को बादशाह बनने देना नहीं चाहते क्योंकि वह 'हिन्दुओं के प्रति कुछ अधिक ही उदार' है, इसलिए वे सभी आपकी ओर आशा भरी नजरों से देख रहे हैं। उम्मीद है कि आप उन्हें निराश नहीं करेंगे।[84]

इस पर औरंगजेब ने अपने भाई शुजा से हाथ मिला लिया और सन् 1658 ई. में दारा पर आक्रमण के लिए आगे बढ़ा। उसे रोकने के लिए दारा के पुत्र सुलेमान शिकोह तथा राजा जयसिंह की सेना भेजी गयी। फरवरी 1658 में औरंगजेब की ओर से लड़ रहे शुजा को बहादुरगढ़ में हार का मुँह देखना पड़ा। इस पर औरंगजेब ने अपनी ताकत बढ़ाते हुए मुराद को भी अपने साथ कर लिया। मुराद तथा औरंगजेब की सेना से निपटने के लिए राजा जसवंत सिंह तथा कासिम खाँ की सेना भेजी गयी लेकिन औरंगजेब ने अप्रैल 1658 को धरमत में इस सेना को परास्त कर दिया। लेकिन जहाँआरा ने औरंगजेब को सही रास्ते

पर लाने के लिए प्रयास नहीं छोड़े। उसने अपना सबसे बड़ा अस्त्र चलते हुए अत्यन्त मार्मिक शब्दों में लिखा कि वह अपना मन बदल ले और अपने भाई दारा को बादशाह बनने दे। उसने यह भी लिखा कि वह स्वयं अपने पिता तथा भाई दारा से आकर मिले और अपने मतभेद दूर कर ले। लेकिन औरंगजेब ने अपने संक्षिप्त उत्तर में जहाँआरा का यह प्रस्ताव खारिज कर दिया। उसने पत्र में बताया कि दारा के पापकर्मों के कारण ही उसे सत्ता के संघर्ष में आगे आना पड़ा है। इसके बाद औरंगजेब ने 28 मई, सन् 1658 को आगरा के पास समूगढ़ में दारा को परास्त कर भागने पर मजबूर कर दिया। जून के प्रारम्भ में ही शाहजहाँ ने औरंगजेब के समक्ष आत्मसमर्पण कर दिया लेकिन जहाँआरा ने अभी भी उम्मीदें नहीं छोड़ीं और वह औरंगजेब से स्वयं जाकर मिली और उसने मुगल साम्राज्य को पाँच प्रान्तों में बाँटने का प्रस्ताव रखा, जिसमें दारा को पंजाब, शुजा को बंगाल, मुराद को गुजरात तथा औरंगजेब के सबसे बड़े बेटे मुहम्मद सुल्तान को दक्कन का गवर्नर बनाया जाना था तथा शेष मुगल साम्राज्य पर औरंगजेब का अधिकार रहना था।[85]

इस पर औरंगजेब ने अगले दिन बादशाह से मिलने का फैसला कर लिया। इस बीच रोशनआरा ने उसे सूचित किया कि कुछ तातार महिलाओं के माध्यम से शाहजहाँ उसे मरवाने की साजिश रच रहा है। शाइस्ता खाँ और शेख मीर ने भी उसे यही सूचना दी। इस बीच उसके हाथ शाहजहाँ का दारा को लिखा एक पत्र लग गया, जिससे इस साजिश की पुष्टि हो गयी। इस पर क्रोधित होकर औरंगजेब ने शाहजहाँ की नजरबन्दी और भी सख्त कर दी और जहाँआरा की कूटनीतिक रणनीति सफल होते-होते रह गयी। इसके बाद उसका शेष जीवन अपने पिता के साथ आगरा के लाल किले में नजरबन्दी में गुजरा। हालांकि इस दौरान भी उसने हिन्दुओं पर जजिया कर लगाने के औरंगजेब के फैसले का मुखर विरोध किया। नजरबन्दी के दौरान उसने शाहजहाँ तथा अपने मृत भाइयों के बच्चों की देखभाल की। वह एक उत्कृष्ट लेखिका भी थी। उसने आध्यात्मिक रिसाले, फारसी में शायरी तथा ख्वाजा मोईनुद्दीन चिश्ती एवं उनके उत्तराधिकारियों की जीवनी भी लिखी थी। जहाँआरा ने आगरा की जामा मस्जिद में एक मदरसा भी खुलवाया था। 7 सितम्बर, सन् 1681 को इस महत्त्वपूर्ण महिला का निधन हो गया।

शाहजहाँ की दूसरी बेटी रोशनआरा आजीवन औरंगजेब की समर्थक रही। उसकी निष्ठा से प्रभावित होकर सन् 1669 में औरंगजेब ने उसे शाह बेगम के खिताब से नवाजा। औरंगजेब की बेगमें भी उसका सम्मान करती थीं। कहा जाता है कि दारा शिकोह की निर्मम एवं हृदयविदारक हत्या के पीछे रोशनआरा का

ही दिमाग काम कर रहा था। उसने ही अपने पत्रों के माध्यम से औरंगजेब के मन में बादशाह बनने की भूख पैदा की और उसे सत्ता के शीर्ष तक पहुँचाने में कदम-कदम पर सहायता प्रदान की।

मई 1662 में औरंगजेब बीमार पड़ गया। शाहजहाँ पहले से ही बीमार चल रहा था। रोशनआरा ने औरंगजेब की बीमारी को गुप्त रखा लेकिन जब उसे औरंगजेब के ठीक रहने की उम्मीद न रही तो उसने शाही मुहर अपने कब्जे में कर ली और औरंगजेब की तीसरे बेटे आजम को बादशाह बनाने के लिए राजाओं, अमीरों और दरबार के मानसबदारों को पत्र लिखे, जो उस समय केवल नौ वर्ष का था। इस बात से औरंगजेब का एक अन्य बेटा मुअज्जम चिढ़ गया। इस पर रोशनआरा उसके साथ बेहद कड़ाई से पेश आयी। कुछ दिन बाद जब औरंगजेब ठीक हो गया तो उसने रोशनआरा के इस कृत्य पर नाराजगी जाहिर की और इस पर रोशनआरा ने अपनी गलती स्वीकार कर ली।[86] लेकिन कुछ दिन बाद ही रोशनआरा के अवैध प्रेम सम्बन्धों का पता चलने के कारण वह औरंगजेब की नजरों से गिर गयी और उसकी रहस्यमय मृत्यु हो गयी।

औरंगजेब के शासनकाल में भी मुगल हरम की महिलाओं का राजनीतिक मसलों पर प्रभाव था। अपनी वृद्धावस्था में औरंगजेब अपनी बेगम उदयपुरी महल पर बहुत अधिक आश्रित हो गया था। उसकी पुत्रियों जेबुन्निशा तथा जीनतुन्निशा का भी शाही मसलों पर प्रभाव रहता था। औरंगजेब की बड़ी बेटी जेबुन्निशा एक उच्च कोटि की शायरा थी। औरंगजेब जेबुन्निशा से बेहद स्नेह करता था और उसने उसकी शिक्षा के लिए हफीजा मरियम नामक फारसी महिला तथा मुल्ला सईद अशरफी मजन्द्रानी को नियुक्त किया था। जेबुन्निशा को कुरान जबानी याद होने पर औरंगजेब ने उसे 30000 सोने की मुहरों का उपहार दिया था। तत्कालीन राजनीति में भी उसने अपनी महत्त्वपूर्ण भूमिका निभाई। जेबुन्निशा के नाना तथा औरंगजेब के श्वसुर शाहनवाज खाँ ने उत्तराधिकार के युद्ध के समय औरंगजेब की सहायता नहीं की थी। इससे क्रोधित होकर औरंगजेब ने उसे जेल में डाल दिया था किन्तु जेबुन्निशा के कहने पर उसे माफ कर दिया गया तथा जेल से रिहा कर दिया गया। ऐसे ही एक बार औरंगजेब के पुत्र शहजादा आजम की हरम के अधीक्षक से लड़ाई हो गयी। उस समय उसने जेबुन्निशा के माध्यम से ही माफीनामा भिजवाया था क्योंकि उसे यकीन था कि ऐसा करने से उसे माफी मिल जाएगी। लेकिन जब सन् 1681 में औरंगजेब के छोटे बेटे मुहम्मद अकबर ने पिता के खिलाफ विद्रोह का बिगुल बजाया, तो जेबुन्निशा ने इसमें अकबर का साथ दिया। जब अकबर के विद्रोह को कुचल देने के बाद

औरंगजेब को इस साजिश में जेबुन्निशा के भी शामिल होने का पता चला तो उसने जेबुन्निशा की सारी सम्पत्ति जब्त कर ली तथा उसकी चार लाख रुपए वार्षिक की पेंशन बन्द कर दी और उसे सलीमगढ़ के किले में कैद कर दिया, जहाँ सन् 1702 ई. में उसने अपनी अन्तिम साँस ली।

कहीं-कहीं यह भी उल्लेख आता है कि जेबुन्निशा मराठा क्षत्रप शिवाजी से प्रेम करती थी और फलों की टोकरी में बैठाकर शिवाजी को महल से बाहर निकालने में उसका ही हाथ था। औरंगजेब ने इसी से क्रुद्ध होकर सम्भवत: जेबुन्निशा को कैद करने का आदेश दिया था।[87]

जेबुन्निशा गणित तथा नक्षत्रशास्त्र की भी ज्ञाता थी तथा उसने शिकस्त, नस्तलीक और नस्ख शैलियों में लिखा था। सात वर्ष की उम्र में ही वह 'हाफिज' हो गयी थी इससे खुश होकर औरंगजेब ने उसे 30,000 सोने की मुहरें दी थीं तथा गरीबों में दान किया था। उसने अनुवाद का एक केन्द्र खोलकर अनेक साहित्यिक पुस्तकों का अनुवाद कराया था तथा 'बैतुल उल उलूम' नामक एक पुस्तकालय की स्थापना की थी। वह उच्च कोटि की शायरा एवं गायिका भी थी। यद्यपि औरंगजेब ने दरबार के कार्यक्रमों पर रोक लगा दी थी लेकिन अपने परिवार की स्त्रियों को संगीत की अनुमति दे दी थी और कभी-कभी जेबुन्निशा हरम में गाया करती थी।[88]

औरंगजेब की छोटी बेटी जीनतुन्निशा कट्टर महजबी थी तथा वह मुक्त हस्त से दान देने के लिए प्रसिद्ध थी। औरंगजेब ने उसे 'पादशाह बेगम' की उपाधि दी थी। औरंगजेब ने उसे दक्षिण की जिम्मेदारी सौंपी थी। उसे मराठा युद्ध बंदी तथा शम्भाजी की विधवा येसू बाई और उसके पुत्र शाहू जी की देखभाल की जिम्मेदारी भी दी गयी थी।[89] इस दायित्व को उसने बखूबी निभाया था। वह अपने भाई अकबर से बहुत स्नेह करती थी। चूँकि मराठों का रुझान भी अकबर की ओर था, इसलिए उसका भी मराठों से बेहद लगाव था। ऐसा शायद इसलिए भी था क्योंकि वह काफी समय से मराठों की देखभाल करती रही थी। इसीलिए उसने येसूबाई तथा शाहू जी को अपने पिता औरंगजेब के क्रोध से बचाया था। सन् 1707 ई. में औरंगजेब की मृत्यु के बाद उसे हरम की वरिष्ठ महिला होने के कारण अत्यधिक सम्मान मिला। इसी साल जब शाहू ने नर्मदा नदी पार करते हुए दक्षिण का अभियान शुरू किया तो जीनतुन्निशा ने उसकी सहायता की। जब सन् 1718 ई. में बालाजी विश्वनाथ ने शाहू तथा उनकी माँ को मुगलों की कैद से आज़ाद कराने की मुहिम छेड़ी, तो जीनतुन्निशा ने भी इसमें उनका सहयोग

किया।[90] जीनतुन्निशा भी अपनी बड़ी बहिन की भाँति शिक्षित थी। वह भी एक कुशल शायरा थी।

मुगल महिलाओं के अतिरिक्त अब्दुर्रहीम खानखाना की पुत्री जान बेगम एक कुशल समीक्षक थी। उसने कुरान पर टिप्पणी लिखी थी, जिससे प्रसन्न होकर अकबर ने उसे 50,000 दीनार इनाम में दिए थे। जौनपुर के सुल्तान महमूद शाह की बेगम बीबीराजी ने मदरसा खुलवाया था तथा विद्यार्थियों एवं शिक्षकों को वजीफे बाँटे थे।

इलाहाबाद विश्वविद्यालय के इतिहास विभाग के प्रोफेसर हेरम्ब चतुर्वेदी ने '*दास्तान मुग़ल महिलाओं की*' नामक अपनी पुस्तक में सात मुग़ल महिलाओं (चंगेज़ खाँ की पुत्रवधू ईबुस्कुन, चंगेज खाँ के प्रपौत्र करा हलाकु की पत्नी महारानी औरगनाह खातून, बाबर की नानी ईसान दौलत खानम बाबर की मार्गदर्शिका दिख़कत नामक ग्राम की एक वृद्धा, अकबर की माँ हमीदा बानो बेगम, बदख्शाँ की शासिका तथा हुमायूँ के भाई कामरान के साढ़ू की पत्नी हर्रम बेगम एवं अनारकली) के मुग़ल शासन में महत्व की विस्तृत चर्चा की है तथा यह साबित किया है कि इन महिलाओं ने मुग़ल शासन को गहराई से प्रभावित किया था।

मध्यकाल की एक अन्य विशिष्ट महिला चाँदबीबी उर्फ चाँद खातून उर्फ चाँद सुल्ताना थी। वह अरबी, फारसी, तुर्की, मराठी तथा कन्नड़ भाषा की ज्ञाता थी तथा सितार बजाना, चित्रकला करना उसके शौक थे। उसने सन् 1580 से 1590 ई. तक अहमदनगर पर शासन किया था। उसका जन्म सन् 1550 में हुआ था। वह अहमदनगर के शासक हुसैन निजाम शाह की बेटी तथा बुरहान उल मुल्क की बहिन थी। उसका विवाह कूटनीतिक सम्बन्धों को मजबूत करने हेतु बीजापुर के सुल्तान अली आदिल शाह प्रथम से किया गया। सन् 1580 में अली आदिल शाह की मृत्यु होने पर एक दक्षिणी सेनापति कमाल खाँ ने विद्रोह करके स्वयं को बीजापुर का सुल्तान घोषित कर दिया और चाँदबीबी के प्रति असम्मान व्यक्त किया। इससे क्रुद्ध होकर चाँदबीबी ने कमाल खाँ पर आक्रमण करके उस परास्त कर दिया और मृत्युदण्ड दिया। इसके बाद किशवर खाँ शासक बना लेकिन शीघ्र ही वह जनता के बीच अलोकप्रिय हो गया और चाँदबीबी गद्दी पर बैठी। सन् 1591 ई. में अकबर ने दक्षिण के सभी सुल्तानों को उसकी अधीनता स्वीकार करने को कहा और नवम्बर 1595 ई. में मुगलों ने अहमदनगर पर कब्ज़ा कर लिया। चाँदबीबी ने मुग़लों से युद्ध करते हुए उनसे अहमदनगर वापस ले लिया। बाद में मुराद ने चाँदबीबी के पास एक दूत भेजा और उससे

कहा कि वह बरार लेकर घेरा खत्म कर दे, इस पर वह मान गयी और मुराद वापस लौट गया। लेकिन मुराद की सेना के खान खानम और मिर्जा शाहरुख ने चुपचाप 8-9 फरवरी, 1597 को चाँदबीबी तथा उसके सहयोगियों पर हमला कर दिया और इसमें मुगल सेना विजयी हुई। लेकिन कुछ दिन बाद दोबारा चाँदबीबी ने आधिपत्य स्थापित कर लिया। 1599 में चाँदबीबी के खिलाफ उसके ही कुछ लोगों ने षड्यंत्र करके चाँदबीबी की सेना को ही उसके विरुद्ध कर दिया। परिणामस्वरूप उसकी सेना ने ही उसे मार डाला। इस प्रकार एक सुयोग्य, साहसी तथा विदुषी महिला का दुखद अन्त हो गया।[91]

रानी कर्णावती बूँदी के नरेश की पुत्री थीं। उनका विवाह मेवाड़ के राजा राणा संग्राम सिंह (राणा सांगा) से हुआ था। जब सन् 1526 ई. में बाबर ने दिल्ली के तख्त पर कब्जा किया तो राणा सांगा के नेतृत्व में राजपूतों की सेना उससे युद्ध करने हेतु तथा दिल्ली पर आधिपत्य करने हेतु गयी किन्तु सन् 1527 ई. में खानवा के युद्ध में संयुक्त हिन्दू सेना की हार हुई और राणा सांगा बुरी तरह घायल हुए। कुछ दिनों के बाद उनकी मृत्यु हो गयी। रानी कर्णावती ने अपने बड़े बेटे विक्रमजीत के नाम से राज करना शुरू कर दिया लेकिन कुछ दिनों बाद गुजरात के शासक बहादुर शाह ने मेवाड़ पर आक्रमण कर दिया, जिसमें विक्रमजीत पराजित हो गया। रानी कर्णावती ने मुगल सम्राट हुमायूँ को भाई मानकर राखी भेजी तथा उससे सहायता मांगी। हुमायूँ भी भ्रातृत्व धर्म का पालन करते हुए अपने सैन्य अभियान को रोककर अपनी बहिन की रक्षा के लिए प्रवृत्त हो गया लेकिन हुमायूँ की सेना के समय पर न पहुँच पाने के कारण युद्ध में पराजय मिली और 8 मार्च, सन् 1535 को रानी कर्णावती ने जौहर कर लिया। मुगल सेना के आ जाने पर बहादुर शाह को वहाँ से भागना पड़ा, लेकिन तब तक बहुत देर हो चुकी थी और एक बहादुर तथा बुद्धिमती रानी अपनी इहलीला समाप्त कर चुकी थी।

गढ़वाल साम्राज्य में भी एक रानी कर्णावती का उल्लेख मिलता है। वह महिपत शाह की पत्नी थी, जो सन् 1622 ई. में गद्दी पर बैठा किन्तु सन् 1631 ई. में उसकी असामायिक मृत्यु हो गयी। इसके बाद रानी कर्णावती ने अपने अवयस्क पुत्र पृथ्वीपत शाह की ओर से राज-काज सँभाला। सन् 1640 ई. में उसने मुगल सेना को परास्त किया था। उसे 'नकटी रानी' भी कहा जाता था क्योंकि वह शत्रु आक्रमणकारियों की नाक कटवा दिया करती थी। उसके द्वारा बनवाया गया स्मारक आज भी देहरादून जिले के नवादा नामक स्थान पर स्थित

है। उसने 'राजपूत नहर' का निर्माण कराया था, जो रिसपाना नदी से देहरादून शहर को आज भी जलापूर्ति करती है।[92]

5 अक्टूबर, सन् 1524 को चन्देल राजपूत सम्राट कीरतराय के कालिंजर के किले में रानी दुर्गावती का जन्म हुआ था। सन् 1542 ई. में उनका विवाह गोंड साम्राज्य के महाराज संग्राम सिंह के सबसे बड़े पुत्र दलपत शाह के साथ हुआ था, किन्तु दलपत शाह की सन् 1550 ई. में असामायिक मृत्यु हो गयी। उस समय उनका पुत्र वीर नारायण केवल पाँच वर्ष का था। इसके बाद रानी दुर्गावती ने सिंगौरगढ़ के स्थान पर रणनीतिक दृष्टि से महत्त्वपूर्ण सतपुड़ा की पहाड़ियों पर स्थित चौरागढ़ को अपनी राजधानी बनाया। सन् 1556 ई. में बाज बहादुर ने रानी पर आक्रमण कर दिया लेकिन रानी ने कुशलतापूर्वक सैन्य संचालन करते हुए बाज बहादुर की सेना को पराजित कर भागने पर मजबूर कर दिया। सन् 1564 ई. में अकबर ने मालवा के शासक बाज बहादुर को परास्त कर मालवा पर अधिकार कर लिया और अब रानी दुर्गावती की सीमाएँ अकबर के साम्राज्य को स्पर्श करने लगीं। मुगल सेनापति ख्वाजा अब्दुल माजिद आसफ खाँ ने रीवाँ नरेश रामचन्द्र को पराजित करने के बाद रानी दुर्गावती के साम्राज्य की अकूत सम्पदा पर अपनी दृष्टि डाली और मुगल बादशाह अकबर से अनुमति प्राप्त कर उस पर आक्रमण कर दिया। जब रानी दुर्गावती को इसका पता चला तो उन्होंने हर कीमत पर अपने साम्राज्य की रक्षा का प्रण लिया, किन्तु उनके दीवान ब्योहार आधार सिंह ने उन्हें मुगल सेना की शक्ति के बारे में विस्तारपूर्वक बताया। इसके बावजूद रानी ने कहा कि शर्मिन्दा होकर जीवन जीने से बेहतर मृत्यु को वरण करना है। एक रक्षात्मक युद्ध लड़ने हेतु रानी ने गौर तथा नर्मदा की पहाड़ियों के बीच स्थित नरई नामक स्थान पर जाने का निश्चय किया। इस समय रानी का मुकाबला अपने से बेहतर सैन्य सामग्री से युक्त मुगलों की सेना से था। जब रानी का फौजदार अर्जुन दास युद्ध में शहीद हो गया, तो रानी ने स्वयं युद्ध में उतरने का निश्चय किया। शत्रु सेना ने जैसे ही पहाड़ियों में प्रवेश किया, रानी के वीर सैनिकों ने रानी के कुशल मार्गदर्शन में उन पर धावा बोल दिया। इस युद्ध में रानी की सेना को विजय मिली। रानी ने मुगल सेना को पहाड़ियों से बाहर खदेड़ दिया।

उस समय रानी ने मंत्रण कक्ष में परामर्श दिया कि हमें रात में ही शत्रु सेना पर आक्रमण करके उन्हें समाप्त कर देना चाहिए, किन्तु उनके सेनापति तथा रणनीतिकार उनकी इस युक्ति पर सहमत नहीं हुए। अगली सुबह आसफ खाँ ने तोपों से भारी हमला किया। रानी ने अपने हाथी सरमन पर बैठकर शत्रु

सेना का मुकाबला किया तथा मुगल सेना को तीन बार पीछे हटने पर मजबूर किया, किन्तु युद्ध में एक तीर रानी के कान पर आकर लगा और वह घायल हो गयी, दूसरा तीर उनकी गर्दन पर आकर धँस गया। उनके महावत ने उन्हें युद्ध स्थल से चले जाने का परामर्श दिया, किन्तु उन्होंने ऐसा करने से इनकार कर दिया। जब उन्होंने देखा कि पराजय अवश्यम्भावी है, तो 24 जून, सन् 1564 को उन्होंने युद्ध के मैदान में कटार भोंककर स्वयं अपने प्राण ले लिए। 24 जून को आज भी उनकी पुण्यतिथि को बलिदान दिवस के रूप में मनाया जाता है। उनके द्वारा जिस स्थान पर अपने प्राण उत्सर्ग किए गए, वह स्थल आज भी स्वतन्त्रता संग्राम का एक प्रेरणा स्थल है। वह विद्वानों का बेहद सम्मान करती थीं तथा उन्हें संरक्षण देती थीं। उन्होंने वल्लभ सम्प्रदाय के संत विट्ठलनाथ को अपने राज्य में आमंत्रित कर उनसे दीक्षा ली थी। उनके दरबार में अनेक मुस्लिमों को भी महत्त्वपूर्ण पदों पर नियुक्त किया गया था। सन् 1983 में मध्य प्रदेश सरकार ने जबलपुर विश्वविद्यालय का नाम उनकी स्मृति में रानी दुर्गावती विश्वविद्यालय कर दिया। भारत सरकार ने 24 जून, सन् 1988 को उनके बलिदान को स्मरण करते हुए उन पर एक डाक टिकट जारी किया था।[93]

भारतीय नारियों की श्रृंखला में एक महत्त्वपूर्ण नाम रानी चेन्नम्मा का है, जिन्होंने केलाड़ी के एक छोटे से साम्राज्य (वर्तमान कर्नाटक) पर 1671 ई. से 1696 ई. तक शासन किया था। उनका विवाह केलाड़ी नरेश सोमशेखर नायक से हुआ था। वह अपने पति की पत्नी होने के अलावा एक विश्वासपात्र मंत्री तथा सलाहकार भी थीं। जब राजा का कोई कर्मचारी अन्यायपूर्ण ढंग से सजा प्राप्त करता था, तो वह उस अन्याय को दूर करने के लिए राजा से कहती थीं। लेकिन कुछ दिनों के बाद परिस्थितियाँ बदल गयीं। जम्बूखण्ड की विख्यात नर्तकी कलावती ने सोमशेखर नायक को अपने नृत्य से प्रभावित कर लिया और वह शाही नर्तकी बन गयी। कुछ दिनों बाद राजा भी उसके प्रेम के वशीभूत होकर उसी के साथ रहने लगे। माना जाता है कि कलावती की माँ तथा सौतेला बाप ब्रह्म मरुत काला जादू, विभिन्न औषधियाँ तथा वशीकरण जानते थे। कुछ दिनों बाद राजा ब्रह्म मरुत की कठपुतली बन गया। उसने महल और रानी चेन्नम्मा को छोड़ दिया और ब्रह्म मरुत द्वारा दी गई औषधियों का सेवन करने लगा। इससे चेन्नम्मा बेहद दुखी हुई। इधर राज्य में भी चारों ओर अराजकता फैल गयी और राजा की बीमारी की खबरें राज्य में उड़ने लगीं। चूँकि राजा निःसन्तान थे, इसलिए राज्य पर अधिकार करने के लिए कुछ लोग षड्यंत्र करने लगे। इस बीच बीजापुर के सुल्तान ने केलाड़ी पर आक्रमण कर दिया। अब

रानी चेन्नम्मा ने चूड़ियाँ उतारकर अस्त्र-शस्त्र धारण किए और शत्रु को भागने पर विवश कर दिया। इस बीच उसके प्रधानमंत्री सब्रणीस कृष्णप्पा ने रानी से कहा कि वह सेनापति भद्रप्पा नायक के पुत्र को गोद ले लें तभी हम आपका समर्थन करेंगे, अन्यथा हम जनता को आपके विरुद्ध भड़काकर उसे राजा बना देंगे। एक अन्य मंत्री ने भी ऐसी ही धमकी दी। उधर ब्रह्म मरुत अपने षड्यंत्र कर रहा था और बीजापुर से खतरा टला नहीं था। ऐसी विषम परिस्थितियों में रानी ने निर्णय लिया कि वे बासप्पा नायक नामक लड़के को गोद लेंगी और उसे समुचित प्रशिक्षण देकर राज्य तथा जनता की रक्षा करने हेतु सक्षम बनाएंगी। इस बीच अवसर देखकर बीजापुर के सुल्तान ने भी मौके का फायदा उठाना चाहा। उसने जन्नोपन्त नामक एक दूत को रानी के पास भेजा और पीछे से भारी फौज लेकर मुजफ्फर खाँ को भेज दिया। रानी उसकी चाल समझ गयी और जनता की शक्ति एकत्र कर उसने बीजापुर की फौज को शिकस्त दे दी।

रानी चेन्नम्मा का सर्वाधिक साहसिक कार्य था, शिवाजी की मृत्यु के पश्चात् मुगल फौज से बचकर भाग रहे शिवाजी के द्वितीय पुत्र राजाराम को शरण देना। उस समय मुगल देश में सर्वाधिक शक्तिशाली साम्राज्य था। रानी ने अपने सलाहकारों के निर्णय के विपरीत राजाराम को शरण दी। जब औरंगजेब को पता चला कि रानी चेन्नम्मा ने राजाराम को केलाड़ी में शरण दे रखी है, तो उसने उन्हें दण्डित करने के लिए फौज भेजी, किन्तु रानी ने वीरतापूर्वक इस आक्रमण को निष्फल कर दिया। इसके बाद मुगलों को एक बेहद अपमानजनक सन्धि करते हुए केलाड़ी को एक प्रथक साम्राज्य की मान्यता देनी पड़ी।

शान्तिकाल में भी रानी चेन्नम्मा ने अत्यन्त महत्त्वपूर्ण कार्य किए। उन्होंने 'सोमशेखरपुरा' नाम से एक छोटा शहर बसाया और उसमें केवल विद्वानों को निवास करने हेतु आमंत्रित किया। ऋषियों एवं धार्मिक संस्थाओं तथा निर्धनों को भी उन्होंने मुक्त कण्ठ से दान दिए।[94]

मध्यकालीन महान महिलाओं का इतिहास जीजाबाई की चर्चा के बगैर अधूरा है। जीजाबाई शिवाजी की माता थीं। उनका जन्म 12 जनवरी, सन् 1598 को बुलढाणा में हुआ था। जीजाबाई के पिता लखूजी जाधवराव मुस्लिम निजामशाही प्रशासन में सेवारत थे। एक बार होली के अवसर पर जीजाबाई के घर पर रंग खेला जा रहा था और जाधवराज के अधीन काम करने वाले मालो जी के पुत्र और जीजाबाई के भावी पति शाहजी भी वहाँ उपस्थित थे। उस समय जीजाबाई ने शाहजी पर रंग डाल दिया। शाहजी उस समय बच्चे थे, उन्हें बालिका जीजाबाई का उन पर रंग डालना अच्छा नहीं लगा। लेकिन जाधवराव को शाह

जी उसी समय भा गए और मजाक में उन्होंने मालो जी से कहा, "क्या तुम्हें ऐसा नहीं लगता कि ये जोड़ी वाकई बहुत फब रही है।" इस पर सभी ने सहमति में सिर हिला दिया। तभी शाहजी के पिता मालो जी ने उठकर कहा, "सज्जनों, आपने सुना कि अभी-अभी जाधवराव ने क्या कहा? अब हम आज से एक दूसरे के रिश्तेदार हो गए हैं।" लेकिन जाधवराव ने यह बात केवल मजाक में कही थी, इसलिए उसने मालो जी को उसकी औकात याद दिलाते हुए उसका भरी सभा में अपमान कर दिया। मालो जी अपमानित महसूस करते हुए वहाँ से चला गया। कुछ दिनों बाद वह सम्पन्न हो गया। उसने यात्रियों के लिए धर्मशालाएँ बनवाईं, कुएँ खुदवाए तथा अनेक मन्दिरों का जीर्णोद्धार कराया, लेकिन वह जाधवराव द्वारा किए गए अपमान को भूल नहीं सका था। उसने जाधवराव पर दबाव बनाया कि वह जीजाबाई का विवाह उसके पुत्र शाहजी से कर दे लेकिन फिर भी जाधवराव इसके लिए तैयार नहीं हुआ। तब उसने निजाम से जाधवराव पर दबाव डलवाया। दबाव में आकर जाधवराव को शाहजी से अपनी पुत्री का विवाह करना पड़ा। किन्तु इतना होने पर भी जाधवराव के मन में अपमान की आग जलती रही और शाह जी को जलाने के लिए जाधवराव ने मुगलों से हाथ मिला लिया जबकि शाह जी मुगलों के शत्रु निजाम के एक सूबेदार बन गए। जीजाबाई को यह देखकर बड़ा दुख होता था कि उसके पिता तथा पति दोनों ही मुस्लिम सुल्तानों की सेवा कर रहे हैं। कुछ दिन बाद मुगलों ने निजाम के इलाकों पर कब्जा कर लिया और शाहजी को महूली के किले का जिम्मा सौंपा गया। जाधवराव ने शाह जी पर आक्रमण कर दिया, जिससे विवश होकर उसे किला छोड़ना पड़ा। उस समय जीजाबाई चार माह की गर्भवती थी। जीजाबाई शिवनेरी पहुँच गयीं, जहाँ उन्होंने शिवाजी को जन्म दिया। गर्भावस्था के दौरान जीजाबाई माँ जगदम्बा से प्रार्थना किया करती थीं कि हे माँ, मुझे अपनी शक्ति का कुछ अंश दो, ताकि मैं मराठा गर्व को मुसलमानों की शर्मिन्दगीपूर्ण सेवा से बचा पाऊँ।

उन्होंने बाल्यकाल से ही शिवाजी को इस कार्य हेतु तैयार करने के प्रयास तीव्र कर दिए। शिवाजी को प्रशिक्षित करने से पहले उन्होंने देश की राजनैतिक समस्या का अध्ययन किया और पाया कि यदि इधर-उधर बिखरे हिन्दू एकजुट हो जाते हैं तो वे देश से मुसलमान शासकों का सफाया कर सकते हैं। इस बीच जीजाबाई को एक हृदय विदारक समाचार मिला कि उनके पिता जाधवराव जिन्हें दोबारा निजाम की सेवा में शामिल कर लिया गया था, को निजाम ने इस भय से सपरिवार मरवा दिया क्योंकि निजाम को भय था कि मराठे अपनी शक्ति बढ़ा

रहे हैं। उनके पति शाहजी की भी जान खतरे में थी लेकिन उन्होंने चतुराईपूर्वक मुगलों के साथ मिल जाने का निश्चय किया। इससे चिढ़कर निजाम ने मराठों के गाँव के गाँव खत्म करा दिए। एक बार तो जीजाबाई का भी अपहरण कर लिया गया ताकि उनका इस्तेमाल सौदेबाजी के लिए किया जा सके लेकिन इन सब घटनाओं से जीजाबाई पस्त नहीं हुईं और इससे उनके आत्मविश्वास में वृद्धि ही हुई। इससे उनके हिन्दू साम्राज्य स्थापित करने के विचार को और अधिक दृढ़ता मिली। दादाजी कोंणदेव के संरक्षण में वे पुणे में आकर रहने लगीं। जिस समय वे पुणे में रहने हेतु आयीं, उस समय तक पुणे को निजाम आदिलशाह तथा मुगलों द्वारा पूर्णतः ध्वस्त किया जा चुका था तथा हिन्दुओं का प्रत्येक धर्म स्थल नष्ट किया जा चुका था। जीजाबाई ने इनका जीर्णोद्धार कराया तथा वहाँ के निवासियों के आपसी विवादों का न्यायपूर्ण समाधान किया। उन्होंने शिवाजी को स्वयं ही शिक्षा प्रदान करनी शुरू की तथा उन्हें रामायण तथा महाभारत के विभिन्न दृष्टान्त सुनाने लगीं। उन्होंने शिवाजी को प्रशासन की कला, युद्ध नीति तथा देश की राजनैतिक परिस्थितियों के विषय में भी ज्ञान प्रदान किया।

जीजाबाई के पति शाहजी ने निजामशाही के ध्वंसावशेषों पर हिन्दू साम्राज्य का महल खड़ा करने का प्रयास किया, जीजाबाई ने इस कार्य में पति का बखूबी साथ दिया। किन्तु उन्हें मुगलों तथा आदिलशाह की सेना से मुँह की खानी पड़ी। इसके बाद शाहजी कर्नाटक में बस गए और जीजाबाई को यहाँ का शासक नियुक्त कर दिया। तत्पश्चात् शाहजी ने दूसरा विवाह तुकाबाई से कर लिया, परन्तु उन्होंने पुत्र शम्भाजी को अपने पास ही रखा। इन परिस्थितियों में भी जीजाबाई ने हिम्मत नहीं हारी और पुत्र को लेकर पुणे आकर राजकाज चलाने लगीं। यहाँ आकर उन्होंने गणपति मन्दिर का पुनरुद्धार कराया तथा लाल महल बनवाया। वे विधिक तथा प्रशासनिक मामलों में जो निर्णय दिया करती थीं, उन्हें 'मझार' के नाम से जाना गया। उन्होंने धर्मान्तरित हो चुके हिन्दुओं को मुस्लिम से पुनः हिन्दू बनाने के लिए बालाजी निम्बालकर नामक ब्राह्मण सैनिक की नियुक्ति की। हालांकि कुछ हिन्दुओं ने उनके इस कदम का यह कहते हुए विरोध किया कि एक बार हिन्दू धर्म छोड़कर जाने वाले व्यक्ति को पुनः हिन्दू धर्म में आने की कोई शास्त्र सम्मत व्यवस्था नहीं है। लेकिन जीजाबाई जानती थीं कि यदि धर्मान्तरित हिन्दुओं को पुनः हिन्दू धर्म में न लाया गया तो हिन्दू धर्म कमजोर हो जाएगा। उन्होंने अपने अकाट्य तर्कों से विरोधियों का मुँह बन्द कर दिया तथा कूटनीतिक चातुर्य का परिचय देते हुए शिवाजी की पुत्री सखूबाई का विवाह बालाजी निम्बालकर के पुत्र के साथ कर दिया।

जब सोलह वर्ष की अल्पायु में शिवाजी ने एक बड़े दुर्ग को फतेह कर लिया, तो शाहजी तथा दादा कोंणदेव चिंतित हो उठे, किन्तु जीजाबाई अत्यन्त प्रसन्न हुईं। सन् 1645 में 17 वर्ष की आयु में माँ की प्रेरणा से शिवाजी ने भगवान राजेश्वर के मन्दिर में 'स्वराज्य' की शपथ ली।

इधर जब अफजल खाँ ने एक भारी सेना लेकर कर्नाटक में शाहजी तथा शम्भाजी पर आक्रमण किया, तो इसमें शम्भाजी तथा शाहजी दोनों की ही मृत्यु हो गयी। पति की मृत्यु का समाचार सुनकर जीजाबाई ने पति की चिता के साथ सती होने का निश्चय किया, किन्तु उस समय शिवाजी ने उन्हें ऐसा करने से रोक दिया। जब अफजल खाँ शिवाजी को रोकने के लिए एक भारी भरकम सेना लेकर आक्रमण करने हेतु आया, तो शिवाजी अपनी माँ के पास पहुँचे। शिवाजी के पास उसकी तुलना में बहुत कम सेना थी। जीजाबाई ने अपने पुत्र को अफजल खाँ का सामना करने की प्रेरणा दी। गुरिल्ला युद्ध के माध्यम से शिवाजी ने अफजल खाँ की सेना के छक्के छुड़ा दिए। जब अफजल खाँ ने शिवाजी को धोखे से मारना चाहा, तो इसकी परिणति अफजल की मृत्यु से हुई। इस घटना से शिवाजी की प्रतिष्ठा में अभूतपूर्व वृद्धि हुई।

जीजाबाई शिवाजी के सैनिकों को भी पुत्रवत् स्नेह देती थीं। वे उनके लिए भी अप्रतिम साहस एवं प्रेरणा का स्रोत थीं। जब तानाजी मलसुरे को एक भीषण मुगल आक्रमण में सिंहगढ़ दुर्ग छोड़कर परास्त होना पड़ा तो जीजाबाई ने उससे कहा, "यदि तुम शत्रुओं से सिंहगढ़ के दुर्ग को वापस छीन लाओगे तो तुम मेरे लिए शिवाजी के छोटे भाई जैसे होगे।" यह सुनकर तानाजी अन्य लोगों के रोकने के बावजूद युद्ध हेतु गया, किन्तु इस युद्ध में उसे अपने प्राणों का बलिदान देना पड़ा। जीजाबाई रात भर जागकर किले में उसकी प्रतीक्षा करती रहीं। जब उनके पास तानाजी की मृत्यु का समाचार आया तो वे फूट-फूटकर रो पड़ीं। ऐसे ही शिवाजी के बाल मित्र बाजी प्रभु ने शिवाजी के जीवन की रक्षा करते हुए जब अपने प्राणों का उत्सर्ग कर दिया तो जीजाबाई को इस बात का सन्तोष नहीं था कि उनके पुत्र के प्राणों की रक्षा हो गयी, अपितु उन्होंने इसका अफसोस मनाया कि उनके अपने ही एक पुत्र की मृत्यु हुई है। जीजाबाई के जीवन में अनेक आघात-प्रत्याघात आए, किन्तु इनसे वे विचलित नहीं हुईं, अपितु इनका उपयोग उन्होंने अपनी मानसिक दृढ़ता बढ़ाने में किया। 5 जून, सन् 1674 को शिवाजी ने एक भव्य समारोह में स्वयं को स्वतन्त्र शासक घोषित कर दिया। उस समय उनकी प्रसन्नता की कल्पना ही की जा सकती है क्योंकि जो बीज उन्होंने रोपा

था, उसका फल उन्हें प्राप्त हो गया था, परन्तु इसके बारह दिन बाद ही 17 जून, सन् 1674 को उनका निधन हो गया।[95]

सावित्री बाई उर्फ बेलवड़ी मल्लम्मा उत्तरी कर्नाटक के बेलगाम जिले की बैजोंगल रियासत की रानी थीं। अपने पति के राज्य की रक्षा के लिए उन्हें मराठा सेनापति दादाजी रघुनाथ नेडकर से युद्ध करना पड़ा था। शिवाजी महाराज की सेना के साथ युद्ध में मराठा सैनिकों ने रानी के घोड़े का पैर काट दिया था, जिससे वह गिर पड़ीं लेकिन उन्होंने तुरन्त उठकर युद्ध करना शुरू कर दिया। बाद में शिवाजी के सैनिकों ने रानी मल्लम्मा को गिरफ्तार कर लिया और वे उन्हें शिवाजी महाराज के पास ले गए। जब शिवाजी ने उनकी वीरता की कहानी सुनी तो वे बोले, "माँ, मुझसे भूल हुई, जो मैंने आप पर आक्रमण किया। मैं आपका राज्य नहीं चाहता। कृपया मुझे क्षमा कर दें।" इसके बाद उन्होंने रानी को मुक्त करने का आदेश दिया।[96]

समुद्र तटीय कर्नाटक के चौथा वंश में रानी अब्बक्का का जन्म हुआ। यह वंश मातृसत्तात्मक (अलियसन्ताना) समाज के लिए विख्यात है। तुलुनाडु के उलाल रियासत की इस वीर रानी ने अपनी राष्ट्र भक्ति तथा साहस से पुर्तगालियों को घुटने टेकने पर मजबूर कर दिया था। सन् 1544 ई. में रानी अब्बक्का गद्दी पर बैठी थी। यद्यपि रानी अब्बक्का जैन थी, परन्तु उसके प्रशासन में हिन्दुओं तथा मुसलमानों को भी प्रतिनिधित्व दिया गया था। उसने कालीकट के जमोरिनों के साथ गठबन्धन करके पुर्तगालियों को अपने राज्य से दूर रखा था। वर्तमान कर्नाटक के मंगलौर के समीप स्थित उलाल के अरब सागर का पानी आज भी रानी की प्रशंसा की गाथा गा रहा है। लोकगाथाओं में कहा जाता है कि अब्बक्का बाल्यकाल से ही दूरदृष्टि सम्पन्न थी। सैन्य विज्ञान तथा युद्ध कौशल में उसका सानी नहीं था। तीरंदाजी तथा तलवारबाजी उसके प्रिय शौक थे। कहा जाता है कि वह अग्निबाण चलाना जानने वाली अन्तिम व्यक्ति थी। उसका विवाह पड़ोस के बांघेर के राजा के साथ हुआ था, किन्तु यह विवाह अधिक समय तक न चल सका और कुछ दिनों बाद ही अब्बक्का ने पति द्वारा दिए गए सभी गहने उसे वापस लौटाकर उससे सारे सम्बन्ध तोड़ लिए। इससे चिढ़कर उसका पति पुर्तगालियों से जाकर मिल गया।[97]

चूँकि पुर्तगालियों ने गोवा पर विजय प्राप्त कर ली थी और वे मध्य भारत की ओर बढ़ना चाहते थे, इसलिए उन्होंने सन् 1555 में रानी अब्बक्का से मांग की कि वह पुर्तगालियों को कर दे, किन्तु रानी ने उनका यह प्रस्ताव अस्वीकार कर दिया। तत्कालीन पुर्तगाली वायसराय अंतोनियों नोरोन्हा ने इससे क्रुद्ध होकर

एडमिरल डॉम अल्वारो दा सिल्वेरा के नेतृत्व में एक विशाल सेना रानी से युद्ध करने हेतु भेजी। इस युद्ध में रानी को विजय मिली। सन् 1557 ई. में पुर्तगालियों ने मंगलौर पर आक्रमण किया और यहाँ के सभी युवाओं, वृद्धों एवं बच्चों को मार डाला तथा यहाँ के जहाजों एवं मन्दिरों को नष्ट करके समूचे शहर को आग के हवाले कर दिया। सन् 1568 में उन्होंने अपनी नजरें उलाल पर गाड़ दीं और अब्बक्का रानी ने उनका एक बार फिर दृढ़तापूर्वक प्रतिरोध किया। लेकिन इस बार वायसराय अंतोनिया नोरोन्हा ने जाओ पिक्सोटो के नेतृत्व में पहले से भी विशाल सेना रानी अब्बक्का से लड़ने हेतु भेजी थी। इस बार पुर्तगाली उलाल पर अधिकार करने में सफल हो गए और अब्बक्का रानी को भागकर एक मस्जिद में शरण लेनी पड़ी। उसी रात रानी ने 200 सैनिकों को एकत्र कर पुर्तगालियों पर आक्रमण कर दिया, इस युद्ध में पुर्तगाली सेनापति जाओ पिक्सोटो मारा गया और रानी के सैनिकों ने सत्तर पुर्तगाली सैनिकों को बन्दी बना लिया। कई पुर्तगाली सैनिकों ने युद्ध क्षेत्र से भागकर अपनी जान बचाई। अब्बक्का रानी तथा उनके समर्थकों ने एडमिरल मैसकरेन्हस की हत्या कर दी। इससे विवश होकर पुर्तगालियों को मंगलौर का किला खाली करना पड़ा।

सन् 1569 ई. में पुर्तगाली मंगलौर के किले पर कब्जा करने में पुनः सफल हो गए और उन्होंने कुण्डपुर (बसरूर) पर भी अपना आधिपत्य कर लिया। इन उपलब्धियों के बावजूद पुर्तगाली यह मान रहे थे कि रानी अब्बक्का अभी भी उनके लिए एक बड़ा खतरा हैं। इसलिए उन्होंने रानी के पूर्व पति को अपने साथ मिला लिया और उलाल पर पुनः धावा बोल दिया। भीषण युद्ध के बाद रानी को जब लगने लगा कि विजय मिल पाना मुश्किल है तो उन्होंने रणनीतिक चतुराई का परिचय देते हुए बीजापुर के सुल्तान तथा कालीकट के जमोरिनों के साथ गठबन्धन कर लिया, ये दोनों भी पुर्तगालियों का विरोध कर रहे थे। जमोरिनों का सेनापति कुट्टी पोकर यरकर अब्बक्का रानी की ओर से लड़ा और उसने पुर्तगालियों द्वारा अधिकृत मंगलौर के किले को ध्वस्त कर दिया लेकिन वापस लौटते समय पुर्तगालियों ने उसकी हत्या कर दी। इसके बाद लगातार मिल रही पराजयों तथा पति की गद्दारी के कारण रानी अब्बक्का को पुर्तगालियों ने कैद कर लिया। जेल में रहकर भी रानी ने विद्रोह किया और लड़ते हुए शहीद हो गयीं।

प्राचीन अभिलेख बताते हैं कि रानी अब्बक्का नाम की तीन महिलाएँ थीं। एक माँ थी तथा दो उनकी बेटियाँ थीं, जो सन् 1530 ई. से 1599 ई. के दौरान पुर्तगालियों से लड़ी थीं। लोकगाथाओं में एक ही महान रानी अब्बक्का

का उल्लेख आता है। लोकगीतों तथा स्थानीय 'यक्षगान' में कई पीढ़ियों से रानी अब्बक्का की शौर्य गाथा सुनाई जा रही है। स्थानीय लोकगीतों के माध्यम से आज रानी की प्रशंसा तथा पूजा की जाती है। रानी लक्ष्मीबाई की शौर्य गाथा को तो आज देश का बच्चा-बच्चा जानता है किन्तु यह दुर्भाग्य की बात है कि रानी लक्ष्मीबाई से तीन सौ वर्ष पहले हुई इस महान रानी की शौर्य गाथा को बहुत कम लोग जानते हैं। कहा जाता है कि विदेशी यात्री पेट्रो डेला वेला रानी अब्बक्का से आकर मिला था।

ताराबाई का जन्म सन् 1675 ई. में हुआ था। उनके पिता हम्बीराव मोहिते छत्रपति शिवाजी की मराठा सेना के सेनापति थे। ताराबाई का विवाह शिवाजी के पुत्र राजाराम से हुआ था। मुगल बादशाह औरंगजेब के हाथों अपने भाई शम्भाजी की मृत्यु के बाद सन् 1689 में वह गद्दी पर बैठा था। लेकिन छत्रपति राजाराम का कार्यकाल अत्यन्त संक्षिप्त रहा और मार्च सन् 1700 ई. में अज्ञात बीमारी के कारण सिंहगढ़ के किले में उसकी मृत्यु हो गयी। उस समय अचानक मराठा साम्राज्य में उत्तराधिकारी की समस्या उत्पन्न हो गयी। ऐसी परिस्थितियों में राजाराम की विधवा पत्नी ताराबाई ने मराठा साम्राज्य की बागडोर सँभाली। उस समय ताराबाई के पुत्र शिवाजी द्वितीय की उम्र बहुत कम थी और राजाराम का भतीजा शाहूजी औरंगजेब की कैद में था। इसके बाद अगले आठ वर्षों तक रानी ताराबाई ने मराठा सत्ता अपने हाथों में लेकर शत्रुओं से साम्राज्य की रक्षा की। उस समय मुगल सम्राट औरंगजेब ने मराठों पर आक्रमण कर रखा था। रानी ताराबाई ने पूर्ण साहस के साथ युद्ध का सामना किया। वह स्वयं युद्ध भूमि में जाती थी और संकटकाल में परिस्थितियों पर नजर रखती थी। रानी ताराबाई के कुशल नेतृत्व में मराठों ने मुगल सेना को भारी नुकसान पहुँचाया और इससे यह लगने लगा कि दो सौ साल पुराना मुगल साम्राज्य इस युद्ध में विजय नहीं हासिल कर सकेगा। औरंगजेब की मराठों के साथ लड़ाई से मुगल खजाना खाली होता जा रहा था और भयानक रक्तपात के बावजूद सन् 1704 ई. तक मुगल सेना तोरण और राजगढ़ के दुर्ग ही जीत सकी थी, इससे परेशान होकर असद खाँ ने औरंगजेब को यह युद्ध समाप्त करने का परामर्श दिया लेकिन औरंगजेब ने उसके सुझाव को मानने से इन्कार कर दिया। इसके पश्चात ताराबाई ने दूरदर्शिता का परिचय देते हुए उत्तर भारत के कई मुगल क्षेत्रों पर आधिपत्य कर लिया। इन इलाकों में मुगल प्रतिरोध करने की स्थिति में भी नहीं रह गए क्योंकि शाही खजाने पर अधिकार करते हुए मराठों ने उनकी आपूर्ति के मार्ग बन्द कर दिए। सन् 1705 में ताराबाई ने मराठा सेना को दो भागों में बाँटकर नेमजी शिंदे

के नेतृत्व में एक सेना को उत्तर भेजा जो नर्मदा नदी पार कर भोपाल तक आ पहुँची और दूसरी सेना दभाड़े के नेतृत्व में भरूच तथा पश्चिम भारत की ओर आगे बढ़ी। दभाड़े ने गुजरात पर मराठों का आधिपत्य सुनिश्चित कर दिया। सन् 1705 के अन्त तक मराठों ने रानी ताराबाई के कुशल मार्गदर्शन में मुगलों से गुजरात छीन लिया था तथा वे मध्य भारत की ओर सेंध लगाने लगे थे। नेमजी शिंदे ने मालवा में मुगल सेना को भारी शिकस्त दी। सन् 1706 ई. में मुगलों ने विजयनगर साम्राज्य से मराठों के विरुद्ध सहायता मांगी किन्तु उन्होंने ऐसा करने से इनकार कर दिया। इससे घबड़ाकर मुगलों ने सन् 1707 ई. में शाहूजी को अपनी कैद से आज़ाद कर दिया। शाहूजी ने आते ही ताराबाई के शासन को चुनौती दी और पेशवा बालाजी विश्वनाथ की कूटनीतिक रणनीति के कारण वह गद्दी पर बैठने में सफल रहा। सन् 1749 ई. शाहूजी की मृत्यु के पश्चात रानी ताराबाई ने मराठों के कमजोर नेतृत्व के कठिन क्षणों में भी राजकाज पर अपना वर्चस्व स्थापित किया। सन् 1761 ई. में 86 वर्ष की अवस्था में उनका स्वर्गवास हो गया। जदुनाथ सरकार के शब्दों में, "यह रानी ताराबाई की चारित्रिक दृढ़ता थी, जिसने देश को भयानक परिस्थितियों से उबारने का काम किया।"[98]

माई भागो अथवा भगत कौर नामक सिक्ख महिला को भारतीय इतिहास की महत्त्वपूर्ण साहसी महिलाओं में स्थान दिया जा सकता है, जिन्होंने मुगलों के विरुद्ध सिक्ख सैनिकों का नेतृत्व किया था। उनका जन्म अमृतसर के झाबलकलाँ नामक ग्राम में हुआ था। बाल्यकाल में ही उनके पिता उन्हें दशम गुरू गोविन्द सिंह के दर्शन कराने ले गए थे, जिनसे वह अत्यन्त प्रभावित हुई थीं। सन् 1704 ई. में एक बार मुगल सेना ने आनन्दपुर को चारों ओर से घेर लिया और यह घोषणा की कि जो सिक्ख यह घोषणा कर देगा कि वह गुरु गोविन्द सिंह का सिक्ख नहीं है, उसकी जान बख्श दी जाएगी और जो यह नहीं कहेगा, उसे जान से मार दिया जाएगा। महान सिंह बरार के नेतृत्व में चालीस सिक्खों ने गुरु गोविन्द सिंह से जाकर कहा कि वे अब सिक्ख नहीं रह गए हैं। गुरु जी ने उनसे यह लिखकर हस्ताक्षर करके देने को कहा। सभी चालीस सिक्खों ने कागज पर अपने नाम तो लिख दिए किन्तु एक बेदवा ने हस्ताक्षर करने से इनकार कर दिया। जब माई भागो को पता चला कि उनके पड़ोस के कुछ सिक्ख जो गुरु गोविन्द सिंह जी की ओर से लड़ने के लिए आनन्दपुर गए थे, उन्होंने गुरुजी का साथ छोड़ दिया है। तब वह उन चालीस सिक्खों के पास पहुँचीं और उन्हें उनके कृत्य के लिए लताड़ लगाई। इससे वे सभी अपने कृत्य पर शर्मिन्दा हुए और गुरु जी से माफी मांगने के लिए माई के साथ जाने को तैयार हो गए। गुरु

गोविन्द सिंह उस समय मालवा में थे। माई उन सबको तथा कुछ अन्य सिक्खों को साथ लेकर मालवा चल पड़ीं।

इससे पूर्व गुरु गोविन्द सिंह जी को आनन्दपुर का किला छोड़ना पड़ा था और गलतफहमी में उनके बच्चे उनसे बिछुड़ गए थे। उनके दो छोटे बेटे जोरावर सिंह तथा फतेह सिंह गुरु जी की माता जी के पास रह गए और दोनों बड़े बेटे अजीत सिंह और जुझार सिंह उनके पास थे। मुगलों के साथ चमकुर के युद्ध में गुरुजी के दोनों बेटे अजीत सिंह और जुझार सिंह शहीद हो गए। उस समय पाँच सिक्खों ने गुरुजी के प्राणों की रक्षा की। इसके बावजूद औरंगजेब की सेना द्वारा उनका पीछा किए जाने पर उन्होंने चमकुर छोड़ दिया और वे मालवा इलाके में आ गए। मालवा के जंगलों में दिन-रात यात्रा करते हुए भी मुगल सेना उनका लगातार पीछा कर रही थी। यात्रा करते हुए गुरु गोविन्द सिंह जी खिदराना नामक गाँव जा पहुँचे। माई भागो तथा उनके साथियों के साथ खिदराना के तालाब के समीप मुगल सेना की मुठभेड़ हुई, जो गुरुजी की तलाश करते हुए आगे निकल आई थी। इस युद्ध का नेतृत्व माई भागो ने किया और मुगल सेना को पीछे हटने पर विवश कर दिया लेकिन इस युद्ध में सभी चालीस सिक्ख शहीद हो गए। इस युद्ध में गुरु गोविन्द सिंह जी भी एक ऊँचे स्थान से धनुष बाण से बाणों का प्रहार कर रहे थे। वहाँ जाकर उन्होंने देखा कि माई भागो तथा महान सिंह बरार के अलावा सभी चालीस सिक्ख शहीद हो गए हैं। इस युद्ध में महान सिंह गम्भीर रूप से घायल हुआ था और माई भागो को भी गम्भीर चोटें आयी थीं। महान सिंह ने गुरु जी की गोद में अपने प्राण त्यागे। इसके बाद माई भागो गुरु गोविन्द सिंह जी के अंगरक्षक के रूप में मर्दाने वेश में उनके साथ रहने लगीं। सन् 1708 ई. में नांदेड़ में गुरु जी की मृत्यु के पश्चात् माई भागो कर्नाटक के बीदर के पास जिनवाड़ा में आकर रहने लगीं। उनकी मृत्यु के पश्चात् उनकी जिनवाड़ा स्थित झोपड़ी को गुरुद्वारे का रूप दे दिया गया और उसे 'गुरुद्वारा तपस्थान माई भागो' के नाम से पुकारा जाने लगा। नांदेड़ में भी उनके निवास स्थल को 'बंगा माई भागो' कहा जाता है। बीबी दलेर कौर नामक एक अन्य सिक्ख महिला भी मुगलों के विरुद्ध लड़ी थी और 100 मुगलों का उसने अकेले सामना किया था। उसे भी सिक्खों में शहीद का दर्जा हासिल है।[99] इनके अलावा शरण कौर पाबला, जींद कौर, बीबी राजिंदर कौर, माई सुखन और बीबी साहिब कौर के नाम भी आदर से लिए जाते हैं।

इसी प्रकार ओनक ओबव्वा को कन्नड़ गौरव का प्रतीक माना जाता है, जिसने ओनक (मूसल, इसे कन्नड़ में ओनक कहते हैं) की सहायता से अकेले

दम पर हैदर अली की सेना से मुकाबला किया था। हीरी मदकरी नायक जिस समय चित्रदुर्ग का शासक था, उस समय हैदर अली की सेना ने सन् 1779 ई. में चित्रदुर्ग शहर पर चारों ओर से घेरा डाल दिया। जब उसकी सेना किले से बाहर खड़ी थी, तभी उसने एक स्त्री को दुर्ग में स्थित एक छिद्र से दुर्ग के भीतर जाते देखा। इसे देखकर हैदर अली ने अपने सैनिकों को भी इसी छिद्र से दुर्ग के अन्दर भेजने का निश्चय किया। उस समय दुर्ग के द्वार की रक्षा करने वाला कर्मचारी कलानायक भी हमेशा की भाँति अपने घर जा चुका था और वह घर में भोजन कर ही रहा था कि उसे पानी की आवश्यकता महसूस हुई और उसकी पत्नी ओबव्वा तालाब में घड़े से पानी भरने हेतु दुर्ग के पास आयी। तालाब के पास ही वह छिद्र था, जहाँ से शत्रु सैनिक दुर्ग में प्रवेश करने का प्रयास कर रहे थे। उसने वहीं पर पड़े ओनक (मूसल) को उठाया और अन्दर प्रवेश करने का प्रयास कर रहे सैनिकों को एक-एक कर मूसले के प्रहार से मारना शुरू कर दिया। वह प्रत्येक सैनिक के सिर पर मूसल का जोरदार प्रहार करती और चुपचाप उसके शव को उठाकर किनारे लगा देती, ताकि शत्रु सेना को उसकी उपस्थिति तथा सैनिक के मरने का पता न चल सके। जब ओ. बव्वा का पति कलानायक भोजन खत्म करके ड्यूटी पर वापस आया, तो वह रक्त से लथपथ ओबव्वा को वहाँ खड़ी देखकर दंग रह गया। वह यह देखकर आश्चर्यचकित रह गया कि अनेक शत्रु सैनिकों के शव उसके पास पड़े हुए हैं। उसी दिन ओबव्वा की सम्भवत: आघात से या शत्रु सैनिकों के हाथों मृत्यु हो गयी। इसके बाद कलानायक ने बिगुल बजाकर दुर्ग के सैनिकों को एकत्र कर लिया और शत्रु सेना का संहार करना शुरू कर दिया। परिणामस्वरूप उस दिन दुर्ग हैदर अली के हाथों जाने से बच गया। लेकिन उसकी मृत्यु के बाद हैदर अली ने दुर्ग पर कब्जा कर लिया। कर्नाटक में ओनक ओबव्वा को कन्नड़ स्त्रियों के सम्मान का प्रतीक माना जाता है। चित्रदुर्ग के क्रीड़ा स्टेडियम को वीर वनिते ओनक ओबव्वा स्टेडियम नामकरण देकर ओनक ओबव्वा के प्रति सम्मान व्यक्त किया गया है तथा चित्रदुर्ग शहर के कमिश्नर के दफ्तर के बाहर ओनक की एक विशालकाय प्रतिमा स्थापित की गयी है।[100]

कित्तूर चेन्नम्मा कर्नाटक की कित्तूर रियासत की रानी थी। उसका जन्म कित्तूर के पास ककाती में सन् 1778 ई. में हुआ था। युवावस्था में उन्होंने घुड़सवारी, तलवारबाजी और तीरंदाजी का प्रशिक्षण लिया था। वह अपनी कित्तूर रियासत की रानी बनी और उसका विवाह राजा मल्लसराज से हुआ, जिससे उसे एक पुत्र हुआ, किन्तु उसकी सन् 1824 ई. में मृत्यु हो जाने पर उसने

शिवलिंगप्पा नामक बालक को गोद लेकर उत्तराधिकारी घोषित कर दिया किन्तु ब्रिटिश साम्राज्य ने दत्तक पुत्र को मान्यता प्रदान करने से इनकार कर दिया और शिवलिंगप्पा को बहिष्कृत करने का आदेश दिया, जिसे मानने से रानी ने इनकार कर दिया, परिणामस्वरूप ब्रिटिश सेना से रानी का युद्ध हुआ, जिसमें रानी ने वीरता का प्रदर्शन करते हुए विशाल अंग्रेज़ी सेना को पराजित कर दिया, परन्तु दोबारा युद्ध में रानी को पकड़ लिया गया और बेलहोंगल के किले में कैद कर दिया गया, जहाँ 21 फरवरी, सन् 1829 ई. को उसकी मृत्यु हो गयी। उसकी पहली विजय को कित्तूर उत्सव के रूप में आज भी प्रतिवर्ष 22-24 अक्टूबर को आयोजित किया जाता है। 11 सितम्बर, सन् 2007 को तत्कालीन राष्ट्रपति श्रीमती प्रतिभा पाटिल ने संसद परिसर में रानी चेन्नम्मा की प्रतिमा का अनावरण किया।[101]

उन्निअर्चा को केरल के उत्तरी मालाबार क्षेत्र की वीरांगना तथा नायिका का दर्जा हासिल है। वहाँ के प्राचीन लोक नाट्यों में उन्निअर्चा को बड़ी श्रद्धा से चित्रित किया जाता है। केरल के लोक साहित्य में भी उसे सम्मानपूर्वक स्मरण किया गया है। लोक गाथाओं के अनुसार अतुमनम्मल उन्निअर्चा मालाबार के चेक्कवर (तियूया) परिवार से सम्बन्धित थी। वह केरल के प्रसिद्ध योद्धाओं अरुमल चेक्कवर तथा उन्नीकन्नन की बहिन थी। उसे केरल की कलारी नामक मार्शल आर्ट का प्रशिक्षण दिया गया था तथा वह तलवारबाजी की कला भी जानती थी। उसने शत्रु पक्ष द्वारा अपहृत एक स्त्री को छुड़ाया था। उन्निअर्चा ने चन्दू चेक्कवर की प्रणय याचना को तिरस्कारपूर्वक ठुकरा दिया था, जिससे क्रुद्ध होकर चन्दू ने उन्निअर्चा के भाई अरुमल की हत्या कर दी। बाद में उन्निअर्चा के पुत्र अरुमलुन्नी ने चन्दू से इसका बदला लिया। उन्निअर्चा को मलयाली महिलाओं में नायिका तथा सुयोग्य महिला की प्रतिष्ठा हासिल है। उसके जीवन पर मलयालम में तीन फिल्में बन चुकी हैं, जिनके नाम उन्निअर्चा (1961), ओरु वदक्कन वीरगाथा (1989), तथा पुतुरमपुत्री उन्निअर्चा (2002) हैं।[102]

अक्का देवी का जीवनकाल सन् 1010 से 1064 ई. के मध्य माना जाता है। वह कर्नाटक के चालुक्य वंश की राजकुमारी थी। वह पश्चिमी चालुक्य राजा जयसिंह द्वितीय की बहिन थी तथा सोमेश्वर प्रथम की चाची थी। वर्तमान बीदर, बीजापुर तथा बगलकोट के इलाके में फैले हुए किशुकादु क्षेत्र की वह गवर्नर थी। अक्का देवी पश्चिम चालुक्य वंश का एक अंग थी। वह एक कुशल प्रशासक तथा सुयोग्य सेनापति थी। उसे 'गुणदाबेदंगी' अर्थात् 'गुणों की खान' कहकर भी पुकारा जाता था। उसका चोलों के साथ अनेक बार संघर्ष हुआ। उसने अपने साम्राज्य को दूर-दूर तक विस्तृत किया। उसने हिन्दू तथा जैन मन्दिरों

के निर्माण हेतु मुक्त हृदय से अनुदान दिए। सन् 1022 ई. के एक अभिलेख में उसे 'युद्ध में भैरवी' की संज्ञा दी गयी है। इससे स्पष्ट होता है कि वह अत्यन्त वीर एवं साहसी महिला थी तथा युद्धों में भी स्वयं भाग लिया करती थी। एक स्थानीय विद्रोह को कुचलने के लिए उसने गोकाक के दुर्ग की घेरेबन्दी की थी। कहा जाता है कि शिक्षा को प्रोत्साहन प्रदान करने हेतु भी उसने अनेक महत्त्वपूर्ण कदम उठाए थे।[103]

रानी अवंतीबाई लोधी रामगढ़ के शासक विक्रमादित्य सिंह की पत्नी थी। अवंतीबाई लोधी का जन्म 16 अगस्त, सन् 1831 को मनकेड़ी गाँव में जुझार सिंह के परिवार में हुआ था। वह एक अत्यन्त साहसी महिला थी। विक्रमादित्य सिंह की मई सन् 1850 में जिस समय अकाल मृत्यु हुई, उस समय वे सिंहासन हेतु कोई बालिग उत्तराधिकारी छोड़कर नहीं गए थे। उनके दोनों पुत्र अमान सिंह एवं शेर सिंह काफी छोटे थे। महाराज की मृत्यु के पश्चात रानी अवंतीबाई ने अपने पुत्र अमान सिंह के नाम से शासन करना शुरू कर दिया। इस बात का पता जब ब्रिटिश गवर्नर जनरल लॉर्ड डलहौजी को हुआ, तो उसने 13 सितम्बर, सन् 1851 ई. को कोर्ट ऑफ वार्ड्स के तहत रामगढ़ को ब्रिटिश नियंत्रण में ले लिया तथा राज परिवार को पेंशन देते हुए शेख मोहम्मद नामक तहसीलदार को ब्रिटिश प्रतिनिधि नियुक्त कर दिया। रानी ने इस अपमान के घूँट को चुपचाप पी लिया, किन्तु वह प्रतिघात के लिए उचित अवसर की प्रतीक्षा करने लगीं। जब सन् 1857 की क्रान्ति सम्पूर्ण भारत में धीरे-धीरे फैल रही थी, उसी समय रानी अवंतीबाई ने भी उचित अवसर देखकर क्रान्ति का सन्देश गाँव-गाँव तक पहुँचाने हेतु अपने हाथ से लिखा एक पत्र किसानों, जमींदारों आदि को भिजवाया, जिसमें उन्होंने लिखा था, "देश और आन के लिए मर मिटो या फिर चूड़ियाँ पहन लो। तुम्हें धर्म और ईमान की सौगन्ध है, जो तुमने इस सन्देश का पता दुश्मन को दिया।"

क्रान्ति की शुरुआत करते हुए रानी ने सर्वप्रथम रामगढ़ में ब्रिटिश सरकार द्वारा नियुक्त तहसीलदार को खदेड़ दिया और वहाँ की शासन व्यवस्था अपने हाथों में ले ली। इसके बाद रानी ने घुघरी, रामनगर, बिछिया आदि क्षेत्रों से ब्रिटिश सैनिकों को भगाकर इन इलाकों पर आधिपत्य जमा लिया तथा दिसम्बर 1857 में मण्डला पर भी अपना कब्जा जमा लिया। इससे बौखलाकर कैप्टन वाडिंगटन ने लेफ्टिनेंट बार्टन तथा कॉक्बर्न के साथ मिलकर रामगढ़ पर जोरदार हमला बोल दिया। रानी ने सैनिकों एवं किसानों की शक्ति के साथ इस हमले का ज़बर्दस्त प्रतिरोध किया, किन्तु संख्या बल तथा सैन्य क्षमता की दृष्टि से

अंग्रेज़ सेना कई गुना अधिक शक्तिशाली थी, इसलिए रानी ने देवहरगढ़ की पहाड़ियों में छिपकर छापामार युद्ध करने का निर्णय किया। उन्होंने रीवाँ नरेश से सहायता की गुहार लगाई, किन्तु वे अंग्रेज़ों से मिल गए। उधर अंग्रेज़ सेना ने रीवाँ नरेश की सहायता से रानी अवंतीबाई पर पुनः आक्रमण कर दिया। 9 अप्रैल, सन् 1858 को देवहरगढ़ के जंगलों में भीषण रक्तपात हुआ। जब रानी ने पराजय सुनिश्चित देखी तो उन्होंने अपनी तलवार अपने पेट में घोंपकर शहीद हो जाना उचित समझा। इस प्रकार यह अमर वीरांगना इतिहास के पन्नों पर अपनी अमिट छाप छोड़कर सदैव के लिए अमर हो गयी।[104]

भरतपुर के जाट महाराज सूरजमल की पत्नी महारानी किशोरी का जाटों के वर्चस्व स्थापित होने में महत्त्वपूर्ण योगदान था। महाराजा सूरजमल प्रत्येक महत्त्वपूर्ण मुद्दे पर सदैव उनसे राय मशविरा लेकर ही आगे बढ़ते थे। उनका जन्म मथुरा के निकट होडल ग्राम में हुआ था। 29 जनवरी, सन् 1754 को मराठों ने कुम्हेर के किले पर आक्रमण किया तथा वे 18 मई तक उसकी घेराबंदी किए रहे। मार्च के महीने में एक दिन जब मल्हार राव होल्कर का पुत्र खाण्डेराव अपनी सेना का निरीक्षण कर रहा था, तो कुम्हेर के किले से उस पर गोलियाँ बरसाई गयीं और 17 मार्च को उसकी मृत्यु हो गयी। उसके पिता मल्हार राव ने इस बात से कुपित होकर सौगन्ध खाई कि वह महाराजा सूरजमल का सिर काटकर यमुना नदी में प्रवाहित कर देंगे तथा किले को मटियामेट कर देंगे। इसके बाद मराठों ने अपनी पूरी ताकत से किले पर आक्रमण किया। महाराजा सूरजमल ने साथी राजाओं से सहायता माँगी लेकिन मराठों के डर से कोई उनकी सहायता के लिए सामने नहीं आया। महाराज ने अपनी पत्नी महारानी किशोरी से सलाह माँगी। महारानी जानती थीं कि मराठों एवं जयप्पा सिंधिया के बीच दुश्मनी है। इसलिए उन्होंने महाराजा सूरजमल से कहा कि वे मराठों की आपसी कलह का लाभ उठाएँ। इसलिए महारानी ने जयप्पा सिंधिया के मित्र दीवान रूपराम कटारा से सम्पर्क स्थापित किया। उन्होंने दीवान रूपराम कटारा को महाराजा सूरजमल का एक पत्र दिया और उनसे आग्रह किया कि वह यह पत्र जयप्पा सिंधिया तक पहुँचवा दें। पत्र पाने के बाद जयप्पा सिंधिया ने रघुनाथ राव से इस विषय में चर्चा की। रघुनाथ राव ने मल्हार राव होल्कर को सूरजमल के साथ सन्धि कर लेने की सलाह दी। मल्हार राव होल्कर ने यह भाँप लिया कि यदि उन्होंने यह सलाह नहीं मानी तो मराठों में वे अलग-थलग पड़ जाएंगे, इसलिए रघुनाथ राव की सलाह मानकर 18 मई, सन् 1754 ई. को उन्होंने महाराजा सूरजमल से सन्धि कर ली। उनकी बुद्धिमत्ता की एक अन्य कथा 'पुष्कर स्नान' के नाम से

विख्यात है, जिसके अनुसार महारानी किशोरी का दत्तक पुत्र जवाहर सिंह था। जब महारानी ने देखा कि उनका पुत्र जवाहर सिंह शासन में रुचि नहीं ले रहा है, तो उन्होंने अपने पुत्र महाराजा जवाहर सिंह से कहा कि वे पुष्कर में स्नान करना चाहती हैं। उस समय पुष्कर का राज्य उनके धुर शत्रु जयपुर नरेश राजपूत राजा माधो सिंह के नियंत्रण में था। जवाहर सिंह ने उन्हें लाख समझाने का प्रयास किया, परन्तु उनके अड़े रहने पर जवाहर सिंह को बाध्य होकर जयपुर पर आक्रमण करना पड़ा। इस युद्ध में राजपूतों के गर्व को चूर करते हुए महारानी ने बुद्धिमत्तापूर्वक जाट प्रभुत्व को बढ़ाने का कार्य किया। उनकी बुद्धिमत्ता का एक अन्य अवसर जुलाई 1778 ई. में उस समय आया, जब वे अपने पुत्र महाराजा जवाहर सिंह की मृत्यु के पश्चात् एकाकी जीवन-यापन कर रही थीं। उस समय मुगल बादशाह शाह आलम द्वितीय के गवर्नर मिर्जा नजफखान ने जाटों को सबक सिखाने के उद्देश्य से कुम्हेर पर आक्रमण कर दिया तथा महाराजा रणजीत सिंह को सबक सिखाने हेतु कुम्हेर के किले पर घेरा डाल दिया। जब यह घेरा बहुत लम्बा खिंचने लगा और राजा रणजीत सिंह ने यह देखा कि वे अधिक समय तक अपने दुर्ग की रक्षा नहीं कर सकेंगे। उस समय उनके विश्वासपात्रों ने उन्हें सलाह दी कि वे महारानी किशोरी से सहायता मांगें। प्रारम्भ में उन्होंने इस सुझाव को महत्त्व नहीं दिया, किन्तु जब पराजय अवश्यम्भावी दीखने लगी, उस समय उन्होंने महारानी किशोरी से सहायता मांगी। महाराजा रणजीत सिंह के सलाहकार चाहते थे कि महारानी किशोरी स्वयं मुगल शिविर में जाकर समझौता कराएँ क्योंकि मुगल भी उनका सम्मान करते थे, परन्तु महाराजा रणजीत सिंह इसके लिए हिचक रहे थे। एक रात को रणजीत सिंह कुछ साथियों के साथ दुर्ग से सुरक्षित बाहर निकल गए। अगली सुबह को मुगलों ने किले पर आक्रमण करके महारानी किशोरी को बन्दी बना लिया। महारानी ने मुगल नवाब अमीर अल उमरा से मिलने की इच्छा जाहिर की। मुगल नवाब ने जब उन्हें बुलाया तो उन्होंने आँखों में आँसू भरकर अपने दुखों की दास्तान सुनाई। इससे द्रवित होकर नवाब ने कुम्हेर का किला महारानी को लौटा दिया तथा महाराजा रणजीत सिंह को भी क्षमा कर दिया।[105]

रानी वेलू नाचियार तमिलनाडु के शिवगंगा नामक स्थान की रानी थी। वह महारानी लक्ष्मीबाई से भी पहले अंग्रेज़ों से लड़ी थी। जब उसके पति की हत्या हो गयी तो उसे विवश होकर रण क्षेत्र में उतरना पड़ा। हालांकि उसके पति की हत्या के बाद आठ वर्षों तक हैदर अली ने उसे शरण दी। इस दौरान अपनी सेना को संगठित करते हुए उसने गोपाल नायकर तथा हैदर अली के

सहयोग से अंग्रेज़ों पर आक्रमण करने की योजना बनाई। सन् 1780 में उसने अंग्रेज़ों पर आक्रमण कर दिया। जब रानी अंग्रेज़ों के बारूदखाने तक पहुँच गई तो उसने पहला आत्मघाती मानव बम बनाते हुए अपनी विश्वस्त क्यूली को बारूदखाना उड़ाने की आज्ञा दी। क्यूली ने स्वयं को तेल में डुबो दिया और बारूदखाने में जाकर खुद को आग लगा ली। इसमें रानी की पुत्री उदैयाल की भी मृत्यु हो गयी। बाद में रानी ने उदैयाल की स्मृति में एक महिला सेना का गठन किया। इसके बाद रानी ने दस वर्षों तक सफलतापूर्वक शासन किया।[106] इतिहास के प्रोफेसर संजीवी ने इस वीर रानी की प्रशंसा करते हुए लिखा है, "वीरांगना वेलू नाचियार ने झाँसी की रानी के उत्तर भारत के संघर्ष से 85 वर्ष पूर्व अंग्रेज़ शासन के विरुद्ध विद्रोह किया तथा भारत को स्वतन्त्र कराने का प्रयास किया। वह वास्तव में भारत की 'जोन ऑफ आर्क' थी।[107] 31 दिसम्बर, सन् 2008 को रानी के सम्मान में भारत सरकार द्वारा एक डाक टिकट जारी किया गया।

दक्षिण भारत का इतिहास महारानी मंगम्मल के बिना अधूरा है। उसका विवाह मदुरै नरेश चोक्कनाथ नायक से हुआ था। सन् 1682 ई. में चोक्कनाथ की मृत्यु के बाद महारानी मंगम्मल को शासन सँभालना पड़ा। उसने अपने पौत्र नवजात विजयरंग चोक्कनाथ के नाम से शासन सूत्र सँभाला। उस समय यह बालक सिर्फ तीन माह का था। उसने मराठों, मैसूर सेना, तंजावूर सेना तथा दक्खिन के सुल्तानों के आक्रमणों का अनेक बार वीरतापूर्वक सामना किया। उसने अपनी राजनैतिक बुद्धिमत्ता, चातुर्य तथा प्रशासनिक दक्षता से इन सभी समस्याओं पर विजय पाई। सन् 1697 ई. में औरंगजेब के सेनापति जुल्फिकार अली ने जिंजी के किले पर घेरा डाल दिया, जहाँ शिवाजी के पुत्र राजाराम तंजावूर तथा मदुरै को नेस्तनाबूद करने के लिए रुके हुए थे। इस अवसर का लाभ उठाते हुए रानी मंगम्मल ने तंजावूर से अपना छीना हुआ राज्य अपने वाक् चातुर्य से पुनः प्राप्त कर लिया। उनकी मृत्यु संदेहास्पद परिस्थितियों में सन् 1705 में हो गयी। तमिल वासी आज भी तमिलनाडु की सबसे शक्तिशाली एवं सुयोग्य महिला शासक के रूप में इन्हें याद करते हैं।[108]

येसुबाई मराठा शासक शम्भाजी की पत्नी थीं। वे छत्रपति शिवाजी के सरदार पिलाजीराव शिर्के की पुत्री थीं। वे अत्यन्त बुद्धिमान, सुन्दर एवं वाक्पटु थीं। वे अपने श्वसुर छत्रपति शिवाजी के मराठा साम्राज्य की स्थापना के लक्ष्य हेतु सदैव प्रयत्नशील रहीं। कहा जाता है कि वे राजकाज में अपने पति को नियमित सुझाव एवं सलाह दिया करती थीं। जब उनके सगे भाई ने शम्भाजी से 'वतन'

की मांग की, तो वे अपने भाई के विरोध में खड़ी हो गयीं। अपने पति की मृत्यु के पश्चात् उन्होंने शासन सूत्र का संचालन अपने हाथों में ले लिया। उन्होंने अनेक युद्ध लड़े और विजय प्राप्त की। जब रायगढ़ में मराठों को पराजय का सामना करना पड़ा, तो उन्हें भीषण दुख सहने पड़े। उन्हें उनके 50-60 विश्वस्तों के साथ बन्दी बना लिया गया। औरंगजेब ने उन पर कतई दया नहीं दिखाई। अपने जीवनकाल में येसुबाई ने औरंगजेब से केवल एक इच्छा जाहिर की थी वह थी कि वे चाहती थीं कि उन्हें उनके सेनापति शान्ताजी का मृत चेहरा देखने दिया जाए। औरंगजेब ने उनकी यह इच्छा पूरी की, किन्तु वह यह देखकर आश्चर्यचकित रह गया कि येसुबाई अपने छोटे बेटे से शान्ताजी को श्रद्धांजलि व्यक्त करने को कह रही हैं।[109]

मीराबाई का जन्म सन् 1498 ई. में राजस्थान के मेड़ता शहर के पास कुड़की नामक ग्राम में हुआ था। बचपन से ही कृष्णभक्ति की ओर उनका रुझान था। उनका विवाह चित्तौड़ के राजा राणा सांगा के पुत्र भोजराज के साथ हुआ था। सन् 1527 ई. में बाबर के साथ युद्ध में उनके पति की मृत्यु हो गयी। इधर मीरा की कृष्णभक्ति बढ़ती ही जा रही थी, वे भक्ति विभोर होकर गलियों में नाचने लगती थीं। इससे चिढ़कर उनके देवर और चित्तौड़ के नए महाराज विक्रमादित्य ने मीरा को कई बार विष देने का प्रयास किया। कहा जाता है कि उनकी ननद ऊदाबाई उनके विरुद्ध विषवमन किया करती थी। कहा जाता है कि विक्रमादित्य ने विष देने के अलावा एक फूलों की टोकरी में छिपाकर साँप भी भेजा था, जिसे खोलने पर वह फूलों की माला में बदल गया था। मीरा ने अपने एक पद में उल्लेख किया है कि राजा विक्रमादित्य ने उनके लिए शूलों की सेज भेजी थी जो प्रभु कृपा से फूलों की सेज में बदल गया था–

शूल सेज राजा नै भेजी, दीज्यो मीरां सुलाय,
साँझ भई मीरां सोवन लागी, मानों फूल बिछाय।

सम्भवत: मीरा मध्यकाल की पहली ऐसी महिला हैं, जिन्होंने अपने ससुराल से विद्रोह करने का दुस्साहस किया था।[110]

रानी अहिल्याबाई मराठों के राज्य मालवा की महारानी थीं, जिन्हें अपने महान कार्यों के लिए 'पुण्यश्लोक' के नाम से सम्मान दिया जाता है। उनका जन्म महाराष्ट्र के चोंडी नामक स्थान पर 31 मई, सन् 1725 ई. को हुआ था। ब्रिटिश इतिहासकार लॉरेन्स ने उनकी तुलना ब्रिटेन की महारानी एलिजाबेथ प्रथम, डेनमार्क की रानी मार्गरेट प्रथम तथा रूस की रानी कैथरीन द ग्रेट से की है। उनका विवाह पेशवा बाजीराव के सेनापति मल्हार राव के पुत्र

खाण्डेराव के साथ हुआ था। सन् 1754 में कुम्भेर की लड़ाई में पति की मृत्यु के पश्चात उनके ससुर मल्हारराव ने उन्हें राज्य के प्रशासनिक तथा राजनैतिक दायित्व सौंप दिए। मल्हारराव की मृत्यु के कुछ समय पश्चात् रानी के पुत्र की भी मृत्यु हो गयी, तब रानी ने पेशवा से आग्रह किया कि उन्हें राज्य चलाने की जिम्मेदारी सौंप दी जाए। मालवा के कुछ लोग एक स्त्री को राज्य सौंपने के खिलाफ थे, किन्तु होल्करों की सेना को पूर्ण विश्वास था कि रानी अहिल्याबाई के नेतृत्व में ही राज्य सुरक्षित रह सकता है। सन् 1766 में पेशवा ने रानी को मालवा का शासक घोषित कर दिया। अपने शासनकाल में रानी ने स्वयं हाथी की पीठ पर बैठकर सेना का नेतृत्व करते हुए अनेक युद्धों में भाग लिया तथा भीलों एवं गोंडों के आक्रमण से राज्य की रक्षा की। इन्दौर को एक छोटे से गाँव से भव्य महानगर का रूप देने का श्रेय रानी अहिल्याबाई को ही दिया जाना चाहिए। उन्होंने हिमालय से लेकर दक्षिण भारत तक सम्पूर्ण देश में अनेक घाटों, मन्दिरों, कुओं, बावड़ियों तथा धर्मशालाओं का निर्माण एवं जीर्णोद्धार कराया। स्त्री सशक्तीकरण की दृष्टि से उनका एक आदेश अत्यन्त महत्त्वपूर्ण था, वह यह कि उन्होंने पति की मृत्यु हो जाने के पश्चात् उसकी सम्पत्ति पर पत्नी के अधिकार को मान्यता प्रदान की। उन्होंने स्वयं परदा नहीं किया और अपने द्वार आम जनता के लिए सदैव खुले रखे। उन्होंने विधवा को भी पुत्र को गोद लेने का अधिकार प्रदान किया, जो एक क्रान्तिकारी कदम था। रानी अहिल्याबाई की राजधानी महेश्वर कवियों, कलाकारों, संगीतज्ञों तथा औद्योगिक घरानों के लिए स्वर्ग के समान थी। 13 अगस्त, सन् 1796 को इस महान रानी के निधन के साथ ही मालवा के गौरवशाली इतिहास के एक स्वर्णिम पृष्ठ का भी अवसान हो गया। उनकी महानता को नमन करने हेतु 25 अगस्त, सन् 1996 को भारत सरकार ने उनकी याद में एक डाक टिकट जारी किया। इसी वर्ष इन्दौर नगर के नागरिकों ने निश्चित किया कि रानी अहिल्याबाई होल्कर की याद में प्रति वर्ष भारत की एक महान हस्ती को सम्मानित किया जाएगा। प्रथम रानी अहिल्याबाई होल्कर स्मृति पुरस्कार नानाजी देशमुख को दिया गया। इन्दौर के हवाई अड्डे का नामकरण भी रानी के नाम पर किया गया है तथा यहाँ स्थित विश्वविद्यालय का नाम भी रानी के नाम पर है। अनेक भारतीय, अमेरिकी तथा ब्रिटिश इतिहासकारों ने रानी अहिल्याबाई होल्कर के शासन की प्रंशसा की है।[111]

उमाबाई साहेब खण्डेराव दभाडे मराठा सेना की सरसेनापति बनने वाली प्रथम महिला थीं। सन् 1732 ई. में उन्हें मराठा सेना का सरसेनापति नियुक्त

किया गया। सन् 1732 ई. में ही अहमदाबाद के युद्ध में उन्होंने अदम्य साहस का परिचय दिया था। 28 नवम्बर, सन् 1753 को उनका निधन हो गया।[112]

हैदराबाद अर्थात् भाग्यनगर शहर को भागमती उर्फ हैदरमहल के नाम पर गोलकुण्डा के सुल्तान कुली कुतुबशाह ने बसाया था। रानी भागमती गोलकुण्डा से 10 मील दूर चिचलम (वर्तमान शाहलीबन्द, हैदराबाद) की रहने वाली थी। वह बहुत खूबसूरत महिला थी, जो मूलतः देवदासी थी और मन्दिरों में नृत्य किया करती थी। उसकी सुन्दरता तथा नृत्य से प्रभावित होकर सन् 1589 ई. में गोलकुण्डा के सुल्तान कुली कुतुबशाह ने उससे विवाह कर लिया और उसे 'मिश्तरी' या 'हैदरमहल' नाम दिया। सन् 1591 में कुली कुतुबशाह ने भागमती के प्रति अपने प्रेम को प्रदर्शित करते हुए भाग्यनगर नाम से एक नगर बसाया, बाद में रानी के ही एक अन्य नाम 'हैदरमहल' से इसे हैदराबाद नाम से भी जाना गया। अकबर के दरबार के सिपहसालार फैजी ने इस नामकरण के पीछे के उद्देश्य को सर्वप्रथम स्पष्ट किया था। सन् 1608 ई. में उसका निधन हो गया। उसकी कब्र हैदराबाद के राईन बाजार में आज भी मौजूद मानी जाती है।[113] रानी भागमती और कुली कुतुबशाह की प्रेम कथा पर सन् 2005 में अशोक कौल ने भारत की पहली सजीव एनीमेशन फीचर फिल्म 'भागमती' नाम से बनायी थी।[114]

महान एवं बलिदानी स्त्रियों की परम्परा में हाड़ी रानी का नाम बड़े ही सम्मान से लिया जाता है। वह बूँदी के शासक हाड़ा की बेटी थीं तथा उनका विवाह मेवाड़ (उदयपुर) के सलुम्बर के राजा रावल चुण्डावत से हुआ था। उनकी शादी की अभी गाँठ भी नहीं खुली थी कि रावल चुण्डावत को मेवाड़ के महाराजा राजसिंह का आदेश मिला कि वे मेवाड़ की रक्षा हेतु तुरन्त औरंगजेब की सेना के खिलाफ युद्ध हेतु निकलें, किन्तु नया-नया विवाह होने के कारण रावल चुण्डावत युद्ध में जाने से हिचक रहे थे। जब रानी हाड़ी को इसका पता चला, तो उन्होंने उनसे मेवाड़ की रक्षा हेतु तुरन्त युद्धभूमि में जाने का अनुरोध किया। युद्ध में जाते समय भी रावल चुण्डावत रानी का मोह नहीं त्याग पा रहे थे, इसलिए युद्ध के लिए प्रस्थान करते समय उन्होंने सेवक को रनिवास भेजकर रानी की कोई निशानी लाने को कहा। जब सेवक ने रानी से उनकी निशानी मांगी, तो रानी ने सोचा कि कहीं मेरे मोह में पड़कर रावल चुण्डावत युद्ध से विमुख न हो जाएँ या युद्ध में वीरता न प्रदर्शित कर पाएँ। यह सोचकर उन्होंने सेवक को आदेश दिया कि वह उनका शीश काटकर रावल के पास निशानी के तौर पर ले जाएँ। सेवक ने ऐसा ही किया। रावल ने रानी हाड़ी के शीश को

निशानी के तौर पर गले में लटकाकर औरंगजेब की सेना के साथ भयंकर युद्ध किया और लड़ते हुए शहीद हो गए।[115]

राजपूताना के इतिहास में एक अन्य हाड़ी रानी का भी जिक्र आता है, जो पूर्ववर्णित हाड़ी रानी की चाची थीं और जोधपुर के शासक राजा जसवंत सिंह की पत्नी थीं। वह बूँदी के शासक शत्रुलाल हाड़ा की बेटी थीं। सन् 1657 ई. में औरंगजेब ने अपने पिता शाहजहाँ के खिलाफ विद्रोह कर दिया, जिसे दबाने के लिए शाहजहाँ ने महाराजा जसवंत सिंह तथा मुगल सेनापति कासिम खाँ के नेतृत्व में एक बड़ी फौज भेजी। उज्जैन के पास धनपत के मैदान में इन दोनों के बीच भयानक युद्ध हुआ, किन्तु औरंगजेब ने मुगल सेनापति कासिम खाँ तथा कुछ अन्य अमीरों को कूटनीति से अपनी ओर मिला लिया, जिससे जसवंत सिंह की राजपूत सेना को पराजय नजर आने लगी। तब उनके सलाहकारों ने उन्हें न चाहते हुए भी जबरन 600 सैनिकों के साथ वापस जोधपुर रवाना कर दिया। उनके स्थान पर रतलाम नरेश रतन सिंह को नायक नियुक्त कर इस सेना ने औरंगजेब की सेना से टक्कर ली और सभी ने वीरगति प्राप्त की। महाराजा जसवंत सिंह के जोधपुर पहुँचने की सूचना जब किलेदारों ने रानी हाड़ा को दी और उनसे अनुरोध किया कि वे महाराजा का स्वागत करें तो रानी ने किलेदारों को आदेश दिया कि वे किले के सभी द्वार बन्द कर दें और महाराज तक यह सन्देश भिजवा दें कि युद्ध से हारकर जीवित वापस लौटे राजा के लिए किले में कोई स्थान नहीं है। उन्होंने अपनी सास राजमाता से कहा कि आपके पुत्र ने वापस लौटने के स्थान पर युद्ध क्षेत्र में यदि वीरगति पायी होती तो मैं स्वयं को धन्य समझती परन्तु आपके पुत्र ने अपने राठौड़ वंश के साथ-साथ मेरे हाड़ा वंश को भी कलंकित कर दिया है। जब महाराजा ने रानी को विश्वास दिलाया कि वे युद्ध से भागकर नहीं आए हैं, बल्कि सैन्य संसाधनों की व्यवस्था करने आए हैं तो रानी ने दरवाजे खुलवाए। लेकिन महल में उन्होंने चाँदी के बरतनों के स्थान पर लकड़ी के बरतनों में खाना परोसा। जब महाराजा ने इसका कारण पूछा तो रानी ने उत्तर दिया कि कहीं बरतनों के टकराने की आवाज को आप तलवारों की खनखनाहट न समझ बैठें, इसलिए मैंने लकड़ी के बरतनों में भोजन परोसा है। इस बात से महाराजा जसवंत सिंह को अपनी पत्नी पर गर्व महसूस हुआ। हाड़ा रानी जसवंत राजपूती नौटंकियों में आज भी अमर हैं।[116]

राजपूताना इतिहास में मेवाड़ के सिसौदिया वंश को भारत का मुकुट बनाने में राष्ट्रभक्त क्षत्राणी महारानी सोनगिरी का महत्त्वपूर्ण योगदान है।[117] तुर्क हमलावर अलाउद्दीन खिलजी ने जैसे तैसे चित्तौड़ जीत कर अपने चाटुकार मालदेव को

मेवाड़ का सूबेदार बना दिया था। युद्ध में रावल रतन सिंह सहित चित्तौड़ के वीरों ने केसरिया बाना पहन कर आत्माहुति दी। खिलजी की मौत के बाद मुहम्मद तुगलक दिल्ली का सुल्तान बना तो मालदेव ने उसकी अधीनता स्वीकार कर ली। उस समय सीसोदा की जागीर को छोड़कर लगभग सारा मेवाड़ तुर्कों के कब्जे में था और सीसोदा के राणा हम्मीर सिंह को इसी का दुख था। बापा रावल की सैंतीसवी पीढ़ी के रावल करण सिंह ने जब अपने बड़े बेटे क्षेम सिंह को मेवाड़ की बागडोर सौंपी तो छोटे बेटे राहप को राणा की पदवी दे सीसोदा की बड़ी जागीर दे दी। केलवाड़ा इसकी राजधानी थी। रावल क्षेम सिंह के वंश में आगे चलकर रावल रतन सिंह हुए। राणा राहप के वंशज अरि सिंह इनके समकालीन थे और खिलजी से युद्ध करते हुए राणा अरि सिंह ने भी रावल रतन सिंह के साथ वीरगति पायी। उन्हीं का युवा पुत्र हम्मीर उस समय केलवाड़ा में मेवाड़ को विदेशी दासता से मुक्त करने की योजना बना रहा था। पहले तो हम्मीर ने मालदेव का स्वाभिमान जगाने की कोशिश की, पर जिसके खून में ही गुलामी आ गयी हो वह दासता में ही अपना गौरव समझता है। इसलिए उसने उलटे हम्मीर को ही तुर्कों की शरण में आने को कहा। हम्मीर ने मालदेव और तुर्कों पर छापेमार हमले करने शुरू कर दिए। मालदेव ने इससे बचने के लिए चाल सोची और हम्मीर को अपनी लड़की की शादी के प्रस्ताव का नारियल भिजवाया। हम्मीर ने काफी सोच विचार के बाद उस विवाह प्रस्ताव को स्वीकार कर लिया तथा तय समय पर अपने गुप्तचरों और सैनिकों के साथ वे चित्तौड़ दुर्ग पहुँच गए। वहाँ जाकर उन्होंने दुर्ग का निरीक्षण किया। विवाह के बाद उनका साक्षात्कार राजकुमारी सोनगिरी से हुआ तो राजकुमारी ने हाथ जोड़ कर निवेदन किया "महाराज मैं आपके शत्रु की कन्या हूँ इसलिए मैं आपके योग्य नहीं हूँ। मेरे पिता तुर्कों के साथ हैं लेकिन मैं आपका साथ देकर अपनी मातृभूमि मेवाड़ के लिए भी आपके साथ मिलकर संघर्ष करूंगी।" हम्मीर उनकी देशभक्ति से प्रभावित हुए। वे बोले "देवी अब आप सीसोदा की रानी हैं। अब आपका लक्ष्य भी अब हमारा लक्ष्य है। हम मिल कर मेवाड़ की स्वतन्त्रता की लड़ाई लड़ेंगे।" सोनगिरी ने कहा कि महाराज आप दहेज में दीवान मौजा राम मोहता को मांग लीजिये। वे अत्यन्त नीतिज्ञ और देशभक्त हैं। इसे सुनकर मालदेव ने सोचा कि मोहता उनके लिए गुप्तचरी करेंगे। यह समझ कर उन्होंने सहर्ष हम्मीर की बात मानकर दीवान मोहता को उनके साथ भेज दिया। हम्मीर की विदाई रानी और मोहता के साथ कर दी गयी। दुर्ग के कपाट बंद कर किलेदार को आदेश दिया गया कि आज से हम्मीर या उनका कोई सैनिक

इस किले में न आने पाये। थोड़ी दूर जाने पर दीवान मोहता ने हम्मीर से कहा कि महाराज मालदेव आपको असावधान करके केलवाड पर हमला करने की फिराक में है। लेकिन अभी तुगलक ने उसे सेना सहित सिंगरौली बुलाया है। वह कूच करने वाला है। इसलिए चित्तौड़ विजय का इससे अच्छा मौका नहीं मिलेगा। मोहता की बात सुनकर हम्मीर ने पास के ही जंगल में डेरा डाल दिया और मालदेव के सिंगरौली जाने का इन्तजार करने लगे। जैसे ही उन्हें अपने गुप्तचरों के द्वारा मालदेव के बाहर जाने का सन्देश मिला वे अपने सैनिकों को इकट्ठा करके वापस किले की तरफ रवाना हो गए। राणा हम्मीर भी स्त्री वेष में हो लिए और मोहता मौजा राम को आगे कर दिया। वे खुद पालकी में बैठ गए। रात्रि का समय हो गया था। किले के दरवाजे पर जाकर उन्होंने आवाज लगाई "द्वार खोलो मैं दीवान मौजा राम मोहता हूँ, राजकुमारी पीहर आयी है। किलेदार ने झांक कर देखा तो उन्हें मौजा राम पालकी के साथ दिखाई दिए तो उन्हें कोई खतरा न जानते हुए और मौजा राम तो अपने आदमी हैं तथा आदेश केवल राणा हम्मीर के लिए ही था इसलिए किलेदार ने ज्यादा विचार किये बिना द्वार खोल दिए। अन्दर घुसते ही राणा हम्मीर और सैनिकों ने द्वार रक्षक सैनिकों का काम तमाम कर दिया। अगले द्वार पर भी यही प्रक्रिया दोहराई गयी। किले में मालदेव के थोड़े से ही सैनिक थे इसलिए बात ही बात में किले पर राणा हम्मीर का कब्जा हो गया। सुबह की पहली किरण के साथ ही वहाँ केसरिया ध्वज लहरा दिया गया। मालदेव को पता लगा तो वह उलटे पैर चित्तौड़ की ओर दौड़ा पर हम्मीर ने उसे रास्ते में ही दबोच लिया। उसके सैनिक भी हम्मीर के साथ हो लिए। अब बिना समय गँवाए हम्मीर ने सिंगरौली में बैठे तुगलक पर हमला बोल दिया। उसके सैनिक भाग गए और तुगलक पकड़ा गया। तीन महीने तक कारागृह में रहने के बाद मेवाड़ के साथ-साथ अजमेर व नागौर के इलाके, पचास लाख रुपये और सौ हाथी देकर उसने अपने प्राण बचाए। राणा हम्मीर अब पूरे मेवाड़ के महाराणा हो गए। यहीं से मेवाड़ के सिसौदिया वंश का काल खंड शुरू हुआ। राष्ट्र भक्त क्षत्राणी महारानी सोनगिरी ने राष्ट्र-हित में अपने पिता को त्याग कर मेवाड़ को पुनः भारत का मुकुट बना दिया।[118]

आन्ध्र प्रदेश के इतिहास में नायकुरुलु नागम्मा का नाम बड़े ही सम्मान के साथ लिया जाता है। वह गुण्टूर जिले की पालनाड रियासत के शासक नलगम की विश्वस्त सहायक और मंत्री थी। मध्यकालीन आन्ध्र के इतिहास के महत्त्वपूर्ण पालनाड युद्ध में ब्रह्मनायडू के साथ उसका भी महत्त्वपूर्ण योगदान था। इस युद्ध के पश्चात् चोलों का शासन कमजोर होने लगा और उनका स्थान

काकटियों ने लेना शुरू कर दिया। आन्ध्र में नायकुरुलू नागम्मा को साहसी महिला माना जाता है, तो वहीं दूसरी ओर पालनाड के कुछ इलाकों में उसे धूर्त्त स्त्री की भी संज्ञा दी जाती है।[119]

राजस्थान के इतिहास में विशेषकर बीकानेर के इतिहास में सोमादेवी का एक महत्त्वपूर्ण स्थान रहा है। वह बीकानेर के जंगलादेश में सिद्धमुख नामक रियासत के चहार जाट शासक राजा मालदेव की पुत्री थी, जिसने 13वीं शताब्दी में शासन किया था। उस समय दिल्ली पर गुलाम बादशाह शासन कर रहा था। उसकी सेना जब जैसलमेर के अपने अभियान से वापस लौट रही थी, तो कहा जाता है कि उसकी सेना सिद्धमुख के समीप आराम कर रही थी, तभी एक साँड़ ने नाराज होकर इधर–उधर दौड़ना शुरू कर दिया। इससे भयभीत होकर आम जनता तथा मुस्लिम सैनिक जान बचाकर भागने लगे। सोमादेवी ने यह नजारा देखा तो वह साँड़ के पास दौड़कर आयीं और उन्होंने अपने दोनों हाथों से उसके सींग पकड़ने का प्रयास किया। उनकी पकड़ इतनी मजबूत थी कि साँड़ छुड़ाकर भाग नहीं सका और उन्होंने उसे काबू में करते हुए रस्सी से बाँध दिया। यह देखकर मुस्लिम सेनापति सोमादेवी की ओर आकर्षित हुआ और उसने उनसे विवाह का प्रस्ताव रखा, किन्तु उनके पिता राजा मालदेव ने इस प्रस्ताव को ठुकरा दिया लेकिन मुस्लिम सेनापति सोमादेवी को बलपूर्वक ले जाना चाहता था, जिससे राजा मालदेव तथा मुस्लिम सेना के बीच भीषण युद्ध हुआ, जिसमें राजा मालदेव वीरगति को प्राप्त हो गए। सोमादेवी ने भी स्वयं मुस्लिम सैनिकों से युद्ध लड़ा, किन्तु पिता की मृत्यु के पश्चात पराजय सुनिश्चित देखकर वह तथा उसके परिवार के अन्य सदस्य युद्ध छोड़कर झूँझावाटी क्षेत्र चले गए।[120]

मेरठ के पास स्थित सरधना रियासत की बेगम समरू उर्फ फरजाना जेबुन्निशा का जन्म सन् 1753 ई. में हुआ था। डेल रिम्पल का मानना है कि वह कश्मीरी मूल की थी और नाचने वाले परिवार से ताल्लुक रखती थी। उसका एक नाम बेगम योना नोबिलिस सोम्बर भी था। उसने बहुत कम उम्र में लक्जमबर्ग के भाड़े के सैनिक रेनहार्ट सोम्बर से शादी की थी। इतिहासकार योहान लाल अपने ऐतिहासिक शोध के पश्चात् बताते हैं कि फरजाना मात्र चौदह वर्ष की उम्र की थी, जब सोम्बर उससे रेडलाइट एरिया में आकर मिला और उसके प्रेम में पड़ गया। साजिशों के उस दौर में फरजाना ने अपने पति का उस समय बखूबी साथ निभाया, जब वह लखनऊ, रुहेलखण्ड (बरेली), आगरा, डींग, भरतपुर होते हुए वापस दोआब आने तक यहाँ से वहाँ भटक रहा था। इस दौरान उसकी मुलाकात अपने पति के कुछ सहयोगी अधिकारियों से हुई, जिनमें फ्रेंच ली वासो तथा

आइरिश जार्ज थॉमस भी थे। सन् 1793 में यह खबर जोर पकड़ने लगी कि फरजाना ने ली वासो से विवाह कर लिया है। यह भी खबरें उड़ने लगीं कि इससे क्रुद्ध होकर उसकी सेनाओं ने उसके विरुद्ध विद्रोह कर दिया है। इसके बाद रात के अँधेरे में गुप्त ढंग से फरजाना पालकी में बैठकर तथा ली वासो घोड़े पर सवार होकर वहाँ से निकल गया। कहा जाता है कि जब फरजाना को यह गलत सूचना दी गयी कि ली वासो की गोली मारकर हत्या कर दी गयी है, तो उसने भी खुद को चाकू घोंप लिया लेकिन वह बच गयी। हालांकि ली वासो सिर में घाव हो जाने से बाद में मर गया। यह भी कहा जाता है कि उन दोनों ने एक साथ आत्महत्या करने का फैसला किया था, लेकिन ली वासो द्वारा खुद को गोली मार लेने के बाद फरजाना ने मरने का निर्णय बदल दिया।

सन् 1802 में जब गेरार्ड लेक बेगम से मिला, तो उसने उसकी सुन्दरता से मुग्ध होकर उसे किस कर लिया, इस पर बेगम ने उससे कहा कि यह एक पादरी का एक पश्चाताप करने वाली बच्ची को दिया गया किस है। बेगम केवल साढ़े चार फुट लम्बी थी लेकिन वह पुरुषों की भाँति पगड़ी धारण करती थी और युद्ध के मैदान में घोड़े पर बैठकर स्वयं सेना का संचालन किया करती थी। वह इतनी वीर तथा साहसी महिला थी कि उसके बारे में लोगों के मन में यह धारणा व्याप्त थी कि वह एक चुड़ैल है, जो अपने शत्रुओं की ओर अपना अँगरखा फेंक देने भर से उनका सर्वनाश कर देती है।

जब उसके पति वाल्टर रेनहार्ट सोम्बर का निधन हुआ, उस समय उसके पास 90,000 रुपए प्रति वर्ष की सम्पत्ति थी। उत्तर भारत में सन् 1803 में ब्रिटिश शासन लागू होने के बाद भी ब्रिटिश सरकार ने बेगम को एक स्वतन्त्र शासक के तौर पर मान्यता दी। उसकी प्रशासनिक दक्षता भी गजब की थी। सरधना के एक छोटे से इलाके की बेगम होने के बावजूद उसकी गिनती उत्तर भारत के शक्तिशाली शासकों में होती थी। जब सिक्ख सन् 1783 में मुगल सम्राट शाह आलम द्वितीय पर आक्रमण करने जा रहे थे, तो उसने अपने बुद्धि चातुर्य से उन्हें लड़े बिना रोक दिया था। इस कारण मुगल सम्राट भी उसका आदर करता था और शाह आलम ने तो उसे अपनी बेटी घोषित कर दिया था। शाह आलम के पुत्र अकबर द्वितीय ने सन् 1806 में बादशाह बनने पर चाँदनी चौक के एक महल को बेगम को उपहार स्वरूप दिया था। गुड़गाँव में भी बेगम का एक महल जीर्ण-शीर्ण अवस्था में मौजूद है। सन् 1836 में उनका निधन हो गया। मृत्यु के पश्चात् उन्हें सरधना के चर्च में दफनाने से मना कर दिया गया क्योंकि वे मुस्लिम थीं, लेकिन उनके सम्मान में एक मकबरा बनवाने हेतु लोग राजी

हो गए। आज इस स्मारक को 'बेसिलिका ऑफ आवर लेडी ऑफ ग्रेसेज' के नाम से जाना जाता है।[121] वह भारत की एकमात्र कैथोलिक शासक थी। तिग्मांशु धुलिया 'बेगम समरू' नाम से एक फिल्म बना रहे हैं, जिसकी नायिका करीना कपूर होंगी। यह फिल्म ज़ल्द ही सिनेमाघरों में रिलीज होगी।

ताई तेलिन औंध रियासत के पन्त प्रतिनिधि की प्रेमिका थीं। सन् 1806 ई. में पेशवा बाजीराव द्वितीय ने पन्त प्रतिनिधि को मसूर नामक स्थान पर गिरफ्तार कर लिया। इसके बाद ताई तेलिन ने वसोता को अपने आधिपत्य में ले लिया और अपने प्रेमी को रिहा कराने हेतु अदम्य साहस का परिचय दिया। इस बीच पन्त प्रतिनिधि ने स्वयं को सतारा नरेश का सेवक घोषित करते हुए पेशवा के साथ सारे सम्बन्ध तोड़ लिए। इससे क्रुद्ध होकर पेशवा ने बापू गोखले के नेतृत्व में एक सेना भेजी, जिसने बसंतगढ़ के युद्ध में पन्त प्रतिनिधि को परास्त कर दिया। इसके बावजूद ताई तेलिन आठ महीने तक वसोता में रहकर पेशवा की सेना से युद्ध करती रही किन्तु अन्न के भण्डार में आग लग जाने के कारण आखिर में उसे समर्पण करना पड़ा।[122]

बेगम हजरत महल अवध के नवाब वाजिद अली शाह की पहली बेगम थीं, जो अत्यन्त खूबसूरत थीं तथा जिन्होंने भारत के प्रथम स्वाधीनता संग्राम सन् 1857 में अपना अमूल्य योगदान दिया था। उनका वास्तविक नाम मोहम्मदी खानम था और बेगम हजरत महल खिताब उन्हें नवाब वाजिद अली शाह द्वारा सन् 1845 में पुत्र बिरजिस कद्र को जन्म देने के बाद दिया गया था। उन्हें नवाब ने 'इफ्तखारुन्निशा' का खिताब भी दिया था, जिसका अर्थ है 'स्त्रियों का गर्व'। उनका जन्म सन् 1820 ई. में फैजाबाद में हुआ था। सन् 1850 से अंग्रेज़ों ने सम्पूर्ण भारत पर अपना अधिकार स्थापित करने का अभियान शुरू कर दिया था और वे धीरे-धीरे भारतीय रियासतों को अपने कब्जे में करते जा रहे थे। इस कड़ी में सन् 1852 में संस्कृति, तहजीब, कला एवं साहित्य के प्रमुख केन्द्र लखनऊ को उन्होंने अपने नियंत्रण में ले लिया। यद्यपि उस समय बेगम ने नवाब को सलाह दी कि वे इसका विरोध करें, किन्तु वे अपील करने हेतु इंग्लैण्ड जाने के पक्ष में थे। कलकत्ता जाते हुए अंग्रेज़ों ने यहाँ के लोकप्रिय नवाब वाजिद अली शाह को निर्वासित कर नज़रबन्द कर दिया। उस समय अंग्रेज़ों ने नवाब की बेगमों के साथ भी दुर्व्यवहार किया। यद्यपि उस समय तक बेगम हजरत महल का अपने पति नवाब वाजिद अली शाह से तलाक हो चुका था, लेकिन बेगमों के साथ दुर्व्यवहार तथा पति के निर्वासन एवं राज्य छीने जाने से क्रुद्ध होकर बेगम हजरत महल ने अपने 14 वर्षीय नाबालिग पुत्र

बिरजिस कद्र को 5 जुलाई, सन् 1857 को अवध का नवाब घोषित कर दिया और अंग्रेज़ी सेना का स्वयं मुकाबला करने का निर्णय किया। जब सन् 1857 ई. में सम्पूर्ण भारत में अंग्रेज़ों के विरुद्ध स्वतन्त्रता की चिंगारियाँ उठ रही थीं, उस समय लखनऊ में अंग्रेज़ों के विरुद्ध बेगम के नेतृत्व में युद्ध लड़ा गया। वे संगठन करने में अत्यधिक कुशल थीं। उन्होंने अंग्रेज़ों के विरुद्ध संघर्ष हेतु किसानों, जमींदारों और सैनिकों को कुशलतापूर्वक एकजुट किया तथा ग्रामीणों को भी अंग्रेज़ों के विरुद्ध लोहा लेने की प्रेरणा दी। बिरजिस कद्र को नवाब घोषित करने के बाद उन्होंने मुगल बादशाह बहादुरशाह जफर को नवाब बिरजिस कद्र की ओर से एक पत्र लिखा, जिसमें उन्होंने लिखा था, "जहाँपनाह! फिरंगियों ने हमें मटियामेट कर दिया है। बेलीगारद के गुम्बद ढहने का इंतजार कर रहे हैं। आपने जिस तरह हमारे पुरखों पर अपनी कृपा दृष्टि रखी थी, उसी कृपादृष्टि की आज हमें सख्त ज़रूरत है। मुझे यकीन है कि आप मेरे द्वारा भेजे गए तोहफों को स्वीकार करके मेरा सम्मान बढ़ाएंगे।"

इस पर प्रसन्न होकर मुगल बादशाह बहादुरशाह जफर ने लिखा, "मेरे कर्त्तव्यपरायणी और बहादुर बेटे अवध के नवाब बिरजिस कद्र! जिस कम उम्र में तुम इतनी बड़ी जिम्मेदारी उठा रहे हो, उसकी मैं कद्र करता हूँ। मैं तुम्हें यकीन दिलाता हूँ कि शाही मुहर शीघ्र ही तुम्हारे पास रवाना कर दी जाएगी। मैं तुम्हें ताज बख्शता हूँ और तुम्हें और भी इलाके देने की घोषणा करता हूँ।"

इसके बाद मुगल सम्राट के प्रति वफादारी के बदले में मुगल बादशाह ने युवा बिरजिस कद्र को एक सनद तथा एक शाही मुहर भिजवाई, जो इस बात का सबूत था कि लखनऊ की गद्दी पर अब नवाब बिरजिस कद्र का कानूनी अधिकार है। इससे पहले अवध के किसी भी नवाब को मुगल बादशाह ने कानूनी मान्यता नहीं दी थी। यह बेगम हजरत महल का रणनीतिक कौशल था कि यह महत्त्वपूर्ण उपलब्धि अवध को हासिल हुई।[123]

सन् 1857 के स्वाधीनता संग्राम में बेगम ने सभी क्रान्तिकारियों के साथ एकजुटता दिखाते हुए लखनऊ को अंग्रेज़ों से छीन लेने में सफलता प्राप्त की। 'अवध की लक्ष्मीबाई' नाम से विख्यात बेगम हजरत महल ने नाना साहब तथा फैजाबाद के मौलवी के साथ मिलकर शाहजहाँपुर में अंग्रेज़ों पर हमला बोला था।[124] सन् 1857 के स्वाधीनता संग्राम के दौरान बेगम ने अंग्रेज़ों के इस दावे की खिल्ली उड़ाई थी कि अंग्रेज़ शासन सभी धर्मों का पालन करने की स्वतन्त्रता देता है। उन्होंने कहा था, "सुअर खाना और शराब पीना, सुअर की चर्बी लगी बन्दूक को दाँतों से खींचना और मिठाइयों में सुअर की चर्बी मिलवाना, सड़क

बनाने के बहाने हिन्दुओं और मुसलमानों के धर्म स्थानों को तबाह करना और चर्च बनवाना तथा ईसाई धर्म के प्रचार के लिए पादरियों को सड़कों पर घुमवाना, अंग्रेज़ी स्कूल खुलवाना तथा यहाँ अंग्रेज़ी पढ़ने वालों को धन देना, जबकि हिन्दुओं के विद्यालयों तथा मुसलमानों के मदरसों की उपेक्षा करना तथा हिन्दुओं और मुसलमानों के धर्म स्थलों को पूरी तरह से उनकी मर्जी पर छोड़ देना। इन सब बातों के बाद लोग आपकी (अंग्रेज़) इस बात पर भला कैसे यकीन करें कि आप दूसरे के धर्म में दखल नहीं देते।"[125]

अंग्रेज़ों ने भारी फौज लाकर लम्बे समय तक घेरा डाले रहने के बाद सन् 1858 में बेगम हजरत महल को पीछे हटने पर मजबूर कर दिया। इस पर उन्होंने नेपाल के प्रधानमंत्री राणा जंगबहादुर से राजनैतिक शरण माँगी, जिसे कुछ हिचक के बाद राणा ने स्वीकार कर लिया और सन् 1874 ई. में काठमाण्डू में बेगम का निधन हो गया। भारत के प्रथम स्वाधीनता संग्राम की महत्त्वपूर्ण नायिका होने के बावजूद आज भी उनका काठमाण्डू स्थित मकबरा जीर्ण-शीर्ण अवस्था में है। हालांकि 15 अगस्त सन् 1962 को लखनऊ के प्राचीन ओल्ड विक्टोरिया पार्क का सरकार द्वारा बेगम हजरत महल पार्क नामकरण किया गया और 10 मई, सन् 1984 को उनके सम्मान में डाक टिकट जारी किया गया। लेखिका कुर्रतुल एन हैदर ने बेगम को श्रद्धांजलि देते हुए लिखा है, "अवध की बेगम हजरत महल सुयोग्य रानियों तथा सेनापतियों की शृंखला की आखिरी कड़ी थीं। सन् 1857 के स्वाधीनता संग्राम में बेगम ने अपने राज्य की सेना की कमान सँभाली और हार जाने के बावजूद उन्होंने रानी विक्टोरिया के फरमान को न मानते हुए इसके विरुद्ध अपना फरमान जारी करने का साहस दिखाया था।" कार्लमार्क्स, वीर सावरकर, सर डब्ल्यू.एच. रसेल, सर जदुनाथ सरकार, प्रिंस अंजुम कद्र, रोशन तकवी, एम. कोकब कद्र आदि ने बेगम की प्रशंसा को अपने शब्द दिए हैं।[126]

भारतीय स्वाधीनता संग्राम में जिस वीरांगना की शौर्य गाथा स्वर्णाक्षरों में अंकित है, उसका नाम है झाँसी की रानी लक्ष्मीबाई। उनका जन्म 19 नवम्बर, सन् 1828 को वाराणसी के भदैनी के एक मराठी परिवार में हुआ था। उनके पिता मोरोपन्त तांबे तथा माता भगीरथी बाई थीं। उनके पिता बिठूर रियासत के पेशवा के दरबार में काम करते थे। पेशवा उन्हें अपनी पुत्री के समान स्नेह देते थे। यद्यपि बाल्यकाल में उनका नाम 'मणिकर्णिका' या 'मनु' था किन्तु पेशवा उन्हें 'छबीली' कहकर पुकारते थे। उन्होंने बाल्यकाल में ही तात्या टोपे के मार्गदर्शन में तीरंदाजी, घुड़सवारी, आत्मरक्षा आदि का प्रशिक्षण पाया था, जो

आगे चलकर उनके बहुत काम आया। चौदह वर्ष की आयु में उनका विवाह सन् 1842 ई. में अपने से काफी बड़े झाँसी के राजा गंगाधर राव नेवालकर से हुआ। नेवालकर वंश का संस्थापक रघुनाथ राव मूलतः महाराष्ट्र के कोंकण क्षेत्र के राजापुर जिले के पावस ग्राम का मुखिया था। इसके तीन पुत्र पेशवा की सेना के वीर योद्धा थे, जिनकी वीरता पर मुग्ध होकर पेशवा बाजीराव द्वितीय ने उन्हें महाराष्ट्र के जलगाँव जिले के परोल गाँव की जागीर दी थी, जहाँ आज भी इनका किला मौजूद है। बाद में उन्हें झाँसी का सूबेदार बनाया गया। गंगाधर राव इसी वंश के थे। विवाह के पश्चात् मनु का नाम लक्ष्मीबाई कर दिया गया क्योंकि रानी के आने से झाँसी में सम्पन्नता आई थी। सन् 1851 ई. में रानी ने एक पुत्र को जन्म दिया, जिसका नाम दामोदर राव रखा गया, किन्तु जन्म के चार माह के भीतर ही उसका निधन हो गया। इसके पश्चात राजा गंगाधर राव तथा रानी लक्ष्मीबाई ने राजा गंगाधर राव के चचेरे भाई वासुदेव के पुत्र आनन्द राव को गोद लेकर उसका नामकरण अपने मृतक पुत्र के नाम पर दामोदार राव कर दिया तथा उसे सिंहासन का उत्तराधिकारी घोषित कर दिया, इस बीच 21 नवम्बर, 1853 को राजा गंगाधर राव की भी मृत्यु हो गयी। राजा की मृत्यु के बाद तत्कालीन ब्रिटिश शासन (ईस्ट इण्डिया कम्पनी) ने डलहौजी की हड़प नीति का आधार लेकर दामोदर राव के उत्तराधिकार सम्बन्धी दावे को खारिज कर दिया और रियासत को अपने अधिकार में लेने की घोषणा कर दी।[127]

हालांकि काशीप्रसाद त्रिपाठी अपनी पुस्तक '*बुन्देलखण्ड का बृहद इतिहास*' में पृष्ठ संख्या 228 पर लिखते हैं कि वासुदेव शिवालकर रानी लक्ष्मीबाई की सौतेली माँ चिमणाबाई (पत्नी मोरोपंत ताम्बे) के पिता थे, जो झांसी के पास गुरसराय में रहते थे, राजा गंगाधरराव ने ही अपने विधुर ससुर मोरेपंत ताम्बे का विवाह चिमणाबाई से करवाकर उन्हें भी झांसी में ही बसा दिया था। उनके पुत्र आनंदराव वासुदेव निम्बालकर का पुनर्नामकरण रानी के मृत पुत्र के नाम पर दामोदरराव किया गया था और स्वयं राजा गंगाधरराव ने 20 नवम्बर सन् 1853 को झांसी के राजनैतिक प्रतिनिधि मेजर एलिस तथा झांसी छावनी के कैप्टन मार्टिन के समक्ष अपनी सौतेली सास चिमणाबाई के भाई को गोद लिया था। इसके अगले ही दिन 21 नवम्बर को राजा गंगाधरराव का स्वर्गवास हो गया था। इस दृष्टि से दत्तक पुत्र दामोदरराव वास्तव में रानी लक्ष्मीबाई के सौतेले मामा थे। मामा को दत्तक पुत्र बनाना भारतीय हिन्दू परम्परा के नियम विरुद्ध था, उनका मत है कि यदि राजा गंगाधरराव की मृत्यु के बाद रानी लक्ष्मीबाई ने दामोदरराव की जगह स्वयं को उत्तराधिकारी

घोषित करने की मांग की होती तो अंग्रेजों को उनकी मांग ठुकराना मुश्किल होता लेकिन यह मांग कभी उठाई ही नहीं गई।

झाँसी को ब्रिटिश राज्य में मिलाने का विरोध करते हुए विधवा रानी ने ब्रिटिश वकील जॉन लैंग की सलाह लेते हुए ब्रिटिश अदालत में इस फैसले के विरुद्ध मुकदमा दायर कर दिया, लेकिन अदालत में उनकी अपील खारिज कर दी गयी। इसके बाद ब्रिटिश अधिकारियों ने झाँसी राज्य का सारा खजाना जब्त कर लिया और उनके पति के कर्ज को रानी के वार्षिक खर्च में से काट लिया गया। इसके बाद रानी को किला छोड़कर रानी महल में जाकर रहना पड़ा। 7 मार्च, सन् 1854 को अंग्रेज़ों ने एक राजघोषणा के माध्यम से झाँसी पर रानी तथा दामोदरराव के समस्त अधिकार खत्म कर दिए। ब्रिटिश अधिकारी मेजर एलिस ने रानी के पास आकर इस आशय की सूचना जब उन्हें दी तो रानी ने हुंकार भरते हुए चोटिल शेरनी की भाँति गरजते हुए कहा, “मैं अपनी झाँसी नहीं दूँगी।”

चूँकि रानी ने बाल्यकाल से ही अस्त्र संचालन तथा अश्वारोहण में निपुणता हासिल कर ली थी तथा विवाह के पश्चात् उन्होंने झाँसी के किले के अन्दर ही एक महिला सेना खड़ी कर ली थी, जिसका संचालन वे स्वयं मर्दाने वेश में किया करती थीं। इसलिए इस आघात के बाद रानी ने धीरे-धीरे झाँसी की युद्ध व्यवस्था मजबूत करनी शुरू कर दी। उन्होंने एक स्वयंसेवक सेना का गठन किया और आम जनता ने भी इसमें उन्हें पूरा सहयोग दिया। जून 1857 में टीकमगढ़ के दीवान नत्थू खाँ ने अंग्रेजों के इशारे पर बीस हजार सैनिकों के साथ झाँसी पर हमला बोल दिया और मऊरानीपुर तथा बरुआसागर पर कब्ज़ा कर लिया लेकिन रानी ने उसे करारी शिकस्त दी। इसके पश्चात् सितम्बर-अक्टूबर, सन् 1857 में ओरछा तथा दतिया के राजाओं ने मिलकर झाँसी पर आक्रमण कर दिया, लेकिन रानी ने उनके मंसूबों को विफल करते हुए उन्हें पीछे हटने पर विवश कर दिया। इसके बाद जनवरी सन् 1858 में हयूरोज के नेतृत्व में ब्रिटिश सेना ने झाँसी की ओर बढ़ना शुरू किया और मार्च में पूरे शहर को घेर लिया। 20 मार्च, सन् 1858 को हयूरोज ने झाँसी से तीन मील की दूरी पर अपनी सेना का पड़ाव डाला और रानी लक्ष्मीबाई को शरण में आने हेतु संदेश भेजा, किन्तु रानी ने इसे अस्वीकार करते हुए स्वयं झाँसी के तट पर खड़े होकर युद्ध की प्रेरणा अपने सैनिकों को देना शुरू कर दी। हयूरोज ने तीन दिनों तक लगातार युद्ध किया, किन्तु तोपची गौस खाँ और खुदाबख्श के संचालन में रानी की कड़क बिजली, घनगर्जन, भवानीशंकर आदि तोपों ने अंग्रेज़ों की फौज के

छक्के छुड़ा दिए। इसके बाद उसने 3 अप्रैल को झाँसी शहर में घुसकर लोगों को लूटना शुरू कर दिया।

अब रानी ने निर्णय लिया कि वे शत्रु का घेरा तोड़कर पेशवा से मिलेंगी। इसके लिए रात में वे अपने 200 विश्वस्त सैनिकों के साथ बालक दामोदर राव को पीठ में बाँधकर 'जयशंकर' का घोष करते हुए किले से बाहर निकलीं। इस समय उनके पिता मोरोपन्त भी उनके साथ थे। घेरा तोड़कर बाहर जाते हुए अंग्रेज़ों से हुई झड़प में मोरोपंत घायल हो गए और अंग्रेज़ों ने उन्हें पकड़कर अगले दिन फाँसी पर लटका दिया। रानी 24 घण्टे तक लगातार घोड़े पर सवारी करके कालपी पहुँचीं और पेशवा बाजीराव तथा तात्या टोपे से मिलीं, जिन्होंने उन्हें पूरा सहयोग देने का आश्वासन दिया। तात्या टोपे तथा रानी लक्ष्मीबाई की संयुक्त सेना ने ग्वालियर के विद्रोही सैनिकों की सहायता से अंग्रेज़ों के मित्र ग्वालियर नरेश सिन्धिया पर आक्रमण कर दिया और ग्वालियर के एक किले पर कब्जा कर लिया। ग्वालियर नरेश ने भागकर आगरा में अंग्रेज़ों के पास शरण ली। रानी की सखियों मुंदर तथा काशी ने भी पुरुष वेश में युद्ध कौशल दिखाकर शत्रु सेना को बेदम कर दिया। अब रानी ने नाना साहब को पेशवा घोषित कर दिया और महाराष्ट्र की ओर कूच करने का निर्णय किया, ताकि मराठों में भी विद्रोह की आग सुलगाई जा सके। अंग्रेज़ों के सेनापति हयूरोज ने इस मुश्किल घड़ी में अंग्रेज फौज को पुनः संगठित करते हुए मुरार तथा कोटा की दो लड़ाइयों में रानी की सेना को पराजित किया। 18 जून, सन् 1858 को कुछ देशद्रोही भारतीय राजाओं की गद्दारी के कारण पराजित होकर रानी को ग्वालियर से भागना पड़ा। अंग्रेज़ी फौज रानी को पकड़ने के लिए उनका पीछा करने लगी और उनसे मुठभेड़ में रानी के चालीस वीर सैनिकों ने अपने प्राणों की आहुति दी। उस समय घेरा तोड़कर जाते हुए ग्वालियर के कोटा की सराय नामक स्थान के बाग का एक नाला सामने आ गया। नाला देखकर उनका घोड़ा वहीं अड़कर खड़ा हो गया। रानी के पास सदैव राजरतन नाम का घोड़ा रहा करता था, किन्तु यह नया घोड़ा था, इस कारण वह पूर्णतः प्रशिक्षित नहीं था और वह नाले के चारों तरफ गोल-गोल घूमने लगा। तभी पीछे से आ रहे एक सैनिक ने रानी के सिर पर प्रहार किया, जिससे उनके सिर का दाहिना भाग कट गया और उनकी एक आँख बाहर निकल आयी, उसी समय दूसरे सैनिक ने संगीन से उनके हृदय पर वार किया। घायल होने के बावजूद रानी ने उन दोनों आक्रमणकारियों का वध कर दिया, लेकिन इसके बाद वे भूमि पर गिर पड़ीं। चूँकि रानी पुरुष वेश-भूषा में थीं, इसलिए अंग्रेज़ सैनिक उन्हें पहचान नहीं सके। उनके गिरते

ही वे वहाँ से चले गए। रानी ने अंग्रेज़ों के हाथों में न जाने की इच्छा प्रदर्शित की और वहाँ उपस्थित स्वामिभक्त रामराव देशमुख और पठान सरदार गौस खाँ से कहा कि मेरी मृत्यु के पश्चात् भी मेरा मृत शरीर अंग्रेज़ों के हाथों में नहीं लगना चाहिए। उन्होंने रक्तरंजित रानी को समीपस्थ बाबा गंगादास की कुटिया तक पहुँचाया। बाबा गंगादास ने उन्हें गंगाजल पिलाया। इसी कुटिया में रानी ने अन्तिम साँसें लीं। इसी कुटिया में चिता बनाकर रानी का अन्तिम संस्कार किया गया। अंग्रेज़ सेनापति हयूरोज ने रानी के शौर्य की भूरि-भूरि प्रशंसा की थी और कहा था कि विद्रोही नेताओं में वह सबसे खतरनाक थीं। रानी के प्राणोत्सर्ग ने बाद में भारतीय क्रान्तिकारियों सरदार भगत सिंह के संगठन तथा नेताजी सुभाष चन्द्र बोस को प्रेरणा दी। नेताजी ने तो रानी झाँसी रेजीमेण्ट बनाकर रानी के प्रति अपना सम्मान व्यक्त किया। बाद में सोहराब मोदी ने उन पर सुपरहिट फिल्म बनायी तथा हाल ही में जी.टी.वी. पर 'झाँसी की रानी' नामक एक धारावाहिक प्रसारित किया गया था, जो पर्याप्त चर्चित हुआ था।

झाँसी की रानी के साथ कुछ अन्य तथ्य भी जुड़े हुए हैं। कहा जाता है कि रानी लक्ष्मीबाई ने सन् 1857 के प्रथम स्वतन्त्रता संग्राम में बाँदा के नवाब अली बहादुर को राखी भेजकर अंग्रेज़ सेना के विरुद्ध युद्ध में सहायता माँगी थी। यह उस समय की बात है, जब अंग्रेज़ों ने रानी के किले को घेर लिया था और उनके पास बचाव का कोई रास्ता नहीं रह गया था। उस समय रानी ने अपने डाकिए लाला दुलारेलाल के हाथों राखी के साथ एक पत्र भेजा था, जिसमें लिखा था, "हमारी राय है कै विदेसियों का सासन भारत पर न भओ चाहिजे और हमको अपुन कौ बड़ौ भरोसौ है और हम फौज की तैयारी कर रहे हैं सो अंगरेजन सो लड़बो बहुत जरूरी है पाती समाचार देवै में आवे।" यह पत्र कलम और स्याही से लिखा गया था और इसमें कोई विराम चिह्न नहीं लगा था। इतिहासकार राधाकृष्ण बुन्देली इस पत्र के सम्बन्ध में लिखते हैं "यह पत्र रानी का हस्तलिखित है। पत्र और राखी मिलते ही नवाब अपनी दस हजार सैनिकों की फौज लेकर बहिन की रक्षा के लिए झाँसी को निकल पड़े थे, मगर नवाब के वहाँ पहुँचने से पहले ही रानी किले से कूदकर कालपी की ओर निकल गयीं। नवाब और फिरंगी सेना में भीषण संग्राम हुआ था और भारी तादाद में अंग्रेज़ सैनिक मारे गए थे।"[128]

एक अन्य तथ्य यह है कि 5 जून, सन् 1857 को जब स्वतन्त्रता संग्राम की चिंगारी भड़कने पर ईस्ट इण्डिया कम्पनी के स्टार फोर्ट नामक किले को स्वतन्त्रता सेनानियों ने लूटकर झाँसी के अंग्रेज़ अफसरों के बंगले जला दिए,

तब अंग्रेज़ अपनी स्त्रियों एवं बच्चों को रानी के पास शरण हेतु महल लेकर आ गए। रानी ने अंग्रेज़ों द्वारा उत्पीड़ित एवं अपमानित होने के बावजूद शरणागत को शरण देने का कर्त्तव्य निभाते हुए उनके भोजन, वस्त्र एवं आवास की व्यवस्था किले में की। कहा जाता है कि रानी की सेना में हिन्दुओं के अलावा पठान मुसलमान, ईस्ट इण्डिया कम्पनी से असन्तुष्ट अंग्रेज़ सैनिक, दलित एवं वंचित समाज के स्त्री-पुरुष आदि भारी संख्या में थे। 15 अप्रैल, सन् 2012 को लन्दन में आयोजित एक सर्वेक्षण में लोगों को ब्रिटेन के 20 सबसे बड़े दुश्मन चुनने थे। इस सूची में भारत के टीपू सुल्तान और रानी लक्ष्मीबाई को ब्रिटिश लोगों ने चुना।

रानी लक्ष्मीबाई की दुर्गा दल की सेनापति वीरांगना झलकारी बाई का नाम आज भारतीय वीरांगनाओं में बड़े ही सम्मान के साथ लिया जाता है। उनका जन्म 22 नवम्बर, सन् 1830 को झाँसी के निकट भोजला नामक ग्राम में एक निर्धन कोली परिवार में हुआ था। उनके पिता का नाम सदोवर सिंह और माँ का नाम जमुना देवी था। बाल्यकाल में ही उनकी माँ का निधन हो गया। तत्पश्चात् उनके पिता ने उन्हें पुत्र की भाँति पाल-पोसकर बड़ा किया और अश्वारोहण तथा अस्त्र-शस्त्र संचालन का प्रशिक्षण दिया। एक बार वह जंगल में लकड़ी काटने गयी हुई थीं कि अचानक झाड़ियों से निकलकर एक आदमखोर चीते ने झलकारी बाई पर आक्रमण कर दिया। यह देखकर उनके साथ गए ग्रामीण भाग खड़े हुए लेकिन झलकारी बाई ने हिम्मत नहीं हारी और कुल्हाड़ी लेकर चीते से भिड़ गयीं। चीते ने अपने नुकीले पंजों से उन्हें घायल कर दिया लेकिन झलकारी बाई ने अपनी कुल्हाड़ी से चीते के माथे पर सधा हुआ वार किया। चीता इस वार से घायल होकर निढाल होकर गिर पड़ा। इसके बाद लगातार कुल्हाड़ियों के वारों से उन्होंने चीते को मार डाला। एक अन्य अवसर पर जब डकैतों ने ग्राम पर हमला बोल दिया, तब झलकारी बाई ने अपनी बहादुरी से उन्हें मार भगाया था। इस घटना से वे अत्यन्त लोकप्रिय हो गयीं। उनका विवाह रानी लक्ष्मीबाई की सेना के एक तोपची पूरन सिंह से हुआ। एक बार गौरीपूजा के अवसर पर वे महारानी को सम्मान देने झाँसी के किले में गयीं। रानी लक्ष्मीबाई उन्हें देखकर चकित रह गयीं क्योंकि उनकी शक्ल रानी से हूबहू मिलती थी। रानी ने उनकी योग्यता, साहस एवं बुद्धिमत्ता देखकर उन्हें दुर्गा दल में शामिल करने का आदेश दिया। आगे चलकर उन्हें दुर्गा दल का सेनापति बनाया गया।

जब हयूरोज तथा बिटलाक ने भारी भरकम अंग्रेज़ी फौज के साथ रायगढ़, चन्देरी, सागर, बानपुर आदि को जीतते हुए 23 मार्च, सन् 1858 को झाँसी के किले को चारों ओर से घेर लिया और रानी की मदद को कालपी से निकले तात्या

टोपे को भी गद्दारों के माध्यम से जानकारी हो जाने पर बीच में ही रोक लिया गया और अंग्रेज़ों ने ओरछा प्रवेश द्वार पर नियुक्त रानी के तोपची दुल्हाजू उर्फ दूल्हेराव को भी पीरबख्श के हाथों रिश्वत दिलाकर खरीद लिया। इससे उसने अपना द्वार अंग्रेज़ी सेना के किले में प्रवेश हेतु खोल दिया। उस समय इस किले पर झलकारी बाई का पति तोपची पूरन सिंह तैनात था। अंग्रेज़ों से लड़ते हुए वह द्वार पर ही शहीद हो गया। पति की मृत्यु का शोक मनाने के स्थान पर झलकारी बाई ने अपने कर्त्तव्य को वरीयता दी और वह भागकर किले में गई तथा रानी को सभी विवरण जाकर बताए कि किस प्रकार गद्दारों की नापाक हरकतों की वजह से ओरछा द्वार से अंग्रेज़ सेना किले में दाखिल हो गयी है। उन्होंने रानी को सलाह दी कि वे चुपचाप इस किले से बाहर निकल जाएँ और मैं आपका वेश धारण करके अंग्रेज़ों को यहीं रोके रखने का प्रयास करती हूँ। इस स्थिति का लाभ उठाकर आप सुरक्षित स्थान पर पहुँचकर सैन्य संगठन करके अंग्रेज़ी सेना पर आक्रमण कर सकती हैं। योजनानुसार दोनों रानी का वेश धारण करके किले से अलग-अलग द्वारों से बाहर निकलीं। झलकारी बाई ने अधिक वस्त्राभूषण धारण कर रखे थे, ताकि वहीं असली रानी दिखें। इस बीच रानी सुरक्षित किले से बाहर निकल गयीं और झलकारी बाई शत्रु सेना से घिर गयी। घिर कर वे भयंकर युद्ध करने लगीं तभी उन्हें एक भेदिए दुल्हाजू ने पहचान लिया। उसके भेद खोलने से पूर्व ही झलकारी बाई ने उसे गोली मारकर उसका काम तमाम कर देना चाहा लेकिन दुर्भाग्यवश वह गोली दूसरे अंग्रेज़ सैनिक को लगी और भेदिया जीवित बच गया। झलकारी को घेर लिया गया। ब्रिटिश शिविर में पहुँचते ही उन्होंने रानी लक्ष्मीबाई की भाँति आचरण करते हुए सैनिकों से कहा कि वे जनरल हयूरोज से मिलना चाहती हैं। हयूरोज तथा उसके सैनिक प्रसन्न थे कि उन्होंने रानी लक्ष्मीबाई को जीवित पकड़ लिया है। जनरल हयूरोज ने उनसे प्रश्न किया कि उनके साथ क्या सलूक किया जाए? इस पर झलकारी बाई ने कहा कि मुझे फाँसी दी जाए। यह सुनकर एक ब्रिटिश अफसर ने कहा कि मुझे तो यह औरत पागल लगती है। जनरल हयूरोज ने इस पर जो उत्तर दिया, वह इतिहास का स्वर्णिम दस्तावेज बन गया। उसने कहा, "यदि भारत की एक प्रतिशत नारियाँ भी इसकी तरह पागल हो जाएँ, तो हम अंग्रेज़ों को सब कुछ छोड़कर यहाँ से भागना पड़ेगा।" बाद में दुल्हाजू ने एक बार पुनः गद्दारी करते हुए अंग्रेज़ों को यह बता दिया कि यह रानी लक्ष्मीबाई नहीं है, बल्कि दुर्गा दल की सेनापति झलकारी बाई है, जो अंग्रेज़ों को धोखा देने के लिए रानी का भेष धारण कर लड़ रही थी। झाँसी की रानी तो लम्पूसिंह खंगार के साथ किले से

बाहर जा चुकी है। इसके बाद झलकारी बाई का क्या हुआ, इस पर इतिहासकारों में मतभेद है। कुछ लोगों का मत है कि अंग्रेज़ों ने उन्हें फाँसी दे दी थी। अखिल भारतीय युवा कोली संगठन के राष्ट्रीय अध्यक्ष डॉ. नरेशचन्द्र कोली के अनुसार 4 अप्रैल, सन् 1857 को उन्होंने युद्धभूमि में अंग्रेज़ी सेना से लड़ते हुए वीरगति प्राप्त की। डॉ. वृन्दावनलाल वर्मा ने अपने उपन्यास 'झाँसी की रानी' में लिखा है कि हयूरोज ने इसके बाद झलकारी बाई को मुक्त कर दिया था। उन्होंने लिखा है कि इस बारे में उन्होंने स्वयं वीरांगना झलकारी बाई के नाती से जानकारी ली थी। बद्रीनारायण अपनी पुस्तक '*वीमेन हीरोज एण्ड दलित एसर्शन इन नार्थ इण्डिया: कल्चर आइडेण्टिटी एण्ड पॉलिटिक्स*' में कुछ ऐसा ही मत व्यक्त करते हैं। उनका कहना है कि इसके बाद झलकारी बाई लम्बे समय तक जीवित रही थीं। कुछ का मत है कि जब अंग्रेज़ न्यायाधीश ने झलकारी बाई को उम्र कैद की सजा सुनाई, तो उन्होंने अंग्रेज़ी न्याय की खिल्ली उड़ाते हुए उन्हें तुरन्त झाँसी छोड़ देने का आदेश दिया, जिससे बौखलाकर अंग्रेज़ों ने उन पर फौजी मानहानि तथा बगावत का आरोप सिद्ध करते हुए उन्हें तोप के मुँह से बाँधकर उड़ा दिया था। राष्ट्रकवि मैथलीशरण गुप्त ने उनकी बहादुरी को नमन करते हुए लिखा है–

> "जाकर रण में ललकारी थी,
> वह तो झाँसी की झलकारी थी।
> गोरों से लड़ना सिखा गयी है,
> इतिहास में झलक रही, वह भारत की ही नारी थी।"[129]

भवानी शंकर विशारद ने '*दलित समाज की वीरांगना झलकारी बाई*',[130] अरुणाचल प्रदेश के पूर्व राज्यपाल माता प्रसाद ने '*झलकारी बाई*', ग्रन्थ लिखा, सुप्रसिद्ध दलित साहित्यकार मोहनदास नैमिशराय ने '*वीरांगना झलकारी बाई*' नामक ग्रंथ की रचना की। इस ग्रंथ में वे लिखते हैं, "न धर्म रक्षा न जाति रक्षा, झलकारी ने चूड़ियाँ पहनना छोड़ देश रक्षा के लिए बन्दूक हाथ में ले ली थी। उसे न महल चाहिए थे, न कीमती जेवर और न रेशमी कपड़े और न दुशाले। वह न तो रानी थी और न ही पटरानी। वह किसी सामन्त की बेटी भी नहीं थी तथा किसी जागीरदार की पत्नी भी नहीं। वह तो गाँव भोजला के एक साधारण कोरी परिवार में पैदा हुई थी और पूरन को ब्याही थी। पिता भी आम परिवार से थे और पति भी, लेकिन देश और समाज के प्रति प्रेम और बलिदान से उन्होंने इतिहास में खास जगह बनाई थी। दु:खद बात यह कि जाति विशेष के चश्माधारी

इतिहासकारों, साहित्यकारों और पत्रकारों में से किसी ने भी दलित समाज की उस वीरांगना झलकारी बाई की खबर नहीं ली थी।"[131]

कौशलेन्द्र प्रताप यादव की पुस्तक '*आल्हा-ऊदल और बुन्देलखण्ड*' सन् 2009 में प्रकाशित हुई थी। इस पुस्तक पर उस समय काफी विवाद हुआ था और यह आरोप लगाया गया था कि यह पुस्तक रानी लक्ष्मीबाई के जीवन चरित्र पर आक्षेप लगाती है। इस पुस्तक में कौशलेन्द्र प्रताप यादव ने झलकारी बाई की सराहना करते हुए लिखा है, "लक्ष्मीबाई की अपेक्षा झलकारी बाई का बलिदान ज़्यादा गौरवपूर्ण है। झलकारी बाई के सामने न तो किसी सिंहासन का सवाल था, न किसी राज्य का। यदि लक्ष्मीबाई फतह हासिल कर लेतीं तो भी झलकारी बाई केवल दासी ही बनी रहती, रानी न बनती। इसके बावूजद उसने रानी का वेश धारण करके रानी को सुरक्षित झाँसी से बाहर निकाला। अंग्रेज़ उसके कृत्य से काफी देर तक झाँसे में रहे। जब अंग्रेज़ी सेना के एक देशी सिपाही ने उसे पहचाना तो अंग्रेज़ों ने उसे गोली मार दी। 'स्त्री शूद्रो न विद्या न धीयताम्' के उस दौर में झलकारी का बलिदान महिमामण्डित करने वाला कोई दलित इतिहासकार नहीं था, अतः उसका उत्सर्ग अँधेरे में ही रहा।"[132] 22 जुलाई, सन् 2001 को भारत सरकार ने झलकारी बाई के सम्मान में डाक टिकट जारी किया है। उत्तर प्रदेश सरकार ने भी आगरा में उनकी प्रतिमा स्थापित की है तथा लखनऊ के एक अस्पताल का नाम उनके नाम पर किया है।

केरल में त्रावणकोर सरकार तथा ब्रिटिशों के विरुद्ध 26 अगस्त सन् 1938 को 20,000 लोगों के साथ त्रावणकोर के दीवान सी.पी. रामस्वामी अय्यर को हटाने की मांग करने वाली अक्कम्मा चेरियन का नाम भी बड़े सम्मानपूर्वक लिया जाता है। जिस समय अक्कम्मा चेरियन अपने 20,000 समर्थकों के साथ त्रावणकोर के महाराजा चित्र तिरुनल बलराम वर्मा के कौडियार पैलेस का घेराव करने के लिए तंपनूर से निकलीं, उस समय ब्रिटिश पुलिस चीफ ने भीड़ पर गोली चलाने का आदेश दिया। इस पर अक्कम्मा चेरियन दहाड़ते हुए बोलीं, "मैं इनकी नेता हूँ। अगर गोली चलानी है, तो सबसे पहले मुझ पर चलाओ।" उनके साहस को देखकर अंग्रेज़ चीफ को गोली चलाने का आदेश वापस लेना पड़ा। जब यह समाचार महात्मा गाँधी को मिला, तो उन्होंने अक्कम्मा चेरियन को 'त्रावणकोर की झाँसी की रानी' कहकर सम्मान प्रदान किया। वेल्लयम्बलम् में उनकी एक प्रतिमा स्थापित की गयी है तथा उन पर एक वृत्तचित्र भी बन चुका है।[133]

इनके अतिरिक्त सिकन्दर की समकालीन कृपा या क्लियोफिस की चर्चा भी आवश्यक है, जो अश्वकों की माँ थी तथा उसने सिकन्दर की सेना का बहादुरी से सामना किया था। उसकी देशभक्ति, प्रशासनिक दक्षता तथा वीरता का लोहा ग्रीक इतिहासकारों ने भी माना है। जब सिकन्दर ने 20,000 सैनिकों, 38000 घुड़सवारों तथा 30 हाथियों की सेना लेकर अश्वकों पर आक्रमण किया, तो मसाग्रा नामक स्थान पर अश्वकों ने उसका वीरतापूर्वक मुकाबला किया। इस युद्ध में सिकन्दर भी घायल हुआ और कई दिनों तक वह शहर पर कब्जा न कर सका। पाँचवें दिन अश्वक युद्ध में वीरगति को प्राप्त हुआ। इसके बाद सिकन्दर के विरुद्ध युद्ध की कमान उसकी माँ कृपा या क्लियोफिस ने सँभाली, जिससे नगर की सभी महिलाएँ सिकन्दर से युद्ध करने के लिए युद्ध भूमि में आ पहुँचीं। इसके बाद क्या हुआ, इस बारे में इतिहास स्पष्ट चित्र नहीं प्रस्तुत करता। कुछ का कहना है कि इसके बाद कृपा ने सिकन्दर से विवाह कर लिया, तो कुछ कहते हैं कि सिकन्दर ने कृपा के साथ अनैतिक सम्बन्ध बनाते हुए पुत्र उत्पन्न किया।[134]

इतिहास में चालुक्य नरेश अजयपाल की पत्नी नायकी देवी का जिक्र आता है, जिसने अपने पति के स्वर्गवासी होने के बाद पुत्र मूलराज को सिंहासन पर बैठाकर अनहिलहाड़ में सन् 1157 में मोहम्मद गोरी को पराजित किया था तथा उसे सोमनाथ पर आक्रमण करने से रोका था। यह युद्ध नायकी देवी और मोहम्मद गोरी की सेना के बीच आबू पहाड़ी की तलहटी में कयरुद्र ग्राम के पास हुआ था।[135]

मध्यकाल के स्त्री विमर्श से दो बातें स्पष्ट तौर पर निकलकर आती हैं। पहली यह कि मध्यकालीन स्त्रियों का सामाजिक जीवन प्राय: परदे के भीतर ही रहा करता था, किन्तु आवश्यकता पड़ने पर वे प्राण देने से भी नहीं हिचकती थीं और पति को युद्ध भूमि में भेजने पर गौरव का अनुभव करती थीं। दूसरी यह कि यद्यपि इनमें से अनेक स्त्रियों ने आगे बढ़कर नेतृत्व सँभाला किन्तु वे प्राय: षड्यंत्र, साजिशों और गद्दारों की दुरभि सन्धि का शिकार होकर परास्त हुईं। जहाँ तक राज्य सँभालने का प्रश्न है तो भी वहाँ वे प्राय: अपने नाबालिग पुत्र के संरक्षक के तौर पर ही शासन सूत्र सँभालती रहीं। दलित एवं उपेक्षित स्त्रियों की हालत तो और भी खराब रही। उन्हें रानियों की भाँति इतिहास में जगह न मिल सकी। वीरांगना झलकारी बाई जैसी महान दलित नारी का इतिहास भी अँधेरे में गुम रहा और जो कुछ इतिहास आज उपलब्ध है, उसकी विश्वसनीयता पर भी प्रश्न चिह्न लगाए जा रहे हैं।

सन्दर्भ संकेत

1. Srivastava, Dr. Ashirvadi Lal, *Medieval Indian Culture*, p. 23
2. Tad, *History of Rajasthan*, Vol. II, p. 744
3. श्रीमती प्रेम रावत, *भारतीय स्त्री: सांस्कृतिक सन्दर्भ*, रावत पब्लिकेशन्स, जयपुर, प्रथम संस्करण, 1998 में प्रकाशित विजय कुमार वशिष्ठ का आलेख '*राजस्थान में सती प्रथा का निवारण*', पृ. 134
4. Yadav, BNS, *Society and Culture in Northern India* (Twelfth Century) Allahabad, 1973, p. 72
5. श्रीमती प्रेम रावत, *भारतीय स्त्री: सांस्कृतिक सन्दर्भ*, रावत पब्लिकेशन्स, जयपुर, प्रथम संस्करण, 1998 में प्रकाशित विजय कुमार वशिष्ठ का आलेख '*राजस्थान में सती प्रथा का निवारण*', पृ. 134
6. श्रीमती प्रेम रावत, *भारतीय स्त्री: सांस्कृतिक सन्दर्भ*, रावत पब्लिकेशन्स, जयपुर, प्रथम संस्करण, 1998 में प्रकाशित विजय कुमार वशिष्ठ का आलेख '*राजस्थान में सती प्रथा का निवारण*', पृ. 128
7. श्रीमती प्रेम रावत, *भारतीय स्त्री: सांस्कृतिक सन्दर्भ*, रावत पब्लिकेशन्स, जयपुर, प्रथम संस्करण, 1998 में प्रकाशित विजय कुमार वशिष्ठ का आलेख '*राजस्थान में सती प्रथा का निवारण*', पृ. 119, 129
8. श्रीमती प्रेम रावत, *भारतीय स्त्री: सांस्कृतिक सन्दर्भ, रावत पब्लिकेशन्स*, जयपुर, प्रथम संस्करण, 1998 में प्रकाशित विजय कुमार वशिष्ठ का आलेख '*राजस्थान में सती प्रथा का निवारण*', पृ. 129
9. श्रीमती प्रेम रावत, *भारतीय स्त्री: सांस्कृतिक सन्दर्भ, रावत पब्लिकेशन्स*, जयपुर, प्रथम संस्करण, 1998 में प्रकाशित विजय कुमार वशिष्ठ का आलेख '*राजस्थान में सती प्रथा का निवारण*', पृ. 129
10. श्रीमती प्रेम रावत, *भारतीय स्त्री: सांस्कृतिक सन्दर्भ*, रावत पब्लिकेशन्स, जयपुर, प्रथम संस्करण, 1998 में प्रकाशित विजय कुमार वशिष्ठ का आलेख '*राजस्थान में सती प्रथा का निवारण*', पृ. 118, 128
11. श्रीमती प्रेम रावत, *भारतीय स्त्री: सांस्कृतिक सन्दर्भ*, रावत पब्लिकेशन्स, जयपुर, प्रथम संस्करण, 1998 में प्रकाशित विजय कुमार वशिष्ठ का आलेख '*राजस्थान में सती प्रथा का निवारण*', पृ. 118, 128
12. विद्यालंकार, सत्यकेतु, *भारतीय संस्कृति और उसका इतिहास*, भाग द्वितीय, सरस्वती सदन, सं. 1961, पृ. 607
13. खुराना, के.एल. एवं चौहान, एस.एस., *भारतीय इतिहास में महिलाएं*, लक्ष्मीनारायण अग्रवाल, प्रथम संस्करण, 2012, पृ. 81 से उद्धृत
14. चोपड़ा, पी.एन., *सोसाइटी एण्ड कल्चर इन मुग़ल एज*, पृ. 104

15. जाफर, एस.एम., *सम कल्चरल एस्पेक्ट्स ऑफ मुस्लिम रूल इन इण्डिया*, पृ. 198–99
16. ओझा, पी.एन., *सम एस्पेक्ट्स ऑफ दि मॉर्डन एज इण्डियन सोशल लाइफ*, पटना, 1960, पृ. 37
17. गुप्ता, कमलेश कुमार, *महिला सशक्तिकरण*, बुक इनक्लेव, जयपुर, प्रथम संस्करण, 2007, पृ. 45
18. जोसेफ गथिया, *भारत में बालिका*, कन्सेप्ट पब्लिशिंग कम्पनी, नई दिल्ली, प्रथम संस्करण, 2002, पृ. 41
19. रेवा कुलकर्णी, *हिन्दी के सामाजिक उपन्यासों में नारी*, चन्द्रलोक प्रकाशन, कानपुर, प्रथम संस्करण, 1994, पृ. 110–11
20. Mazumdar, R.C. and Roy Choudhary, H.C., *An Advance History of India*, Vol. II, Bhartiya Vidya Bhavan, Mumbai, 1965, p. 165
21. श्रीमती प्रेम रावत, (संपा.) *भारतीय स्त्री: सांस्कृतिक सन्दर्भ*, रावत पब्लिकेशन्स, जयपुर, प्रथम संस्करण, 1998 में वीरेन्द्र स्वरूप भटनागर का आलेख मध्यकालीन भारत में स्त्रियाँ: तुलनात्मक अध्ययन, पृ. 116
22. Ashraf, K.M., *Life and Condition of the People of Hindustan, Title Domestic Slaves*, Vol. I, 1959, p. 156
23. डॉ. सबीहा रहमानी, *भारतीय मुस्लिम महिला एवं सशक्तिकरण*, अध्ययन पब्लिशर्स एवं डिस्ट्रीब्यूटर्स, नई दिल्ली, प्रथम संस्करण, 2005, पृ. 78–79
24. असांरी, एम.ए., *राष्ट्रीय महिला आयोग और भारतीय नारी*, ज्योति प्रकाशन, जयपुर, प्रथम संस्करण, 2003, पृ. 74
25. डॉ. ममता गंगवार, *इतिहास के आइने में महिला सशक्तीकरण*, सरस्वती प्रकाशन, कानपुर, प्रथम संस्करण, 2009, पृ. 50–51 फिरोज तुलक द्वारा लगाए गए प्रतिबन्ध के लिए देखिए *फुतहाते फीरोज़शाही*, पृ. 8–9
26. Ashraf, K.M., *Life and Condition of the People of Hindustan*, Vol. I, 1959, p. 156
27. Dr. Loet, *The Empire of Great Mughal*, p. 8
28. श्रीमती प्रेम रावत, *भारतीय स्त्री: सांस्कृतिक सन्दर्भ*, रावत पब्लिकेशन्स, जयपुर, प्रथम संस्करण, 1998 में वीरेन्द्र स्वरूप भटनागर का लेख '*मध्यकालीन भारत में स्त्रियां: तुलनात्मक अध्ययन*', पृ. 122 तथा देखें Bains Dr. Jagdish Kaur, *Indian Women on the Move*, Hind Publishers, Ludhiana, First Edition, 2007, p. 5
29. बाबर, *बाबरनामा*, खण्ड I, पृ. 21
30. Wiliams Rusbrook, *An Empire Builder of the Sixteenth Century*, p. 34

31. डॉ. ममता गंगवार, *इतिहास के आइने में महिला सशक्तीकरण*, सरस्वती प्रकाशन, कानपुर, प्रथम संस्करण, 2003, पृ. 51

32. Jadunath Sarkar, *History of Auranzeb*, Vol. III, Mustaidd Khan, *Maasir-i-Alamgiri (text)*, p. 213

33. R. Mishra, *Women in Mughal India*, p. 60

34. Soma Mukherjee, *Royal Mughal Ladies*, Gyan Publishing House, New Delhi, 2001, pp. 51-52

35. Roe, *The Embassy of Sir Thomas Roe to India*. Ed. William Foster (London), 1926, Vol. II, p. 289

36. Soma Mukherjee, *Women in Mughal India*, p. 59

37. Soma Mukherjee, *Women in Mughal India*, p. 53

38. Soma Mukherjee, *Women in Mughal India*, p. 18

39. प्रेम रावत, *भारतीय स्त्री: सांस्कृतिक सन्दर्भ*, रावत पब्लिकेशन्स, जयपुर, प्रथम संस्करण, 1998 में वीरेन्द्र स्वरूप भटनागर का लेख *मध्यकालीन भारत में स्त्रियां: तुलनात्मक अध्ययन*, पृ. 125

40. K.S. Lal, *The Mughal Harem*, New Delhi, 1988, p. 189

41. डॉ. ममता गंगवार, *इतिहास के आइने में महिला सशक्तीकरण*, पृ. 46

42. इब्नबतूता, *किताबरूहेला*, 2005, पृ. 200-01

43. घोषाल, डॉ. यू.एन., *दिल्ली सल्तनत*, पृ. 582

44. Manucci, *Memoirs of the Mughal Court*, ed. Michael Edwards, London, 1963, p. 32

45. Soma Mukherjee, *Royal Mughal Ladies*, Gyan Publishing House, New Delhi, Ist Ed., 2001, p. 26

46. Soma Mukherjee, *Royal Mughal Ladies*, Gyan Publishing House, New Delhi, Ist Ed., 2001, pp. 118-22

47. डॉ. ममता गंगवार, *इतिहास के आइने में महिला सशक्तीकरण*, पृ. 51-52

48. अबुल फजल, *अकबरनामा*, खण्ड II, पृ. 149-51

49. Soma Mukherjee, *Royal Mughal Ladies*, Gyan Publishing House, New Delhi, Ist Ed. 2001, pp. 122-25

50. डॉ. ममता गंगवार, *इतिहास के आइने में महिला सशक्तीकरण*, पृ. 52-55

51. अबुल फजल, *अकबरनामा*, खण्ड II, पृ. 289-319

52. Soma Mukherjee, *Royal Mughal Ladies*, Gyan Publishing House, New Delhi, pp. 126-27

53. Md. Yasin, *A Social History of Islamic India*, Lucknow, 1958, p. 128

54. अबुल फजल, *अकबरनामा*, खण्ड III, पृ. 1223
55. Beni Prasad, *History of Jahangir*, p. 55
56. अबुल फजल, *अकबरनामा*, पृ. 1243-45
57. अबुल फजल, *अकबरनामा*, पृ. 1248
58. डॉ. ममता गंगवार, *इतिहास के आइने में महिला सशक्तीकरण*, पृ. 53-54
59. Soma Mukherjee, *Royal Mughal Ladies*, p. 170
60. Edward Grey ed. *The Travels of Pietro Della Valle in India*, London, 1891, pp. 53-54
61. Moreland and Geyl tr. *Jahangir's India, The Remonstrantic of Francisco Pelsart*, p. 50
62. Edward Terry, *Early Travels in India*, p. 329
63. जहाँगीर, *तुजुके जहाँगीरी*, खण्ड I, पृ. 224-25
64. C. Pant, *Economic History of India under the Mughals*, Delhi, 1990, p. 255
65. C. Pant, *Economic History of India under the Mughals*, Delhi, 1990, p. 255
66. Soma Mukherjee, *Royal Mughal Ladies*, pp. 135-37
67. Soma Mukherjee, *Royal Mughal Ladies*, pp. 137-38
68. Morland and Geye tr. *Jahangir's India, The Remonstrantic of Francisco Pelsaert*, p. 50
69. Foster, Ed. *The Embassy of Sir Thomas Roe to India*, Vol. II, p. 325
70. Pelsaert, pp. 50-51, 53
71. Aziz Ahmed, *Studies in Islamic Culture in the Indian Environment*, Oxford Press, 1964, p. 46
72. डॉ. ममता गंगवार, *इतिहास के आइने में महिला सशक्तीकरण*, पृ. 52
73. Soma Mukherjee, *Royal Mughal Ladies*, pp. 171-75
74. Soma Mukherjee, *Royal Mughal Ladies*, p. 140
75. Beni Prasad, *History of Jahangir*, p. 194
76. Soma Mukherjee, *Royal Mughal Ladies*, pp. 142-43
77. *Iqbalnama-i-Jahangiri*, Vol. 6, pp. 422-26
78. Soma Mukherjee, *Royal Mughal Ladies*, pp. 145-46
79. Ishwari Prasad, *A Short History of Muslim Rule in India*, p. 342, Jadunath Sarkar, *Studies in Mughal India*, p. 22
80. Soma Mukherjee, *Royal Mughal Ladies*, p. 148
81. Jadunath Sarkar, *Studies in Mughal India*, p. 24
82. Mathur, N.L. *Red fort and Mughal Life*, New Delhi, 1964, p. 2
83. Saxena, B.P., *History of Shahjahan of Delhi*, p. 329

84. Muni Lal, *Shahjhan*, pp. 307-08
85. Inayat Khan, *Shahjahanama*, p. 553, Jadunath Sarkar, *History of Auranzeb*, Vol. II, p. 264
86. Jadunath Sarkar, *History of Aurangzeb*, Vol. III, p. 59 एवं श्रीवास्तव डॉ. कन्हैयालाल एवं चौबे झारखण्ड, *मध्ययुगीन भारतीय समाज और संस्कृति*, उ. प्र. हिन्दी संस्थान, लखनऊ, द्वितीय संस्करण, 1990, पृ. 101
87. Soma Mukherjee, *Royal Mughal Ladies*, pp. 155-56
88. डॉ. ममता गंगवार, *मध्यकालीन भारत में महिला सशक्तीकरण*, पृ. 55-56
89. Sardesai, G.S., *New History of the Marathas*, Bombay, 1946, Vol. I, p. 350
90. Soma Mukherjee, *Royal Mughal Ladies*, p. 156
91. en.wikipedia.org/wiki/chand_bibi
92. en.wikipedia.org/wiki/Rani_Karnavati
93. en.wikipedia.org/wiki/Rani_Durgavati
94. hinduhistory.blogspot.in/2008/02/rani-chennamma-of-keladi.html
95. hinduhistory.blogspot.in/2008/02/jijabai-mother-of-shivaji.html
96. en.wikipedia.org/wiki/Belawadi_mallamma
97. ignca.nic.in/nl001903.htm by Kailash Kumar Mishra
98. en.wikipedia.org/wiki/Tarabai
99. en.wikipedia.org/wiki/Mai_Bhago
100. www.hindujagriti.com/articles/52.html and en.wikipedia.org/wiki/onake_obavva
101. en.wikipedia.org/wiki/Kittur_chennamma and www.hindujagruti.org/articles/51.html
102. www.wikipedia.org/wiki/unniyarcha
103. www.wikipedia.org/wiki/Akkadevi
104. janitihas.blogspot.in/2013/02/1857-avanti-bai-ldhi_19.html
105. en.wikipedia.org/wiki/Maharani_Kishori and www.jatland.com/home/Maharani_kishori, डॉ. प्रकाशचन्द चंदावत, *महाराजा सूरजमल और उनका युग*, जयपाल एजेन्सीज, आगरा, 1982, पृ. 110-118
106. www.bharatjanani.com/Indian-Joan-of-arc-Veera-mangai-velunachiyar
107. en.wikipedia.org/wiki/Velu_Nachiyar
108. www.madurai.com and en.wikipedia.org/wiki/Mangammal
109. en.wikipedia.org/wiki/yesubai
110. www.dlshq.org/mirabai.htm
111. en.wikipedia.org/wiki/Ahilyabai_Holkar and www.maps of india.com/who-is-who/history/ahilyabai-holkar.html
112. en.wikipedia.org/umabaisahab_Khanderoo_Dabhade

113. www.indianetzone.com/23/rani_bhagmati-queen-golconda-sultan.htm
114. kireetkhurana.com/?p=126
115. gyandarpan.com/2009/02/hadi-rani-chundawat.html
116. rajputworld.blogspot.in/2010/04blog-post.html
117. www.rajputana.ewebsite.com/articles/rajpoot-women.html
118. ranbhoomirajasthan.blogspot.in/p/knowledge-about-rajshtan.html
119. en.wikipedia.org/wiki/Nayakuralu_Nagamma
120. en.wikipedia.org/wiki/Somadevi
121. en.wikipedia.org/wiki/Begum_Samru
122. en.wikipedia.org/wiki/Tai_Telin
123. mumbracity.com/index.php?option=com_content & view = aritcle & id = 271
124. en.wikipedia.org/wiki/Begum_Hazrat_Mahal
125. William Dalrymple, *The Last Mughal: The fall of a Dynasty: Delhi*, 1857, Viking Penguin, 2006, p. 69
126. www.mapsofindia.com/who-is-who/history/begum-hazrat-mahal.html
127. http://akshay-chavan-blogspot.in/2010/03/newalkars-of-jhansi-prequel.html
128. en.wikipedia.org/wiki/rani_Lakshmibai,balsankar.com/hindi/lekh/27.html, www.aazad.com/maharani-lakshmi-bai.html# page = Hindi, days.jagranjunction.com/2011/11/19
129. agniveerfans.wordpress.com/2011/11/27/jhalkari, hi.wikipedia.org/wiki/झलकारी_bai.
130. विशारद, भवानीशंकर, *दलित समाज की वीरांगना झलकारी बाई: राणी की सहेली*, आनन्द साहित्य सदन, द्वितीय संस्करण, 1997
131. नैमिशराय, मोहनदास, *वीरांगना, झलकारी बाई*, राधाकृष्ण प्रकाशन, नई दिल्ली, प्रथम संस्करण, 2005, भूमिका
132. यादव, कौशलेन्द्र प्रताप, *आल्हा-ऊदल और बुन्देलखण्ड*, प्रगति प्रकाशन, मेरठ, प्रथम संस्करण, 2009, पृ. 49
133. en.wikipedia.org/wiki/Accamma_cherian
134. en.wikipedia.org/wiki/Cleophis
135. ध्येय साधना पाक्षिक हिन्दी पत्र, कानपुर दिनांक 1-31 अक्टूबर, सन् 2013, पृ. 10

5

एक आन्दोलन के रूप में स्त्री विमर्श का इतिहास

दुनिया में स्त्री विमर्श का इतिहास उस दिन शुरू हुआ होगा, जिस दिन पहली महिला ने पुरुष वर्चस्व को चुनौती दी होगी लेकिन यदि ऐतिहासिक दस्तावेजों के आधार पर स्त्री अधिकारों की चेतना का नारी मुक्ति आन्दोलन के सन्दर्भ में विवेचन करें तो पाते हैं कि स्त्री विमर्श की पहली आवाज उठाने वाली स्त्री सारा हेल थीं। इनका पूरा नाम सारा जोसेफा ब्यूल हेल था। उनका जन्म 24 अक्तूबर, सन् 1788 को न्यू हैम्पशायर के न्यूपोर्ट में हुआ था। अंग्रेज़ी की प्रसिद्ध कविता '*मेरी हैड ए लिटिल लैम्ब*' तथा 'थैंक्स गिविंग' अवकाश परम्परा का श्रेय भी उन्हें है। उन्होंने अनेक कविताएँ, उपन्यास, लेख आदि लिखे। सारा ने स्त्री विमर्श की चेतना के प्रसार के लिए सन् 1828 ई. में '*लेडीज़ मैगजीन*' नामक पत्रिका का बोस्टन से प्रकाशन शुरू किया। सन् 1837 तक उन्होंने इसका सम्पादन किया और बाद में यह पत्रिका फिलाडेल्फिया से प्रकाशित होने वाली '*लेडीज़ बुक एण्ड मैगजीन*' में मिल गयी। इसके बाद हेल इस पत्रिका का सम्पादन करने लगीं। '*लेडीज़ मैगजीन*' के सम्पादक के रूप में हेल ने अपने उद्देश्य को स्पष्ट करते हुए कहा था, "इस पत्रिका के माध्यम से महिलाएँ न सिर्फ विषम परिस्थितियों पर काबू पा सकेंगी, बल्कि वे पुरुषों को प्राप्त विशेषाधिकारों में भी अपना हिस्सा ले सकेंगी, लेकिन इसके लिए उन्हें अपने अन्तर्मन में दबे हुए बुद्धिजीवी एवं नैतिक चरित्र को उभारना होगा।"[1] लेकिन इस पत्रिका के पीछे एक पुरुष की प्रेरणा कार्य कर रही थी जो कॉर्नहिल स्कूल फॉर यंग लेडीज़ के पादरी तथा हेडमास्टर जॉन लॉरिस ब्लेक थे।[2] सारा हेल द्वारा स्त्रियों के पक्ष में अपनी आवाज़ बुलन्द करने का सकारात्मक परिणाम यह निकला कि अमेरिकी सरकार को एलिजाबेथ नामक एक अमेरिकी युवती को

मेडिकल कॉलेज में प्रवेश देना पड़ा और उसे अमेरिका की पहली महिला डॉक्टर बनने का गौरव हासिल हुआ। सारा हेल ने अमेरिका की निर्धन मछुआरिन स्त्रियों के जीवन स्तर को सुधारने हेतु भी अभियान चलाया और उन्हें गन्दगी, भुखमरी तथा निर्धनता के अभिशाप से मुक्ति दिलाने हेतु 'सी मैन एण्ड सोसायटी' की स्थापना की, जो इन स्त्रियों को सिलाई व कढ़ाई का काम सिखाती थी। बाद में उन्होंने इनके लिए एक प्रशिक्षण स्कूल भी खोला। 30 अप्रैल, सन् 1879 को नब्बे वर्ष की आयु में सारा हेल का निधन हो गया।[3]

हालांकि इनसे पहले यूरोप की पहली महिला लेखिका क्रिस्टीन डी पिसान (11 सितम्बर, सन् 1363–1430 ई.) का भी स्त्री आन्दोलन में नाम आता है। अभी हाल में चैरिटी कैनन विलार्ड, अर्ल जेफ्री रिर्चड्स तथा सिमोन दि बोउवा ने इनके स्त्री विमर्श के योगदान को प्रकाश में लाने का काम किया है। हालांकि अर्ल जेफ्री रिचर्ड्स क्रिस्टीन डी पिसान पर यह आरोप लगाते हैं कि उनकी '*दि बुक ऑफ दि सिटी ऑफ दि लेडीज़*' तथा '*ट्रेजर ऑफ दि सिटीज़ ऑफ दि लेडीज़*' में उनके विचार इतने प्रगतिशील नहीं हैं कि उन्हें स्त्री विमर्श के व्याख्याकारों में स्थान दिया जा सके।[4] इसके विपरीत सिमोन दि बोउवा सन् 1949 में लिखती हैं, "पिसान की पुस्तक *एपिले ओ दी आमूर* में सन् 1399 ई. में हम पहली बार यह देखते हैं कि एक स्त्री अपने सेक्स की रक्षा हेतु किस प्रकार कलम का सहारा लेती है। सम्भवत: इसी कारण क्रिस्टीन डी पिसान पशिचम की पहली नारीवादी लेखिका के रूप में हमारे सामने आती हैं।"[5] मीरम श्नेर ने उन्हें पहली 'प्रोटोफेमिनिस्ट' कहा है।[6]

इसके पश्चात् ब्रिटिश लेखिका लेडी मैरी वर्टली मॉण्टेग्यू का नाम आता है, जिसका जन्म 15 मई, सन् 1689 को लंदन में हुआ था। वह एक ब्रिटिश राजदूत की पत्नी थी। उसने तुर्की की महिलाओं तथा ब्रिटिश महिलाओं की समाज में स्थिति का तुलनात्मक विवेचन अपने पत्रों में किया है। उसने यह निष्कर्ष निकाला कि अंग्रेज़ पति पूर्वी देशों के पतियों की तुलना में अधिक बुरे होते हैं क्योंकि वे अपनी पत्नियों को छोटे सन्दूकों में बन्द करके प्रताड़ना देते हैं। उसका कहना था कि ओटोमन साम्राज्य की स्त्रियाँ जितनी स्वतन्त्र हैं, उतनी स्वतन्त्र वे और कहीं नहीं है।[7] फिर भी उन्हें स्त्री विमर्श की प्रथम विवेचिका नहीं कहा जा सकता क्योंकि उनके विचार पत्रों में छिटपुट बिखरे हुए हैं। 21 अगस्त, सन् 1762 ई. को उनका निधन हो गया।

एक अन्य ग्रीक लेखिका मोडेस्टा दि पोजो दि फोरजी की पुस्तक '*ए बुक अबाउट दि सुपीरियॉरिटी ऑफ वीमेन टु मेन*' सन् 1593 ई. में प्रकाशित हुई

थी, लेकिन इनकी इस पुस्तक पर अभी अधिक ध्यान नहीं दिया जा सका है, जिससे उनके विचार सामने नहीं आ सके हैं।

6 अक्तूबर, सन् 1565 को पेरिस में जन्मी फ्रेंच लेखिका मेरी दि गोर्ने ने अनेक निबन्ध एवं उपन्यास लिखे। उनकी रचनाओं में स्त्रियों की दशा की चर्चा तो मिलती हैं, किन्तु उन्होंने स्त्री के पक्ष में कोई दृढ़ आवाज़ बुलन्द नहीं की, इसलिए उन्हें भी प्रथम महिला विमर्शज्ञ की संज्ञा नहीं दी जा सकती।

एनी ब्रेडस्ट्रीट का जन्म सन् 1612 ई. में इंग्लैण्ड के नार्थेम्पटन में हुआ था। एनी के पिता टॉमस डुडली तथा पति साइमन ब्रेडस्ट्रीट दोनों ही मेसाचुसेट्स की कॉलोनी के गवर्नर रहे तथा उनके पति स्वयं भी एक श्रेष्ठ कवि थे। बाद में वे एनी के पिता के साथ अमेरिका आ गए। एनी को प्रथम अमेरिकी कवयित्री होने का गौरव प्राप्त है। उनकी कविताओं से तत्कालीन समाज में स्त्रियों के प्रति पुरुषों की हीन मानसिकता का पता चलता है। उनके प्रथम कविता संग्रह '*द टेन्थ म्यूज लेटली स्प्रंग अप इन अमेरिका, बाई ए जेण्टल वूमन ऑफ दोज पार्ट्स*' में उन्होंने सीधे सरल शब्दों में पति के प्रति अपने एकनिष्ठ प्रेम को व्यक्त किया है लेकिन उनकी कविताओं में क्रान्ति या विद्रोह के स्वर नहीं दिखते, इसलिए उन्हें भी स्त्री विमर्श की प्राथमिक व्याख्याता नहीं माना जा सकता।

फ्राँक्वा पोलाँ दि ला बारे फ्रेंच नारीवादी लेखिका थीं, जिनका जन्म सन् 1647 में पेरिस में हुआ था। उन्होंने स्त्रियों के साथ हो रहे अत्याचारों के खिलाफ अनेक लेख लिखे। सन् 1673 ई. में उन्होंने अनाम ढंग से एक लेख लिखा, जिसमें उन्होंने स्त्रियों के साथ पुरुषों द्वारा किए जा रहे सामाजिक असमानता, शोषण एवं अत्याचार के खिलाफ अपनी आवाज़ बुलन्द की। उन्होंने उस समय यह निष्कर्ष निकाला कि महिलाओं को शिक्षित किए बगैर तथा उनके लिए कॅरियर के रास्ते खोले बिना उनका विकास नामुमकिन है। लेकिन कुछ समय बाद ही उन्होंने इसके ठीक विपरीत विचार व्यक्त किए।[8] इस कारण उन्हें भी स्त्री विमर्श का पुरोधा नहीं माना जा सकता। सन् 1725 में उनका निधन हो गया।

मेरी वोल्सटनक्राफट अठारहवीं शताब्दी की ब्रिटिश लेखिका थीं। 27 अप्रैल, सन् 1759 को पैदा होकर मात्र 38 वर्ष के अपने जीवन काल में उन्होंने स्त्री विमर्श की दिशा में कुछ महत्त्वपूर्ण निष्कर्ष दिए, जिससे इसका पथ प्रशस्त हुआ। सन् 1792 में आई उनकी पुस्तक '*ए विण्डीकेशन ऑफ द राइट्स ऑफ वीमेन*' में उन्होंने स्पष्ट कहा कि स्त्री प्राकृतिक तौर पर पुरुष से हीन कतई नहीं है और स्त्री के साथ तार्किकतापूर्ण एवं समानता का वर्ताव किया जाना चाहिए।

उन्होंने समाज के गहन विश्लेषण के उपरान्त यह निष्कर्ष निकाला कि आज के समाज की स्त्रियाँ मूढ़ तथा अन्धविश्वासी होने के कारण पुरुषों के हाथों का खिलौना बनकर रह गयी है। दुर्भाग्य की बात यह है कि उनके लेखन से अधिक उनके अनैतिक सम्बन्धों तथा उनके पति विलियम गोडविन द्वारा उनकी मृत्यु के बाद लिखे गए संस्मरण में बेबाकी से खोले गए जीवन के पहलुओं की चटखारेदार चर्चा हुई। वास्तव में उनके पति के इस संस्मरण ने उनकी प्रतिष्ठा को धूल धूसरित कर दिया और अगले सौ वर्षों तक उनकी साहित्यिक उपलब्धियों पर चर्चा नहीं हो सकी। फलतः उनका लेखकीय रूप उपेक्षित रहा। एडमण्ड बर्के के साथ स्त्रियों के मुद्दे पर उनका वाद-विवाद काफी चर्चित हुआ था। बर्के की पुस्तक '*रिफलेक्शन्स ऑन द रिवोल्यूशन इन फ्रांस*' की प्रतिक्रिया स्वरूप उन्होंने संवैधानिक राजशाही और इंग्लैण्ड के चर्च का विरोध करते हुए '*विण्डीकेशन ऑफ दि राइट्स ऑफ मेन*' लिखी। इसके दो साल बाद सन् 1792 में उन्होंने '*विण्डीकेशन ऑफ दि राइट्स ऑफ वीमेन*' पुस्तक लिखी, जिसमें उन्होंने लिखा, "स्त्रियों को शुरूआत से ही यह सीख दी जाती है कि खूबसूरती महिला की प्रमुख ज़रूरत है। उनके मस्तिष्क में यह बात ठूँस-ठूँसकर भर दी जाती है। इससे वे सोने के पिंजरे में रहने वाली कैदिन बनकर रह जाती हैं, जो अपने पिंजरे को सजाने में लगी रहती है"[9] वह यह भी सिद्ध करती हैं कि एक सुशिक्षित स्त्री एक अच्छी पत्नी और श्रेष्ठ माँ हो सकती है और इस प्रकार वह राष्ट्र की समृद्धि में अपना महत्त्वपूर्ण योगदान दे सकती है।[10] अपने अपूर्ण उपन्यास '*मारिया, ऑर दि रांग्स ऑफ वूमेन*' में उन्होंने स्त्रियों की यौनाकांक्षाओं को मुखरित किया था, जिसके लिए उन्हें काफी आलोचना झेलनी पड़ी। आज उन्हें '*ब्रिटिश फेमिनिज्म की ग्राण्डमदर*' की संज्ञा दी जाती है।[10] नोबेल पुरस्कार प्राप्त भारतीय मूल के अर्थशास्त्री अमर्त्य सेन ने सन् 2009 में लिखी अपनी पुस्तक '*द आइडिया ऑफ जस्टिस*' में मेरी वोल्सटनक्राफट को 'राजनीतिक दार्शनिक' की संज्ञा दी है।[11] वोल्सटनक्राफट के नारीवादी विमर्श पर आज विश्व भर में अध्ययन-मनन हो रहा है।

माना जाता है कि सफ्रागेट्स का आन्दोलन (स्त्रियों को मताधिकार दिलाने का आन्दोलन) मेरी वोल्सटनक्राफट से ही प्रभावित होकर शुरू हुआ था। सफ्रागेट्स आन्दोलन की शुरूआत ब्रिटेन में बीसवीं शताब्दी की शुरूआत में हुई थी। इस आन्दोलन की कार्यकर्त्री महिलाएँ खुद को रेलिंग से बाँधकर विरोध प्रदर्शन करती थीं और पोस्ट बॉक्स में आग लगाकर विरोध प्रकट करती थीं। इस आन्दोलन से महिलाओं में मताधिकार के प्रति जागरूकता आयी और अनेक

देशों में महिलाओं को मताधिकार दिया गया। इस आन्दोलन में एमिलो डेविसन नामक महिला ने ब्रिटिश सम्राट के घोड़े पर सफ्रागेट का बैनर फेंका था, जिसमें घोड़े से कुचलकर 5 जून, सन् 1913 को उसकी मृत्यु हो गयी थी। इसके बाद उसके अनेक सहयोगियों को सरकार ने हिरासत में ले लिया था, जिससे यह आन्दोलन भड़क गया और जेल में बन्द महिलाओं के भूख हड़ताल पर बैठ जाने से सरकार को उन्हें छोड़ना पड़ा था। इसके बाद सन् 1918 में कुछ योग्यताओं के होने पर ही ब्रिटेन में तीस वर्ष से ऊपर की महिलाओं को मताधिकार दिया गया। सन् 1928 में उम्र सीमा घटाकर इक्कीस वर्ष कर दी गयी। हालांकि इससे पहले 1869 तथा 1870 ई. में अमेरिका के व्योमिंग तथा ऊटा प्रान्तों में 21 साल से ऊपर की महिलाओं को मताधिकार दिया जा चुका था। सन् 1893 में न्यूजीलैण्ड तथा सन् 1894 में आस्ट्रेलिया में 21 वर्ष की महिलाओं को मताधिकार मिला। सन् 1919 में कनाडा ने अपनी महिलाओं को मताधिकार दिया।

फ्रांस में महिलाओं को मताधिकार दिलाने में लुई वेस का महत्त्वपूर्ण योगदान है। सन् 1934 में उन्होंने 'ला फेमी नोवेल' (नयी स्त्री) नामक संगठन की स्थापना की और इसके माध्यम से सार्वजनिक जीवन में महिलाओं के महत्त्व को बढ़ाने पर जोर दिया। सन् 1935 में ही उन्होंने '*ला यूरोप नोवेल*' (यूरोप की स्त्री) नामक पत्रिका निकालनी शुरू की। सन् 1936 के फ्रेंच संसदीय चुनावों में वे खड़ी हुईं। सन् 1942 में उन्होंने '*नोवेल रिपब्लिक*' (स्त्री गणतंत्र) नाम से एक गुप्त पत्रिका निकाली, जो दो साल तक प्रकाशित हुई। सन् 1979 में वे यूरोपीय पार्लियामेंट की सदस्य बनीं और 26 मई, सन् 1983 को उनका निधन हो गया।[12]

सूज़ान बी. एन्थोनी भी अमेरिका में महिला मताधिकार के लिए संघर्ष करने वाली नेत्री थीं। 8 जनवरी, सन् 1868 को उन्होंने 'द *रिवोल्यूशन*' नाम से एक साप्ताहिक जर्नल निकालना शुरू किया, जिसका सूत्र वाक्य था– "सच्चा गणतंत्र–पुरुष, उनके अधिकार, इसके अलावा और कुछ नहीं, महिलाएँ, उनके अधिकार और इससे कम कुछ भी नहीं।" सन् 1867 में जब कंसास प्रान्त ने अश्वेतों तथा महिलाओं को मताधिकार का प्रस्ताव ठुकरा दिया, तब सूजान बी. एन्थोनी ने इसका मुखर विरोध किया और 5 नवम्बर, सन् 1872 को उन्होंने आगामी 18 नवम्बर को प्रस्तावित राष्ट्रपति चुनाव का वोट समय से पहले डालकर स्त्री अधिकारों के पक्ष में अपनी आवाज़ बुलन्द की। इसके लिए उन पर मुकदमा चलाया गया। उन पर इस 'अपराध' के लिए 100 डॉलर का जुर्माना किया गया, लेकिन उन्होंने जुर्माना भरने से साफ इनकार कर दिया, जिससे

अदालत को उन पर लगा जुर्माना माफ करना पड़ा। लेकिन इस मुकदमे ने सूजान क्राउनेल एन्थोनी को अपने स्त्री आन्दोलन के विचार जन-जन तक पहुँचाने में सहायता की। इसके बाद उन्होंने '*द हिस्ट्री ऑफ वीमेन सफ्रेज*' नाम से चार खण्डों में एक पुस्तक प्रकाशित की। उनके प्रयासों से ही 26 अगस्त, सन् 1920 को अमेरिका ने अपने उन्नीसवें संविधान संशोधन के माध्यम से महिलाओं को मताधिकार दिया।[13] उन्होंने कहा था, "महिलाओं! मैं आपसे कहना चाहती हूँ कि आपको पुरुषों के कन्धों का सहारा लेना छोड़ना होगा और अपनी हिफाजत खुद करने का संकल्प करना होगा।"[14]

मार्गरेट लुई हिगिंस सैंगर ने स्त्री को जन्म देने की स्वतन्त्रता देने की वकालत की। सन् 1912 में उन्होंने नर्स की नौकरी छोड़कर जन्म नियंत्रण कार्यक्रम हेतु खुद को समर्पित कर दिया। सन् 1913 में उन्होंने यूरोप जाकर '*वूमन रेबेल*' नामक समाचार-पत्र निकाला और वहाँ से वापस आने पर उन पर अश्लीलता फैलाने के आरोप लगाए गए। इससे वे भागकर यूरोप पहुँचीं और सन् 1914 में 'नेशनल बर्थ कण्ट्रोल लीग' की स्थापना की। सन् 1916 में उन्होंने अमेरिका में पहला 'बर्थ कण्ट्रोल क्लीनिक' खोला, जिसके लिए उन्हें कई बार गिरफ्तार होना पड़ा। सन् 1916 में उन्होंने '*व्हाट एवरी गर्ल शुड नो*' तथा सन् 1917 में '*व्हाट एवरी मदर शुड नो*' शीर्षक से लेख लिखे।[15]

क्रिस्टाबेल पैंकहर्स्ट को ब्रिटेन में महिला मताधिकार के संघर्ष की प्रमुख नेत्री माना जाता है। उनकी माँ एमिलीन पैंकहर्स्ट भी महिला मताधिकार के संघर्ष में योगदान दे चुकी थीं। पिता रिचर्ड पैंकहर्स्ट और बहिन सिल्विया के साथ मिलकर उन्होंने सन् 1898 में पहला महिला मताधिकार बिल का मसौदा तैयार किया था। कोलरिज ने एक कविता उन्हें समर्पित की है। सन् 1905 में क्रिस्टाबेल ने एनी केनी के साथ मिलकर लिबरल पार्टी की एक मीटिंग में महिला अधिकारों के पक्ष में अपनी आवाज़ बुलन्द कर सनसनी फैला दी थी, जिससे उन्हें उनकी सहयोगी एनी केनी के साथ गिरफ्तार कर लिया गया। उनके मुकदमे को मीडिया ने भी प्रमुखता दी और इससे उन्हें अपने सन्देश को फैलाने में सहायता मिली। उनके कनेक्टीकट में सन् 1913 में दिए गए भाषण 'फ्रीडम ऑर डेथ' को सर्वाधिक महत्त्वपूर्ण भाषणों में स्थान दिया जाता है। उनके संगठन का ध्येय वाक्य था 'डीड्स नॉट वर्ड्स' अर्थात् काम करो लफफाजी नहीं।[16]

सुप्रसिद्ध लेखिका वर्जीनिया वुल्फ ने भी स्त्रीवादी आन्दोलन का समर्थन किया था। अपनी पुस्तक '*ए रूम ऑफ वन्स ओन*' के एक लेख में वुल्फ लिखती हैं कि किस प्रकार से पुरुष स्त्रियों पर सामाजिक एवं शारीरिक रूप

से अपना आधिपत्य रखते हैं। वे कहती हैं कि महिलाएँ लम्बे अरसे से स्वयं द्वारा शोषित हो रही हैं तथा पुरुषों के शोषण का शिकार हो रही हैं। वे प्राय: समाज में पुरुष की प्रतिछाया बनकर काम कर रही हैं।[17] ये लेख वास्तव में उस व्याख्यान के अंश हैं, जिन्हें वर्जीनिया वुल्फ ने अक्टूबर, सन् 1928 में कैम्ब्रिज यूनिवर्सिटी के न्यूनहैम कॉलेज तथा गिर्टन कॉलेज में '*वीमेन एण्ड फिक्शन*' शीर्षक से दिया था।

लूसी स्टोन अमेरिका में महिला जागरूकता की प्रतीक थीं। वह मैसाचुसेट्स प्रान्त की पहली ऐसी महिला थीं, जिन्होनें कॉलेज की डिग्री हासिल की थी और बाद में शिक्षिका बनीं। उन्होंने वुरसेस्टर में सन् 1850 ई. में पहला महिला सम्मेलन आयोजित किया था। उन्होंने घोषणा की थी कि जब हमें मताधिकार से वंचित रखा जाता है तो हम टैक्स क्यों दें? उन्होंने अपनी पुत्री के साथ मिलकर 47 वर्षों तक 'द *वीमेन्स जर्नल*' निकाला। सूजान बी. एन्थोनी तथा जूलिया वार्ड होवे जैसी महिलाओं को उनसे ही प्रेरणा प्राप्त हुई थी। मरते समय उन्होंने अपनी पुत्री से कहा था, "दुनिया को बेहतर बनाओ।" एन्थोनी, स्टॉटन तथा स्टोप की त्रयी को 19वीं शताब्दी के महिला मताधिकार की अग्रणी त्रयी माना जाता है।[18]

जेन एडम्स को अमेरिका विशेषकर शिकागो के इतिहास की सर्वाधिक प्रभावशाली महिला माना जाता है। उन्हें उनके प्रगतिशील विचारों के कारण 'लौह महिला' की संज्ञा दी जाती है। वे सन् 1911 से 1914 ई. तक नेशनल अमेरिकन वीमेन सफ्रेज एसोसिएशन की पहली उपाध्यक्षा रहीं तथा सन् 1931 में उन्हें नोबेल पुरस्कार से सम्मानित किया गया।[19]

इनके अतिरिक्त अमेरिका में सूजान ब्राउनेल एन्थोनी, अल्वा अर्सकाइन स्मिथ वण्डरबिल्ट बेल्मॉण्ट, एलिस स्टोन ब्लैकवेल, लिली डेवेरा ब्लेक, हैरियट स्टैण्टन ब्लेच, एमीलिया ब्लूमर, इनेज मिलहालैण्ड बॉयजवेन, लुई डी कोवेन बोवेन, ओलंपिया ब्राउन, लूसी बर्न्स, मैरी एण्ड शेड केरी, केरी लेन चैपमैन कैट, लॉरा क्ले, फोबे विल्सन कजिन्स, पाउलिना केलॉग राइट डेविस, मेरी कॉफिन वेयरा डेनेट, अन्ना एलिजाबेथ डिकिंसन, लेबिनिया लॉयड डॉक, रीटा चाइल्ड डॉर, एबीगेल स्कॉट डुनीवे, क्रिस्टल ईस्टमैन, सारा वार्ड फील्ड, एबगेल केली फॉस्टर, मार्गरेट फुलर, मेटिल्डा जॉसलीन गेज, सारा जे स्मिथ थॉमसन गार्नेट, चार्लेट अन्ना पर्किन्स स्टेट्सन गिल्मैन, केट एम. गार्डेन, हेलेन मार जैक्सन गॉगर, एंजेलिना एमिली ग्रिम्के, सारा मूर ग्रिम्के, फ्रांसिस हार्पर, लुईसिन वाल्ड्रन एल्डर हैवमेयर, मैरी गैरेट हे, ईजाबेला बीकर हुकर, जेसी एनेट जैक हूपर, जूलिया वार्ड होवे, एडी डी. वेट्स हण्टन, एबिगेल जेमिया हचिंसन, फलोरेंस केली, बेली केस

ला फोलेट, डेजी एडम्स लैम्पकिन, फ्रैंक लेस्ली, मैरी एश्टन राइस लिवरमोर, बेल्वा एन बेनेट मैक्नेल लॉकवुड, मेरी एलिजा मेहोनी, एनी हेनरिटा मार्टिन, केथरीन डेक्सटर मेक्कार्मिक, केथरीन जी, मेक्कलोच, एश्टर एच. एम. मॉरिस, लुक्रेटिया कॉफिन मॉट, मॉड वुडपार्क, एलिस स्ट्रोक्स पॉल, जेनेट पिकरिंग रैनकिन, अर्नेस्टाइन लुई सिस्माण्डी पी. रोज, रोज श्नाइडरमैन, कैरोलिना मारिया, सीवरेंस।[20] आस्ट्रेलिया में एलिस हेनरी, बेसी रिशबिथ, डोरा मॉण्टफोर, जेसी स्ट्रीट, लुइसिया लॉसन, म्यूरियल मैटर्स विडा गोल्स्टीन आदि। कनाडा में एमिली स्टोवे, नेली मेक्कलंग आदि। आयरलैण्ड में कॉन्सटेंस मार्कीविक्ज। न्यूजीलैण्ड में कुट शिफर्ड। ब्रिटेन में योआन ब्यूचैम्प, रोजा में बिलिंगहर्स्ट, एल्सी बॉवरमैन, मेबेल केपर, एडा नील्ड च्यू, एमिली डेविसन, सोफिया दलीप सिंह, मिलिसेण्ट फॉसेट, नोरा डेक्री फॉक्स, जेन इलेन हेरिसन, क्लीमेंस हाउसमैन, एल्सी इंग्लिस, ग्रेस किमिन्स, लियोनारा कोहेन, लिलियन लेण्टन, लिजी लिण्ड अफहेजबी, मेरी लाउंडिस, सेलिना मार्टिन, फ्रांसिस पार्कर, इथेल स्मिथ, ओलिव हेनरी आदि ने महिला मताधिकार में महत्त्वपूर्ण भूमिका निभाई।[21] विस्तार भय से इनका विस्तृत वर्णन नहीं किया जा रहा है।

अभी हाल में अमेरिकी विदेश मंत्री पद से मुक्त होने वाली हिलेरी क्लिंटन का स्त्री आन्दोलन में महत्त्वपूर्ण योगदान रहा है। उन्होंने अमेरिकी विदेश मंत्री के पद पर रहकर सम्पूर्ण विश्व की महिलाओं के सामाजिक आर्थिक एवं राजनैतिक अधिकारों की आवाज़ प्रत्येक मंच से बुलन्द की। उन्होंने विदेश मंत्री का पद सँभालते ही सन् 2009 में वैश्विक महिला अधिकारों हेतु अमेरिकी राजदूत का पद सृजित किया, जिसका उद्देश्य अमेरिकी विदेश नीति में विश्व की महिलाओं के मुद्दों को स्थान दिलाना था। उन्होंने अपने कार्यकाल के दौरान 112 देशों की यात्रा की और प्रायः इन सभी देशों में जाकर उन्होंने महिलाओं से सम्बन्धित मुद्दों को वरीयता प्रदान की। उदाहरण के लिए हिलेरी ने कम्बोडिया की यात्रा में वेश्यावृत्ति से मुक्त कराई गयी महिलाओं से भेंट की और यमन में बाल विवाह के शिकंजे से निकल भागी बालिका से मुलाकात की तथा भारत आकर उन्होंने महिला शोषण के विरोध में काम कर रहे स्वयंसेवी संगठनों से मुलाकात को अत्यधिक महत्त्व दिया। जापान, कोलंबिया, रूस, पेरू, द डोमिनिकन रिपब्लिक की उनकी यात्राएँ स्त्रीवादी दृष्टिकोण से अत्यधिक महत्त्वपूर्ण साबित हुई। एक लैटिन अमेरिकी देश के अधिकारीगण तो हिलेरी से इस बात पर अप्रसन्न हो गए क्योंकि वहाँ पर पहुँचने के बाद वे सबसे पहले वहाँ की महिलाओं से मिलीं और उसके बाद उन्होंने सरकारी अधिकारियों से

मुलाकात की।[22] 16 सितम्बर, सन् 2011 को एपेक देशों (एशियन पैसिफिक इकोनॉमिक कोऑपरेशन) के महिला एवं अर्थव्यवस्था सम्मेलन हेतु सैनफ्रांसिस्को में आयोजित बैठक में अनेक देशों के प्रतिभागियों को सम्बोधित करते हुए हिलेरी क्लिंटन ने कहा था, "वैश्विक अर्थव्यवस्था में महिलाओं की भागीदारी को बढ़ाकर ही हम अपनी अर्थव्यवस्थाओं के विकास को सुनिश्चित कर सकेंगे। इसके लिए हमें महिलाओं की क्षमता तथा उत्पादकता में वृद्धि करनी होगी।" इससे पहले सन् 1995 में उन्होंने बीजिंग में आयोजित चतुर्थ विश्व महिला सम्मेलन में कहा था, "महिलाओं के अधिकार ही वास्तव में मानवाधिकार की रीढ़ है।"[23]

1 जनवरी सन् 2015 को दिल्ली सरकार ने दिल्ली में रहने वाली महिलाओं के लिए 'हिम्मत' नामक एप पेश किया है, जिसके माध्यम से वे आपातकाल में सीधे दिल्ली पुलिस से संपर्क स्थापित कर सकती हैं और अपने ऊपर हमला करने वाले अपराधी का चित्र या वीडियो भी तत्काल पुलिस के पास भेज सकती हैं, 22 जनवरी सन् 2015 को प्रधानमंत्री नरेन्द्र मोदी ने हरियाणा के पानीपत से 'बेटी पढ़ाओ, बेटी बचाओ' और 'सुकन्या समृद्धि' कार्यक्रम की शुरुआत की, जिसके तहत कम लिंगानुपात वाले देश के 100 जिलों पर विशेष ध्यान दिया जाएगा और वहां बालिकाओं के जन्म होने पर विशेष प्रोत्साहन दिए जाएंगे, सुप्रसिद्ध अभिनेत्री माधुरी दीक्षित को इस कार्यक्रम का ब्रांड एम्बेसडर बनाया गया है। प्रधानमंत्री के आह्वान पर 26 जनवरी सन् 2015 के गणतंत्र दिवस में मुख्य अतिथि अमेरीकी राष्ट्रपति बराक ओबामा के सामने पहली बार सैन्य अधिकारियों को परेड में शमिल करते हुए उनकी दक्षता और रणकौशल को भी देश-दुनिया के सामने रखने का प्रयास किया गया है।

न्यूयॉर्क टाइम्स के निकोलस क्रिस्टॉफ ने हिलेरी क्लिंटन के बतौर विदेश मंत्री कार्यकाल का विश्लेषण करते हुए लिखा था, "हिलेरी क्लिंटन ने अपने विदेश मंत्री के कार्यकाल के दौरान महिला अधिकारों तथा महिला सशक्तीकरण के एजेण्डे को शानदार ढंग से अपने अंजाम तक पहुँचाया।"

शेरिल कारा सैंडबर्ग भी दुनिया में स्त्री अधिकारों की दृष्टि से एक उल्लेखनीय नाम है। शेरिल सन् 2004 से गूगल में कार्यरत थीं। 28 अगस्त, सन् 1969 को वाशिंगटन में जन्मीं शेरिल को ही गूगल डॉट ओ आर जी की स्थापना का श्रेय दिया जाता है। मार्च 2008 से वे फेसबुक से जुड़ी। उन्हीं के प्रयासों से फेसबुक में विज्ञापनों का आना शुरू हुआ और अन्तर्जाल पर इसे भारी सफलता मिलने की शुरूआत हुई।[24] उन्हीं के कारण सन् 2010 में फेसबुक का

कम्यूनिटी स्वरूप प्रचलित हुआ।[25] सन् 2010 में टाइम मैगजीन ने उन्हें दुनिया के 100 प्रभावशाली लोगों में स्थान दिया। 11 मार्च, सन् 2013 को नेल स्कोवेल के साथ लिखी उनकी स्त्री अधिकारों विषयक पुस्तक '*लीन इन: वीमेन, वर्क एण्ड विन टु लीड*' प्रकाशित हुई। इस पुस्तक की विशेषता यह है कि इस पुस्तक के माध्यम से पहली बार उन अवरोधों पर विस्तृत चर्चा की गयी, जिनकी वजह से महिलाएँ कार्यस्थलों पर नेतृत्व सम्बन्धी पद नहीं सँभाल पातीं। उन्होंने महिलाओं को भी स्वयं के प्रति अवरोधक माना क्योंकि कार्यशील स्त्रियों को कार्यालय के साथ-साथ घर की भी दोहरी जिम्मेदारी उठानी पड़ती है। वह कहती हैं कि सुयोग्य एवं प्रतिभाशाली होने के बावजूद महिलाएँ आगे बढ़ने से हिचकती हैं क्योंकि उन्हें भय रहता है कि उन्हें 'कर्कशा' न मान लिया जाए। इसका कारण शायद यह हो सकता है कि परिवार की महिलाओं को 'सुन्दर' बनने हेतु प्रेरित किया जाता है, जबकि कार्यशील स्थलों पर शिखर पर पहुँच जाने वाली महिलाओं को मर्द या अधपुरुष (बॉसी) कहकर उन पर ताने कसे जाते हैं। शेरिल ने इस प्रवृत्ति को 'जंगल जू' कहा है।[26] शेरिल ने एक स्वप्न देखा है, जिसमें वे कल्पना करती हैं, "एक वास्तविक समान विश्व हो, जहाँ पर महिलाएँ आधे देशों एवं कम्पनियों पर शासन करें और पुरुष हमारे आधे घरों को सँभालें।"[27] इस पुस्तक के प्रकाशन के बाद 'लीन इन' आन्दोलन उठ खड़ा हुआ और 'लीन इन डॉट ओआर जी' ब्लॉग के माध्यम से विश्व भर की महिलाओं ने महिलाओं की महत्त्वाकांक्षाओं को इण्टरनेट के माध्यम से विश्वव्यापी बनाना शुरू किया। उनके अलावा ईरान की निदा आगा सोल्तानी, पाकिस्तान की मलाला युसुफजई, मिस्र में 18 दिसम्बर 2011 को तहरीर चौक पर सत्ता विरोधी प्रदर्शनों के दौरान दिखी नीली ब्रा वाली लड़की, रूस की रूसी रॉयट गर्ल्स, अमेरिका की आक्यूपाई वालस्ट्रीट, ट्यूनीशिया की जेस्मिन क्रांति और मध्य-पूर्व एशिया का अरब स्प्रिंग महिलाओं की जागरूकता के नए ठिकाने बने।[28]

अभी हाल ही में कॉर्नेल यूनिवर्सिटी ने होलाबैक के साथ मिलकर न्यूयॉर्क सिटी में एक सर्वेक्षण किया, जिसमें महिला उत्पीड़न के सम्बन्ध में कुछ रोचक निष्कर्ष निकले हैं। इस सर्वेक्षण के अनुसार 60 फीसदी महिलाओं ने कहा कि उनके साथ छेड़छाड़ की घटनाएँ सड़कों पर हुई हैं। 22 फीसदी महिलाओं ने पब्लिक ट्रांसपोर्ट में इन घटनाओं का होना स्वीकारा। अन्तर्राष्ट्रीय स्तर पर हुए अनुसन्धान से यह भयावह सच उजागर हुआ कि 80 से 94 प्रतिशत तक महिलाओं ने अपने जीवन में कभी न कभी उत्पीड़न का अनुभव किया है। जब इस सर्वेक्षण में इन घटनाओं के कारणों की पड़ताल की गयी तो यह मालूम

हुआ कि पाँच कारणों से प्रायः पुरुष महिलाओं का उत्पीड़न करते हैं। पहला कारण यह है कि पुरुषों को गलतफहमी रहती हैं कि ऐसा करके वे उस महिला के सामने अपनी मर्दानगी का प्रदर्शन कर रहे हैं। दूसरा कारण यह है कि पुरुष प्रायः इस तथ्य को हजम नहीं कर पाते कि महिलाएँ भी उनके साथ कंधे से कंधा मिलाकर वह काम करें, जिन पर वह सिर्फ अपना हक समझते हैं। इसीलिए कार्यस्थलों पर महिलाओं के यौन शोषण एवं उत्पीड़न की घटनाएँ अधिक होती हैं। तीसरा कारण यह है कि कुछ पुरुष महिलाओं की प्रतिभा से आतंकित होकर ऐसे कदम उठाते हैं। चौथा कारण 'सेक्स' से जुड़ा नहीं है, बल्कि ऐसा करके वे महिलाओं को आँसू बहाने के लिए बाध्य करना चाहते हैं और इस प्रकार से वे अपनी सर्वोच्चता स्थापित करने का प्रयास करते हैं। पाँचवा और अन्तिम कारण फंतासियों से जुड़ा हुआ है, जिसमें वे जिस स्त्री का उत्पीड़न करते हैं, उसके साथ अपनी भावनाएँ और उत्तेजनाएँ फंतासी में पूरी करने के बाद वास्तविकता में उसे परिणत करना चाहते हैं।[29]

इधर हाल में कुछ नयी प्रकार की आवाजें भी स्त्री संरक्षण हेतु आयी हैं। इनमें से एक महत्त्वपूर्ण आवाज़ 28 जनवरी, सन् 2013 को जयपुर लिटरेचर फेस्टिबल में लेखिका के.आर. इन्दिरा की ओर से आयी। '*रीइमेजिंग द कामसूत्रा*' विषय पर व्याख्यान देते हुए इन्दिरा ने कहा कि दो हजार वर्ष पुराने *कामसूत्र* ग्रंथ में कुछ अंश ऐसे हैं, जिनसे स्त्री की अस्मिता पर आघात पहुँचता है और इनमें स्त्री को एक 'वस्तु' के रूप में प्रस्तुत करके इसकी गरिमा और मानव मूल्यों को धूल-धूसरित किया गया है। लेकिन एक विरोधाभासी किन्तु रोचक तथ्य यह है कि स्वयं के.आर. इन्दिरा ने '*स्त्रैण कामसूत्रम्*' लिखा है।[30]

विगत 9 अक्टूबर सन् 2012 को पाकिस्तान के खैबर पख्तूनख्वा प्रांत के स्वात जिले के मिंगोरा कस्बे की 15 वर्षीय छात्रा मलाला यूसुफजई को तालीबानियों ने इसलिए गोली मार दी क्योंकि वह स्वात घाटी में महिला अधिकारों तथा शैक्षणिक जागरूकता के लिए संघर्ष कर रही थी। उस नन्हीं बालिका ने टी.वी. पर तथा प्रिण्ट मीडिया में महिला जागरूकता के लिए अपनी आवाज़ बुलन्द करनी शुरू कर दी थी, जो तालीबानियों को बेहद नागवार गुजरी। इसके बाद उसका ब्रिटेन के बर्मिंघम स्थित क्वीन एलिजाबेथ हॉस्पिटल में इलाज हुआ। 12 अक्टूबर, सन् 2012 को पाकिस्तान के इस्लामिक कट्टरपंथियों ने उसे तथा उसके पिता को मारने के लिए फतवा जारी कर दिया। भूतपूर्व ब्रिटिश प्रधानमंत्री तथा संयुक्त राष्ट्र द्वारा वैश्विक शिक्षा हेतु नियुक्त विशेष राजदूत गार्डन ब्राउन ने मलाला के नाम पर 'आई एम मलाला' नाम से साक्षरता हेतु जागरूकता

अभियान की शुरूआत की, जिसका लक्ष्य सन् 2015 तक दुनिया के सभी बच्चों को स्कूलों तक पहुँचाना है। मलाला के संघर्ष से प्रेरित होकर संयुक्त राष्ट्र संघ के महासचिव बान की मून ने 10 नवम्बर, सन् 2012 को घोषणा की कि मलाला यूसुफजई के जन्म दिवस 12 जुलाई को प्रतिवर्ष 'मलाला डे' के रूप में मनाया जाएगा। इसी घोषणा के अनुरूप 12 जुलाई, सन् 2013 को मलाला के 16 वें जन्म दिवस के अवसर पर संयुक्त राष्ट्र संघ मुख्यालय में मलाला का जन्म दिवस मनाया गया और मेरठ की रजिया को 46 बाल मजदूरों को फुटबाल बनाने के काम से मुक्त कराने तथा स्कूल में दाखिला कराने हेतु पहला मलाला अवार्ड दिया गया। इस अवसर पर बोलते हुए मलाला ने दुनिया के सभी बच्चों के लिए मुफ्त स्कूली शिक्षा अनिवार्य करने की अपील की। उसने संयुक्त राष्ट्र महासचिव बान की मून को करीब 40 लाख लोगों के हस्ताक्षर युक्त आवेदन सौंपा, जिसमें दुनिया के 5.7 करोड़ ऐसे बच्चे, जो स्कूल नहीं जा पा रहे हैं, उनके लिए नए शिक्षक, स्कूल और किताबें मुहैया कराने तथा बाल श्रम रोकने एवं बाल विवाह तथा बाल तस्करी उन्मूलन की अपील की गयी थी।[31] 27 सितम्बर, सन् 2013 को मलाला को हावर्ड यूनिवर्सिटी में सन् 2013 के पीटर जे गोम्स हयूमेनिटेरियन अवार्ड से सम्मानित किया गया है।[32] 10 अक्टूबर, सन् 2014 को संयुक्त राष्ट्र संघ ने मलाला को कैलाश सत्यार्थी के साथ संयुक्त रूप से शान्ति के नोबेल पुरस्कार से सम्मानित किया।

संयुक्त राष्ट्र संघ ने अपनी संस्था यूनाइटेड नेशन्स एन्टिरी फॉर जेण्डर ईक्वलिटी एण्ड द इम्पावरमैण्ट ऑफ़ वीमेन (जिसे संक्षेप में यू.एन. वीमेन भी कहा जाता है) के माध्यम से ब्रिटिश अभिनेत्री एम्मा वाटसन तथा पत्रकार वुल्फ बिलट्ज़र के सहयोग से 'ही फॉर शी' नामक आन्दोलन की शुरूआत की, जि. समें महिलाओं के समर्थन में पुरुषों से हस्ताक्षर अभियान चलाने तथा वेवसाइट पर उनके साथ एकजुटता प्रदर्शित करने की अपील की गयी थी। 48 घण्टे के भीतर ही 85,000 पुरुषों ने इसे अपना समर्थन दिया। 18 अगस्त, सन् 2014 को इस अभियान की सद्भावना दूत नियुक्त एम्मा वाटसन ने इसके समर्थन में ट्वीट किया, जिसे एक माह के भीतर 27,000 बार रीट्वीट किया गया तथा इसके हैशटैग में 1,60,000 बार रीट्वीट किया जा चुका है। 20 सितम्बर, सन् 2014 को संयुक्त राष्ट्र संघ के न्यूयार्क स्थित मुख्यालय में 'ही फॉर शी' अभियान के समर्थन में बोलते हुए एम्मा वाटसन ने कहा, "मैं चाहती हूँ कि पुरुष अब इस अभियान को अपने कन्धों पर लें, ताकि उनकी पुत्रियाँ, बहनें एवं माँएँ पूर्वाग्रहों

का शिकार होने से बच सकें और उन्हें भी सामान्य मनुष्य की तरह जीने का अधिकार मिल सके।"

कुछ दुर्घटनाएँ ऐसी होती हैं, जो जाने-अनजाने में ही एक क्रान्ति की पटकथा लिख देती हैं। ऐसी ही एक दुखद घटना 16 दिसम्बर, सन् 2012 को नयी दिल्ली के मुनीरका में घटी, जिसमें 23 वर्षीय फिजियोथेरेपी की छात्रा को चलती बस में उस समय बेरहमी से पीटा गया, जब वह रात के समय अपने मित्र के साथ एक बस में घर जाने के लिए चढ़ी थीं। बस में उपस्थित बस ड्राइवर तथा पाँच अन्य लोगों ने उसके मित्र को चलती बस से फेंक दिया और उसके साथ सभी ने बारी-बारी से बलात्कार किया। आरोपियों में से एक की उम्र 18 वर्ष से कुछ माह ही कम थी। उसे किशोर अपराध कानून का फायदा मिलते हुए तीन वर्ष के लिए बाल सुधार जाने की ही सजा मिली। इस घटना की जनमानस में तीव्र प्रतिक्रिया हुई और 21 दिसम्बर, सन् 2012 से इण्डिया गेट और रायसीना हिल्स में जनांदोलन शुरू हो गए, जो बाद में समूचे देश में फैल गए तथा विदेशों से भी इस घटना के प्रति तीव्र विरोध के स्वर उठने शुरू हो गए। बांग्लादेश, पाकिस्तान, नेपाल, श्रीलंका आदि में भी इसके विरोध में प्रदर्शन देखे गए। इस घटना के प्रति जनमानस इतना संवेदनशील हो गया कि नयी दिल्ली में नव वर्ष की पार्टियाँ भी स्थगित कर दी गयीं और लोग इस अनाम लड़की की सलामती के लिए प्रार्थनाएँ एवं कैण्डल मार्च निकालने लगे। राष्ट्रपति, तत्कालीन प्रधानमंत्री डॉ. मनमोहन सिंह, श्रीमती सोनिया गाँधी, सुषमा स्वराज, मायावती आदि सभी बड़े नेताओं ने इस घटना की भर्त्सना की। अमेरिकी स्टेट डिपार्टमेण्ट ने महिला उत्पीड़िता को सन् 2013 के 'इण्टरनेशनल वीमेन करेज अवार्ड' से सम्मानित करने की घोषणा की। इस अनाम बाला को दामिनी, निर्भया, जाग्रति, अमानत, दिल्ली ब्रेवहार्ट आदि छद्म नामों से सम्बोधित किया गया। फेसबुक, ट्विटर आदि सामुदायिक साइटों पर भी इस घटना की तीखी प्रतिक्रिया हुई और प्रिंट तथा इलेक्ट्रॉनिक मीडिया ने भी इसे अभूतपूर्व जनांदोलन का रूप देने में महत्त्वपूर्ण भूमिका निभाई। जनता के तीव्र आक्रोश को देखते हुए 26 दिसम्बर, सन् 2012 को पीड़िता को मेडिकल ट्रीटमेण्ट के लिए चुपचाप भारत सरकार ने सिंगापुर भेज दिया, जहाँ पर 29 दिसम्बर, सन् 2012 को उसने दम तोड़ दिया। इस घटना के प्रति जनता के तीव्र रोष को देखते हुए 22 दिसम्बर, सन् 2012 को भारत सरकार ने उच्चतम न्यायालय के पूर्व मुख्य न्यायाधीश न्यायमूर्ति जे.एस. वर्मा की अध्यक्षता में एक समिति का गठन किया, जिससे 30 दिनों के भीतर महिलाओं पर होने वाले यौन अत्याचारों

के सम्बन्ध में अपनी रिपोर्ट देने को कहा गया। इस समिति ने 29 दिनों के बाद प्रस्तुत अपनी रिपोर्ट में कहा कि महिलाओं पर हो रहे अत्याचारों के लिए सरकारों तथा पुलिस की लापरवाही की प्रमुख भूमिका है। इस रिपोर्ट में अफस्पा कानून को पूनर्मूल्यांकित करने का सुझाव दिया गया, बलात्कारी को आजीवन कैद की सजा देने का सुझाव रखा गया और दिल्ली पुलिस के सुस्पष्ट नियंत्रण की बात कही गयी। 26 दिसम्बर, सन् 2012 को दिल्ली उच्च न्यायालय की पूर्व न्यायाधीश न्यायमूर्ति उषा मेहरा की एक सदस्यीय जाँच समिति का गठन किया गया, जिसे इस दुखद घटना की जाँच करने तथा कमियों का पता लगाने का जिम्मा सौंपा गया। इस समिति से यह अपेक्षा भी की गयी कि वह दिल्ली तथा राष्ट्रीय राजधानी क्षेत्र में महिलाओं की सुरक्षा हेतु आवश्यक सुझाव देगी। 1 जनवरी, सन् 2013 को केन्द्रीय गृह सचिव की अध्यक्षता में एक 13 सदस्यीय विशेष टास्क फोर्स का गठन किया गया, जो दिल्ली में महिलाओं की सुरक्षा का दायित्व सँभालती तथा हर पन्द्रहवें दिन दिल्ली पुलिस के काम-काज की समीक्षा करे। न्यायमूर्ति वर्मा समिति की लगभग नब्बे प्रतिशत सिफारिशों को स्वीकार करते हुए सरकार ने आपराधिक कानून संशोधन अध्यादेश 2013 को मंजूरी दी, जिस पर राष्ट्रपति प्रणव मुखर्जी ने 3 फरवरी, सन् 2013 को हस्ताक्षर किए। इस अध्यादेश ने सन् 1973 के आपराधिक कृत्य अधिनियम का स्थान लिया और बलात्कारियों हेतु इस अध्यादेश के माध्यम से मृत्युदण्ड का प्रावधान किया गया। वित्त मंत्री पी. चिदम्बरम् ने 28 फरवरी, सन् 2013 को प्रस्तुत आम बजट में 1000 करोड़ रुपए के 'निर्भया फण्ड' का एलान किया। इस फण्ड का इस्तेमाल महिलाओं की सुरक्षा हेतु किया जाना था। हालांकि कांग्रेसनीत भारत सरकार इस फण्ड का एक रुपया भी नहीं खर्च पाई और जुलाई 2014 में नई भाजपानीत सरकार ने इसे नए नाम 'बेटी बचाओ बेटी पढ़ाओ' से पेश किया है। 6 अगस्त, 2014 को उत्तर प्रदेश सरकार ने बसों में सी॰सी॰टी॰वी॰ लगवाने हेतु इस फण्ड से तीस करोड़ रुपए की मांग की है। इस दुखद घटना की प्रतिक्रिया स्वरूप कर्नाटक सरकार तथा दिल्ली सरकार ने महिलाओं की सुरक्षा हेतु 24×7 हेल्पलाइन नंबर 1091 तथा उत्तर प्रदेश सरकार ने 1090 की शुरूआत की, जिसके माध्यम से राज्य की पुलिस महिलाओं पर होने वाले अत्याचारों पर त्वरित कार्रवाई कर सकती है। तमिलनाडु सरकार ने इस हेतु 13 सूत्री एक्शन प्लान की घोषणा की। जम्मू-कश्मीर सरकार ने अपने राज्य के कानूनों में संशोधन करने की घोषणा की ताकि महिलाओं को त्वरित न्याय दिया जा सके। हिमाचल प्रदेश सरकार ने राज्य तथा जिले के स्तर पर इस हेतु समितियाँ गठित करने की घोषणा

की। उत्तर प्रदेश सरकार ने पुलिस को विद्यालयों में जाकर छात्राओं को आत्मरक्षा का प्रशिक्षण देने को कहा। उत्तर प्रदेश सरकार 'हमारी बेटी उसका कल' योजना के तहत 36,000 रुपए सालाना आय वाली प्रदेश की 99,500 अल्पसंख्यक बेटियों को हाईस्कूल से आगे की पढ़ाई या विवाह के लिए 16 नवम्बर, सन् 2013 से 30,000 रुपए की आर्थिक मदद उपलब्ध कराने जा रही है।[32] उत्तर प्रदेश सरकार 'पॉवर एंजिल्स' के नाम से कॉलेजों एवं स्कूल की बालिकाओं के लिए भी एक योजना लाई है।[33] 7 अगस्त, सन् 2014 को भारत सरकार की कैबिनेट ने किशोर अपराध न्याय अधिनियम में संशोधन को मंजूरी दी, जिसके तहत 16 वर्ष के किशोर को भी बलात्कार करने पर बालिंग मानते हुए सजा दिए जाने का प्रावधान है। 19 नवम्बर, सन् 2014 को उत्तर प्रदेश के मुख्यमंत्री अखिलेश यादव ने रानी लक्ष्मीबाई के जन्म दिवस के अवसर पर महिलाओं की सुरक्षा के लिए 1090 नामक एप की शुरूआत की तथा रानी लक्ष्मीबाई के नाम पर 100 करोड़ रुपये के कोष का ऐलान किया। सोनी महिलाओं के लिए सोनी पल टी.वी. चैनल लाया है।

बाजार ने भी मौके की नजाकत को समझते हुए महिला उत्पीड़न की घटनाओं के प्रति महिलाओं को हथियार थमाने के उद्देश्य से कई नए प्रयोग किए। अनेक कॉरपोरेट घरानों ने अपनी महिला कर्मचारियों को आत्मरक्षा के उपाय सिखाने शुरू किए। मिर्च पाउडर फेंकने वाली गन, आँखों को कुछ समय के लिए अन्धा बना देने वाले केमिकल आदि इस हेतु बाजार में लांच किए गए। सॉफ्टवेयर कम्पनियाँ भी इस दौड़ में पीछे नहीं रहीं और bsafe, life 360 Family Locator, circle of 6, I am safe, soswhistle/screamalarm, Eye watch, one Touch Location, Go surakshit, I follow, Help Alert, cab for me, Fight Back, watch me 911, sentinal, safety pin with u, Guardmy angel, Nirbhaya Staysafe जैसे मोबाइल एप्स महिलाओं को सुरक्षा देने हेतु सामने आए। मोबाइल निर्माता कम्पनी 'आई बाल' ने सन् 2014 में 'उड़ान' नामक एक ऐसा मोबाइल बाजार में उतारा है, जिसमें कैमरे के नीचे एक लाल रंग का SOS बटन लगा है, जिसे दबाते ही महिलाएँ अपने सम्बन्धियों को खतरे की तत्काल सूचना दे सकेंगी। इसके अलावा स्टन गन, पेपर स्प्रे, पर्सनल अलार्म, मोबाइल स्टन गन, वाइल्ड कैट की चेन जैसे गैजेट्स भी इस हेतु बाजार में आए। इस साहसी महिला की मृत्यु पर संवेदना व्यक्त करते हुए शोभा डे ने लिखा था, "आप हजारों मोमबत्तियाँ बुझा सकते हैं, लेकिन करोड़ों दिलों और दिमागों में लगी आग कैसे बुझाएंगे?"[34]

सन्दर्भ संकेत

1. Roe, Anne C., *Transcendentalism as a Social Movement*, 1830-1850, New Haven, CT, Yale University Press, 1981, p. 24
2. en.wikipedia.org/wiki/Ladies/27, Magazine
3. अंसारी, एम.ए., *महिला और मानवधिकार*
4. Earl Jeffery Richards, ed. *Reinterpreting christine De Pizan*, Athens, GA, University Press of Georgia Press, 1992, pp. 1-2
5. de Beauvoir, Simone, *The Second Sex*, Vintage Books 1953 (1989), p. 105
6. Scheneir, Miram, *Feminism: The Essential Historial Writing*, Vintage Books, 1972 (1994), p. XIV
7. en.wikipedia.org/wiki/Lady_Mary_wortley_Montagu
8. en.wikipedia.org/wiki/Francois_Pollain_de_la_Barne
9. Wollstoncraft, Mary, *Vindications of the Rights of Women*, Boston, 1792, p. 157
10. en.wikipedia.org/wiki/first-wave-feminism
11. Amartya Sen, *The Idea of Justice*, Allan Lane & Harvard University Press, 2009, I. Ed., p. 286
12. en.wikipedia.org/wiki/Louise_weiss
13. en.wikipedia.org/wiki;/susan_B._Authory
14. www.brainyquote.com/quotes/authors/s/susan_b_anthony. html.
15. womenshistory.about.com/od/sangermargaret/p/margaret_sanger. htm
16. Maroula Joan nou, June Purvis, *The Women's Suffrage Movement New Feminist Perspectives*, Manchester University Press, 1998, p. 157
17. Woolf Virginia, *A room of one's own*, Har court Brace & co., Newyork, 1989, pp. 17-53
18. en.wikipedia.org/wiki/Lucy_stone
19. www.spartacus.schoolnet.co.uk/USAadams.htm
20. mith.umd.edu/womensstudies/Readingroom/History/vote/75-suffragists.html
21. en.wikipedia.org/wiki/suffragate
22. www.huffingtonpost.com/karin-kamp/hilary-clinton_b_2591118. html
23. www.thedailybeast.com/articles/2011/09/16/hilary-clinaton-s-apec-speech-women-are-key-to-global-economy.html
24. en.wikipedia.org.wiki/sheryl_sandberg

25. फेसबुक से अलग दुनिया में, कैलाश वाजपेयी, *अमर उजाला*, बरेली संस्करण, रविवार दिनांक 30 जून, 2013, पृष्ठ 21
26. फेसबुक से अलग दुनिया में, कैलाश वाजपेयी, *अमर उजाला*, बरेली संस्करण, रविवार दिनांक 30 जून, 2013, पृष्ठ 21
27. Sanberg, Sheryl (2013), *Lean In : Women, work and the will to Lead*, Knopf, p. 8
28. 'बदलाव की बयार का नया चेहरा हैं लड़कियाँ' *दैनिक जागरण*, झाँसी संस्करण, शुक्रवार, 28 दिसम्बर, 2012, पृ. 6
29. 'For a groper it's more about power & attitude, not sex', Malathy Iyer TNN, Sunday *Times of India*, New Delhi, Edition, 6 January, 2013, p. 15
30. 'Portions of Kamasutra against women's safety', *The Times of India*, New Delhi, Edition, 29 January, 2013, p. 6
31. मलाला ने मनाया संरा में जन्मदिन, *दैनिक जागरण*, झाँसी संस्करण, 13 जुलाई, सन् 2013, पृ. 16
32. *दैनिक जागरण*, झाँसी संस्करण, मंगलवार, दिनांक 1 अक्टूबर, 2013, पृ. 9
33. *दैनिक जागरण*, झाँसी संस्करण, 3 फरवरी, सन् 2014
34. अपनी रक्षा आप, *दैनिक जागरण*, सप्तरंग, झाँसी संस्करण, 30 दिसम्बर, सन् 2012, पृ. 13

6
आधुनिक काल में स्त्री

उन्नीसवीं शताब्दी के उत्तरार्द्ध को हम आधुनिकता का प्रवेश द्वार मान सकते हैं। यहीं वह समय है जब सम्पूर्ण विश्व में औद्योगीकरण की शुरुआत हुई तथा भारत में भी सन् 1857 की क्रान्ति के बाद ईस्ट इण्डिया कम्पनी से शासन सूत्र ब्रिटिश सरकार के पास आने के उपरान्त रेलों का जाल बिछाया गया, पोस्टल सेवाएँ शुरू हुईं तथा अनेकानेक उद्योग-धंधों की शुरूआत हुई। इस समय से भारत का सम्पर्क विदेशों से अत्यधिक सुगम हुआ तथा अनेक भारतीयों के अध्ययन हेतु विदेश जाने एवं वहाँ से वापस आकर देश की दशा को समझने से यहाँ भी जागरूकता आई। स्त्री विमर्श के क्षेत्र में भी ऐसी ही कुछ परिस्थितियाँ देखने को मिलीं।

सन् 1854 में वुड्स डिस्पैच में महिलाओं की शिक्षा की ओर विशेष ध्यान दिया गया, जिसके परिणामस्वरूप कई कन्या पाठशालाओं की स्थापना हुई तथा अनेक विश्वविद्यालय अस्तित्व में आए। इससे पूर्व सन् 1849 ई. में लॉर्ड डलहौजी ने एक कन्या पाठशाला के लिए अनुदान दिया था। ईसाई धर्म प्रचारकों ने भी ईसाई धर्म में दीक्षित हो चुके परिवारों की कन्याओं के लिए पाठशालाएँ खोलीं। सन् 1857 ई. तक ऐसी 100 से अधिक कन्या पाठशालाएँ खुल चुकी थीं।

महात्मा ज्योतिबा फुले ने सन् 1873 ई. में सत्यशोधक समाज की स्थापना की, जिसका लक्ष्य निम्न वर्ग के लोगों को शोषण से मुक्त कराना था। उनकी पत्नी सावित्री बाई फुले ने महिलाओं की सामाजिक उपेक्षा के विरोध में अपनी आवाज़ बुलन्द की। उन्होंने कन्याओं तथा महिलाओं की शिक्षा हेतु अनेक विद्यालयों की स्थापना की तथा निरक्षरता के विरुद्ध एक जनजागरण अभियान चलाया। इन दोनों ने मिलकर दलित महिलाओं की साक्षरता हेतु अविस्मरणीय

योगदान दिया। इस संस्था ने निःशुल्क पाठ्य पुस्तकें वितरण कर तथा रात्रि पाठशालाएँ चलाकर शिक्षा की मशाल जलाने का महती कार्य किया।

महादेव गोविन्द रानाडे ने महिलाओं की स्थिति सुधारने हेतु पहल करते हुए स्वयं एक बाल विधवा से विवाह किया तथा जनता को भी विधवा विवाह के लिए जागरूक किया। उनकी पत्नी रमाबाई रानाडे ने परदा प्रथा, बाल विवाह, विधवा के प्रति अमानवीय व्यवहार आदि कुरीतियों के विरुद्ध जमकर संघर्ष किया तथा पूना में महिला सेवा सदन नामक संस्था की स्थापना कर स्त्री अधिकारों के प्रति जनसाधारण में जागरूकता जगाने का कार्य किया। इस संस्था के माध्यम से उन्होंने महिलाओं हेतु नर्सिंग तथा मेडिकल शिक्षा की व्यवस्था की। बाद में उन्होंने अखिल भारतीय महिला परिषद के माध्यम से महिलाओं में चेतना लाने का प्रयास किया।

पण्डिता दयाबाई ने भी स्वाधीनता पूर्व महिला जागरूकता के क्षेत्र में महत्त्वपूर्ण कार्य किया। उन्होंने बाल विवाह के विरुद्ध जनजागरण किया तथा सन् 1882 में पति की मृत्यु के पश्चात् भारी विरोध के बावजूद अंग्रेज़ी शिक्षा ग्रहण की। इससे पूर्व तिरुपति समेत अनेक स्थानों पर उनके प्रगतिशील विचारों के कारण उन्हें अपमान का सामना करना पड़ा, परन्तु उन्होंने हार नहीं मानी। स्त्रियों को जागरूक करने के उद्देश्य से सन् 1888 ई. में उन्होंने '*स्त्री धर्मनीति*' शीर्षक से एक पुस्तक लिखी तथा अगले वर्ष सन् 1889 ई. में उन्होंने बेसहारा महिलाओं के रहने हेतु 'शारदा सदन' की स्थापना की।

स्वामी दयानंद सरस्वती ने आर्य समाज की स्थापना करते समय सर्वाधिक बल स्त्री शिक्षा पर दिया। उन्होंने शूद्रों तथा स्त्रियों को वेदों का अध्ययन करने, यज्ञोपवीत धारण करने तथा उच्च शिक्षा प्राप्त करने का अधिकार दिया। वे पुत्र तथा पुत्री को एक समान दृष्टि से देखे जाने के पक्षधर थे। उन्होंने हिन्दू समाज में व्याप्त बाल विवाह, बहु विवाह, विधवा की दुरवस्था, परदा प्रथा, दहेज प्रथा, वेश्यागमन, देवदासी प्रथा जैसी सामाजिक कुरीतियों पर जमकर प्रहार किए। सन् 1875 ई. में मुम्बई में आर्य समाज की स्थापना करने के पश्चात् उन्होंने विधवा पुनर्विवाह को एक आन्दोलन का रूप दे दिया। उनके अथक प्रयासों के परिणामस्वरूप पंजाब तथा संयुक्त प्रान्त (वर्तमान उत्तर प्रदेश) में विधवा पुनर्विवाह की शुरूआत हुई। स्वामी जी के देहान्त के पश्चात् सन् 1936 ई. के आरम्भ से देश भर में दयानन्द ऐंग्लो वैदिक संस्थाओं की स्थापना शुरू हुई, जिनका उद्देश्य वैदिक ज्ञान तथा अंग्रेज़ी शिक्षा के समन्वय से भारत के बालक-बालिकाओं की ज्ञान पिपासा को तुष्ट करना था।

मुस्लिम समाज में रूढ़िवादी प्रवृत्ति को जड़ से उखाड़ने का बीड़ा उठाते हुए सर सैयद अहमद खाँ ने मुस्लिमों की शिक्षा हेतु सन् 1906 ई. में अलीगढ़ में मोहम्मडन ऐंग्लो ओरिएण्टल कॉलेज की स्थापना की। बाद में यही स्कूल अलीगढ़ मुस्लिम विश्वविद्यालय में परिणत हो गया। इस कॉलेज से कई विदुषी मुस्लिम महिलाएँ पढ़कर निकलीं, जिन्होंने देश की सामाजिक-राजनीतिक गतिविधियों पर अपनी अमिट छाप छोड़ी। अलीगढ़ के अतिरिक्त सर सैयद अहमद खाँ ने देश के अन्य अनेक शहरों में भी शिक्षण संस्थाएँ स्थापित कीं।

मुस्लिम स्त्री शिक्षा जागरूकता के क्षेत्र में शेख अब्दुल्ला तथा उनकी बेगम वाहिद जहाँ खाँ का भी महत्त्वपूर्ण योगदान है। शेख साहब सन् 1902 ई. में अलीगढ़ में शिक्षा विभाग में सचिव बनकर आए। उन्होंने महिला शिक्षिकाओं के प्रशिक्षण हेतु अनेक स्कूल स्थापित कराए। उनकी बेगम स्वयं भी एक प्रशिक्षण स्कूल में शिक्षिका थीं। उनकी बहिनें भी शिक्षिका थीं। उन्होंने अपने पति एवं बहिनों के साथ मिलकर कन्या प्रशिक्षण स्कूलों में गृह प्रबन्धन, सिलाई-कढ़ाई आदि की शिक्षा का प्रबन्ध किया। महिलाओं की लेखन प्रतिभा को मंच प्रदान करने के उद्देश्य से उन्होंने उर्दू में '*खातून*' नामक पत्रिका निकाली, जिसमें नवोदित प्रतिभाशाली महिलाओं के लेख एवं कविताएँ प्रकाशित की जाती थीं। इन कन्या प्रशिक्षण स्कूलों के लिए आर्थिक सहायता भोपाल के नवाब की बेगम सुल्तान जहाँ प्रदान किया करती थीं।

एनी बेसेण्ट ने थियोसोफिकल सोसायटी के माध्यम से भारत के लोगों के मन में हिन्दू धर्म के प्रति श्रेष्ठता की भावना पैदा की तथा हिन्दू समाज में महिलाओं के प्रति सम्मान एवं उनकी अस्मिता के संरक्षण को बल प्रदान किया। थियोसोफिकल सोसायटी के अडयार स्थित केन्द्र से अनेक पत्र-पत्रिकाएँ भी प्रकाशित की जाती थीं, जिनके माध्यम से महिलाओं के उत्थान पर बल दिया जाता था। इस सोसायटी ने अनेक स्थानों पर सह शिक्षा वाले स्कूल एवं कॉलेजों की स्थापना की, जिनसे महिलाओं को भी शिक्षा का सुअवसर प्राप्त हो सका। सन् 1927 ई. में अडयार स्थित थियोसोफिकल सोसायटी ने एक अखिल भारतीय महिला परिषद की स्थापना की, जिसमें आयरिश महिला मारग्रेट कजिन्स ने महत्त्वपूर्ण भूमिका निभाई। इस कार्य में कजिन्स का सहयोग एनी बेसेंट तथा भारत कोकिला सरोजनी नायडू ने भी किया। इस संस्था ने कालान्तर में महिलाओं को सक्षम एवं शक्तिशाली बनाने के लिए भारत में शक्तिशाली नारी आन्दोलन का सूत्रपात किया।

सन् 1886 ई. में रवीन्द्रनाथ ठाकुर की बहिन स्वर्ण कुमारी देवी ने बंगाल में 'द लेडीज़ एसोसिएशन' की स्थापना की थी, जिसका उद्देश्य महिलाओं को जागरूक बनाकर उन्हें समाज का जिम्मेदार नागरिक बनाना था। उनकी पुत्री सरला देवी चौधरानी ने '*भारती*' पत्रिका का सम्पादन किया। वे कांग्रेस की शीर्ष नेत्री थीं, उन्होंने नारी जागरूकता के लिए सन् 1910 ई. में 'भारत स्त्री महामण्डल की स्थापना की। कुछ अन्य महिलाओं ने भी महिला जागरूकता के क्षेत्र में महत्त्वपूर्ण भूमिका निभाई। डॉ. आनन्दी बाई जोशी अमेरिका के फिलाडेल्फिया से डॉक्टर बनकर भारत आईं और भारत की महिलाओं को स्वास्थ्य के प्रति जागरूक बनाने में उन्होंने महत्त्वपूर्ण भूमिका निभाई। इस कार्य में उनका साथ ऐनी जगन्नाथन एवं रूकमाबाई ने भी दिया।

सरोजनी नायडू का जन्म सन् 1879 ई. में हुआ। उन्होंने सन् 1925 ई. में कांग्रेस अध्यक्ष पद को सुशोभित किया था। वे एक महान दार्शनिक, राजनीतिज्ञ, समाजसेवी, प्रशासक, कव्यित्री, स्वाधीनता सेनानी तथा विलक्षण वक्ता थीं। अखिल भारतीय महिला परिषद की स्थापना में उन्होंने मार्गरेट कजिन्स को भरपूर सहयोग दिया। वे चाहती थीं कि भारतीय महिलाओं में व्याप्त निरक्षरता, हीनभावना, एवं बाल विवाह, परदा प्रथा जैसी कुरीतियों को समाप्त कर दिया जाए तथा उन्हें भी भारत के स्वाधीनता आन्दोलन में भाग लेने हेतु आगे आने का अवसर प्राप्त हो। सम्भवत: इसी का परिणाम था कि सन् 1917 ई. में भारत की 23 जागरूक एवं शिक्षित महिलाओं ने तत्कालीन गवर्नर जनरल चेम्सफोर्ड से मुलाकात की तथा मतदान का अधिकार एवं स्त्रियों से जुड़े मुद्दों एवं अधिकारों को प्राप्त करने सम्बन्धी मांगपत्र उन्हें सौंपा। इन महिलाओं ने अपनी वक्तृत्व शैली से चेम्सफोर्ड को अत्यन्त प्रभावित किया। बाद में इस मांग को प्रान्तीय विधायिकाओं के समक्ष विचारार्थ भेजा गया। सभी प्रान्तीय विधायिकाओं ने उनकी इस मांग को स्वीकार कर लिया। इसके बाद रेडक्रॉस सोसायटी की स्थापना हुई तथा मातृत्व एवं शिशु कल्याण हेतु सरकार को प्रभावशाली कदम उठाने हेतु बाध्य होना पड़ा।

रूस्तमजी फरीदुन नामक एक पारसी महिला ने लेडी इरविन कॉलेज की स्थापना दिल्ली में की, जिसके माध्यम से दिल्ली की महिलाओं को शिक्षा प्राप्त करने में सहायता मिली। यह संस्था आज दिल्ली की एक महत्त्वपूर्ण शिक्षण संस्था है।

हीराबाई टाटा मुंबई में वीमेन्स इण्डियन एसोसिएशन की महासचिव थीं। महिला मताधिकार के क्षेत्र में इनका योगदान अतुलनीय है। उन्होंने

महिलाओं हेतु अनेक कल्याणकारी कार्यक्रम चलाकर महिला सशक्तीकरण में महत्त्वपूर्ण योगदान दिया।

सरोजनी नायडू की भाभी कमलादेवी चट्टोपाध्याय ने सन् 1924 ई. में प्रयाग में आयोजित 'वीमेन लीग फॉर पीस एण्ड फ्रीडम' में सक्रिय भाग लिया था। उन्होंने देश के अलग-अलग हिस्सों में जाकर नारी चेतना की अलख जगाने का काम किया था।

मुतुलक्ष्मी रेड्डी ने तत्कालीन मद्रास से डॉक्टरी की पढ़ाई पूरी करने के बाद अनेक महिला कल्याणकारी संस्थाओं के माध्यम से अनाथ कन्याओं व बच्चों के कल्याण के लिए कार्य किए तथा एक अनाथाश्रम भी संचालित किया। दुर्गाबाई देशमुख ने काकीनाडा में रहकर महिलाओं के सामाजिक एवं संवैधानिक अधिकारों हेतु संघर्ष किया तथा एक कन्या पाठशाला भी खुलवाई। उन्होंने महिलाओं के संघर्ष को धार देने के उद्देश्य से 'आन्ध्र महिला सभा' की स्थापना की थी।[1]

कुछ पुरुषों ने भी महिला सशक्तीकरण हेतु अनथक प्रयास किए। प्रोफेसर डी.के. कर्वे पूना में प्रोफेसर थे। वे विधवाओं के पुनर्विवाह के पक्षधर थे तथा स्वयं उन्होंने भी एक विधवा से विवाह किया था ताकि जनसामान्य विधवा विवाह के लिए आगे आ सके। उन्होंने अनाथ बालिकाओं के लिए अनाथाश्रम खोले तथा दक्षिण शैक्षिक सभा के सहयोग से अनेक महिला महाविद्यालयों तथा विश्वविद्यालय की स्थापना में सहयोग दिया। उनसे पूर्व राजा राममोहन राय ने ब्रह्म समाज आन्दोलन के माध्यम से सती प्रथा, बहुपत्नी प्रथा, वेश्यावृत्ति आदि का मुखर विरोध किया। उन्होंने फारसी में लिखित अपनी पुस्कत '*तुहफात उल मुवाहिदीन*' में अपने दृष्टिकोण को सुस्पष्ट ढंग से अभिव्यक्त किया है। सती प्रथा का उनके द्वारा जिस प्रकार विरोध किया गया, उसके कारण ही तत्कालीन अंग्रेज़ सरकार सन् 1829 ई. में सती प्रथा निषेध अधिनियम पारित करने को बाध्य हुई। ईश्वर चन्द्र विद्यासागर के प्रभाव के परिणामस्वरूप सन् 1856 ई. में विधवा पुनर्विवाह अधिनियम बनाया गया, जिसके पीछे स्त्री शक्ति को उत्पीड़न और कष्टों से मुक्ति दिलाकर सम्मान के साथ समाज में जीवन-यापन करने का अवसर प्रदान करना था। राजा राममोहन राय के ब्रह्म समाज ने परदा प्रथा की निस्सारता की ओर भी जनता का ध्यान आकृष्ट किया, जिसके परिणामस्वरूप ब्रह्म समाज के कार्यक्रमों में महिलाएँ पूर्णतः स्वतन्त्र ढंग से सम्मिलित होने लगीं। बाद में ब्रह्म समाज की बागडोर देवेन्द्र नाथ ठाकुर ने सँभाली, जिन्होंने नारी शिक्षा तथा नारी जागरूकता के समर्थन में अनेक लेख लिखे। उनके भाई

नोबेल पुरस्कार विजेता कवीन्द्र रवीन्द्रनाथ ठाकुर ने ब्रह्म समाज के सचिव के रूप में महिला शक्ति को बल प्रदान करने हेतु अनेक कदम उठाए। सन् 1901 ई. में उन्होंने शान्ति निकेतन की स्थापना की, जो कालान्तर में विश्व भारती के नाम से विख्यात हुआ। इस संस्था में युवकों तथा युवतियों को शिक्षा के समान अवसर प्रदान किए जाने से नारियों की शिक्षा के क्षेत्र में अभूतपूर्व विकास सम्भव हो सका।

श्री नारायण स्वामी द्वारा प्रवर्तित आन्दोलन ने कन्या शिशु हत्या की प्रवृत्ति की खुलकर निन्दा की तथा इस घृणित प्रथा को खत्म कराने हेतु प्रयास किए। उन्होंने राजा राममोहन राय के सती प्रथा विरोधी आन्दोलन का खुलकर समर्थन किया तथा महिलाओं को समाज में समान अधिकार दिलाने हेतु संघर्ष किया। सन् 1870 ई. में उनका देहावसान हो गया, किन्तु उनके अनुयायी आज भी उनके विचारों के प्रचार-प्रसार में संलग्न हैं।

राधास्वामी सम्प्रदाय ने भी स्त्रियों की अस्मिता को सम्मान प्रदान किया। इस सम्प्रदाय के प्रवर्त्तक स्वामी शिवदयाल जी थे। इस सम्प्रदाय में स्त्री और पुरुष में कोई अन्तर नहीं किया जाता, अपितु उनकी समानता पर बल दिया जाता है। इस सम्प्रदाय ने बाल विवाह, बहु विवाह आदि का विरोध करते हुए विधवा पुनर्विवाह का समर्थन किया। इस सम्प्रदाय का अभिमत है कि स्त्रियाँ केवल गृह कार्य तक ही सीमित न रहें, वरन् उन्हें ज्ञान प्राप्ति के पश्चात् जीवन के प्रत्येक क्षेत्र में आगे आकर समाज के लिए सार्थक योगदान करना चाहिए। इस सम्प्रदाय की शाखाएँ दिल्ली, आगरा, पंजाब, व्यास, हैदराबाद आदि में स्थापित हैं। इस सम्प्रदाय की दयालबाग (आगरा) शाखा ने शिक्षा जागरूकता की दिशा में महत्त्वपूर्ण योगदान देते हुए महाविद्यालय की स्थापना की, जिसे आज मानित विश्वविद्यालय का दर्जा प्राप्त है। इस विश्वविद्यालय में युवकों एवं युवतियों हेतु पारम्परिक शिक्षा के साथ-साथ तकनीकी शिक्षण एवं प्रशिक्षण की भी उत्तम व्यवस्था है।

स्वामी विवेकानन्द ने सन् 1897 ई. में अपने गुरू रामकृष्ण परमहंस की स्मृति को चिरस्थाई बनाने के उद्देश्य से रामकृष्ण मिशन की स्थापना की। उनकी दृष्टि में महिलाएँ अबला न होकर निर्भीक एवं सबला थीं। वे शिक्षा की ज्योति जलाकर महिलाओं को आत्मनिर्भर तथा समाज का महत्त्वपूर्ण अंग बनाना चाहते थे। उन्होंने कई कन्या विद्यालयों की स्थापना की थी। महिलाओं के आध्यात्मिक उत्थान हेतु वे एक महिला मठ भी स्थापित करना चाहते थे, परन्तु अल्यापु में ही निधन हो जाने के कारण उनकी यह इच्छा पूर्ण न हो सकी।

वीरसलिंगया पन्तुलू एवं वेंकटरत्नम् नायडु ने मद्रास में रहकर दक्षिण भारत की महिलाओं के उत्थान हेतु महत्त्वपूर्ण योगदान दिया। उन्होंने 'राजमहुन्दी सोशल रिफार्म एसोसिएशन' नामक संस्था की स्थापना की तथा इस संस्था के तत्वावधान में सन् 1891 ई. में उन्होंने एक विधवाश्रम का निर्माण कराया, जिसमें विधवाओं के आवास, भोजन एवं शिक्षा की व्यवस्था की जाती थी। इन महानुभावों ने देवदासी प्रथा के उन्मूलन हेतु भी संघर्ष किया। दक्षिण भारत में ही बहरामजी मालाबारी ने पत्रकारिता के माध्यम से स्त्री सशक्तीकरण के क्षेत्र में महत्त्वपूर्ण योगदान दिया। उन्होंने बाल विवाह तथा विधवा पुनर्विवाह निषेध जैसी कुरीतियों पर अपनी लेखनी के माध्यम से खुलकर प्रहार किए तथा अंग्रेज़ी शासन से 'एज ऑफ कन्सेण्ट बिल' पारित करवाने में सफलता प्राप्त की। पण्डित विष्णु शास्त्री ने विधवा पुनर्विवाह को सम्पादित करने का बीड़ा उठाते हुए 'विडो मैरिज एसोसिएशन' नामक संस्था स्थापित की, जिसके माध्यम से उन्होंने अनेक विधवाओं के पुनर्विवाह कराकर उन्हें समाज की उपेक्षा, घृणा तथा तिरस्कार से मुक्ति प्रदान की। कालान्तर में महादेव गोविन्द रानाडे ने उनके काम को आगे बढ़ाया।

महात्मा गाँधी के राजनैतिक गुरू गोपालकृष्ण गोखले भी महिला सशक्तीकरण के पक्षधर थे और उनकी यह दृढ़ धारणा थी कि शिक्षा के माध्यम से ही महिलाओं का सर्वांगीण विकास किया जा सकता है। महात्मा गाँधी भी नारी सशक्तीकरण के हामी थे। उन्होंने सदैव महिलाओं की शिक्षा, विधवा विवाह तथा उनकी राजनैतिक भागीदारी को प्रोत्साहन प्रदान किया। दक्षिण अफ्रीका में प्रवास के दौरान सर्वप्रथम उन्हें महिलाओं की शक्ति एवं क्षमता का आभास हुआ था। गाँधीजी का मानना था कि गर्भधारण एवं मातृत्व के अनुभवों के कारण ही महिलाएँ अहिंसात्मक आन्दोलन के लिए पुरुषों की तुलना में अधिक उपयुक्त हैं। गाँधीजी ने महिलाओं को शराब एवं नशीले पदार्थों की दुकानों पर पिकेट करने या धरना देने हेतु उपयुक्त माना क्योंकि वे जानते थे कि पति की ऐसी लतों का सर्वाधिक दुष्परिणाम महिलाओं को ही भुगतना पड़ता है। सन् 1925 ई. में जब कांग्रेस ने वेश्याओं को भी जनान्दोलनों से जोड़ना चाहा, तो गाँधी जी ने इसका विरोध किया क्योंकि वे किसी भी रूप में वेश्यावृत्ति को प्रोत्साहन देने के खिलाफ थे। महात्मा गाँधी से प्रभावित होकर अनेक महिलाओं ने उनके आन्दोलनों से जुड़ना पसन्द किया और अंतहीन यंत्रणाएँ झेलीं। सन् 1920 में जब गाँधी जी ने असहयोग आन्दोलन शुरू किया, तब अनेक महिलाओं ने इस आन्दोलन में बढ़-चढ़कर भाग लिया। यद्यपि अपनी दाँडी यात्रा के दौरान

गाँधीजी ने महिलाओं को भाग लेने से मना किया था, फिर भी उनकी इस यात्रा में महिलाओं ने स्थान-स्थान पर पहुँचकर उनका समर्थन किया। अपनी दाँडी यात्रा पूरी होने के पश्चात् गाँधी जी ने महिलाओं की शक्ति को भाँपते हुए दाँडी में महिलाओं का एक सम्मेलन बुलाया, जिसमें उन्होंने भावी आन्दोलन हेतु महिलाओं की भूमिका निर्धारित की। इस सम्मेलन में गाँधी जी ने महिलाओं को उनकी प्रवृत्ति के अनुसार स्वदेशी के प्रचार तथा मद्यपान की दुकानों पर धरना देने का दायित्व सौंपा। सन् 1942 ई. में भारत छोड़ो आन्दोलन के दौरान जब देश के सभी बड़े नेताओं को अंग्रेज़ सरकार ने जेलों में ठूँस दिया, तब 9 अगस्त, सन् 1942 ई. को मुंबई के ग्वाल टोली मैदान में आयोजित भारत छोड़ो आन्दोलन का नेतृत्व अरुणा आसफ अली ने किया और समूचे देश में क्रान्ति की चिनगारी फैलाने का कार्य किया। बाद में उनके साथ सुचेता कृपलानी और उषा मेहता ने भूमिगत रहकर इस आन्दोलन को धार देने का काम किया। भारत छोड़ो आन्दोलन की कमान वस्तुतः पूरे देश में महिलाओं के हाथों में थी। सरोजनी नायडू, कमलादेवी चट्टोपाध्याय, स्वरूप रानी, राजकुमारी अमृत कौर, मोहिनी सहगल, पुष्पा, मार्तंगिनी हजारा, रजनी घोष आदि ने गाँधीजी के आह्वान पर भारत छोड़ो आन्दोलन में सक्रियता के साथ हिस्सा लिया। रजनी घोष तो इस आन्दोलन के दौरान गोली से शहीद हो गयी थीं। कुछ महिलाओं ने अहिंसावादी मार्ग का अनुसरण न करते हुए क्रांतिकारियों के पथ का अनुगमन किया, जिनमें प्रकाशवती, इन्दुमती सिंह, दुर्गा भाभी, सुशीला मोहन, कमला देवी, रानी गिडालू, सुहासिनी गांगुली, प्रीति, बी. अम्मा, कनकलता, अनुप्रिया बरूआ, सुधा लता, लाडो रानी जोशी, करतार कौर आदि के नाम अग्रगण्य हैं।[2]

बाबा साहब डॉ. भीमराव अम्बेडकर केवल दलितों के हितैषी ही नहीं थे, वरन् वे महिलाओं को पुरुषों के समान अधिकार देने के आग्रही भी थे। जुलाई सन् 1913 में जब वे न्यूयॉर्क की कोलंबिया यूनिवर्सिटी में पढ़ने के लिए पहुँचे तो वे यह देखकर आश्चर्यचकित रह गए कि इस देश का माहौल महिलाओं और पुरुषों में भेदभाव नहीं करता था और हर क्षेत्र में महिलाएँ पुरुषों के साथ कन्धे से कन्धा मिलाकर आगे बढ़ रही थीं। इससे वे अत्यन्त प्रभावित हुए और उन्होंने भारत में भी ऐसा ही वातावरण सृजित करने का स्वप्न देखा। 4 अगस्त, सन् 1913 ई. को न्यूयॉर्क से अपने एक मित्र को लिखे गए पत्र में उन्होंने लिखा, "यह सोचना गलत है कि माता-पिता बच्चे को केवल जन्म देते हैं, भविष्य नहीं। यदि माता-पिता दृढ़ प्रयत्न करें तो वे अपने बच्चों का भविष्य उज्ज्वल बना सकते हैं। यदि हमने इस सिद्धान्त को अपना लिया तो

अति शीघ्र हम वह शुभ दिन देख सकेंगे। लड़कों के साथ लड़कियों की शिक्षा की ओर ध्यान देकर हम शीघ्र प्रगति कर सकते हैं। आप अपनी पुत्री को शिक्षा देकर इसका लाभदायक परिणाम स्वयं देख सकते हैं।" नागपुर में महिलाओं के एक अखिल भारतीय सम्मेलन को सम्बोधित करते हुए डॉ. अम्बेडकर ने कहा था, "मैं किसी समुदाय की प्रगति को इस पैमाने पर देखता हूँ कि उसकी महिलाओं ने कितनी प्रगति की है। महिलाओं के संगठन में मेरा अत्यधिक विश्वास है। मैं जानता हूँ कि यदि महिलाएँ एकजुट हो जाएँ तो वे समाज को सुधारने के लिए क्या नहीं कर सकतीं।"

सन् 1928 ई. में साइमन कमीशन के समक्ष दिए गए अपने साक्ष्य में डॉ. अम्बेडकर ने वयस्क मताधिकार का पुरजोर समर्थन किया था और कहा था कि इक्कीस वर्ष से अधिक उम्र के सभी भारतीयों को, चाहें वे महिला हों या पुरुष, मतदान का अधिकार मिलना चाहिए।

सन् 1942 ई. में पहली बार डॉ. अम्बेडकर को गवर्नर जनरल की कार्यकारिणी में लेबर पार्टी के सदस्य के रूप में नियुक्त किया गया। बहुत कम लोगों को यह पता होगा कि गवर्नर जनरल की कार्यकारिणी के सदस्य के रूप में उन्होंने भारत के इतिहास में पहली बार कार्यशील महिलाओं के लिए प्रसूति अवकाश की व्यवस्था कराने में सफलता पाई। स्वतन्त्रता प्राप्ति के पश्चात जब उन्हें संविधान की प्रारूप समिति का अध्यक्ष चुना गया तो उन्होंने भारतीय संविधान के अनुच्छेद 14 में प्रावधान रखा कि लिंग के आधार पर महिलाओं के साथ किसी प्रकार का भेदभाव नहीं किया जाएगा। कालान्तर में भारत के कानून मंत्री के रूप में डॉ. अम्बेडकर ने हिन्दू कोड बिल संसद में पेश किया, जिसके तहत अलग-अलग जातियों एवं पंथों में बँटे हिन्दू समाज के लिए एक समान आचार संहिता बनायी जानी थी तथा महिलाओं को वैवाहिक मामलों में, तलाक सम्बन्धी मामलों में, उत्तराधिकार में, गोद लेने में, गुजारा भत्ता में तथा पारिवारिक पैतृक हिस्सेदारी में समान अधिकार दिए जाने थे। इस बिल के पारित हो जाने के बाद हिन्दू महिलाओं को अनेक महत्त्वपूर्ण अधिकार मिलने वाले थे। इसके लागू होने के बाद दुखी तथा उत्पीड़ित पत्नियाँ अपने ऊपर अत्याचार करने वाले पतियों को तलाक दे सकती थीं तथा किसी अन्य सुयोग्य व्यक्ति से विवाह कर सकती थीं। इस बिल की एक खासियत यह थी कि इसमें किन्हीं भी दो वर-वधुओं के विवाह को वैध करार दिया जाना था, चाहें वे किसी भी जाति या वर्ण के क्यों न हों और उनसे उत्पन्न सन्तान भी वैध मानी जाने वाली थी। इस बिल के पेश होने से पहले

परस्पर विरोधी वर्णों, जातियों एवं उपजातियों में हुए विवाह से उत्पन्न सन्तान वैध नहीं मानी जाती थी। इस दृष्टि से यह एक अत्यन्त क्रान्तिकारी बिल था किन्तु रूढ़िवादी हिन्दुओं के विरोध के कारण यह बिल पारित न हो सका। इससे क्षुब्ध होकर डॉ. अम्बेडकर ने कानून मंत्री के पद से त्यागपत्र दे दिया। इसके बाद भी डॉ. अम्बेडकर हताश नहीं हुए और अपने लेखों तथा सामाजिक एवं राजनीतिक मंचों के माध्यम से इस बिल के पक्ष में अपनी आवाज़ बुलन्द करते रहे। सन् 1955-56 में जब इस बिल को कई टुकड़ों में बाँटकर हिन्दू विवाह कानून, हिन्दू गोद एवं गुजारा भत्ता कानून, हिन्दू उत्तराधिकार कानून आदि नामों से पारित किया जाने वाला था, तब उन्होंने तत्कालीन कानून मंत्री श्री पारस्कर को हिन्दू कोड की एक-एक धारा को बारीकी से समझाकर तथा इसके विरोध में दी जाने वाली दलीलों के जवाब तैयार करवाकर इस कानून को पारित कराने में सहयोग प्रदान किया।[3]

सरदार वल्लभ भाई पटेल ने भी 13 फरवरी, सन् 1919 को अहमदाबाद नगर पालिका के पार्षद के रूप में नगर पालिका अध्यक्ष को एक चिट्ठी लिखी, जिसमें उन्होंने महिलाओं को मताधिकार देने की वकालत की थी।

अनेक संस्थाओं ने भी महिलाओं के उत्थान एवं सर्वतोन्मुखी विकास में महत्त्वपूर्ण भूमिका का निर्वाह किया। सन् 1886 में स्वर्ण कुमारी देवी द्वारा स्थापित द लेडीज़ एसोसिएशन तथा सन् 1889 ई. में पण्डिता रमाबाई द्वारा स्थापित शारदा सदन की चर्चा हम पूर्व में कर चुके हैं। सन् 1892 ई. में समाज उद्धारक माही पत्रम् की स्मृति में श्री माही पत्रम् रूपराम अनाथाश्रम की स्थापना की गयी, जिसका लक्ष्य अनाथ बच्चों का पालन-पोषण करना तथा निराश्रित महिलाओं को सिलाई-बुनाई का प्रशिक्षण देकर उन्हें आत्मनिर्भर बनाना था। सन् 1903 ई. में मुम्बई की कुछ पारसी महिलाओं ने आर्थिक रूप से कमजोर महिलाओं के कल्याण हेतु महिला जोरास्ट्रियन मण्डल का गठन किया। इस संस्था के माध्यम से निर्धन महिलाओं को ग्राम एवं कुटीर उद्योग का प्रशिक्षण देकर उन्हें स्वावलम्बी बनाने का प्रयास किया जाता था। सन् 1906 ई. में गुजरात की कुछ समृद्ध महिलाओं ने गुजराती हिन्दू स्त्री मण्डल की स्थापना की। इस संस्था का लक्ष्य महिलाओं को शिक्षित करना तथा उन्हें आत्मनिर्भर बनाने हेतु तकनीकी कार्यों में प्रशिक्षण प्रदान करना था। सन् 1909 ई. में महादेव रानाडे की धर्मपत्नी, जो पूर्व में विधवा थीं तथा महादेव गोविन्द रानाडे ने उनसे विवाह कर एक क्रान्तिकारी कदम उठाया था, ने 'सेवासदन' नामक एक महिला कल्याण संस्था की स्थापना की, महिलाओं की चेतना के क्षेत्र में

आगे चलकर इस संस्था ने अनेक बड़े कदम उठाए। सन् 1912 ई. में सरोज नलिनी नामक एक महिला ने सम्पूर्ण भारत में महिला समितियों की स्थापना की तथा भारतीय महिलाओं को परदा प्रथा, बाल विवाह तथा विधवा उत्पीड़न के विरुद्ध जागरूक किया।

सन् 1917 में एनीबेसेन्ट, मार्गरेट कजिन्स तथा डोरोथी जिनाराडसा ने मिलकर वीमेन्स इण्डिया एसोसिएशन की स्थापना की। इनका बखूबी साथ मालती पटवर्धन, अम्मू स्वामीनाथन एवं दादा भॉय तथा अम्बुजम्मल ने दिया। यह पहली संस्था थी, जिसने भारत में महिला मताधिकार की आवाज़ उठाई थी।

सन् 1926 के चुनाव में मद्रास प्रान्तीय विधानसभा के चुनाव में कमलादेवी चट्टोपाध्याय मंगलौर से खड़ी हुईं किन्तु वे बहुत कम अन्तर से चुनाव हार गयीं। बाद में मद्रास सरकार ने उन्हें महिलाओं के अधिकारों के प्रतिनिधित्व हेतु विधानसभा में मनोनीत किया।

सन् 1927 में मार्गरेट कजिन्स की प्रेरणा से एक अखिल-भारतीय महिला सम्मेलन पुणे में आयोजित किया गया, जिसमें विभिन्न धर्मों, जातियों एवं सम्प्रदायों की महिलाओं ने भाग लिया। इस सम्मेलन में महिलाओं की शिक्षा के अवरोधकों पर विचार किया गया तथा यह निष्कर्ष निकाला गया कि परदा प्रथा, बाल विवाह तथा अन्य सामाजिक रूढ़ियों के कारण महिलाएँ शिक्षा अर्जित नहीं कर पातीं। इन पर विचार करने के बाद इस सम्मेलन में महिलाओं के विवाह की आयु सीमा बढ़ाने हेतु एक विस्तृत अभियान छेड़ने का निर्णय लिया गया। इसके परिणामस्वरूप सन् 1929 में शारदा एक्ट अस्तित्व में आया। चूँकि समान नागरिक संहिता में कुछ धार्मिक आपत्तियाँ थीं, इसलिए सम्मेलन में हिन्दू कानूनों में बहुविवाह रोकने, महिलाओं को तलाक का अधिकार देने तथा सम्पत्ति में अधिकार देने की मांग रखी गयी। इसके परिणामस्वरूप सन् 1950 के दशक में हिन्दू कोड बिल आया।

महिलाओं ने श्रमिक आन्दोलनों में भी सक्रिय सहभागिता दिखाई। सन् 1917 ई. में अनुसूया साराभाई के नेतृत्व में अहमदाबाद टेक्सटाइल के श्रमिकों ने हड़ताल की थी। उन्हीं के नेतृत्व में सन् 1920 में "मजूर जहाँ" नामक श्रमिक यूनियन का गठन किया गया। बम्बई में उषाबाई डांगे तथा पार्वती भोरे ने कपड़ा श्रमिकों की मांगे उठाईं तो बम्बई में मणिबेन कारा ने रेलवे श्रमिकों के आन्दोलन का नेतृत्व किया।[4]

सन् 1938 में भारतीय राष्ट्रीय कांग्रेस ने जवाहरलाल नेहरू की अध्यक्षता में एक नेशनल प्लानिंग कमेटी का गठन किया, जिसकी 29वीं उपसमिति 'नियोजित

अर्थव्यवस्था में महिलाओं की भूमिका' विषय पर केन्द्रित थी। इस उपसमिति में उस समय की अनेक विख्यात महिलाओं को स्थान दिया गया था। इस उपसमिति ने गहन विश्लेषण के पश्चात् अनेक महत्त्वपूर्ण सुझाव दिए थे।[5]

सन् 1930 के नमक सत्याग्रह में गाँधी जी ने प्रारम्भ में महिलाओं को भाग लेने की अनुमति नहीं दी किन्तु महिलाओं के मुखर विरोध के आगे उन्हें झुकना पड़ा और 6 अप्रैल, सन् 1930 को सरोजनी नायडू, लाडोरानी जुत्शी, रानी गुडियालो, कमला नेहरू, हंसा मेहता, अनंतिकाबाई गोखले, सत्यवती, पार्वतीबाई, रूक्मिणी लक्ष्मीपति, लीलावती मुंशी, दुर्गाबाई देशमुख, कमलाबाई चट्टोपाध्याय आदि महिलाओं के साथ हजारों अनाम महिलाओं ने नमक कानून तोड़ा। राधा कुमार ने इसे "वीरांगनाओं का ज्वार" कहकर सम्बोधित किया है।

इस दौरान देश सेविका संघ, नारी सत्याग्रह समिति, महिला राष्ट्रीय संघ, लेडीज़ पिकेटिंग बोर्ड, स्त्री स्वराज्य संघ, स्वयंसेविका संघ आदि संगठन अस्तित्व में आए, जिन्होंने विदेशी बहिष्कार, मद्यपान निषेध आदि आन्दोलनों में भाग लिया।

वीणा मजूमदार का मत है कि स्वतन्त्रता प्राप्ति के पश्चात बीस वर्षों तक महिलाओं के प्रश्न नेपथ्य में चले गए। साठ के दशक तक देश का ध्यान गरीबी, सामाजिक-आर्थिक विकास, औद्योगीकरण, भूमि सुधार, मूल्य वृद्धि आदि पर केन्द्रित रहा। सन् 1970 में महाराष्ट्र के धुलिया जिले की दो आदिवासी भील महिलाओं के साथ जमींदारों द्वारा किए गए बलात्कार के बाद शहादा प्रदर्शन हुआ तथा इसके फौरन बाद श्रमिक संगठना का गठन किया गया। इसी समय बंगाल में तिभगा आन्दोलन शुरू हुआ तथा आन्ध्र प्रदेश में तेलंगाना आन्दोलन ने जोर पकड़ा। इनमें शहादा आन्दोलन का महिलाओं की दृष्टि से विशेष महत्त्व है क्योंकि इसमें भूमिहीन आदिवासी महिलाओं ने जनता को जमींदारों के खिलाफ एकजुट किया तथा धरना प्रदर्शनों, उत्तेजक भाषणों एवं नारों के माध्यम से जनता को इससे सफलतापूर्वक जोड़ा। इसके साथ ही मद्यनिषेध आन्दोलन भी शुरू हुआ क्योंकि आदिवासी भूमिहीन श्रमिक अक्सर रात में शराब पीकर अपनी महिलाओं को पीटा करते थे। महिलाओं ने गाँवों मे घूम-घूमकर शराब की भट्टियाँ तोड़ीं।[6]

सन् 1972 में इला भट्ट के मार्गदर्शन में सेवा (Self Employed Women's Association) आन्दोलन का सूत्रपात अहमदाबाद में हुआ। यह आन्दोलन स्वाधीन भारतीय महिला आन्दोलन की दृष्टि से अत्यन्त महत्त्वपूर्ण सिद्ध हुआ। इस आन्दोलन ने असंगठित क्षेत्रों में काम करने वाली महिलाओं के अनुभवों, जैसे–कम आमदनी, घरेलू हिंसा, ठेकेदारों एवं पुलिस

के उत्पीड़न, भयावह कार्यस्थल स्थितियों, उनके श्रम का तिरस्कार आदि पर अपना ध्यान केन्द्रित किया। इस आन्दोलन ने समुचित प्रशिक्षण के द्वारा इन चुनौतियों का सामना करने का प्रयास किया। गाँधीवादी विचारधारा पर आधारित यह आन्दोलन अत्यन्त सफल रहा।

सन् 1973 में सोशलिस्ट पार्टी की मृणाल गोरे तथा मार्क्सवादी कम्युनिस्ट पार्टी की अहल्या रंगनेकर के नेतृत्व में मँहगाई तथा मूल्यवृद्धि के विरोध में बम्बई में विशाल आन्दोलन किया गया। इसमें घरेलू महिलाओं ने बढ़-चढ़कर हिस्सा लिया तथा थालियाँ बजाकर अपना विरोध प्रदर्शित किया।

सन् 1974 में नव निर्माण आन्दोलन गुजरात में शुरू हुआ। प्रारम्भ में यह एक छात्र आन्दोलन था, जो भ्रष्टाचार के खिलाफ था, लेकिन बाद में यह 'अधिकार' एवं 'लोकनीति' के आन्दोलन में बदल गया। इसने पारिवारिक हिंसा, घरेलू दायित्व तथा पितृ सत्तात्मक व्यवस्था के विरोध में भी अपनी आवाज़ बुलन्द की। शीघ्र ही इस आन्दोलन से हजारों मध्यवर्गीय महिलाएँ जुड़ गयीं। इनके विरोध के तरीके थे–भूख हड़ताल करना, पुतले फूँकना तथा प्रभात फेरियाँ निकालना।

सन् 1973-74 में उत्तराखण्ड के चमोली जिले के गोपेश्वर कस्बे से शुरू हुआ चिपको आन्दोलन भी मूलत: महिलाओं का आन्दोलन था। इस आन्दोलन के माध्यम से महिलाओं ने वृक्षों की महत्ता प्रदर्शित की।

सन् 1974 में हैदराबाद में 'प्रोग्रेसिव ऑर्गेनाइजेशन ऑफ वीमेन' संगठन अस्तित्व में आया। इसने महिला श्रमिकों के साथ कार्यस्थलों पर होने वाले यौन शोषण तथा भेदभाव के खिलाफ अपनी आवाज़ बुलन्द की। इस संगठन ने धन के लिए महिलाओं की पुरुषों पर निर्भरता की मुखालफत की तथा समानता की विचारधारा पर बल दिया।

अन्तर्राष्ट्रीय महिला संगठनों के लगातार प्रतिवेदनों के कारण संयुक्त राष्ट्र संघ ने सन् 1975-1985 के दशक को 'अन्तर्राष्ट्रीय महिला दशक' घोषित किया तथा संयुक्त राष्ट्र संघ के तत्वावधान में मेक्सिको में प्रथम विश्व महिला सम्मेलन का आयोजन किया गया, जिसके परिणामस्वरूप सम्पूर्ण विश्व में महिलाओं से जुड़े मुद्दों पर जागरूकता आई। इससे पूर्व सन् 1974 में महिलाओं की वैश्विक स्थिति पर '*टुवर्ड्स ईक्वलिटी*' शीर्षक से एक रिपोर्ट छप चुकी थी। इससे भारत में भी यह महसूस किया जाने लगा कि भले ही संविधान ने महिलाओं को पुरुषों के समान अधिकार दिए हैं, किन्तु वास्तविकता इसके ठीक विपरीत है।

इस दशक में महिला अधिकारों से जुड़े संगठनों की संख्या में भारी इजाफा हुआ। फोरम अगेंस्ट रेप (वर्तमान नाम–फोरम अगेंस्ट अप्रेशन ऑफ वीमेन), स्त्री संघर्ष, समता आदि इनमें प्रमुख हैं। इसी बीच सन् 1980 में मथुरा नामक एक आदिवासी नाबालिग लड़की से बलात्कार के आरोप से उच्चतम न्यायालय ने दो पुलिस वालों को बरी कर दिया। हालांकि उच्च न्यायालय उन्हें सजा सुना चुका था। देश के चार विख्यात वकीलों ने इसके विरोध में उच्चतम न्यायालय के प्रधान न्यायाधीश को एक खुला पत्र लिखा, जिससे इस फैसले के विरोध में देशव्यापी प्रदर्शन हुए। इसके बाद हुए कुछ यौन अपराधों तथा लगातार हो रहे देशव्यापी विरोध प्रदर्शनों को देखते हुए सरकार ने महिला समूहों से गहन विचार–विमर्श के बाद सन् 1983 में संशोधित बलात्कार कानून प्रस्तुत किया।

दहेज के खिलाफ जागरूकता के लिए सन् 1970 ई. से ही हैदराबाद में प्रोग्रेसिव ऑर्गेनाइजेशन ऑफ वीमेन संस्था सक्रिय थी। दिल्ली में भी 'स्त्री संघर्ष', 'महिला दक्षिता समिति' तथा 'दहेज विरोधी चेतना मण्डल' जैसे संगठन अस्तित्व में आए, जिनके दबाव में सरकार ने दहेज कानून में परिवर्तन किए। "सहेली" तथा "फोरम अगेंस्ट अप्रेशन ऑफ वीमेन" संगठनों ने भी इस दिशा में महत्त्वपूर्ण भूमिका निभाई।

दिसम्बर, 1985 की भोपाल गैस त्रासदी, सन् 1986 में शाहबानो केस के खिलाफ आया मुस्लिम महिला बिल तथा सन् 1987 में हुए रूपकुँवर सती काण्ड स्त्री आन्दोलन के महत्त्वपूर्ण प्रस्थान बिन्दु रहे हैं। सन् 1985 की भोपाल गैस त्रासदी के सर्वाधिक दुष्प्रभाव महिलाओं को झेलने पड़े। इसी वर्ष शाहबानो नामक एक मुस्लिम महिला ने क्रिमिनल प्रोसीजर एक्ट के अनुच्छेद 125 के तहत अपने पति से तलाक के बाद गुजारा भत्ता मांगने की याचिका दायर की। उच्चतम न्यायालय ने उसके पक्ष को उचित माना किन्तु परम्परागत मुस्लिम संगठनों ने इस फैसले का घोर विरोध किया। सन् 1986 में सरकार उच्चतम न्यायालय के फैसले को निष्प्रभावी करने के लिए मुस्लिम महिला बिल लेकर आयी, जिसमें अनुच्छेद 125 के तहत मुस्लिम महिला को गुजारा भत्ता देने पर रोक लगाई गयी थी। हालांकि अनेक महिला संगठनों ने इस बिल के खिलाफ संसद तक विरोध प्रदर्शन किए। परन्तु इसका कोई परिणाम नहीं निकला। इसी प्रकार सती प्रथा को सन् 1829 में ही दण्डनीय अपराध घोषित किया जा चुका था लेकिन फिर भी सन् 1987 में राजस्थान के एक गाँव की युवा विधवा रूप कुँवर को उसके मृत पति की चिता पर बैठकर सती होने के लिए बाध्य किया

गया। इससे महिला संगठनों में भारी रोष फैल गया और उन्होंने नया सती निषेध बिल लाने की मांग की।

सन् 1974 की टुवर्ड्स ईक्वलिटी रिपोर्ट की चर्चा पूर्व में की जा चुकी है। इसने अपनी सिफारिशों में लैंगिक समानता हेतु कई महत्त्वपूर्ण सिफारिशें की थीं। इनमें दहेज, बहुविवाह प्रथा, बाल विवाह, द्विविवाह, विवाह समारोहों की फिजूलखर्ची आदि पर रोक लगाना प्रमुख थीं। इसने विधिक जागरूकता बढ़ाने, क्रेश (पालनाघर) को बढ़ावा देने, समान काम का समान वेतन तथा महिलाओं के लिए बेहतर कार्यस्थल परिवेश विकसित करने, विवाहों का अनिवार्य पंजीकरण कराने, तलाक, गुजारा भत्ता, गोद लेने, संरक्षकत्व, मातृत्व सुविधाओं एवं शिक्षा के अवसर पैदा करने जैसी महत्त्वपूर्ण सिफारिशें भी कीं। इस रिपोर्ट में समान नागरिक संहिता पर भी बल दिया गया। सन् 2002 में भारत सरकार की राष्ट्रीय महिला आयोग ने भी "*टुवर्ड्स ईक्वलिटी : द अनफिनिश्ड एजेण्डा, द स्ट्टेस ऑफ वीमेन इन इण्डिया 2001*" शीर्षक से ऐसी ही रिपोर्ट पेश की।[7]

'भारतीय मुस्लिम महिला आन्दोलन' नामक एक संस्था ने मुस्लिम पर्सनल लॉ में संशोधन के लिए एक प्रारूप तैयार किया है, जिसे उन्होंने 'मुस्लिम महिला एवं तलाक अधिनियम' नाम दिया है। इस आन्दोलन की संस्थापक सदस्या नूरजहाँ सफिया नाज़ के मुताबिक इसके लागू होने पर बहुविवाह, एकतरफा और मौखिक बोलने भर से तलाक हो जाना जैसी मुस्लिम समाज की कुरीतियाँ खत्म हो जाएंगी और मुस्लिम विवाहों का पंजीकरण अनिवार्य हो जाएगा। 16 जुलाई 2014 को टाइम्स ऑफ़ इण्डिया को दिए गए साक्षात्कार में नूरजहाँ ने मुस्लिम समाज की बेहतरी के लिए उनके संगठन के प्रयासों की जानकारी दी है। इमराना काण्ड ने ऐसे अपराधों हेतु भी संशोधन पर बल दिया है।

दामिनी (निर्भया) केस की चर्चा हम पूर्व में कर ही चुके हैं तथा इसके सामाजिक प्रभावों का विस्तृत विश्लेषण किया जा चुका है।

महिलाओं के आन्दोलन को समर्थन देने में पुरुष भी पीछे नहीं रहे। दिल्ली गैंगरेप की घटना के बाद फिल्म अभिनेता, निर्देशक फरहान अख्तर ने सन् 2013 में MARD (Men Against Rape and Discrimination) नामक संस्था बनाई तो नई दिल्ली स्थित जवाहर लाल नेहरू विश्वविद्यालय ने अपने सभी पाठ्यक्रमों में लैंगिक अध्ययन (जेण्डर स्टडीज) को अनिवार्य कर दिया।[8] भारत सरकार के पंचायतीराज मंत्रालय ने अक्टूबर-नवम्बर, 2013 में किसी एक दिन देश की सभी ग्राम पंचायतों में महिलाओं के मुद्दों पर एक विशेष ग्राम सभा बैठक बुलाने को कहा है, जिसमें पंचायतें तथा महिला सभा सार्वजनिक स्थानों

पर महिला उत्पीड़न, घरेलू हिंसा, अल्पायु में मातृत्व, भोजन तथा चिकित्सीय सुविधा, गर्भवती महिलाओं के पंजीकरण आदि की अपर्याप्त व्यवस्था तथा अन्य समस्याओं पर कार्रवाई करेंगी। यह कदम अत्यन्त महत्त्वपूर्ण है क्योंकि ऐसा होने पर ग्राम सभाओं तक महिला मुद्दों की गूँज सुनाई देगी।

निर्भया काण्ड के बाद भारत सरकार की जागरूकता का प्रमाण यह है कि संसद की एक समिति ने यह पाया कि स्कूलों में बालिकाओं के शौचालयों की स्थिति दयनीय है। इस समिति ने बालकों और बालिकाओं के लिए अलग-अलग शौचालयों व पेयजल सुविधाओं की उपलब्धता का मूल्यांकन करने के लिए विस्तृत सर्वेक्षण की सिफारिश की है।[9] हालांकि निर्भया की याद में एक संग्रहालय बनाने की घोषणा हवाई ही रही।

निर्भया काण्ड का असर पड़ोसी देश पाकिस्तान में भी देखा गया। वहाँ पर पाकिस्तानी रॉक स्टार आरोन हारून 'बुर्का एवेन्जर' नाम से पाकिस्तान की पहली सुपर वूमन एनीमेटेड सीरीज लेकर आए। इस एनीमेशन सीरीज में जिया नाम की एक स्कूल टीचर नित-प्रतिदिन बुर्का नहीं पहनती, किन्तु जब वह दुष्टों को सजा देने के लिए सुपर वूमन बनती है, तो वह बुर्के के अवतार में नज़र आती है। हलवापुर नामक गाँव की यह सुपरवूमन बाल श्रम, वेश्यावृत्ति, भेदभाव, बिजली की चोरी आदि मुद्दों को अपने कार्यक्रम में पेश करती है।[10]

हालांकि निर्भया काण्ड के आरोपियों में नाबालिग आरोपी को बलात्कार तथा हत्या का दोषी तो माना गया किन्तु उसकी अपराध के समय आयु बालिग होने से 6 माह कम होने अर्थात् साढ़े सत्रह वर्ष का होने के कारण उसे किशोर अपराधी मानकर केवल तीन साल की सजा ही किशोर न्याय कानून के तहत प्रमुख मजिस्ट्रेट गीतांजलि गोयल की अध्यक्षता वाली पीठ ने सुनाई, जिसने कानून की कई चुनौतियों को हमारे सामने पेश किया।[11] 7 अगस्त, सन् 2014 को भारत सरकार ने इसका संज्ञान लेते हुए केन्द्रीय मंत्री मेनका गाँधी की पहल पर कैबिनेट में यह निर्णय लिया कि बलात्कार तथा अन्य संगीन जुर्म करने वाले 16 से 18 वर्ष के बीच के किशोरों को भी बालिग मानकर बालिग जैसी ही सजा दी जाएगी। हालांकि बालिग आरोपियों को फाँसी दी गयी है जिसे 13 मार्च, सन् 2014 को दिल्ली उच्च न्यायालय ने भी बरकरार रखा।

निर्भया काण्ड की गूँज विश्व रंगमंच पर भी दिखी, जब एडिनबर्ग फ्रिंज फेस्टिवल में 'निर्भया' नामक नाटक ने सुर्खियाँ बटोरी। इस नाटक में पूर्णा जगन्नाथन ने निर्भया की भूमिका निभाई।[12]

निर्भया दुष्कर्म पर देशव्यापी गुस्से के बावजूद ऐसी घटनाएँ कम नहीं हुई हैं बल्कि दुर्भाग्यवश इनमें वृद्धि ही देखी जा रही है। मुंबई में महिला पत्रकार के साथ दुष्कर्म होता है, तो दिल्ली में नाबालिग के साथ बलात्कार होता है। बंगाल में एक लड़का-लड़की को एक साथ बैठे देखकर वहाँ की एक पंचायत दोनों के परिवारों से जुर्माना भरने को कहती है और लड़के के पिता द्वारा जुर्माना भरने पर लड़के को तो छोड़ दिया जाता है, परन्तु लड़की के पिता के पास पैसे न होने पर लड़की के साथ सामूहिक दुष्कर्म का तालीबानी फरमान सुनाया जाता है। जुलाई 2014 में लखनऊ में निर्भया जैसा काण्ड होता है तो बदायूँ में दो लड़कियों से गैंगरेप करके उन्हें मारकर पेड़ पर लटका दिया जाता है। तृणमूल कांग्रेस के सांसद तापस पाल कम्यूनिस्ट विरोधियों को सबक सिखाने के लिए उनके परिवारों की महिलाओं पर अत्याचार करने की बात करते हैं तो मुलायम सिंह यादव 'बलात्कार' को 'लड़कों से गलतियाँ हो ही जाती हैं' कहकर न्यायोचित ठहराते हैं। वहीं मुरलीधर राव तथा अनेक नेता इसके लिए महिलाओं के पहनावे को उत्तरदायी ठहराते हैं। कहीं तीन साल की लड़की से दुष्कर्म होता है तो बंगलौर में 6 साल की बालिका से स्कूल में रेप होता है। कुल मिलाकर तीन साल से सत्तर साल तक किसी भी आयु वर्ग की स्त्री सुरक्षित नहीं है। शायद इन्हीं घटनाओं के कारण अनेक विदेशी सरकारों ने अपने पर्यटकों को भारत आने से पहले महिलाओं का विशेष ध्यान रखने की सलाह दी है। एक अमेरिकी छात्रा मिशेला क्रॉस ने सन् 2013 के भारतीय समाज में महिलाओं का अध्ययन करने के बाद यह निष्कर्ष निकला है कि भारत पर्यटकों के लिए स्वर्ग भले हो परन्तु महिलाओं के लिए नर्क से कम नहीं है।[12]

निर्भया काण्ड के बाद महिलाओं में कुछ जागरूकता भी देखने को मिली है और अब वे छेड़छाड़ तथा यौन उत्पीड़न के विरुद्ध पुलिस में शिकायत करने तथा अपने खिलाफ हुए अपराध को सार्वजनिक करने हेतु आगे आने लगी हैं। आसाराम बापू तथा उनके बेटे नारायण साईं की कारगुजारियों के खिलाफ उन्हीं के आश्रम की सेविकाओं तथा उनके आश्रम की लड़कियों द्वारा आवाज़ उठाने का परिणाम यह हुआ है कि ये दोनों पिता-पुत्र पुलिस को चकमा देने के कई प्रयास करने के बाद आज जेल में हैं। कॉरपोरेट जगत के श्वेतवसन अपराधों की कड़ी में तरूण तेजपाल का नाम भी उस समय जुड़ गया, जब उनके अखबार तहलका की उनकी सहयोगी ने उन पर यौन आक्रमण का आरोप लगाया, जिसके बाद उन्होंने तहलका से इस्तीफा देकर मामले को दबाने का भरसक प्रयास किया किन्तु अंत में उन्हें जेल जाना ही पड़ा। इसी प्रकार पश्चिम

बंगाल मानवाधिकार आयोग के अध्यक्ष पूर्व न्यायाधीश को भी विधि प्रशिक्षु के यौन उत्पीड़न को आरोप लगने के बाद इस्तीफा देना पड़ा। ऐसा ही ग्वालियर के एक अन्य न्यायाधीश का अपनी साथी न्यायिक अधिकारी के यौन उत्पीड़न का मामला भी सुर्खियों में है।

अखिल भारतीय प्रगतिशील महिला एसोसिएशन AIPWA कविता कृष्णन के नेतृत्व में महिलाओं से जुड़े मुद्दे उठाती रहती है। यह संस्था महिलाओं को उनके अधिकारों के लिए जागरूक करने का काम करती है। इसी प्रकार बुन्देलखण्ड के बाँदा जिले में सम्पत पाल ने 'गुलाबी गैंग' बनाया है, जिसकी सभी सदस्य महिलाएँ हैं। ये महिलाएँ प्रतीकात्मक तौर पर गुलाबी साड़ी पहनकर महिलाओं के प्रति हो रहे अत्याचारों का सामूहिक विरोध करती हैं तथा महिलाओं के साथ हो रहे अत्याचारों के कारणों पर प्रहार करते हुए मद्य निषेध, स्त्री शिक्षा, मतदान हेतु जागरूकता, दहेज प्रथा उन्मूलन, स्वावलम्बन जैसे मुद्दों पर महिलाओं को जागरूक करने का काम करती हैं।[13] सम्पत पाल के जीवन पर आधारित एक हिन्दी फिल्म 'गुलाब गैंग' का निर्माण हुआ है, जिसमें माधुरी दीक्षित एवं जुही चावला ने प्रमुख भूमिका निभाई है। वहीं 24 दिसम्बर, सन् 2013 को राजस्थान उच्च न्यायालय ने बलात्कारी को पीड़ित के साथ विवाह करने पर मजबूर किया है।

28 जुलाई, सन 2014 को टाइम्स ऑफ़ इण्डिया की एक रिपोर्ट के मुताबिक दिल्ली तथा इसके आस-पास रहने वाली महिलाएँ (स्त्री) हिंसा के प्रति सर्वाधिक खतरनाक क्षेत्र में रह रही हैं। दिल्ली सरकार की 181 नम्बर की महिला हेल्पलाइन के आंकड़ों से यह जानकारी मिली है कि दिसम्बर 2012 से मई 2013 के बीच दिल्ली की महिलाओं ने इस नम्बर पर घरेलू हिंसा के 64458 मामले, अश्लील कॉल के 35962 मामले, यौन आक्रमण के 19357 मामले, बाल यौन उत्पीड़न के 8813 मामले, गम्भीर हमले के 5713 मामले, अपहरण के 4325 मामले, दहेज हिंसा के 4222 मामले, खोने के 3904 मामले, धारदार हथियार से हमले के 3633 मामले, अवैध तरीके से घर में रखने के 2488 मामले, घूरने के 2112 मामले, दहेज हत्या के 1238 मामले, हत्या के 982 मामले, बलात्कार का प्रयास के 745 मामले, तेजाबी हमले के 441 मामले और कार्यस्थल पर यौन उत्पीड़न के 230 मामले दर्ज कराए।

आधुनिक काल में स्त्री अधिकारों के प्रति इतनी वैश्विक जागरूकता के बावजूद जो आँकड़े हमारे सामने उपस्थित हैं, वे अधिक आशान्वित नहीं करते। ब्रिटिश मेडिकल जर्नल 'द लान्सेट' ने एक सर्वेक्षण के बाद यह निष्कर्ष निकाला

है कि एशिया प्रशान्त क्षेत्र के दस में से एक पुरुष ने अनजान महिला के साथ बलात्कार किया। इनमें से 75 प्रतिशत ने यह कृत्य काम क्षुधा पूर्ति के लिए किया जबकि 50 फीसदी ने ऐसा आनन्द प्राप्ति के लिए किया।[14] अमेरिका में यह आंकड़ा और भी भयावह है। एक रिपोर्ट के मुताबिक अमेरिका की 20 फीसदी महिलाएँ बलात्कार के दंश से गुजरती हैं। कॉमनवेल्थ ह्यूमन राइट्स इंस्टीट्यूट के आँकड़ों के मुताबिक सन् 2001-2013 के दौरान भारत में हर 30 मिनट पर एक बलात्कार हुआ। बलात्कार के कुल 2,70,000 मामले दर्ज हुए, जिसमें दिल्ली में इसकी वृद्धि दर 329 प्रतिशत थी, जो सर्वाधिक है। मध्य प्रदेश में सर्वाधिक 40422 मामले दर्ज हुए, पश्चिम बंगाल में 22742, उत्तर प्रदेश में 22108, महाराष्ट्र में 21049 मामले संज्ञान में आए। यह ऑकड़ा 29 जुलाई, 2014 के टाइम्स ऑफ इण्डिया में प्रकाशित हुआ है। 'ग्लोबल ह्यूमन राइट्स' नामक एक गैर सरकारी संस्था ने भारत में जो महिलाओं का सर्वेक्षण किया, उसके निष्कर्षों के मुताबिक देश की 46 प्रतिशत महिलाओं का विवाह 18 वर्ष पूरे होने से पहले कर दिया जाता है। बिहार में यह 64 फीसदी, झारखण्ड 60 फीसदी, राजस्थान 58 फीसदी, आन्ध्र प्रदेश 56 फीसदी, मध्य प्रदेश 53 फीसदी, उत्तर प्रदेश 52 फीसदी और छत्तीसगढ़ 51 फीसदी है। दुनिया की 40 प्रतिशत बालिका वधू भारत में हैं, इनकी कुल संख्या 4 करोड़ 60 लाख है।[15] नक्सल प्रभावित क्षेत्रों में नक्सली महिलाओं का इस्तेमाल अपनी आतंकवादी गतिविधियों में धड़ल्ले से कर रहे हैं। 19 अगस्त, 2013 को लोकसभा में एक प्रश्न के उत्तर में तत्कालीन गृह राज्य मंत्री आर.पी.एन. सिंह ने स्वीकार किया कि माओवादियों की कुल संख्या का 30 प्रतिशत महिलाएँ हैं। नक्सली उनका दुरुपयोग शील्ड के तौर पर करते रहते हैं। वे आतंकवादी गतिविधियों में महिलाओं को अग्रिम मोर्चे पर रखते हैं, ताकि सुरक्षाकर्मियों से उनके टकराव में अधिक से अधिक महिलाएँ मारी जाएँ और ग्रामीण जनता की सहानुभूति बटोरी जा सके। इसके लिए वे जबरन महिलाओं को आतंकवादी गतिविधियों में घसीटते हैं।[16] एक आँकड़े के मुताबिक देश में हर 29 मिनट में एक बलात्कार की घटना होती है और इससे भी दुर्भाग्यपूर्ण यह है कि ऐसे यौन उत्पीड़नों में 8 प्रतिशत रिश्तेदार होते हैं। टी.वी. कार्यक्रम सावधान इण्डिया में प्रस्तुत आंकड़ों के मुताबिक देश के 40 प्रतिशत युगलों के अवैध सम्बन्ध हैं।[17]

महिला एवं बाल विकास मंत्रालय ने नेशनल क्राइम रिकार्ड ब्यूरो के आंकड़े 28 जुलाई, सन् 2014 को संसद में पेश किए। इसके अनुसार पिछले तीन वर्षों में डायन कहकर 519 महिलाओं को मौत के घाट उतारा जा चुका है। सन्

2011 में 240, 2012 में 129 और 2013 में 160 महिलाएँ डायन घोषित कर मार दी गयीं। सन् 2013 में झारखण्ड इस मामले में पहले नम्बर पर था, जहाँ 54 महिलाओं की डायन कहकर हत्या की गयी, दूसरे नंबर पर ओडिशा, तीसरे नम्बर पर तमिलनाडु और चौथे नम्बर पर आन्ध्र प्रदेश रहा।

इस सन्दर्भ में महाराष्ट्र के नांदेड़ जिले के अर्धापुर गाँव का जिक्र अपेक्षित है, जहाँ तीस साल पहले वैधू समाज में एक निन्दनीय परम्परा शुरू हुई है, जिसमें पिता खुद अपनी बेटी की नीलामी करते हैं और एक निश्चित समयावधि के लिए अपनी बेटी किसी पुरुष को बेच देते हैं। यह अवधि पूरी हो जाने के बाद जब बेटी घर वापस आती है तो उसे दोबारा बेचे जाने के लिए नीलामी की मण्डी में पहुँचा दिया जाता है। ऐसा करने से जो पैसा उन्हें प्राप्त होता है, उससे वे अपने बेटों के लिए बहू खरीदते हैं। इसका विरोध करने वाले पिता का पंचायत द्वारा हुक्का-पानी बंद कर दिया जाता है और उनके साथ मारपीट की जाती है। पहली बार बेटी का सौदा 20-30 हजार रुपए में होता है और बेटी के माँ बन जाने के बाद यह कीमत बढ़कर 50 हजार हो जाती है। जो पुरुष लड़की को आजीवन अपने साथ रखना चाहते हैं, उन्हें 1 लाख रुपए तक कीमत अदा करनी पड़ती है। कांग्रेस के कद्दावर सांसद अशोक चव्हाण के संसदीय क्षेत्र में यह परम्परा चल रही है, जो निश्चय ही हमारे साथ समाज के लिए कलंक है।

विगत 12 जून, सन् 2013 को बरेली के एक गाँव में बलात्कारी ने लड़की से बलात्कार के बाद उसे गोली मार दी। पीड़ित लड़की अस्पताल में जीवन-मृत्यु से संघर्ष कर रही थी और इससे भी दुखद यह कि लड़की के परिवार वालों ने इस घटना के बाद लड़की से नाता तोड़ लिया और वे उसका हाल चाल लेने भी अस्पताल तक नहीं गए। विवश होकर लड़की को बलात्कारी से विवाह करने हेतु प्रस्ताव रखना पड़ा।[18]

वर्तमान समाज की स्त्री उत्पीड़न की प्रमुख घटनाओं में हमें शर्मशार करने वाली दो अन्य घटनाएँ हैं—बालिकाओं की तस्करी तथा घरेलू नौकरानी के तौर पर उनका शारीरिक एवं मानसिक उत्पीड़न। इन प्रकरणों में भी प्रकारान्तर से स्त्री की अस्मिता पर चोट पहुँचाई जाती है और उन्हें यौन दासी बनाने के कुप्रयास किए जाते हैं। घरेलू हिंसा भी ऐसी ही एक अन्य समस्या है, जिस पर विचार करते हुए नीलम कुलश्रेष्ठ अपनी पुस्तक 'परत दर परत स्त्री' में समन्वय, सामंजस्य तथा स्त्री की स्वतंत्रता जैसे मुद्दों पर अपनी राय रखते हुए कुछ आधुनिक लेखिकाओं द्वारा प्रवर्तित 'देह स्वातन्त्र्य' की मुखालफत करती हैं। वास्तव में उनका बल तोड़ने से अधिक जोड़ने पर है।[19] उनकी पुस्तक में

कमिश्नर नीरा देसाई से उन्होंने साक्षात्कार लिया है। इस साक्षात्कार में नीरा देसाई कहती हैं, "जो स्त्री घर सँभालकर रचनात्मक कार्य कर रही है, उसका मूल्य समाज को जब समझ में आएगा, तभी स्त्री की भूमिका अग्रणी बनेगी।"[20]

कार्यस्थल पर कार्यशील महिलाओं का उत्पीड़न भी एक बड़ा सिर दर्द है, जिसके लिए उच्चतम न्यायालय ने सन् 1997 में विशाखा बनाम राजस्थान सरकार केस में जो दिशा निर्देश तय किए उन्हें "विशाखा गाइडलाइन" के नाम से जाना जाता है। कार्यस्थल पर लैंगिक समानता स्थापित करने की दिशा में यह मील का पत्थर माना जाता है। तरूण तेजपाल प्रकरण के बाद विशाखा गाइडलाइन को प्रभावशाली ढंग से लागू करने की मांग ज़ोर पकड़ रही है। 7 अगस्त, सन् 1914 के टाइम्स ऑफ इण्डिया में छपे समाचार के मुताबिक सन् 2013 में भारत के कॉरपोरेट बोर्ड में महिलाओं की हिस्सेदारी सिर्फ 5 प्रतिशत है, जबकि नार्वे में यह सर्वाधिक 41 प्रतिशत है। एक्जीक्यूटिव कमेटी में यह प्रतिशत घटकर सिर्फ 3 प्रतिशत रह जाता है। हालांकि नए कम्पनी एक्ट में भारत सरकार ने महिलाओं का प्रतिशत बढ़ाकर 33 प्रतिशत करने का आदेश दिया है और इसके लिए 1 अक्टूबर, सन् 1914 की डेडलाइन तय की है, किन्तु यह लक्ष्य हासिल करना अभी दूर की कौड़ी लगता है।

इतने सबके बावजूद पी.आर. गौतम की रिपोर्ट बताती है कि भारत की कुल आबादी में 48 प्रतिशत महिलाएँ हैं। इनमें 25 प्रतिशत कृषि क्षेत्र में काम करती हैं, 4 प्रतिशत आदिवासी हैं, 2 प्रतिशत महिलाएँ पागलखानों में भर्ती हैं क्योंकि उनके पतियों ने दूसरी शादी करने के लिए उन्हें पागल घोषित करवाकर पागलखाने भिजवा दिया है। 2 प्रतिशत औरतें जेलों में बंद हैं, 2 प्रतिशत वेश्यावृत्ति में लिप्त हैं। 11 प्रतिशत महिलाएँ विधवा और निराश्रित है। इस प्रकार कुल 46 प्रतिशत स्त्रियाँ अक्षम हैं। शेष 2 प्रतिशत स्त्रियाँ ही बचती हैं। इसी से अन्दाज लगाया जा सकता है कि 2 प्रतिशत स्त्रियों की भागीदारी उन्हें कितना मुक्त कर सकती है। हाँ, संविधान में भले सभी बराबर हैं यानि स्त्री-पुरुष बराबर। जमीन पर सभी हाशिए पर ही हैं.......यह कोई पूर्वाग्रह नहीं है।[21]

सन्दर्भ संकेत

1. खुराना, के.एल. एवं चौहान, एस.एस., *भारतीय इतिहास में महिलाएँ*, लक्ष्मी नारायण अग्रवाल, आगरा, प्रथम संस्करण, 2011, पृ. 55-74
2. खुराना, के.एल. एवं चौहान, एस.एस., *भारतीय इतिहास में महिलाएँ*, लक्ष्मी नारायण अग्रवाल, आगरा, प्रथम संस्करण, 2011, पृ. 69-70

3. जनसेवा मेल, *महिला सशक्तिकरण की जड़ में डॉ. अम्बेडकर*, 14 जुलाई, 2013, झाँसी संस्करण, पृ. 8
4. Basu, Aparna, *Indian Women Movement*, Foundation course, Human Right, Gender and Environment, B.A II Programme, University of Delhi
5. Basu, Aparna, 1996, *Mridula Sarabhai: Rebel with a Clause*, Oxford University Press, Delhi
6. Kumar, Radha, 1993, *The History of Doing, Kali for Women*, Delhi
7. Shodhganga, inflibnet.ac.in by S. Desouza-2011, Chapter Four
8. *The Times of India*, New Delhi Edition, 22 August 2013
9. *जनसत्ता*, नयी दिल्ली संस्करण, 23 अगस्त, 2013, पृ. 7
10. *The Time of India*, New Delhi Edition, 2 August 2013
11. *दैनिक जनसेवा मेल*, झाँसी, 1 सितम्बर 2013
12. *Sunday The Times of India*, New Delhi Edition, 18 August 2013
13. *The Times of India*, New Delhi Edition, 23 August 2013
14. *The Times of India*, New Delhi Edition, 10 September 2013
15. *The Times of India*, New Delhi Edition, 10 September 2013
16. *The Times of India*, New Delhi Edition, 10 August 2013
17. सावधान इण्डिया, दिनांक 30 अगस्त, 2013 को प्रस्तुत कार्यक्रम, Life ok
18. *अमर उजाला*, बरेली संस्करण, 12 जून, 2013
19. कुलश्रेष्ठ, नीलम, *परत दर परत स्त्री*, नमन प्रकाशन, नयी दिल्ली, प्रथम संस्करण, 2013, पृ. 51-63
20. *राष्ट्रीय सहारा*, कानुपर संस्करण, 29 सितम्बर, 2013, पृ. 9
21. प्रखर मिश्र, 'विहान' की फेसबुक टिप्पणी, दिनांक 14-01-2013

7
फेसबुक की स्त्री

इक्कीसवीं शताब्दी के प्रथम दशक के मध्याह्न से सोशल साइट्स परस्पर विमर्श के एक प्रमुख औजार के रूप में हमसे रूबरू हैं। वैसे तो आज दस से अधिक सोशल साइटों के माध्यम से कोई भी व्यक्ति किसी अन्य व्यक्ति को देखे बगैर या उससे मिले बगैर दुनिया के किसी भी कोने पर उपस्थित होकर दूसरे व्यक्ति से सम्पर्क स्थापित कर सकता है और परस्पर विचारों का विनिमय कर सकता है। ट्विटर, फेसबुक, ऑरकुट इन्स्टाग्राम, गूगल प्लस, वी चैट, वाइबर, व्हाट्सएप, लाइन, हाइक आदि दर्जनों ऐसी साइटें हैं, जिनके माध्यम से दुनिया के किसी भी हिस्से में रहने वाला व्यक्ति दुनिया के किसी भी व्यक्ति से न सिर्फ जुड़ सकता है, बल्कि वीडियो, टेक्स्ट अथवा ऑनलाइन या ऑफलाइन माध्यम से सन्देशों का आदान-प्रदान कर सकता है। इनमें भी फेसबुक ने सर्वाधिक लोकप्रियता हासिल की क्योंकि इसकी व्याप्ति अधिक हुई और इसमें निहित असीम शब्दों में सन्देश भेजने की ताकत के कारण यह अधिक प्रयुक्त हुई। फेसबुक के संस्थापक मार्क जुकरबर्ग ने 4 फरवरी, सन् 2004 को इस सामुदायिक साइट की स्थापना करते समय सपने में भी यह नहीं सोचा होगा कि आगे चलकर उनकी यह उपलब्धि ईश्वर की सत्ता को ही चुनौती देते हुए भूगोल की सीमाओं से परे जाकर एक ऐसा आभासी संसार रच देगी, जिसमें भावनाओं, कल्पनाओं, विचारधाराओं तथा मित्रता का एक ऐसा ज्वार बहेगा कि सत्य-असत्य, यथार्थ-गल्प, रिश्ते-नाते, प्रत्यक्ष सम्पर्क आदि सभी बातें गौण हो जाएंगी। रहेगा तो बस एक ऐसा आभासी संसार, जिसकी विश्वसनीयता को माप पाना असम्भव होगा।

ऐसे में सिर्फ और सिर्फ सुविधाभोगी समाज का उदय होना अवश्यम्भावी था, जिसका प्रारम्भिक लक्ष्य मनोरंजन रहा होगा। फेसबुक पर स्त्री की उपस्थिति

के सन्दर्भ में यदि देखें तो पाते हैं कि मुख्यत: चार प्रकार की स्त्रियाँ फेसबुक पर अपना प्रोफाइल बनाती हैं–

1. गृहिणियाँ
2. साहित्यिक विचारधारा से आपूरित तथा सामाजिक कार्यकर्ता
3. किशोरियाँ
4. परित्यक्ता, विधवा अथवा प्रोषितपतिकाएँ
5. कुछ पुरुष स्त्री भेष बनाकर स्त्रियों से बात करते हैं, जिन्हें वास्तव में स्त्री नहीं कहा जा सकता लेकिन ये स्त्री की अस्मिता का दुरुपयोग करते हैं।

गृहिणियाँ सामान्यत: फेसबुक पर कभी कभार अवतरित होती हैं और ये प्राय: अपने चित्र के स्थान पर अपने बच्चे का चित्र या फिर अपने पति के साथ लिए गए चित्र को मूल चित्र बनाती हैं। ये अक्सर अपने जीवन की खुशियों को अपनी संगी सहेलियों को अथवा अपने निकट सम्बन्धियों से बाँटने हेतु इस माध्यम का उपयोग करती हैं। इनकी पोस्ट प्राय: व्यक्तिगत जीवन की खुशियों के साथ जुड़ी होती हैं और ये अपने परिवार को सर्वाधिक महत्त्व देते हुए व्यर्थ की चैट अथवा समय की बर्बादी से खुद को दूर रखती हैं।

साहित्यिक विचाराधारा से युक्त स्त्रियाँ अक्सर अपनी साहित्यिक क्षुधा की शान्ति अपने साहित्यिक पोस्ट के द्वारा करती हैं। ये अपनी कविताओं-कहानियों, समसामयिक मुद्दों पर अपने बेबाक विचारों तथा संगी लेखकों तक अपनी अभिव्यक्ति सम्प्रेषित करने हेतु इस सशक्त माध्यम का उपयोग करती देखी जा सकती हैं। इनमें गृहिणियाँ भी शामिल हो सकती हैं और कामकाजी महिलाएँ भी इसमें शुमार की जा सकती हैं।

किशोरियों के पास आकर यह हथियार अत्यधिक खतरनाक बन जाता है और कुछ फितूरी फेसबुकियों द्वारा उन्हें बहकाकर उनके शोषण करने का खतरा हमेशा बना रहता है। परित्यक्ता, विधवाओं तथा प्रोषित पतिकाओं को भी ऐसे फितूरी अने शब्दजाल में फाँसने का प्रयास करते हैं। साइबर क्राइम का खतरा इन दो वर्गों पर सर्वाधिक मँडरता रहता है।

इण्डिया टुडे से जुड़ी मनीषा पाण्डेय फेसबुक पर स्त्री से जुड़े मुद्दों पर चर्चा करने के लिए विख्यात हैं। उन्होंने अपनी पोस्ट पर स्त्रियों को ग्यारह सूत्र दिए हैं, जो इस प्रकार हैं–

1. अपने घरों से बाहर निकलो।
2. पब्लिक स्पेस पर कब्ज़ा करो। यकीन करो, धरती की हर इंच जगह तुम्हारी है और कहीं भी आने-जाने से कोई तुम्हें रोक नहीं सकता।
3. जान लगाकर पढ़ो, टॉप करो और अपना कॅरियर बनाओ। (कॅरियर टॉप प्रियारिटी पर रखो)
4. अपने पैसे कमाओ, अपना घर बनाओ। अपना कमरा और अपना स्पेस।
5. एक गाड़ी खरीदो, दो पहिया या चार पहिया, कुछ भी चलेगा और उस पर सवार होकर पूरे शहर में घूमो, दूर-दराज के शहरों में भी। चाहो, तो पूरे देश भर में।
6. अपनी ज़िन्दगी की जिम्मेदारी अपने हाथों में लो। अपने फैसले खुद करो।
7. अमीर पति का ख्वाब छोड़ दो। अमीर पति के साथ मिलने वाली सुविधाओं के साथ गुलामी भी आती है। ये पैकेज डील है। सिर्फ एक चीज़ नहीं मिलेगी।
8. प्रेम करो, अपना सेक्सुअल पार्टनर खुद अपनी मर्जी से चुनो।
9. सजो, सँवरो और सुन्दर दिखो।
10. किताबें पढ़ो और अच्छा सिनेमा देखो। प्लीज़ लड़कियाँ, सलमान खान को देखकर आहें भरना बन्द करो।
11. अपने कमाए पैसे जमा करो और उस पैसों से पूरी दुनिया घूमो। सुन्दरवन के जंगलों और कन्याकुमारी के समुद्रतट पर अकेले जाओ। मेरी यकीन करो, अगर हम समझदार, बुद्धिमान और आत्मविश्वास से भरे हैं, तो हमारे साथ कुछ नहीं होगा। और यदि कुछ बुरा हो भी गया तो इसका मतलब ये नहीं कि अगली बार हम सुन्दरवन नहीं जाएंगे।

हम जो घरों से एक बार बाहर निकले हैं, तो अब वहाँ लौटकर नहीं जाएंगे।"[1]

इन एकादश सूत्रों को पढ़ने के बाद कोई भी अपनी राय रखने को स्वतन्त्र है, मगर इतना अवश्य स्वीकार किया जाना चाहिए कि फेसबुक की स्त्री की शक्ति तथा उसकी उड़ान की इच्छा को ये सूत्र अवश्य मुखर करते हैं।

लेखिका रति सक्सेना अपनी एक पोस्ट में स्मृतियों के उद्धरण देकर यह सिद्ध करने का प्रयास करती हैं कि स्मृतिकाल स्त्री और शूद्रों के लिए बेहद कटु काल रहा है, पूर्णतया भक्ति या संन्यास के मार्ग में जाने वाली स्त्रियाँ समाज और परिवार से प्रताड़ित हुई हैं, चाहे दक्षिण में अक्का महादेवी, कश्मीर में ललद्यदयारूपभवानी क्यों न हों। वे स्मृतियों से उद्धरण देते हुए सिद्ध करती हैं कि देवताओं की आराधना शूद्र एवं स्त्री के पतन का हेतु है, जो स्त्री पति के जीवित रहते हुए उपवास करती है, वह पति की आयु कम करती है। यदि स्त्री को किसी तरह के पुण्यकर्म की इच्छा है तो वह पति के पाँव धोकर पिए। इसलिए वे अपने करवाचौथ व्रत को आश्चर्यजनक ढंग से 'तमाम स्त्रियों के विरोध को एक बूँद अंजलि' घोषित कर देती हैं।[2]

फेसबुक की स्त्रियों के विषय में प्रख्यात लेखक जगदीश्वर चतुर्वेदी की फेसबुक टिप्पणी का उल्लेख यहाँ अप्रासंगिक न होगा, जिसमें वे कहते हैं, "स्त्री का रहस्यमय रूप ही पुरुष को सबसे अधिक मान्य है। जिसका हम वर्णन नहीं कर पाते, उसे रहस्यमय बना देते हैं। रहस्यमय बनाने का अर्थ है स्त्री को न समझना। यह काम हमारे फेसबुक मित्र भी खूब करते हैं, इस काम में स्त्रियाँ भी फेसबुक पर उनकी मदद करती हैं।"[3]

दामिनी काण्ड के फौरन बाद कवयित्री अंजू शर्मा अपनी वाल पर लिखती हैं, "दिल्ली शर्मसार है, एक कविता याद आ रही है, मुझे याद है इसका कितना विरोध हुआ था फेसबुक पर। न केवल पुरुष साथियों अपितु महिलाओं के भी ताने सुनने पड़े थे, हालांकि आज तक नहीं समझ पाई, मैं कहाँ गलत थी.......

वे आँखें
उफ वे आँखें,
एक जोड़ा, दो जोड़ा या
अनगिनत जोड़े,
घूरती हैं सदा मुझको,
तय किये हैं
कई दुर्गम मार्ग मैंने,
पर पहुँच नहीं पाई उस दुनिया में,
जहाँ मैं केवल एक इंसान हूँ
एक मादा नहीं,
वीभत्स चेहरे घेरे हैं मुझे,
और कुत्सित दृष्टि का

कोई विष बुझा बाण
चीरता है मेरी अस्मिता को,
आहत संवेदनाओं की
कातर याचना से
कम्पित हो उठता है
मेरा समूचा अस्तित्व,
कितना असहज है
उस हिंस्र पशुवन
से अनदेखा करते
गुजरना....[4]

कथाकार जयश्री राय अपनी कहानी 'हव्वा की बेटी' का अंश उद्धृत करती हैं, जिसमें स्त्रियों की व्यथा और उनके दर्द को इन शब्दों में आवाज दी गयी है, "हव्वा के गुनाह के लिए उस पर अताब-ए-इलाही टूटा था, इसलिए तो हम औरतें बद्दुआ की शिकार और सजा की हकदार हैं—बकौल अलगजाली, जो इस्लाम के एक जाने-माने स्कॉलर हैं—माहवारी, हामिला होना, अपने माँ-बाप से बिछड़ना, एक अजनबी से निकाह होना, दूसरों की मर्जी पर जीना, तलाक मिलना, तलाक न दे सकना, मर्दों को चार शादी का हक, औरतों को नहीं, गवाही में दो औरतों को एक मर्द के बराबर मानना आदि अठारह सजाएँ हैं, जो ऊपर वाले ने औरत को दी हैं। औरतें खता की पुतली हैं। एक हजार खासियतों में से सिर्फ एक औरत में होती है, बाकी सब मर्दों में।"[5]

लेखक-कवि गुलशन उवेर 'मर्दवादी हिंसा' शीर्षक से अपनी फेसबुक पोस्ट में कुछ मार्के के सवाल उठाते हैं, "लड़की को प्रेमी बदलने का पूरा अधिकार है। सम्बन्धों के संस्थागत स्वरूप (पति) को भी बदलने का अधिकार है। न केवल स्त्री, बल्कि यह तो पुरुष का भी अधिकार है और इस अधिकार का व्यापक इस्तेमाल होता भी है। एक पक्ष इसका विरोध करेगा, स्वाभाविक भी है, चाहे मर्द करे या औरत, मगर कभी-कभी मर्द इसका हिंसक विरोध भी करता है। इसी की बानगी पेश करती है इलाहाबाद विश्वविद्यालय में प्रेमी द्वारा जलाए जाने या कुछ दिन पहले जे.एन.यू. में कुल्हाड़ी मारने की घटना। क्या औरत का विरोध हिंसा/हत्या/हत्या के प्रयास के स्तर पर उतरना है! शायद नहीं। औरत को मर्द पर तेजाब फेंकते सुना तो नहीं होगा! तो प्रतिक्रिया के चरित्र में यह लिंगभेद क्या किसी नैसर्गिक भेद की वजह से होता है। बिल्कुल नहीं। निश्चित तौर पर जड़ लैंगिक भेदभाव की उस परम्परागत व्यवस्था और व्यवहार में धँसी है, जहाँ

स्त्री के सौन्दर्य और समर्पण को सराहा जाता है और मर्दानगी को औरत पर वर्चस्व के रूप में देखा जाता है। इसलिए स्त्री का असल संघर्ष उस वर्चस्व की सामाजिक संरचना से है। अगर नहीं है, तो होना चाहिए।"[6]

यह प्रश्न भारतीय सामाजिक संरचना की दृष्टि से अत्यन्त महत्त्वपूर्ण है कि पुरुष एकतरफा प्रेम में पड़कर स्त्री पर तेजाब फेंकने जैसी मध्यकालीन बर्बरता को अंजाम देता आज भी नजर आ जाता है मगर स्त्री आज भी अपने एकतरफा प्रेम में अपराध कर गुजरना तो दूर, उसे अभिव्यक्ति देने में भी असमर्थ साबित होती है और अक्सर वह अपने 'पहले प्रेम' को परिवार की खुशियों के नाम पर निसार कर देती है। ऐसा क्यों है? इसका उत्तर यद्यपि उवेर ने 'वर्चस्व की सामाजिक संरचना' में ढूँढा है और काफी हद तक वे सही भी हैं किन्तु इसका एक अन्य प्रमुख कारण स्त्री के अपने लैंगिक एवं कानूनी अधिकारों से अनभिज्ञ होना भी है, जिसकी जड़ अशिक्षा में हो सकती है। पश्चिमी उत्तर प्रदेश और हरियाणा की खापों का उदाहरण यहाँ अप्रासंगिक न होगा, जो लड़की के प्रेम विवाह विशेषकर सगोत्रीय विवाह को आज भी तालिबानी नजरिए से देखते हैं। प्राय: देखने में यह भी आता है कि इस क्षेत्र की शिक्षित और जागरूक लड़कियाँ ही ऐसा कदम उठाने का दुस्साहस कर पाती हैं। अशिक्षितें तो घूँघट में रहकर ही कण्डे पाथकर, पशुओं एवं पारिवारिक सदस्यों की देखभाल करके अपना सम्पूर्ण जीवन खत्म कर देती हैं। दूसरा कारण प्रारम्भ से स्त्री को 'सौन्दर्य प्रसाधन' की ग्लैमरस दुनिया की ओर आकर्षित करना हो सकता है, ताकि वे पुरुष प्रधान समाज में मसाला भारतीय नायिका की भाँति 'फिलर' या 'ग्लैमर डॉल' बनकर खप जाएँ और पुरुष के कुछ तथाकथित 'अच्छे रिमार्क्स' पाकर निहाल हो जाएँ। ऐसा समाज की पढ़ी-लिखी जागरूक महिलाओं के साथ होता है। यद्यपि ये शोषण प्रत्यक्षत: नहीं दिखाई देता, परन्तु इसकी परिणति 'सुनन्दा पुष्कर' जैसी होती है। ये दोनों ही कारण समाज की लगभग सम्पूर्ण महिला शक्ति को पुरुषवादी वर्चस्व का औजार बनाकर रख देते हैं। उवेर के प्रश्न को ममता कालिया के शब्दों में भी समझा जा सकता है, "जो गोद में आकर सो गया, उसे मार डालने में कौन-सी बहादुरी? और औरत की गोद तो इतनी बड़ी होती है कि सब उसमें आकर सोना ही चाहते हैं, फिर वह किसी को मारे तो कैसे? कहाँ मार पाई लेडी मैकबेथ राजा डंकन को? कटार उठाकर पास गयी भी तो उसके पके हुए, छितराये केश उसे अपने पिता की याद दिला गए और वह घबराकर लौट आयी। सोता राजा, नशे में धुत्त उसके अंगरक्षक, वह मैकबेथ की अपनी अतिथिशाला थी, एक बार में डंकन का काम तमाम हो जाता तो

फिर मैकबेथ हो जाता राजा, पूरे हो जाते उसके सपने, पर हत्या लेडी मैकबेथ से सधी ही नहीं और नर्वस ब्रेक डाउन का शिकार होकर, घुट-घुटकर वह मरी।"[7]

मन्मथनाथ गुप्त ने अपनी पुस्तक "*स्त्री-पुरुष सम्बन्धों का रोमांचकारी इतिहास*" में 'सौन्दर्य प्रसाधन की गुलामी के इतिहास' के सम्बन्ध में सुधीन्द्र राय को उद्धृत करते हुए लिखा है, "जब प्रथम महायुद्धकाल में देशों में पुरुषों की कमी हो गयी, तभी वहाँ प्रसाधन और फैशन ने अति आधुनिक रूप धारण किया। पहले तो स्कर्टें घुटनों तक पहुँच गईं। इसके लिए बहाना यह बनाया गया कि सैनिकों की वर्दियों के लिए कपड़ा बचाने की ज़रूरत है।" श्री राय का कहना है कि इसका असली उद्देश्य घुटनों को और समय-समय पर जाँघों को दिखाकर पुरुषों को आकृष्ट करना था। इसी प्रकार बदन पर जो शमीज पहनी जाती थी, उसमें 'वी' कॉलर का प्रवर्तन हुआ।"[8]

स्त्री विमर्श के नजरिए से यदि देखा जाए तो 'निर्भया' की घटना ने इस विमर्श को सर्वाधिक 'फेसबुकीय चिन्तन' प्रदान करने का काम किया था। उस दौर में फेसबुक पर सक्रिय महिलाएँ ही नहीं, वरन् पुरुष भी इस विमर्श में बढ़-चढ़कर भाग ले रहे थे, परन्तु जनवरी 2014 में 'खुर्शीद अनवर' आत्महत्या प्रकरण ने पुरुषों की इस विमर्श में उपस्थिति पर 'ब्रेक' लगाने का काम किया है। फिर भी यदा-कदा पुरुष भी स्त्री विमर्श पर कुछ महत्त्वपूर्ण प्रश्न-प्रतिप्रश्न करते देखे जा सकते हैं। कवि पवन करण ने अपनी वाल पर लेखिका मधु-चौगाँवकर की पोस्ट उद्धृत की है, जो स्त्री विमर्श के नजरिए से अत्यन्त महत्त्वपूर्ण है–

"बस दुख है तो एक बात का"। दुख नहीं अफसोस। अफसोस है, बेहद अफसोस! लड़कियाँ आखिर पराजित हो ही जाती हैं। कोई तुरन्त, तो कोई धीरे-धीरे। सबसे भयानक बात ये है कि सब दो चार कीमती चीजें पाकर अपने परिवार को ही विश्व-ब्रह्माण्ड समझने लगती हैं।

वह यह पूरी तरह से भूल जाती हैं कि स्वतन्त्रता उनका पहला मौलिक अधिकार है। औरतें अपनी स्वतन्त्रता को एक अदद छोटे से घर के लिए बेच देती हैं। वो क्यों नहीं समझ पातीं कि घर किसी की दुनिया नहीं हो सकता। घर हमारे लिए है, हम घर के लिए नहीं। इतना छोटा सा समीकरण क्यों समझ नहीं आता यार!"[9]

शोभा मिश्रा फेसबुक पर सक्रिय रहने के साथ-साथ 'फरगुदिया' नामक ब्लॉग का संचालन भी करती हैं, जिस पर गत दिनों उन्होंने शैलजा पाठक की

कविताएँ प्रकाशित की हैं, जिनमें एक कविता स्त्री सशक्तीकरण की दृष्टि से उल्लेखनीय है–

"लड़कियों ने निर्णय ले लिया है
हर साल का मजाक है
कभी भारत माता को टूटा हुआ दिखाना है
कभी झुका हुआ कभी चोट खाया कभी रक्तरंजित
कभी तार-तार अस्मिता
इस बार एक साँवली लड़की
को भारत माता बनाते तो फीलिंग उभरकर आता
पर इस बार लड़कियों की फीलिंग जाग गयी है
सूखी नदी दरकते पहाड़, फटे कपड़े पहनकर भ्रष्टाचार
गरीब का रोल अब हम नहीं करेंगे
हर साल आपका लिखा एक जैसा भाषण भी नहीं बोलेंगे।"[10]

23 जनवरी, सन् 2014 के सुधा अरोड़ा का आलेख 'जिसके निशान नहीं दिखते.....! यानी मानसिक प्रताड़ना के खिलाफ' को वे उद्धृत करती हैं–

"कुछ पौधे होते हैं, देखने में बहुत नाजुक, मुलायम से पत्तों वाले, पर उनकी टहनियों को कहीं से भी काट दो, उन कटी हुई जगहों से ही फिर हरे-हरे नाजुक से पत्ते निकल आते हैं। औरतें भी ऐसी ही होती है। कहीं से भी काट दो, छील दो, फिर उसी छिली हुई जगह पर कोमल भीगी सी नमी अंकुरित होने लगती है।"

सुधा जी का ये कथ्य स्त्री विमर्श को उसकी समग्रता में समझने के लिए प्रस्थान बिन्दु का कार्य करता है क्योंकि युगों से काटी गई नारी अपने कोरों की नमी से पुनः जीने हेतु आवश्यक जिजीविषा हासिल कर ही लेती है।

शोभा मिश्रा स्त्री विमर्श के नाम पर की जा रही स्त्री स्वच्छंदता के प्रति सचेत हैं। वे इसका विरोध करते हुए अपनी वाल पर लिखती हैं–

"आप ये कह सकते हैं कि बुराई देखने वालों की नज़रों में होती है....कपड़ों या स्त्री देह में नहीं लेकिन अभिभावक ये नहीं सोच सकते..... ऐसा सोचकर मानसिकता बदलने के लिए अपनी बच्ची की बलि चढ़ाने के लिए आधे-अधूरे कपड़ों में बाहर निकलने की इजाजत नहीं दे सकते। देर रात आधे-अधूरे कपड़ों में लड़कियों का बाहर होना और पार्टियाँ अटैण्ड करना ऐसे हुआ, जैसे आपने किसी नरभक्षी के सामने अपने जिगर के टुकड़े को उसकी पसंद के मसाले

लगाकर फेंक दिया हो और ऐसे में बच्चों के साथ कोई दुर्घटना घटती है..... किसी वहशी की कुत्सित मानसिकता की शिकार आपकी बेटी होती है तो आप तो अपनी सन्तान से हाथ धो बैठेंगे। हाँ, आपकी दिवंगत सन्तान को इन्साफ दिलाने में कुछ स्त्री संगठनों और उससे जुड़े लोगों के चेहरे ज़रूर हाईलाइट होंगे।"[11]

स्त्री विमर्श के नजरिए से फेसबुक पर एक स्त्री के क्या अनुभव रहे हैं, यह जानना हो तो लन्दन निवासी लेखिका डॉ. कविता वाचक्नवी के अनुभव बड़े काम के हैं, जो उन्होंने अपनी वाल पर बयान किए हैं–

"1. पहला तो यह कि अधिकांश पुरुषों (व महिलाओं) को यह सहन नहीं होता कि स्त्रियाँ वैचारिक और बौद्धिक बातें करें। जब तक या जो-जो महिलाएँ मीठी-मीठी या (तार्किक विषयों से बचती हुई) कविता, कहानी या निजी जीवन की बातें लिखती हैं, तब तक लोगों को वे बड़ी अच्छी लगती हैं और पुरुष तो वहाँ बिछ-बिछ जाते हैं, किन्तु जैसे ही कोई महिला ज़रा सी तार्किक या प्रखर हो, मुद्दों पर स्टैण्ड लेने लगे और अल्प या मूढ़मति की स्त्री छवि से बिल्कुल अलग या साहसी हो, तैसे ही पुरुष तो क्या बल्कि शेष सभी महिलाएँ तक उसकी शत्रु बन जाती हैं। यह शत्रुता भले ही वे स्पष्ट न करें किन्तु ईर्ष्या बनकर दबी रहती है और समय आने पर या मौका मिलते ही वे वार करने में लग जाते/जाती हैं।

2. जब-जब मैं ऐसे भीषण विषय छूती हूँ, तब अलग-अलग वाद के लठैत लोग (जो सामान्यत: शिष्ट बने रहते हैं व जिनका यों पता नहीं होता कि वे लठैत हैं) अपनी गंदी भाषा या दकियानूसी आपराधिक सोच लेकर खुलकर प्रकट हो जाते हैं। इसलिए ऐसे विवादास्पद विषयों पर लिखने से मुझे यह लाभ होता है कि मैं ऐसे लोगों को आसानी से चीन्ह पाती हूँ और तुरन्त स्वयम् को उनसे अलग करती हूँ। उन्हें उनके विचारों की स्वतन्त्रता का अधिकार है, पर इस स्वतन्त्रता का उपयोग यदि वे अपने यहाँ करें तो अच्छा है, मेरे यहाँ उनकी यह स्वतन्त्रता मेरे अधिकारों व मेरी स्वतन्त्रता का अतिक्रमण है। यह अतिक्रमण अक्षम्य है। मेरे घर में लठैत घुसकर कोहराम मचाएंगे तो उन्हें बाहर खदेड़ा ही जाएगा। उनकी स्वतन्त्रता का यह अर्थ नहीं कि दूसरों के यहाँ जाकर आतंक मचाया जाए। या मेरे घर में घुसकर नंगई दिखाई जाए। जो इस प्रवृत्ति के लोग हैं, उनका पता लगते ही उनसे विदा ले लेना श्रेयस्कर होता है। ऐसे में मेरे 'विवादास्पद' स्टेटस मेरी बड़ी सहायता करते हैं।

3. कुछ लोग ऐसी घटनाओं के बाद आत्मीय बनकर सलाह दिया करते हैं कि मैं ऐसी बातें लिखती ही क्यों हूँ जिन पर लोग अपनी कुत्सित मानसिकता दिखाते हैं। तो इन आत्मीयों से निवेदन है कि मैं ऐसे लठैतों से डरकर सामाजिक मुद्दों और विवादास्पद विषयों पर अपने विचार व्यक्त करना नहीं छोड़ दूँगी। लोगों से यदि साहसी और आत्मविश्वासी महिला सहन नहीं होती तो उनके डर से मुझे घूँघट या बुर्के में मुँह छिपाकर बैठने की ताकीद करने वाले लोग बिल्कुल पसंद नहीं हैं, न मैं विचलित होकर घर में छिपकर बैठ जाने वालों में से हूँ।

4. कुछ लोग मेरे प्रत्येक ऐसे विचार को निजी जीवन से या किसी काल्पनिक अतीत से उपजा कोई रोष समझकर ऐसी हिदायतें और सहानुभूति दिखाते हैं कि उनकी समझ पर तरस आता है। उन्हें समझना चाहिए कि मन का यह रोष मेरे किसी निजी अतीत से नहीं उपजा। समाज में लाखों स्त्रियों के बहुत ही निकट रही हूँ, स्त्री हूँ, उनके सुख-दुख अनुभव कर सकती हूँ। विधवा विवाह की बात करने का अर्थ अपने जीवन में किसी विधवा का अतीत होना ही नहीं होता, न सती प्रथा का विरोध करने वालों के घर में सती परम्परा होती हो, ऐसा आवश्यक है। चार पीढ़ियों से विख्यात क्रान्तिकारियों व समाज सुधारकों के परिवार से हूँ, इसलिए ये संस्कार रक्त में हैं। सामाजिक मुद्दों के लिए भीख माँगने और गाली खाने से कभी न घबराती हूँ, न पीछे हटती हूँ समाज में सुधार के लिए सपना देखने वालों को गाली खाने से क्या डरना। जिसके पास कचरा है, वह कचरा डालेगा, जिसके पास फूल हैं, वह फूल डालेगा। जिन लोगों के पास कचरा है, वे वही तो मुझ पर डालेंगे। डाल लें, शायद इससे ही उनका कचरा थोड़ा कम हो जाए।

5. प्रत्येक ऐसी घटना के बाद जब जिन लोगों को अपने से अलग करती हूँ तो वे लोग इसे अपना अपमान समझते हुए इनबॉक्स में या (अनफ्रेंड होने के बाद भी) टिप्पणियों में आकर इतने पर भी बार-बार धमकियाँ देते या नीचा दिखाते हैं कि आप बड़ी ईगो वाली हैं, आप बड़ी अभिमानी हैं, आपको तो लोग गालियाँ देते रहते हैं, पिछले दिनों लगातार कई लोगों ने इसी आशय की गालियाँ और तमगे मुझे दिए। मुझे हँसी आती है कि जब आप इतने समझदार हैं/थे और आपको वस्तुस्थिति व मेरे बारे में यह सब पता था कि मैं इतनी घटिया हूँ तो आप क्यों अब तक मेरे यहाँ बने हुए थे? मैंने तो आपको आग्रह कर अपने साथ नहीं जोड़ा था, अपनी तरफ से आप जुड़ भी गए तो पता लगने पर अलग हो जाते? क्यों नहीं हुए? जबकि मैंने लगभग प्रत्येक डेढ़ महीने के अन्तराल पर बार-बार इस आशय की बातें स्टेटस में लिखीं कि जो लोग लम्बे अरसे से

मुझसे जुड़े हैं, वे मुझे जान ही गए हैं, जिन्हें मैं या मेरे विचार नापसन्द हैं, वे कल जाने की अपेक्षा आज ही मुझसे स्वयं को अलग कर लें। पर उसके बाद भी आप डटे रहे मेरी प्रोफाइल में। यदि आपको मैं नापसन्द हूँ तो आप अपनी खुशी के लिए अपने को मुझसे अलग क्यों नहीं कर लेते हैं? वह आपने किया नहीं और जब आपको मैंने अपने से अलग किया तो आप गालियाँ बकने लगे। महिलाएँ भी इस गाली-पुराण में पीछे नहीं हैं। अतः ऐसे प्रत्येक महिला-पुरुष के लिए आज पुनः यही बात दोहराती हूँ कि जिन्हें मैं या मेरा कुछ भी नागवार है, वे सहर्ष अपने को मुझसे अलग कर लें कृपया। अस्तु!

तो ये निष्कर्ष और अनुभव आपकी मुझे बड़ी देन हैं, भले ही आपका संचित कचरा हैं या संचित फूल। सबके लिए धन्यवाद।"[12]

'बलात्कार' पर वे टिप्पणी करते हुए लिखती हैं-

"होश में न होने या नशे की हालत में होने पर लड़की/महिला से बनाए गए सम्बन्ध सारी दुनिया में बलात्कार माने जाते हैं। अभी दो माह पूर्व ब्रिटेन में विश्व स्तर के दो फुटबाल खिलाड़ियों को इसी कारण अदालत ने दोषी पाकर दण्ड सुनाया क्योंकि उन्होंने अपनी एक मित्र से नशे की हालत में सम्बन्ध बनाए थे।

जो महापुरुष और महामहिलाएँ 'सहमति' का रोना रोते हुए अपना-अपना मानसिक दीवालियापन या असलियत उजागर कर रहे हैं, वे अज्ञानी हैं या धूर्त्त यह वे स्वयं तय कर लें। अज्ञानी से अज्ञानी व्यक्ति जिसका अर्थ समझता है उसका अर्थ तक समझने योग्य नहीं हैं आप।

उस कहावत का नया अर्थ आज समझ पाई हूँ कि आपके घर में बहू-बेटियाँ नहीं हैं क्या!"[13]

उपर्युक्त दोनों फेसबुक विचार वास्तव में इक्कीसवीं सदी के पुरुषों ही नहीं बल्कि स्त्रियों में भी स्त्री के प्रति हीनभावना को बढ़ावा देने, उसे दोयम दर्जे का समझने और पुरुषवादी वर्चस्व को आगे बढ़ाने की मध्यकालीन सोच के ही विस्तारित रूप मालूम देते हैं। ऐसे विचारों से स्त्री का संघर्ष हर मोर्चे पर गाढ़ा और प्रखर बनता दिखाई देता है। डॉ. कविता वाचक्नवी जी बधाई की पात्र हैं कि वे इतने आरोपों-प्रत्यारोपों के बवण्डर से जूझते हुए अपनी कलम की ताकत की रक्षा पूरी साफगोई के साथ कर रही हैं।

मशहूर लेखिका मनीषा कुलश्रेष्ठ डॉ. कविता वाचक्नवी की बात को ही आगे बढ़ाते हुए लिखती हैं-

"लिखो न, बेहतरीन लिखो, ऐसा लिखो कि लोग बार-बार पढ़ना चाहें तुम्हारा लिखा! न पढ़ें तो भी उंगलियों को पड़ गयी आदत के लिए लिखो! बहस किससे? और क्यों? कैफियत किससे? और क्यों? जलन किससे? मगर क्यों? ज़िन्दगी तुम्हारी परवाह उन्हें क्यों?[14]

21 दिसम्बर, सन् 2012 को दामिनी के साथ हुई क्रूरता पर मनीषा जी लिखती हैं–

"हम संयत हैं, चुप हैं मगर सजग हैं दामिनी! एक दिन तुम बाहर आओगी तो पाओगी कि पूरा देश तुम्हारे साथ खड़ा है, स्त्री, पुरुष, बच्चे (कुछ पत्थरों को छोड़कर) और वे हैवान सजा पा चुके हैं। जो इस्मत, इज्जत, आँतों, अंगों के घावों से ज़्यादा ज़रूरी मानी जाती हो उसे हम सबने निकाल फेंक दिया है, सो ये बोझ तो मन पर रखना मत, तुम फाईटर हो। हमारी शान हो।"[15]

कवयित्री अंजू शर्मा एक छोटी से ख्वाहिश को चंद शब्दों में बाँधकर स्त्री विमर्श के पंखों को भरपूर उड़ान देती प्रतीत होती हैं, जब वे कहती हैं–

"एक दिन मैंने ख्वाहिश की थी, मुझे मेरे नाम से जाना जाए, अपने पिता या पति के नाम से नहीं! आज मेरी दिली ख्वाहिश है मुझे मेरी बेटियों के नाम से जाना जाए! आमीन कहिए न!"[16]

लेखिका शीबा असलम फहमी एक औरत को परदे या बुर्के में रखने का विरोध करते हुए लिखती हैं–

"Veiling a woman is a human right's violation because:

1. Veil is a denial of the full sensory experience of the world.
2. Being veiled means unavailable as a person to give her take socially to the world.
3. One's human experience is limited to handful of people who are Mahram.
4. It also criminalizes all with whom you are sharing the public space considering them potential sexual offenders if not denied the opportunity by veiling.
5. Etc., etc., etc.! (n there r plenty)"[17]

इस प्रकार वे परदा प्रथा को स्त्री ही नहीं पुरुष के नजरिए से भी अपमानपूर्ण साबित करती हैं।

अखिल भारतीय प्रगतिशील महिला एसोसिएशन (AIPWA) की सचिव कविता कृष्णन् अपने फेसबुक पेज पर प्रतिदिन महिलाओं से जुड़े मुद्दों पर अपनी राय देती रहती हैं। सोनी सोरी उत्पीड़न, मेघना पटेल, पूनम पाण्डेय जैसी मॉडलों के तथाकथित (कु) प्रसंग, बंगाल रेप काण्ड, कश्मीर रेप काण्ड, खाप, मथुरा रेप, बदायूँ रेप आदि महिला मुद्दों पर उनकी बेबाक राय पर 'वर्चुअल वर्ल्ड' में चर्चा होती रहती है। 23 मार्च 2013 को उन्होंने एण्टी रेप बिल पर अपनी राय देते हुए लिखा था–

"Shadow of Sexism and Misogyny Over Anti-Rape Bill

(This was written by me for Liberation before the Bill was passed in the RS. I will soon post a more concise press release and statement by the various women's groups and activists.)

The anti-rape legislation that was supposed to be Parliament's tribute to the Delhi December 16 braveheart was passed in India's lower house on 19th March. Far from being a momentous and historic blow to patriarchy, however, the occasion only served to remind us what kind of patriarchal reaction we're up against.

Only 200 out of 545 MPs remained in the house. The top leadership of the Congress Party and the UPA coalition stayed away from the house. And the debate in the Lok Sabha—marked by open sexism, misogyny, and misinformation—could not have presented a greater contrast with the sober and painstaking process of learning from activists on the ground as well as international best practices, undertaken by the Justice Verma Committee.

Leading the charge was BJP MP Bhola Singh, whose idea of women's rights meant invoking mythological examples to extol women as models of sacrifice and beauty. Meanwhile, he echoed the RSS chief and blamed westernization for rape! Then, there was Shailendra Kumar of the SP, who yet again, blamed revealing clothes worn by film stars for rape, and even made a personal sexist dig at his colleague Jayaprada, a former actress, and JD(U) MP Sharad Yadav declared that stalking was a form of courtship ('Which of us men has never stalked a girl? Girls do not respond till you stalk them for a while') and a law against stalking would end up putting lovers in jail. Sharad Yadav also made knowing remarks about even the MPs in the house would be stirred by songs like Sheila ki jawani' ("We are men, after all"), to be greeted by smiles and sniggers by many MPs. He said that if such laws were passed (fewer women would be hired at work, and Mulayam Singh, who did not speak in the house said that if such laws were display nomophobia and declare that Parliament should have challenged the Delhi HC verdict decriminalizing homosexuality.

Can we dismiss deplorable aberrations that we can ignore as fringe elements? Not so, because these are the voices and opinions that managed to influence the Bill getting the age of consent raised to 18, the first offence of stalking made a bailable and non-cognisable offense reducing the proposed punishment for acid-throwing, making sure that only women could be victims of rape (rather than all persons as proposed by the women's groups). With even the Law Minister of the country subscribing to the bogey of false complaints, it is hardly surprising that this notion prevailed, leading to dilution of the law against stalking. Acid attacks, murders and rapes are often preceded by stalking; making stalking bailable will mean that when a woman files a complaint against the stalker, he will not be arrested immediately and will remain at large to carry out this threats of acid attacks or murder.

And even in the process of drafting the Bill it is patriarchal forces that ensured the rejection of Justice Verma's recommendations that the marital rape exemption be deleted, the principle of command responsibility in case of rapes by armed forces or police be recognized. AFSPA amended and reviewed, and molestation no longer described as outraging a woman's modesty. The situation was such that a huge part of the struggle was to keep the legistation from doing damage to women's autonomy and rights. The ordinance, for instance, had made the accused in the rape law gender neutral, allowing women to be accused by men of rapes. It had introduced 'punishment for false complaints' into the sexual assault laws, and raised the age of consent to 18. It is due to the vociferous protests and efforts of the ongoing movement that the Bill approved by Cabinet corrected these extremely harmful provisions, but very soon, the age of consent was again 18 in the Bill passed by the Lok Sabha.

The debate over age of consent was a classic case of misleading and mischievous propaganda by patriarchal forces The age of consent had been 16 for the past three decades since 1983. The government, without any serious consultation or debate, first raised this to 18 in the Prevention of Child Sexual Offences Act (POCSO) a few months back and the ordinance a month ago, overruling the recommendations of the Justice Verma Committee. It was not only the women's movement that objected to this change; at least two court judgements in the past few months appealed for age of consent to be retained at 16, with judges pleading that they were having to convict young boys for rape, even when the girl declared in court that it was a consensual at 16 in the Bill, a huge media storm was manufactured over the supposed 'lowering of the age of consent to 16,' which was interpreted, laughably, as 'license for teen sex.' Eventually, this campaign of misinformation and moral policing carried the day, and the age cf consent was raised to 18.

So, whatever is positive and progressive in the new legislation was achieved by the movement in spite of the patriarchal forces of the government and Parliament. These include jail-time of six months to one year for police officers who fail to File FIRs in sexual violence cases prior sanction provision will not extend to police officers. MPs and MLAs accused of rape and sexual violence during communal or sectarian violence or by a person in uniform will carry a maximum sentence of life imprisonment; stalking, voyeurism, disrobing and acid-attacks have been codified as crimes. We may recall that not long before December 16th last year that Home Ministry had rejected most such recommendations made by the women's groups and the government's ordinance too had avoided incorporating many of these provisions. It is clear therefore that it is only the pressure of the movement that forced an obviously reluctant government and Parliament to enact some of the long-pending amendments into the rape/sexual violence laws. The people's movement against sexual violence will continue and grow. We will not rest till we change the offensive laws that legitimize marital rape protect rapists in Army uniform, criminalise homosexual relationships, and preach feminine 'modesty', allow those charge sheeted for rape to contest elections, and fail to allow for severe punishment for rapists of dalit women."[18]

कविता जी की यह पोस्ट उन कहानियों का विस्तारपूर्वक खुलासा करती है, जिनके कारण 16 दिसम्बर जैसी भयावह घटना के घटित हो जाने के बावजूद पितृसत्तात्मक सत्ताशीर्ष बेहद हिचक के साथ कुछ संवैधानिक उपबन्ध कर सका और कई आवश्यक संवैधानिक संरक्षणों को चतुराईपूर्वक लागू नहीं होने दिया गया, ताकि पितृसत्तात्मक समाज के स्त्री विरोधी चरित्र को संरक्षित रखा जा सके।

16 दिसम्बर की घटना की प्रतिक्रिया में ही ऑस्ट्रेलियाई चिंतक गुलशन उवेर ने वैदिक एवं पौराणेतिहासिक सन्दर्भ उद्धृत करते हुए अतीत के स्त्री विषयक चिंतन की करीने से धज्जियाँ उड़ाते हुए लिखा–

"आज औरत की अस्मिता का सवाल उठा, समाज उद्वेलित हुआ, तो एक साथ बहुत सी बातें याद आयीं। सबसे पहले याद आया *ऋग्वेद*, जहाँ इंद्र द्वारा अनेक जगहों पर उषा (एक देवी) के बलात्कार के विवरण, फिर समझ में आता है कि ऋग्वेद का ऋषि सौ पुत्रों की कामना क्यों करता था। आप देख सकते हैं कि यह वही देवता हैं, जिनके दुष्कर्म की वजह से अहिल्या को उद्धार के बहाने पत्थर बनाया गया।

अगला नम्बर था *अथर्ववेद* और *ऐतरेय ब्राह्मण* का, जहाँ कन्या जन्म की निन्दा और पुत्री को चिन्ता का कारण बताया गया। *वृहदारण्यक उपनिषद* के एक विवरण के अनुसार याज्ञवल्क्य ऋषि ने गार्गी के साथ एक शास्त्रार्थ में उसका सर तोड़ने की धमकी दी।

बुद्ध भी पीछे क्यों रहते, उन्होंने आनन्द को समझाया कि संघ में औरतों का प्रवेश कराओगे, तो यह ज़्यादा दिन चल नहीं पाएगा, फिर जमाना आया चाणक्य का जिसने औरत और धन को छुपाके रखने की शिक्षा दी।

फिर मनु ने औरत की सुरक्षा का पूरा बन्दोबस्त किया और सिखाया कि औरत को बचपन में बाप के, जवानी में पति के और बुढ़ापे में बेटों के संरक्षण में ही रहना चाहिए।

कुछ दिन बाद जमाना आया वात्स्यायन ऋषि का, जिन्होंने औरत को भोगने की कला का व्यवस्थित साहित्य रचा, जिसे भारतीय अभिजन समाज ने अपनाया और इसका झण्डा आज भी सनी लियोन उठाए घूम रही है।

एरण अभिलेख के अनुसार एक सेनापति की विधवा सती हो गयी। इसके आगे का वक्त ज़रा और बिगड़ा, राजपूत समाज औरत को लेकर रक्षात्मक हो

गया और 'बेटी' प्रतिष्ठा का सवाल बनकर रह गयी। आज जब सभी गालियाँ नारी अस्मिता को ही तार-तार करती हैं तो चौकाने जैसा कुछ भी नहीं लगता।

औरत होने की वजह से रजिया सुल्तान ने याकूत के साथ अवैध सम्बन्धों का लांछन झेला और राजगद्दी खोई तो यह पीड़ा जाति-धर्म से ऊपर रही होगी।

तुलसीदास जी औरत को जब 'ताड़न का अधिकारी' बता रहे थे तो हमने इसका कुछ और अर्थांकन करने की कोशिश की। जब लांछन और अपमान का घूँट माँ मैथिली सहन कर रही थीं, तब भी हमने माँ की किसी अस्मिता पर उद्वेलन का आभास नहीं किया।

कुरआन और *हदीस* के साए में मुस्लिम समाज अपनी ज़रूरतों के मुताबिक जब औरतों का मनोनुकूलन करता रहा तो किसी भी सर सैयद और देवबंद ने आवाज़ बुलन्द करने की ज़रूरत नहीं समझी। राजीव गाँधी ने भी नहीं किया मुसलमान औरतों के हक में खड़े होने का साहस कि कोर्ट का फैसला बदलने की क्या पड़ी थी।

फिर समझ में आया सिमोन द बूवा क्या कह रहा था, औरत पैदा नहीं होती औरत बनाई जाती है। इसलिए मैं कहता हूँ कि औरत नैसर्गिक रूप से कमजोर नहीं है। सोच ने उसे कमजोर करार दिया है। समाज के पुरुषवादी रंग में समाए दृष्टिकोण की पृष्ठभूमि और इसकी व्याप्ति के निर्मूलन का यही समय है।"[19]

इसी सन्दर्भ में सुमन केशरी ने 26 फरवरी, सन् 2014 को अपनी लम्बी कविता '*आह! राम.....*' पोस्ट की है, जिसमें उन्होंने राम समाधि और सीता धरा प्रवेश के मध्य प्रेम, मिलन, बिछुड़न, सम्मोहन और तड़प के बीच मृत्यु की ऐसी अवर्णनीय शब्द सम्पदा संयोजित की है कि उसकी तुलना सिर्फ निराला की कविताओं से ही की जा सकती है–

"आह! राम....

'*याज्ञवल्क्य से बहस*' में संकलित राम-सीता के सम्बन्धों पर लिखी अपनी यह कविता मुझे बेहद प्रिय है। चूँकि मामला राम-सीता (!) का है। अतः आप लोगों की टिप्पणियाँ इसके कथ्य और फॉर्म दोनों पर आमंत्रित हैं.....

आपकी कही बातें मेरे लिए बहुत महत्त्वपूर्ण होंगी.....

तो पढ़ें कविता–

आह राम!
प्रियतम के बढ़े हाथों को अदेखा कर
पति की पुकार अनुसनी कर

माँ की गोद में समाती जाती सीता के घने केश ही
राम के दाएँ हाथ की मुट्ठी की पकड़ में आए थे
पीछे घूमीं सीता
पर देख पाए राम प्रिया की दायीं आँख की कोर पर
टिका एक अश्रु बूँद
बस
मुट्ठी में बचे रह गए कुछ केश
जो राजा की निस्सहायता
स्त्री की वेदना और
माँ के क्रोध में झुलस
उसी पल बदल गए काले विषधरों में
फन काढ़े
फुफकारते
लवकुश के सहारे
शिथिल पग लौटे भवन
भगवन
साँझ हो चली थी
सहसा देखा कि
अनामिका की रत्नजटित अँगूठी में
फँसा रह गया था
एक बाल सीता का
बादलों में लिपटे सूरज की सुनहली किरण-सा
मुक्त किया राम ने बाल को रत्नों के जाल से
सहलाया चूमा और सूँघा
याद आया उपवन विदेह का
दुर्गाध्यान लीन
मेघ राशि से जल बरसाती
सद्यस्नाता
मैथिली
जिसकी लटों पर मँडराते थे
अमृतरस प्यासे
तितलियाँ, भँवरे, मधुमक्खियाँ

बँधकर रह गया था मन राम का उन बालों में
फिर याद आया
सौन्दर्यराजस
मणिमुक्तासज्जित अप्रतिम श्रंगार
सुवास चमेली का
लहरदार
घूमती हैं उंगलियाँ एक-एक लहर में
खुलती हैं लटें फैलाती स्वप्नजाल
पिघलता जाता है तन-मन
उस कस्तूरी बास में
ओह तभी तो वन में मृगी
पकड़ लेती थी मुख में सीता के केश
फिरती थी पीछे-पीछे आस लिए
फिर पहुँचा मन पंचवटी
तृणशय्या पर बिखरे सीता के बाल
मह मह तन मन संसार
आलोक प्रेम का
देह हुई सुवासित सीता के प्रेम में
राम की
प्रथमा के चाँद सी स्मित चमकी
गहन अंधकार में
लवकुश ने देखा किया
और सुना
सीता.....सीता.......
गूँजी प्रतिध्वनि राम मन
वन में ढूँढते फिरे राम लखन
प्रिय तिय को
पहुँचे किष्किंधा
मिला कर्णफूल
लिपटा था उसमें भी एक बाल प्रिया का
मन में उठी कचोट
दुबका क्रोध भभका

क्यों दिया इतना मान
नारी को
कि करे मनमानी
चाल चले अपनी-सी सदा ही
क्यों किया तुमने पार रेखाकार
जला न सका
जिसका दोष
कोई अंगार
आज तलक
प्रश्नों के नहीं समाधान आसान
माँगतीं स्मृतियाँ पल-पल का हिसाब
झेलता है बाण
वीर रणधीर
तपाते हैं सोना ही आग में
पार उतारती नदी जो नाव
खाती उसे ही जलधार
जानता यह केवट ही
जलाती है अग्नि दीपशिखा
जलता है स्नेह
कोई नहीं देखता
ध्यान बस आलोक पर
कोई नहीं जानता
गहन अंधेरा अंतरतम का
नियमों से बँधा विवेक
बूझ न पाया सत्य प्रेम का
कभी भी कहीं भी
रह गया बस
खण्ड-खण्ड सत्य
वन का
राज का
केवल वेदना अखण्ड
प्रेम के अपमान की

इसी तरह बीता किए
दिवस मास वर्ष
दिवस..........मास..........वर्ष
रिसता गया दुख और क्रोध
आत्मा के तल तक
कभी याद आते पिता असहाय
फिर स्मृति में जगती माँ की वेदना
और कैकेई का अभिमान
तत्क्षण कौंध जाते लखन के क्रोध भरे नयन
देखा था जिनसे उसने
पिता को वनवास समय
वही तिरस्कार भभका था
जब सीता को दिया था
वनवास नृपति ने
रहते थे आश्वस्ति भरे जो नयन सदा झुके चरणों में
लखन के नयन
आह
आश्वस्ति भरे
पूर्व उस पल के
जब उठा था हाथ दाहिना
देता सीता को वनवास
पीड़ा पक्षाघात की
एक अश्रुबूँद ढुलका
विलीन हुआ भूमि में त्वरित
चुभकर रह गया वह बचा बाल
कील-सा
राम के हृदय में
पनप गया विषधर सा
पीकर श्वास
उसकी विषज्वाला से दग्ध राम
धँसते जाते हैं अगाध जलराशि में
सरयू की।
('*याज्ञवल्क्य से बहस*' से)[20]

ध्रुव गुप्त एक मजेदार बात कहते हैं–

"पतियों के खिलाफ पत्नियों को भड़काया भगवान बुद्ध ने!

वैदिक और पौराणिक ग्रन्थों में आमतौर पर पत्नियाँ दूसरे दर्जे की नागरिक, असहाय, बेचारी और पतियों की सम्पत्ति की तरह बेजान नज़र आती हैं। पति के अत्याचार, कुकर्म और स्वामित्व भावना का प्रतिरोध करने वाली पत्नियाँ आपको हिन्दू धर्म ग्रंथों में मुश्किल से दिखेंगी। पहली-पहली बार बुद्ध ने स्त्रियों को अपने बिगड़े पतियों को सबक सिखाने का आह्वान किया था। आप भी पढ़िए– "पत्नी माता के समान ममतालु और बहिन की जैसी स्नेहमयी हो सकती है। पत्नी सबसे अच्छी मित्र हो सकती है। सेवापरायणता में उसका मुकाबला संसार की कोई दासी नहीं कर सकती। परन्तु कभी-कभी वह पति पर सोंटे से प्रहार या पिटाई कर सकती है। कभी-कभी वह पति की सम्पत्ति चुरा भी सकती हैं। (*संयुक्त निकाय*)

अब समझ में आया कि पतियों की बेलन या झाड़ू से मरम्मत और उसकी जेब पर हाथ साफ करने की प्रेरणा हमारी–आपकी श्रीमतियों को कहाँ से मिली थी?"[21]

स्त्री विमर्श के सम्बन्ध में एक बड़ा सवाल स्त्री के अस्तित्व पर आए संकट का भी है। यह संकट कन्या भ्रूण हत्या का है। इस पर सवाल खड़े करते हुए कवयित्री सुनीता सनाढ्य पाण्डेय दीप पाठक की कविता द्वारा यही वेदना व्यक्त करती हैं–

"एक करोड़
जी हाँ पूरी एक करोड़
लड़कियाँ मारी गयीं
गर्भ में
और रोपे गए बेटे
ये काम सम्भ्रान्त
पढ़े-लिखे कुलीनों ने किया
ताकि पोषण पा सकें
वंश वृक्ष
महज बाइस साल
पहले शुरू हुए
ये जघन्य अपराध

अब शाप बनकर
उभर आए हैं
समाज में
कोढ़ के चकत्तों की तरहा
वही रोपे गए लड़के
अब शोहदों में
बदल रहे हैं
ये दोहरी मार
महिलाओं पर हिंसा
बलात्कार।
जो मार दी गयीं
गर्भ में
जो बच गयीं
वो आशंकित शिकार।
ये बच्चियों पर
दोहरी मार।
गर्भ में मारी गयी
हर बच्ची
हर ज़िन्दा बच्ची पे उधार
ये कैसी दुनिया है यार?
वो भी शिकार
ये भी शिकार।
धिक्कार! धिक्कार!

(फरहाना अंसारी की वाल से कॉपी की गयी श्री दीप पाठक की एक बहुत ज़रूरी कविता....)"[22]

फेसबुक पर घूँघट प्रथा के सम्बन्ध में बहुत कम विचार हुआ है। लेखक-विचारक धर्मराज शर्मा ने इस पर चिन्तन करते हुए अपना अभिमत दिया है–

"घूँघट प्रथा सम्भवत: महिलाओं को विदेशी आक्रमणकारियों की कुदृष्टि से बचाने के लिए प्रारम्भ किया गया होगा। क्रमिक विकास के तहत अब घूँघट तो अपने अन्तिम अवस्था में आ पहुँचा है और अपना रूप परिवर्तित कर युवतियों में स्कार्फ के रूप में लोकप्रिय हो रहा है। यद्यपि घूँघट का विरोध होता रहा

है, किन्तु इसके अपने फायदे भी हैं। जहाँ आधुनिकता के नाम पर तरुणियों के कपड़े दिन-प्रतिदिन छोटे होते जा रहे हैं, वहाँ घूँघट जैसी पुरातन विचारधारा का कोई औचित्य ही नहीं रह गया है। वैसे तो महिलाओं के कपड़ों पर टिप्पणी करना विवादप्रेरक कार्य है, किन्तु यह कटु सत्य है कि तड़क-भड़क वाले वस्त्र कुछ लोगों की कुत्सित भावनाओं को उत्प्रेरित अवश्य ही करते हैं।

यों तो महिलाएँ ईश्वर की अत्यन्त ही सुन्दर कृति हैं, किन्तु झीणे घूँघटिये में गोरी का मुखड़ा देखकर कोई भी पति प्रेमोन्माद का अनुभव अवश्य करता है।"[23]

लेखक स्वतन्त्र मिश्रा स्त्री विमर्श के कुछ बेहद अहम मसलों पर 'बिंदिया' पत्रिका की सम्पादक गीताश्री के मार्च 2014 के सम्पादकीय को उद्धृत करते हुए लिखते हैं–

> "बिंदिया की सम्पादक गीताश्री ताजे अंक में लिखती हैं, "क्या आपने सोचा है कि जहाँ एक तरफ जिस सत्ता से हम टकराते रहे, वह सत्ता धुन की तरह हमारे विचारों को अन्दर-अन्दर खोखली करती रही।" आप मित्रों के पढ़ने के लिए साझा कर रहा हूँ–
>
> "जब औरतें ही बिठाती हैं औरतों पर पहरा"
>
> "कोने में सर जोड़े खड़े थे/साम-दाम-दण्ड-भेद/ऊँची उठने को आतुर थी हर दीवार/ज़र्द होते सूखे पत्तों सी काँपने लगी रूढ़ियाँ/सुगबुगाहटें बदलने लगीं साजिशों में/क्योंकि वह सहेजना चाहती है थोड़ा सा प्रेम/खुद के लिए/सीख रही है आटे में नमक जितनी खुदगर्जी/कितना अनुचित है ना/एक स्त्री आज जाग गयी है..." (युवा कवयित्री अंजू शर्मा की कविता)

"महिला दिवस की तैयारियाँ और सभा सेमिनारों में बहसों के दौर शुरू हो गए हैं। हरेक साल घूम फिरकर फिर वही-वही सवाल आ जाते हैं, जिनके जवाब हम पिछली कई शताब्दियों से तलाश रहे हैं। कोई स्त्री जो सवाल उन बीती शताब्दियों में उठाती रही है, वे सवाल आज भी कायम हैं, बस उनकी शक्ल बदल गयी है। हमें लगता है, माहौल बदला है, लोग बदले हैं, नजरिया बदला है, पुरुषवादी सोच बदली है। पर क्या हम औरतें बदली हैं। ऐसा तो नहीं कि मर्दवादी मानसिकता से लड़ते-लड़ते हम खुद उसके शिकार हो गए हैं। ये स्वाभाविक प्रक्रिया है कि जिससे लड़ते-भिड़ते हैं, हम उसकी तरह एक दिन सोचने और बोलने लगते हैं। क्या औरतें भी उसी मर्दवादी आँगन में खड़ी हो गयी है? चाहे लड़कियों के लिए ड्रेसकोड की हिमायत हो, या स्त्री लेखन को लेकर

अंगार उगलने वाली वाणी हो, या दाँत किटकिटा-किटकिटा कर-"एक-एक को चुन-चुनकर मार डालूँगी" की तर्ज पर दिया गया फतवा। कौन हैं ये औरतों की खोल में, किसकी है जुबान? मानसिक हिंसा का ये कैसा दौर है? सोचा है कभी! नहीं, तो सोचो अभी।

इसके पीछे क्या अपनी कोई निजी कुण्ठा, विफलता या उम्र का हाथ से छूटता सिरा या कुछ मनचाहा हासिल न कर पाने कर पाने का सौतिया मलाल है? कुछ तो है जिसकी परदेदारी है। कौन है उसके पीछे? ये मुखौटा है या असली चेहरा? तो क्या इसी दिन के लिए दुनिया की सारी औरतें एक छाते के नीचे आयी थीं? जब क्रांति की बात हो तो हम 'दुनिया की औरतों एक हो' का नारा उछालते हैं और जब ओले पड़ते हैं तो अपने सिरों पर मर्दवादी छतरी तानते देर नहीं लगती। जिस मर्दवाद को गाली देकर स्त्री-विमर्श का सारा वितण्डा खड़ा किया गया था, उसने तो हथियार डालकर, पल्ला झाड़ लिया और अपने सनातन अंकुश का, फतवे का अभिशप्त पतवार कमज़ोर इच्छा शक्ति वाली औरतों को ही थमा गया, जो मर्दों की सत्ता में, उनके बनाए नियमों में ही सुकून पाती हैं।

क्या आपने सोचा है कि जहाँ एक तरफ हम जिस सत्ता से टकराते रहे, वह सत्ता धुन की तरह हमारे विचारों को अंदर-अंदर खोखली करती रही। यकीन न हो तो देखिए कि औरतें ही कैसे औरतों की ज़िन्दगी, सोच और अभिव्यक्ति पर पहरे बैठाती हैं। हम अपनी परछाईं से कैसे लड़ सकते हैं? वह हमारी छाया से हमें ढंककर मार देती हैं। पहले लड़कियों की ड्रेस को लेकर, फिर उनकी देह को लेकर और अब उनके लेखन को लेकर, ना जाने कितने मोड़ों पर, चेस्टिबिटी बेल्ट (सतीत्व मेखला) लिए औरतें खड़ी दिखाई दे रही हैं। साहित्य के कौमार्य के बहुत सारे रक्षक पैदा हो गए हैं, जिनके हाथों में चेस्टिबिटी बेल्ट है। (मध्य युग में औरतों के प्राइवेट पार्ट्स में इसे लगाया जाता था, ताकि उनके कौमार्य की रक्षा हो सके) इतिहास गवाह है कि कई बार अपने रक्षकों की वजह से कौम खतरे में पड़ जाती है। हमें इन्हें चिन्हित करने की ज़रूरत है।

आधुनिक हिन्दी की प्रथम आत्मकथा (सम्पादन-नैना, राजकमल प्रकाशन) में लेखिका स्फुरना देवी लिखती हैं, "पुरुष चाहें तो जितने उचित-अनुचित विषय भोगें, चाहें जितनी स्त्रियों के साथ दुराचार करें, चाहे जितनी अबलाओं पर अत्याचार करें, पर स्त्री बाल ब्रह्मचारिणी रहकर शरीर के 'प्राकृतिक वेगों की वेदना' सहती हुई 2जन्म भर दुखिया बनी रहे.....।"

18वीं शताब्दी की एक स्त्री का बयान देखिए। इक्कीसवीं शताब्दी में भी स्थिति कुछ-कुछ ऐसी नहीं दिखती?

उस्ताद और जमूरे की तर्ज पर सारा खेल चल रहा है। परदे के पीछे औरतों के खिलाफ औरतों को खड़ा किया जा रहा है। मान्यताप्राप्त नवमठाधीश अपनी खोल से बाहर आता है–'बोल' फूटते हैं–स्त्री लेखन घोर अनैतिक है। वह समूचे समाज का सच नहीं, केवल 2 प्रतिशत हिस्से का सच है। हम उसे स्वीकार नहीं कर सकते। उन्हें वहीं लिखना होगा, जैसा हम चाहते हैं। आखिर मान्यता हमीं देंगे उनको। एक स्त्री माँद से बाहर आती है–"स्त्रियाँ छोटे कपड़े न पहनें। सारे फसाद की जड़ ये भड़काऊ कपड़े हैं। आखिर कपड़े हमीं देंगे उनको।" पुरुष सिर हिलाता है–"स्त्रियाँ अराजक हो गयी हैं। समाज और साहित्य खतरे में पड़ गया है। उनके बीच से कमजोरों की पहचानकर, फोड़ लेना चाहिए। किसी कौम को नष्ट करना हो, तो संगठन को फोड़ डालो, सारी क्रान्ति हवा हो जाएगी।"

जमूरा गिड़गिड़ा रहा है, बहुत मुश्किल से अभिव्यक्ति की आजादी मिल पाई है उस्ताद, बोलने दें उन्हें। उनके भीतर भी जटिलताएँ हैं सरकार, मंथन चल रहा है सरकार। देह मुक्ति के गलत निहितार्थ को लेकर घमासान है उस्ताद।

"बहुत अच्छे जमूरे...सही वक्त है। ये हमारा दिया हुआ जुमला है। इसी हथियार से वार कर दे। कोई न कोई नकली नैतिकतावादी, जिस पर अभी तक हमारी घुट्टी का असर है, चिल्लाएगी, उन पर वार करेगी और तहस-नहस कर देगी।"

"पर ऐसा क्यों उस्ताद?"

"जमूरे...अभिव्यक्ति की आज़ादी सबसे खतरनाक होती है। वह हमेशा समय का सच कहती है और सच पर सन्देह भी करती है। वंचितों की अभिव्यक्ति की स्वतन्त्रता का नैतिक कर्म है प्रश्न करना और हिंसा को तोड़ना। बहुत प्रश्न करेगी तो हमारा अस्तित्व खतरे में न पड़ जाएगा। हमने अब तक जो उन्हें पढ़ाया-लिखाया, समझाया और दिखाया, सब ओझल न हो जाएगा। हमारे पाठ का कुपाठ होते देर न लगेगी।'

और इस प्रकार, तमाशा जारी है...। तमाशबीन तालियाँ पीट रहे हैं...उस्ताद अपनी पीठ थपथपा रहे हैं और जमूरा मजा ले रहा है।

दोस्तों, उस्ताद, जमूरे और तमाशबीनों से सावधान रहने का वक्त है। पहचानिए नैतिकता के पहरूओं को, जो नए सिरे से आपके लिए आचारसंहिता बनाने पर आमादा हैं। क्या पहनें, क्या बोलें और क्या लिखें.....तीनों खतरे में।"[24]

कवयित्री अपर्णा मनोज बाबूषा कोहली की जिजीविषा को सलाम करते हुए '*बाबू के लिए*' शीर्षक से लिखती हैं–

"एक लड़की है, नौ ग्रहों के जंगली अश्वों को एड़ लगाए। प्यार का अश्वमेध है। उसने जीन तोड़ दी है और अनादि में कोड़ों को उछाल फेंका है। लगाम की आस्थाएँ चकनाचूर कर उसने घोड़ों को साध लिया है।

उसकी उंगलियों के दस पोर दस दिशाओं को हड़काते हैं। उसे आसमान के साम्राज्य से चिढ़ है और धरती की नंगी पीठ से प्यार। अभी-अभी अपनी मुहब्बत से उसने तोड़ा है नफरत का सिंहासन। सियासतों को फकीरों के झोले में डाल दिया है। उसके चिमटे ने अंगारा पकड़ रखा है, वह सिंघाड़े जितना मीठा है। वह तुम्हारी जीभ को दाग सकती है गेहूँ के छोटे दाने से और जहाँ तुम अपनी बन्दूकें छिपा आए हो अभी वहाँ इस कीमियागर ने सब बदल दिया है। तुम्हारे बोरे में धरती भर गई है। बोरे से उगने लगे हैं पेड़ और फूल। आने लगे हैं पंछी अटलांटिक से निर्जन प्रशान्त के धधकते टापुओं की ओर। उसने इन बच्चों के साथ मिट्टी में लोट लगा दी है जहाँ आज भी रेडियोएक्टिव कीटाणु बच्चों की देह कुतर रहे हैं। यह उन लोगों के साथ नहा रही है, जहाँ कब्बानी अपनी मुहब्बत की याद में खजूरों से प्रश्न पूछता है? मेरी बालकिस-उल-रवि कौन-सा माँसाहारी पेड़ निगल गया तुम्हें? मशरिक में बैठी लड़की अपने हाथों से उजालों के गोले फेंक रही है–ये अफगानिस्तान की ज़मीन पर उदास बैठे मदरसों में मुस्कान फेंक आएंगे, गिरेंगे इथोपिया की मासूम हथेलियों पर और भूख को अपने धागों में लपेटकर दुनिया से पूछेंगे कि स्याह पेट के लिए इतनी कमी क्यों? कोपेनहेगन के समंदर में जो उदास बैठी है मरमेड–उसकी गोद में गिरेंगे ये लच्छे उजालों के, जिन्हें पकड़कर वह मंटो के मुँह से कहानियाँ कहलवाएगी। और तुम मंटो पर प्रतिबन्ध लगाने की साजिश रचोगे। साजिश स्वतन्त्रता का एलानी घंटा है–जो चीखकर तुम्हें अपनी सूई के नीचे खड़ा करता है। पेंडुलम का दोलन तुम्हारे खून में चलता समय है–इसे तुम कैसे रोक सकते हो।

"पूरब में बैठी लड़की पश्चिम के पाँव से काँटा निकाल रही है।
दर्द का ज्वार घटने लगा है।
और धरती का तापमान अनुकूल अब।"
(ऑरोरा को लिखते हुए)[25]

शायद ये पंक्तियाँ दुनिया की हर उस जागरूक महिला के नाम हैं, जो संसार की 'आधी आबादी' के हक के लिए जागरूक और सचेष्ट है। बाबूषा कोहली अपनी 25 फरवरी, सन् 2014 की डायरी में यही बात लिखती हैं–

"कुछ ऐसा ज़रूर हो कि जिसके लिए पूरी ज़िन्दगी को खतरे में झोंका जा सके। कम अज कम मैं लूडो खेलने के लिए तो नहीं पैदा हुई।

(डायरी-25 फरवरी, सन् 2014)

और साथ में "इवान्स चाइल्डहुड का ये दृश्य"[26]

अविनाश दास ने स्त्री विमर्श की दृष्टि से बेहद ज़रूरी एक मैथिली कविता पोस्ट की है, जिसे कवि चंद्रनाथ मिश्र ने सातवें दशक में लिखा था। यह कविता और पोस्ट अविकल रूप से निम्नांकित है–

"स्त्री जाति के पहनावे-ओढ़ावे, रहन-सहन, घर की देहरी से बाहर कामकाज की दुनिया में पैर रखने और प्रेम करने के खिलाफ पारम्परिक पुरुष सत्ता का विरोध खापनुमा समाजों में जैसा आज दिखता है–एक जमाने में साहित्य में भी ऐसे मोर्चे खुले हुए थे। सन अस्सी में हुए मुंबई के मिथिला मण्डल रजत जयन्ती समारोह की स्मारिका में मैथिली के शीर्षस्थ कवि चंद्रनाथ मिश्र अमर की एक कविता पढ़ी, जो ऐसे खापग्रस्त विचारों को सम्मानपूर्वक अभिव्यक्त करती नज़र आती है। यह कविता सत्तर के दशक में अमर जी ने लिखी थी–

एकरे लोक कहै छई उनटन
महिला दै छथि ताव मोछ पर पुरुष करावथि तकरे मुंडन
पुरुष अपन पुरुषार्थक बल पर परिवारक पालन करैत छल
संप्रति बहु'क कमाइक बल पर आजुक युवक करय छथि दन-दन
झोंटा छंटबथि आइ किशोरी, आ किशोर जुल्फी बढ़बै छथि बेटा सन
बेटी सन लागय, आ बेटी लागय बेटा सन
एकरे लोक कहै छै उनटन।

लम्बी कविता की यह दो टुकड़ी है। मैं भावानुवाद यहाँ रख देता हूँ, ताकि हमारे गैर मैथिल मित्रों तक बात पहुँच सके।

जिनकी मूँछों पर महिलाएँ ताव देती हैं, वहीं मूँछें पुरुष कटवा (क्लीन शेव) रहे हैं। पहले पुरुष पुरुषार्थ के बल पर अपने परिवार का पालन-पोषण करते थे, आज बीवी की कमाई पर गौरव करने लगे हैं। लड़कियाँ आज बाल छोटे करवा रही हैं और लड़के अपनी जुल्फें बढ़ा रहे हैं। बेटा बेटी जैसा लगने लगा है और बेटी बेटों जैसी...इसे ही लोग उलटबाँसी कहते हैं।"[27]

शायद इसीलिए कवि उमेश कुमार राठी कहते हैं–

"ज़िन्दगी को आराम से जीना है तो
मेरी बात पर अमल शुरू कर दो

खुद पै खुद चंद कदम चल के
किसी नाजनीन को सजदा कर दो।"[28]

लेकिन इक्कीसवीं सदी में तस्वीर का एक दूसरा पहलू हनुमंत शर्मा 'एक डांसर की आत्मकथा' नामक लघु कथा के माध्यम से पेश करते हैं–

'एक डांसर की आत्मकथा'
हाँ मैंने उसे मार डाला।

कहीं कोई सुराग नहीं। कोई खून नहीं बहा, कोई चीख नहीं निकली। कपड़ों में कोई दाग नहीं। यहाँ तक कि कोई लाश भी नहीं.... लेकिन फिर भी था तो वह कत्ल ही।

यूथ फेस्टिवल में इन्होंने मेरा डांस क्या देखा, ऐसे दीवाने हुए कि आखिर मैं क्या मेरे घर वालों ने भी हथियार डाल दिए। शादी के पहले इन्होंने वचन दिया कि डांस बंद नहीं होगा। डांस मेरा सपना नहीं मेरी सांस थी।

डैडी-मम्मी दोनों चाहते थे कि बिटिया ऐसी डांसर बने कि सितारों पर उसका शो हो और चाँद-सूरज संगत करें। पागल थे सभी और मैं महापागल।

इनका ज्वेलरी का बहुत बड़ा बिजनेस था और उतनी ही बड़ी परिवार की नाक थी। इन्होंने ज़ोर दिया कि ननद की शादी तक डांस बंद रखूँ वर्ना नाक कट जाएगी। ननद के सुखी जीवन के लिए मैंने अपना सुख टाल दिया। फिर काकुल और निहाई गोद में आ गए। तब 'इन्होंने' कहा कि बच्चों के लिए फुलटाइम माँ ज़रूरी है....।

मैंने बच्चों के लिए फिर अपने घुंघरू टाँग दिए। इस बीच मैं थोड़ा मेंटल होती चली गई और मैं डांस की कमी फूड से पूरी करने लगी। खाना और सिर्फ खाना लिहाजा 57 किलो से 75 किलो हो गयी। सीढ़ियाँ उतरती तो दम फूल जाता। दोनों बच्चे बड़े हुए तो 8 साल बाद फिर घुँघरू पहने लेकिन तिहाई के बाद जैसे ही चक्कर लिया स्टेज पर गिर पड़ी। घर लौटी तो रोते-रोते सो गयी। इसके बाद फिर उस्ताद जी को बुलाकर अभ्यास शुरू किया लेकिन तीन हफ्ते होते-होते जेठानी ने ताना मारा कि तबलची के साथ मेरे चक्कर से उनकी नाक कटी जा रही है।

हारकर मैंने 'इनसे' कहीं और घर लेकर रहने के लिए कहा तो ये अड़ गए परिवार नहीं छोडूँगा....भले तुम घर छोड़ दो।

एक थुलथुल आत्मविश्वासहीन आज्ञाकारी पत्नी ने घुंघरू बाँधकर बिजली सी नाचती हुनरमंद लड़की को मार डाला।

दीवार पर टँगे घुँघरू आज भी उसके कत्ल की गवाही देते हैं।

कोई दूसरा मुझे सजा देता इसके पहले ही मैंने खुद को सजा दे डाली...मैंने हमेशा के लिए मुस्कुराना छोड़ दिया।[29]

इसीलिए ध्रुव गुप्त पुरुष जाति को चेतावनी देते हुए लिखते हैं–

"जब मैंने जन्म लिया, मुझे थामने के लिए एक स्त्री वहाँ मौजूद थी!–मेरी माँ

जब मैं बच्चा था, मेरी फिक्र करने और मेरे साथ खेलने के लिए एक स्त्री वहाँ मौजूद थी!–मेरी बहन

जब मैं किशोर था, मेरी भावनात्मक उफान और आवारगी को दिशा देने के लिए एक स्त्री वहाँ मौजूद थी!–मेरी प्रेमिका

जब मैं युवा था, बहुत सारे प्यार, अपनापन और दोस्ती के भरोसे के साथ एक स्त्री वहाँ मौजूद थी।!–मेरी पत्नी

जब प्रौढ़ावस्था ने मेरी संवेदनाओं को कुंद करना शुरू किया, मुझे पिघलाने के लिए एक स्त्री वहाँ मौजूद थी!–मेरी बेटी

जब मैं मरूँगा, मुझे अपनी गोद में समेट लेने के लिए भी एक स्त्री वहाँ मौजूद होगी!–मेरी मातृभूमि

अगर आप पुरुष हैं तो स्त्री का सम्मान करें। अगर आप स्त्री हैं तो अपने स्त्रीत्व पर गर्व करें।"[30]

लेकिन वास्तव में एक मध्यवर्गीय पुरुष स्त्री का मूल्य किस प्रकार आंकता है, इसे ध्रुव गुप्त जी ने बड़े रोचक तरीके से पिरोया है–

"दुनिया की सबसे जानी-पहचानी, फिर भी सबसे करुण कहानी!

मैं एक गृहिणी हूँ

- एक पत्नी, एक पुत्री, एक बहन, एक बहू, एक माँ, एक दादी।
- एक रसोइया, एक धोबन, एक दाई, एक मेहतरानी।
- एक वेटर, एक नर्स, एक शिक्षक।
- एक आंतरिक सज्जाकार, एक परामर्शदात्री।

मैं पूरे दिन में चौबीस घण्टे काम करती हूँ। मेरे खाते में न तो कोई आकस्मिक अवकाश है, न उपार्जित अवकाश, न मेडिकल लीव–यहाँ तक कि आधे दिन की छुट्टी भी नहीं।

और घर-परिवार में अपने आजीवन योगदान का जो पारितोषिक मुझे मिलता है, वह ये है—दिन भर घर में बैठे-बैठे क्या करती रहती हो?"[31]

स्त्री विमर्श के सम्बन्ध में सुभाष चन्द्र 6 मार्च, सन् 2014 की अपनी फेसबुक पोस्ट में कुछ महत्त्वपूर्ण निष्कर्ष इस सूत्र वाक्य के माध्यम से देते हैं, "भारतीय स्वतन्त्रता आन्दोलन की पत्रकारिता से स्त्री और दलित विमर्श को यदि हटा दिया जाए तो हिन्दी साहित्य को राजाओं की चापलूसी का शास्त्र और धार्मिक अन्धविश्वास का पुलिन्दा भर कहा जा सकता है।"[32]

भरत तिवारी स्त्री विमर्श की न्यूनताओं को इंगित करते हुए 26 फरवरी, सन् 2014 की फेसबुक पोस्ट में लिखते हैं, "औरत का पुरुषवादी समाज से लड़ना कभी आसान नहीं रहा है। एक ऐसे किले को भेदना, जिसकी नींव सदियों पुरानी हो, आसान हो भी नहीं सकता। महिलाएँ यह तो समझती हैं कि उनकी इस जीत में सबसे बड़ा रोड़ा पुरुष है लेकिन शायद यहीं-कहीं वे भूल जाती हैं कि उन्हें अन्दर बैठे मर्दवादी सोच को भी खत्म करना होगा।"[33]

भरत जी के इस विचार का ही प्रत्युत्तर देते हुए सुधा अरोड़ा *स्त्रीकाल* ब्लॉग के 21 अप्रैल, सन् 2014 के अंक में लिखती हैं, "ऐसा लगता है कि पितृसत्तात्मक व्यवस्था और शोषण के विविध रूपों का धारक पुरुष है और इसलिए हिंसा व प्रताड़ना का जिम्मेदार भी वही है। हकीकत यह है कि अगर हम कारणों की तह तक जाएँ तो सारा असामंजस्य और असंतुलन हमारी सामाजिक व्यवस्था का है जिसके तहत पुरुष स्वयं भी उस सामाजिक व्यवस्था का शिकार (विक्टिम) है, जो बचपन से उसकी शारीरिक संरचना में उसके सिस्टम में इस कदर पैठ गया है कि वह चाहकर भी इससे छुटकारा नहीं पा सकता। पुरुष अपनी वर्चस्ववादी भूमिका से बाहर आकर सोच भी नहीं पाता और अंततः अपने और अपने परिवार के लिए ऐसा त्रासद माहौल खड़ा कर देता है, जो ध्वंस की ओर ले जाता है।"[34]

स्त्रीकाल ब्लॉग के सम्पादक संजीव चंदन 4 अप्रैल के अपने वालपोस्ट में स्त्रियों से कुछ अहम चुनावी सवाल करते हैं, "अपने एफ बी के महिला मित्रों से (जिन्हें टैग कर रहा हूँ या जिन्हें नहीं, उन सबसे आग्रह है कि कृपया इन सवालों के जवाब दें फुर्सत निकालकर, इसका प्रयोग एक रपट के लिए करना चाहता हूँ—

1. क्या स्त्रियाँ अपना मत अपने निर्णय से देती हैं, यानी पति, परिवार और समुदाय की राय से स्वतन्त्र।

2. इस चुनाव में आपके हिसाब से स्त्रियों के कौन-कौन से मुद्दे हैं आपके क्षेत्र में।
3. आपके क्षेत्र में यदि महिला उम्मीदवार है तो क्या आपको लगता है कि उसे ही स्त्रियों के वोट जाना चाहिए।)"

लेकिन इसके उत्तर में अधिकांश महिलाओं ने इस सत्य को स्वीकार करने से परहेज किया कि वे परिवार विशेषकर पति की राय से ही अपना मत निर्धारित करती हैं।[35]

शायद इसीलिए रोहिणी अग्रवाल अपनी वॉल पर लिखती हैं, "स्त्रियाँ, दलित, आदिवासी और ईमानदार राजनीति आज भी आदमखोर व्यवस्था के लिए मनुष्य नहीं सॉफ्ट टारगेट्स हैं।"[36]

8 मार्च, सन् 2014 को स्त्री दिवस पर शरद सिंह '*इण्डिया इन साइड*' के मार्च 2014 अंक में प्रकाशित उनके लेख '*विधवाओं की दुर्दशा कब तक?*' को पोस्ट करती है, जिसकी शुरूआत इस कविता से होती है–

"हे ईश्वर!
तू मुझे अगले जन्म में औरत ही बनाना
पर नहीं होने देना विधवा
नहीं भेजना मथुरा, वृन्दावन
नहीं देना अपनों का परायापन
मुझे हर जन्म में औरत होना ही कबूल है
बस तू रखना मनुष्यों के नहीं
मनुष्यता के बीच....
मुझे हर जन्म में औरत होना ही कबूल है।"[37]

यह 'मनुष्यों' और 'मनुष्यता' के बीच का फर्क ही 'स्त्री विमर्श' की मूल चिन्ता होना चाहिए।

रंजना जायसवाल की चिन्ता इस बात को लेकर है कि लड़कियाँ कैसे पढ़ेंगी। वे 10 अप्रैल, सन् 2014 को "*वक्र दृष्टि*' में लिखती हैं, "सुरक्षित माहौल में शिक्षा हासिल करना हर लड़की का मानवाधिकार है। पर यह दुखद है कि शिक्षण संस्थाओं में लड़कियों के साथ न केवल दोयम दर्जे का व्यवहार किया जाता है बल्कि उन पर यौन हमले भी हो रहे हैं। लड़कियों को शिक्षा की कीमत अवांछित अश्लील हरकतों, फब्तियों को सहकर व यौन उत्पीड़न का शिकार होने के रूप में चुकानी पड़ रही है। प्राइमरी की नन्हीं बच्चियाँ भी सुरक्षित नहीं

हैं। दुखद तो यह है कि इस तरह के हमलावरों में उनके अध्यापक भी शामिल हैं। और चिन्ताजनक यह है कि यह मसला महज अपने देश का नहीं बल्कि पूरी दुनिया का है। एक तरफ कहा जा रहा है कि कम से कम प्राइमरी व सेकेण्डरी तक शिक्षा हर लड़की का अधिकार है और राज्य सरकारों का दायित्व है कि लड़कियों के लिए यह अवसर उपलब्ध कराए, दूसरी तरफ लड़कियों का मनोबल तोड़ने की यह अमानवीय कोशिश। आखिर इसकी वजह क्या है? मेरे हिसाब से तो शिक्षण संस्थाओं में लड़कियों को यौन हिंसा का निशाना बनाने की प्रवृत्ति का सबसे बड़ा कारण पुरुष वर्चस्व संस्कृति है, जो लिंग आधारित ऐसी हिंसा की अनदेखी करती है। इस संस्कृति में लड़की से लड़के जैसा समान व्यवहार नहीं किया जाता, न ही यह लड़कियों की शिक्षा को लड़कों जितना ज़रूरी मानती है। स्कूली लड़कियों पर यौन हिंसा का नकारात्मक प्रभाव पड़ता है, उनका मनोवैज्ञानिक स्वास्थ्य प्रभावित होता है। उनका व्यवहार व भावनात्मक सम्बन्ध गड़बड़ा जाता है। उनमें निराशा तथा आत्मघाती प्रवृत्ति पैदा हो जाती है। शराब व नशीली दवाओं की भी वे आदी हो जाती हैं। उन्हें देखकर अन्य लड़कियों का भी मनोबल टूटता है और यही यह संस्कृति चाहती है। चूँकि आज के समय में लड़कियों को पढ़ने के मौके मिल रहे हैं और वे इस मौके का फायदा उठाकर अपनी क्षमता का परिचय देते हुए निरंतर आगे बढ़ रही हैं, इसलिए उन्हें पीछे धकेलने के लिए यौन हमलों में निरन्तर बढ़ोत्तरी हो रही है। इसे रोकने का यही उपाय है कि राज्य सरकारें अपना दायित्व दृढ़ता से निभाएँ, ऐसे हमलों की रोकथाम करें अर्थात लड़कियों के लिए सुरक्षित माहौल तैयार करें। अक्सर कहा जाता है कि तमाम सरकारी कोशिशों के बावजूद हर लड़की तक शिक्षा नहीं पहुँच पा रही है क्योंकि बहुत सारी लड़कियों में शिक्षित होने का आकर्षण नहीं है। इसके लिए ज़रूरी है कि उत्तम गुणवत्ता वाले स्कूल खोले जाएँ, लड़कियों की आवश्यकता के संसाधन पर्याप्त मात्रा में उपलब्ध कराए जाएँ, उनकी सुरक्षा की पुख्ता व्यवस्था हो सिर्फ मुफ्त शिक्षा लड़कियों को स्कूल में रोके रहने के लिए काफी नहीं है।"[38]

दलित स्त्री की व्यथा-कथा और अम्बेडकर के सरोकारों पर स्त्रीवादी लेखिका अनीता भारती ने पर्याप्त विचार किया है। 15 अप्रैल, सन् 2014 को अम्बेडकर जयंती के एक दिन बाद अनीता जी ने '*स्त्रीकाल*' वेब पत्रिका में प्रकाशित लेख "*डॉ. अम्बेडकर का मूल चिंतन है, स्त्री चिंतन*' पोस्ट किया, जो उनकी पुस्तक '*समकालीन नारीवाद और दलित स्त्री का प्रतिरोध*' का एक अंश है। इस पोस्ट में उन्होंने उन घटनाओं का बेहद संवेदनशील वर्णन किया है,

जिनमें दलित स्त्रियों को स्त्री मुक्ति आन्दोलन के समय दोहरी मार झेलनी पड़ी। एक ओर उन्हें पुरुषों, विशेषकर दलित पुरुषों का विरोध झेलना पड़ा तो दूसरी ओर सवर्ण महिलाओं से भी उन्हें अस्पृश्यता का दंश सहना पड़ा। इस लेख का अविकल अंश दिया जा रहा है–

"अभी तक दलित महिला आन्दोलन गैर दलित महिला आन्दोलन से जुड़ने व उनके साथ मिलकर काम करने में विश्वास रखता था। पर गैर–दलित महिला आन्दोलन की सवर्ण मानसिकता से ग्रसित स्त्री नेता दलित महिलाओं से भेदभाव करती थीं। यह भेदभाव तब और स्पष्ट रूप से उभर कर आया जब 1937 में दिसम्बर में 'अखिल भारतीय महिला परिषद' के अधिवेशन में हिन्दू महिलाओं ने दलित समाज की प्रसिद्ध लेखिका व दलित महिला नेता जाईबाई चौधरी को भोजन की जगह से दूर बिठाकर उनकी बेइज्जती की। उनके इस भेदभाव पूर्ण व्यवहार से क्षुब्ध होकर 1 जनवरी, सन् 1938 को नागपुर के धरम पेठ में दलित महिलाओं ने बड़ी भारी सभा की, जिसमें हजारों–हजार दलित महिलाओं ने भाग लिया। सवर्ण महिलाओं द्वारा बरती गई दलित महिलाओं के प्रति दुर्भावनापूर्ण बर्ताव व छुआछूत और भेदभाव का कड़ा विरोध किया गया। दलित नेत्री अंजनी बाई भ्रतार और सखूबाई ने इन हिन्दू महिलाओं को 'बेशरम' और 'नीच किस्म का आचरण करने वाली' कहकर कड़े शब्दों में उनकी भर्त्सना कर अपना रोष प्रकट किया और दलित महिलाओं को स्वाभिमानपूर्ण स्वावलम्बी होकर जीने की शिक्षा दी। इसी परिषद में रमाबाई अम्बेडकर महिला संघ स्थापित किया गया। इस महिला मंडल ने दलित महिलाओं के लिए रात्रि स्कूल शुरू करने का फैसला लिया (*आम्ही इतिहास घड़वला*–उर्मिला पवार, मिनाक्षी मून)।

20 जुलाई, सन् 1942 को आयोजित अखिल भारतीय दलित महिला सम्मेलन में 25 हजार महिलाओं ने भाग लिया। इस सम्मेलन में स्वयं डॉ. अम्बेडकर उपस्थित थे। इस सम्मेलन की विशेष बात यह थी कि इस सम्मेलन में पूरे भारतवर्ष से आई दलित महिला प्रतिनिधियों ने भाग लिया। इस सम्मेलन की अध्यक्षता सुलोचना डोगरे ने की और सभा की मुख्य सचिव इन्दिरा पाटिल तथा स्वागताध्यक्ष कीर्ति पाटिल थीं। 1942 में ही अखिल भारतीय दलित महिला फेडरेशन ने दलित महिला स्त्रियों की राजनैतिक व सामाजिक स्थिति पर अधिवेशन रखा जिसमें फेडरेशन की सेक्रेटरी इन्दिरा पाटिल ने समाज में दलित महिलाओं की शोचनीय स्थिति पर प्रकाश डालते हुए अपने जोशीले भाषण में कहा, अपने पुरुष साथियों द्वारा अधिकारों की लड़ाई में हमें पीछे नहीं रहना हैं। हमें उनके साथ रहना है। सामान्यत: घर के कामकाज महिलाओं के हिस्से में

आते है, पर हमें उससे नहीं चिपटे रहना चाहिए। पुरुषों जैसी ही स्वतन्त्रता पाने के लिए हम भी बेचैन हैं और वह हमारा अधिकार है। इस अधिकार को हम आन्दोलन और अपने प्रयास से ही पा सकते हैं। जो दुखों से पीड़ित हैं उन्हें ही स्वतन्त्रता की ज़रूरत है। हमारी दलित महिलाओं में साक्षरता की दर बहुत कम है। उनकी शिक्षा के प्रति लगन जागृत करना हमारा कर्त्तव्य है। साथ ही हम अपनी अनपढ़, अनाड़ी बहनों की मदद से अस्पृश्यों के हक के लिए हमारे नेता बाबा साहब अम्बेडकर के नेतृत्व में हम समय आने पर प्राणों का बलिदान देकर लड़ाई के लिए तैयार रहेंगी। हमें अपना पिछड़ापन नष्ट करने के लिए संगठित होकर कार्य करने हैं। इन कार्यों को करने के लिए मैं एक केन्द्रीय संस्था व उसके सभी प्रांतों में शाखा खोलने का प्रस्ताव रखती हूँ। जनरल सेकेटरी सौ इन्दिरा पाटिल ने दलित महिलाओं की शिक्षा पर ज़ोर दिया। महिलाओं की शोचनीय स्थिति के लिए जिम्मेदार हिन्दू धर्म की भर्त्सना करते हुए कहा "हिन्दू धर्म के पालन की वजह से ही हम पतियों के सामने सिर झुकाना, घर और बच्चों के देखभाल करने को ही हम अपना काम समझते हैं। हमारे सामने सबसे महत्त्वपूर्ण कार्य है अपनी बहनों के दिमाग से हिन्दू धर्म की गुलामी भरी सोच को निकाल देना। इसी सभा में सुलोचना डोगरे ने कहा कि 'हम बाबा साहब के साथ अस्पृश्यता के राक्षस को नष्ट कर देंगे।' (*आम्ही इतिहास घड़वला*–उर्मिला पवार, मिनाक्षी मून)

इस परिषद् में कई महत्वपूर्ण मुद्दे उठाये गये जो दलित महिलाओं की स्थितियों में सुधार लाने की दृष्टि से अनमोल थे। पति-पत्नी का तलाक देने का अधिकार होने का कानून सरकार से बनवाना, एक से ज्यादा पत्नियां यानि बहु-पत्नीवाद का विरोध, कोयला खान में व अन्य असंगठित क्षेत्रों में काम करने वाली मजदूर, किसान, महिलाओं के लिए 21 दिन की छुट्टी, चोट आने पर मुआवजा, 20 साल की नौकरी होने पर कम से कम एक हर महिला को 15 रुपये मासिक पेंशन देने की योजना, स्वास्थ्य, मनोरंजन के साधन तथा काम के घंटे निश्चित कर कामगार महिलाओं के हित में प्रस्ताव पारित किए गए। जिला, तालुका, लोकल बोर्ड व विधायिका में दलित महिलाओं के रिजर्वेशन की बात भी इस सभा में ज़ोर-शोर से उठाई गई। दलित महिलाओं व उनकी नेताओं द्वारा निडरता से रखे गए विचार व उनकी बौद्धिक दृष्टि देख बाबा साहब अत्यन्त प्रसन्न हुए और इसमें दलित महिलाओं का अपार जनसमूह और उनका स्वतन्त्रतापूर्वक विचार-विमर्श देख बाबा साहब ने दलित महिलाओं की प्रशंसा करते हुए कहा "महिलाओं में जागृति आई तो वह अस्पृश्य समाज के लिए

बड़ी क्रांति हो सकती है। महिलाओं की संगठित संस्था हो, इस पर मेरा अटूट विश्वास है। सामाजिक कुरीतियाँ नष्ट करने में महिलाओं का बड़ा योगदान हो सकता है। मैं अपने अनुभव से यह बता रहा हूँ कि जब मैंने दलित समाज का काम अपने हाथों में लिया था तभी मैंने यह निश्चय किया था कि पुरुषों के साथ महिलाओं को भी आगे ले जाना चाहिए। इसलिए ही अपनी परिषद के साथ-साथ ही महिला परिषद भी महत्त्वपूर्ण है। महिला समाज ने कितनी मात्रा में प्रगति की है इसे मैं दलित समाज की प्रगति में गिनती करता हूँ। इस परिषद में महिलाओं की बड़ी भारी संख्या में शामिल होने की स्थिति देखकर मुझे तसल्ली हुई है व खुशी भी हो रही है कि हमने प्रगति की है।" (*हमने भी इतिहास गढ़ा है।* पेज-78 से उद्धृत)

इसी सभा में डॉ. अम्बेडकर ने दलित महिलाओं से अपनी बच्चियों की शादी कम उम्र में न करने की अपील करते हुए उनको शिक्षित कर अपने पैरों पर खड़ा होने पर बल दिया तथा कम बच्चे पैदा करने व साफ सफाई से रहने का सन्देश देते हुए महिलाओं का परिवारों में समानता का स्तर हो, इस पर भी बात की। उन्होंने महिलाओं में स्वाभिमान जगाते हुए कहा कि आप घर में पति की दासी बनकर नहीं पति की दोस्त बनकर बराबरी के रिश्ते से जिएँ। नागपुर में 1942 में शेड्यूल्ड कॉस्ट फ़ेडरेशन की स्थापना होने के बाद नासिक में शेड्यूल्ड कास्ट फ़ेडरेशन की मीटिंग में शान्ता बाई दाणी को पार्टी की जिलाध्यक्ष बनाया गया। 1944 में भी कानपुर में दलित फ़ेडरेशन के दूसरे अधिवेशन में भी महिलाओं ने अपना स्वतन्त्र अधिवेशन किया तथा नागपुर जैसे ही प्रस्ताव पारित किए गए। इसकी अध्यक्षता कु. शान्ता बाई दाणी ने की। इस अधिवेशन में बाबा साहब ने भाग लेते हुए कहा "आप आगे बढ़ें, आपके जीवन में सुनहरी सुबह का पदार्पण हुआ है।" 6 मई, सन् 1945 को तीसरा अखिल भारतीय अस्पृश्य महिला परिषद का अधिवेशन मुम्बई में आयोजित किया गया, जिसमें हजारों दलित महिलाओं ने भाग लिया। सभा की अध्यक्षता तत्कालीन मद्रास प्रान्त की प्रमुख कार्यकर्ता मीनांबल शिवराम ने की। इस सभा की मुख्य वक्ता शांता बाई दाणी, सरोजिनी जाधव, मुक्ता सर्वगौड़, हैदराबाद की सौ. राजमणि, मुंबई की गोदावरी रोकड़ आदि ने स्त्री-पुरुष विषमता पर तीखे विचार रखे। उन्होंने बताया कि पुरुष विषमता की शिकार महिला को अपनी मुक्ति के लिए किस तरह के कदम उठाने चाहिए, उन्होंने इसका मार्ग दर्शन किया। परिषद के अध्यक्षीय भाषण में सरोजिनी जाधव ने कहा कि 'अस्पृश्य स्त्री सर्व दृष्टि से परतन्त्र है। अगर उसे स्वतन्त्रता प्राप्त करनी है तो अस्पृश्य महिलाओं का आन्दोलन निर्माण होना

चाहिए।' मिनांबल शिवराम ने अपने विचार प्रकट करते हुए कहा कि 'अस्पृश्य स्त्री विधवा विवाह, घटस्फोट इन प्रथाओं से मुक्त होते हुए भी केवल हिन्दू धर्म के कायदा कानून उस पर लदे होने के कारण उसकी स्थिति दुखद हो गई है। दलित महिला को हिन्दू धर्म का त्याग करना चाहिए। दलित महिलाओं को घूँघट निकालना छोड़कर निर्भय होकर आत्मविश्वास से जीना चाहिए। "दलित आत्मकथन लिखने वाली मुक्ता सर्वगौड़ ने 'स्त्री-पुरुष समान हैं और दोनों की जिम्मेदारी भी बराबर की है' ऐसा भाषण देकर अपने क्रांतिकारी विचार प्रकट किए।" *(आम्ही इतिहास छड़विला)*

पुणे में 29 मई, सन् 1956 को महाराष्ट्रीय चमार ढोर परिषद हुई। इस अधिवेशन में भी सेवा सदन की श्रीमती सावित्री बाई बोराडे व गुणाबाई वाघमारे दोनों ने ही भाषण दिया। इस भाषण में सावित्री बाई बोराडे ने कहा "लड़कों से ज़्यादा लड़कियों की शिक्षा की ज़रूरत है। भावी पीढ़ी के अनर्थ टालने के लिए स्त्री शिक्षा की ज़रूरत है। बच्चों की शिक्षा केवल माताओं पर निर्भर करती है। हमें दूसरों पर निर्भर होने की याचक वृत्ति को खत्म करना चाहिए। सफाई, अच्छी सेहत, शुश्रूषा इन सबके लिए शिक्षा की ज़रूरत है।" इसके बाद गुणाबाई बाघमारे ने कहा, "महिलाओं को पढ़ना चाहिए। महिला पढ़ी-लिखी होगी तो बच्चों पर अच्छे संस्कार डालेगी, अपने आगे भावी पीढ़ी को शिक्षा के माध्यम से होशियार और संस्कारी बनाएगी। इसलिए महिलाओं को शिक्षित होना ज़रूरी है।"

पृथक प्रतिनिधित्व, पृथक चुनाव क्षेत्र के लिए किया गया समझौता पूना करार कहलाता हैं। उस पूना समझौते के तहत सरकार व गाँधी द्वारा दलित समाज को किए गए सारे वादे झूठे निकले। इसलिए अखिल भारतीय दलित फ़ेडरेशन की तरफ से भारतीय विधान मंडल के सामने सत्याग्रह करने का फैसला किया गया। इस सत्याग्रह में बम्बई, पूना, कानपुर उत्तर प्रदेश से हजारों दलितों ने भाग लिया। इस सत्याग्रह में सीताबाई, गीताबाई गायकवाड़ आदि दलित नेत्रियों ने अपनी महत्त्वपूर्ण भूमिका निभाई। प्रसिद्ध दलित नेता भाऊराव गायकवाड़ के भाई काशीनाथ गायकवाड़ को भाऊराव समझकर अहिंसक गांधीवादियों द्वारा उनकी खूब पिटाई की गई, जिसमें उनका एक कान भी टूट गया। दलित दमन के इस रूप को देख दलित सत्याग्रहियों ने जेल भरो आन्दोलन शुरू कर दिया। इस जेल भरो आन्दोलन में अनेक दलित महिलाएं अपने छोटे-छोटे बच्चों के साथ जेल में भूखी-प्यासी बन्द रहीं। एक बड़ी रोचक घटना है जब सत्याग्रही जेल भरने के लिए जुलूस के रूप में नारे लगाते जा रहे थे, तब दलित कार्यकर्ता बराड़े की डेढ़ वर्षीया बच्ची भी नारे लगा रही थी। चलो पुकारो जय 'भीम' के कहने

पर वह 'चलो कपारो' बोलती थी। उसकी 'चलो कपारो' सुनकर लोगों में खुशी और उत्साह की लहर दौड़ जाती थी। मनोरमा बाई, तुलसीराम धोत्रे, काशीबाई जैतापकर आदि दलित कार्यकर्ता सत्याग्रह में शामिल होकर जेल गए। मनोरमा बाई तो 15 दिन जेल में रहीं। श्रीमती बराड़े अपने छोटे-छोटे बच्चों के साथ जेल में कैद थीं। न्यायाधीश उसके छोटे बच्चों पर दया दिखाते हुए बोला 'बहिन जी, आपका बच्चा बहुत छोटा है। अपना आप गुनाह कबूल कर माफी मांग कर घर जाइये' इस पर श्रीमती बराड़े ने जज से कहा "जिस दिन हमने घर छोड़ा था, पूरी तरह सोच-समझ कर छोड़ा था। फिर भी हम पीछे हटने वाले नहीं है। मैंने गुनाह किया है तो मुझे सजा दीजिए। जेल से छूटने के बाद निर्भीक, बहादुर श्रीमती बराड़े का बहुत ही लम्बा और विचारोत्तेजक साक्षाकार '*जनता पत्र*' में छपा था।" (*आम्ही इतिहास छड़विला*, पृष्ठ 82-83)

इस प्रकार दलित महिला आन्दोलन आरम्भ में स्वागत गीत के माध्यम से, ज्ञान शिक्षा के प्रयास द्वारा, मन्दिर प्रवेश, पानी, समान वेतन, अस्पृश्यता विधायिका में अधिकार, पुरुषों की गुलामी से मुक्ति आदि मुद्दों को प्रतीक बनाकर डॉ. अम्बेडकर का हाथ थाम धीरे-धीरे समानता, अस्पृश्यता व गरीबी तीनों स्तर पर शोषण से संघर्ष कर अपनी वैचारिक समझ बनाता हुआ मुक्ति की राह पर चलकर दलित आन्दोलन का प्राण व अन्य आन्दोलनों का प्रेरणा स्रोत बन गया। आज़ादी, अस्मिता संघर्ष के ऊबड़-खाबड़ संघर्ष भरे रास्ते से गुजरता हुआ दलित महिला आन्दोलन दलित नारीवाद की सीमा में प्रवेश कर गया। भारत में जगह-जगह चले इस आन्दोलन में हजारों की संख्या में दलित महिलाएँ जुड़ीं, जेल गईं, रात-दिन धरनों पर भूखी प्यासी बैठीं और हिम्मत, बहादुरी, धैर्य, लगन से अपनी मांग पूरी करने के लिए संघर्षशील रहीं। दलित महिला आन्दोलन अस्पृश्यता, लिंगीय भेदभाव, असमानता के किले को ध्वस्त करने के लिए शिक्षा के हथियार को धार देता रहा। अनेक दलित नेत्रियां दलित समाज के लिए स्कूल, कॉलेज, हॉस्टल खोलने के साथ-साथ पत्र-पत्रिकाओं में लिखने लगीं व उनका संपादन व प्रकाशन भी करने लगीं। कई दलित नेत्रियाँ सामाजिक कार्य के साथ-साथ लेखन के क्षेत्र में बढ़ते हुए प्रसिद्ध लेखिकाओं के रूप में स्थापित हुई। अम्बेडकरकालीन दलित महिला आन्दोलन में सैकड़ों दलित महिलाएँ निकल कर आईं, जिन्होंने दलित मुक्ति के संघर्ष की कमान अपने हाथों में संभाल ली। रमाबाई अम्बेडकर, तुलसी-बनसौडे, गीताबाई गायकवाड़, अंजनी बाई देश भ्रतार, शान्ताबाई दाणी, जाईबाई चौधरी, सीताबाई गायकवाड़, इन्दिरा पाटिल, कीर्ति पाटिल, सुलोचना डोगरे, राधा बाई, लक्ष्मी नायक, सुराबाई मोहिते,

वेणुबाई भटकर, रंगबाई शुभकर, तानुबाई कांबले, राधा बाई वरालै, मिटलेली कवाडे, कौशल्या बैसन्त्री, बेबी ताई काम्बले, मीनाबल शिवराम, शांता बाई सरौदे और ना जाने कितनी अनाम, अज्ञात दलित औरतें जो इतिहास की गर्त में छिप गई, इन सभी ने घर-परिवार, फैक्ट्रियों, खेतों-खदानों से निकलकर दलित महिला मुक्ति का परचम चहुँ दिशा में फहराया।

हिन्दू कोड बिल क्यों?

डॉ. अम्बेडकर भारतीय स्त्री खासकर, हिन्दू स्त्री जिसमें सवर्ण तथा दलित दोनों की सामाजिक, आर्थिक, और राजनैतिक स्थिति में क्रांतिकारी परिवर्तन चाहते थे। उनकी दशा सुधारने के लिए वे एक ऐसा कानून बनाना चाहते थे, जो विशुद्ध रूप से उनकी सामाजिक कानूनी स्थिति सुधारने में संजीवनी बूटी की तरह काम करे। इसलिए उन्होंने सौ फीसदी औरतों के हक में 'हिन्दू कोड बिल' बनाया। इस हिन्दू कोड बिल और डॉ. अम्बेडकर दोनों को ही कट्टरपंथियों का भयंकर विरोध सहना पड़ा। हिन्दू कोड बिल के विरोध में डॉ. अम्बेडकर को कई बार व्यक्तिगत अपमान झेलना पड़ा। उनके घर पर पत्थर तक बरसाये गये और संसद में भी उनका बहिष्कार किया गया। 'हिन्दू कोड बिल' पास कराने के लिए डॉ. अम्बेडकर के साथ-साथ अनेक दलित गैर दलित महिलाओं ने भारतीय महिलाओं की सामाजिक व आर्थिक लड़ाई लड़ी है। 'हिन्दू कोड बिल' पर दुर्गाबाई देशमुख, लोकसभा की सदस्य श्रीमती पद्मजा नायडू, राजश्री, सौ. चन्द्रकला, उर्मिला मेहता, मिसेज़ मिठान महिला कांग्रेस की मन्त्री कुमारी मुकुल और उनके महिला जत्थे ने डॉ. अम्बेडकर के साथ गांव-गांव, नगर-नगर घूमकर सभा और जनसभाओं में भारतीय महिलाओं की सामाजिक आर्थिक दुर्दशा के चित्र खींचे।

अक्सर डॉ. अम्बेडकर और महिला साथियों द्वारा आयोजित हिन्दू कोड बिल चर्चा सभाओं में कट्टरपंथियों द्वारा सीधा हमला कर दिया जाता था, और चर्चा सभाओं को ज़बरदस्ती बंद करा दिया जाता था। उस समय के अखबार भी "हिन्दू कोड बिल के खिलाफ अनेक भड़काऊ लेख छाप रहे थे उस समय देश का माहौल डॉ. अम्बेडकर और उनकी महिला साथियों के खिलाफ विषाक्त हो गया था। परन्तु ये सब डटे रहे। आखिर में जब 'हिन्दू कोड बिल' संसद में पास न हो सका तब डॉ. अम्बेडकर ने विरोधस्वरूप संसद से त्यागपत्र दे दिया।

बाबा साहब भारतीय स्त्रियों की उन्नति के लिए जितने गतिशील कदम उठाते, उतना ही कट्टरपंथी उनको पीछे खींचने के प्रयास में लगे रहते। कोड बिल जैसे प्रगतिशील कदम से चिढ़कर कट्टरपंथियों ने डॉ. अम्बेडकर के

खिलाफ चारों तरफ वैमनस्य, घृणा और तनाव का जाल बिछा दिया। पुरुष प्रधान संस्कृति पर प्रहार करते हुए इस बिल में भारतीय महिलाओं को पुरुषों के बराबर कानूनी अधिकार देकर उनको गौरवान्वित किया गया। इस बिल की वजह से हिन्दू स्त्री को विवाह, तलाक आदि में पुरुषों जैसा ही हक दिया गया। इस बिल में आठ अधिनियम बनाए गए–

1. हिन्दू विवाह अधिनियम।
2. विशेष विवाह अधिनियम।
3. गोद लेना दत्तकग्रहण, अल्पायु-संरक्षता अधिनियम।
4. हिन्दू उत्तराधिकारी अधिनियम।
5. निर्बल तथा साधनहीन परिवार के सदस्यों का भरण-पोषण अधिनियम।
6. अप्राप्तवय संरक्षण सम्बन्धी अधिनियम।
7. उत्तराधिकारी अधिनियम।
8. हिन्दू विधवा को पुनर्विवाह अधिकार अधिनियम।
9. हिन्दू कोड बिल में पिता की सम्पत्ति में अधिकार आदि।

"हिन्दू कोड बिल द्वारा किसी भी जाति की लड़की या लड़के का विवाह होना अवैध नहीं था। हिन्दू कोड बिल के अनुसार पत्नी और पति एक समय में एक ही विवाह कर सकते थे। अगर कोई पति अपनी पहली पत्नी के रहते और पत्नी पहले पति के रहते विवाह करते हैं तो उन्हें कानूनी दण्ड मिलेगा। हिन्दू कोड बिल में पति के मर जाने पर हिन्दू स्त्री को पति की सम्पत्ति में उसकी सन्तान के बराबर हिस्सा या अंश देने का नियम बनाया गया। हिन्दू धर्म शास्त्रों में विधवा के लिए दूसरी शादी का कोई विधान नहीं था और न ही जायदाद में उसे कोई हिस्सा या अंश मिलता था। हिन्दू कोड बिल की कृपा से पिता की मृत्यु के पश्चात् पुत्री को भी भाइयों के बराबर जायदाद का वारिस बना दिया गया था। इसी तरह दत्तक या गोद लेने का अधिकार अपने कुल में से पैदा हुये बच्चे को ही प्राप्त था, किन्तु कोड बिल के अनुसार किसी भी हिन्दू परिवार में जन्मी लड़की या लड़के को गोद लिया जा सकता था और वह लड़का या लड़की चाहे वह किसी भी हिन्दू बिल जाति के हों, गोद लिए जाने वाले की जायदाद के वारिस बन जाते हैं। मजे की बात यह थी कि अब न केवल लड़का ही दत्तक बन सकता था, बल्कि लड़की भी दत्तक ली जा सकती थी। इसलिए संक्षिप्ततः कहा जा सकता है कि हिन्दू कोड बिल ने हिन्दुओं

के पुराने धर्मगढ़ को भस्मसात करके रख दिया था।" (*हिन्दू कोड बिल और अम्बेडकर*–सोहनलाल शास्त्री विद्यावाचस्पति)

हिन्दू कोड बिल में इन आठों अधिनियम को पास कराके डॉ. अम्बेडकर स्त्रियों की स्थिति में कानूनी रूप से आमूल-चूल परिवर्तन चाहते थे। हिन्दू कोड बिल द्वारा परिवार व समाज में महिलाओं की सामाजिक आर्थिक स्थिति सुदृढ़ हो, इसलिए उन्होंने परिवार में पुत्री की हैसियत पुत्र के बराबर तथा पत्नी की हैसियत पति के बराबर रखी। तलाक देने की स्थिति में पति को पत्नी के गुजारे के लिए गुजारा भत्ता देना पड़ेगा तथा सम्पत्ति बंटवारे में पुत्री को पुत्र के बराबर हिस्सा मिलेगा। महिलाएँ भी अपनी मर्जी से बच्चा गोद ले सकती हैं बच्चे को गोद लेने का अधिकार मिलने पर जिन स्त्रियों के बच्चे नहीं होते थे, उनको परिवार और समाज द्वारा दिए जा रहे मानसिक और शारीरिक उत्पीड़न से छुटकारा मिल जायेगा। 'हिन्दू कोड बिल' पर डॉ. अम्बेडकर का मानना था कि वे 'हिन्दू कोड बिल' पास कराकर भारत की समस्त नारी जाति का कल्याण करना चाहते थे। उन्होंने 'हिन्दू कोड बिल' पर विचार होने वाले दिनों में अनेक सवर्ण जाति से सम्बन्ध रखने वाली क्रूर अत्याचारी, शराबी, कबाबी, ऐबी, पतियों द्वारा परित्यक्ता ऐसी अनेक युवतियों और प्रौढ़ महिलाओं को देखा था, जिन्हें उनके पतियों ने त्यागकर उनके जीवन-निर्वाह के लिए नाममात्र का चार-पाँच रुपया मासिक गुजारा-भत्ता बांधा हुआ था। अक्सर तो पति इतना भत्ता भी नहीं देते थे। ये परित्यक्ता औरतें गुलामी और दरिद्रता भरा जीवन जीने को मजबूर थीं। इन औरतों की ऐसी दयनीय दशा को देखकर इनके माता-पिता, भाई-बन्धु भी दु:खी रहते थे। क्योंकि इन परित्यक्ता औरतों के दु:ख को खत्म करने वाला, कोई कानून नहीं था। हिन्दू कोड बिल ही वह कानून हो सकता था जो ऐसी दीनहीन, दु:खी-सताई औरतों के पक्ष में खड़ा हो सकता था। कहने का तात्पर्य यह है कि "हिन्दू कोड बिल भारतीय स्त्रियों की शोचनीय दशा में अमूल-चूल परिवर्तन लाने वाला कानून था। जिसमें समाज में किसी भी रूप व परिस्थिति में सताई गई औरतों के हक में दोषियों के लिए दण्ड का प्रावधान था। इस बिल के द्वारा डॉ. अम्बेडकर और उनकी महिला साथी महिलाओं की स्थिति में कानूनी सुधार व हक के लिए प्रयास कर रहे थे। हिन्दू कोड बिल के समर्थन में 21 अगस्त, सन् 1949 में दादर के भंडारी हाल में एक परिषद आयोजित की गई जिसमें 25 महिला संगठनों और 10 सामाजिक संगठनों ने हिन्दू कोड बिल के समर्थन में सरकार को मांग पत्र सौंपा। 19 जनवरी, सन् 1950 को विल्सन कॉलेज में 5:30 बजे हिन्दू कोड बिल के समर्थन में उर्मिला मेहता व श्रीमती

मिठान ने अपने धुआंधार भाषणों द्वारा हिन्दू कोड बिल का ज़ोरदार समर्थन किया। यह आंदोलन लगभग 5 सालों तक चला जिसमें अनेकों-अनेक दलित व गैर दलित महिलाएँ जुड़ी। इस आन्दोलन का मकसद ही सामाजिक न्याय दिलाना था जिस का वर्षों से हनन होता आ रहा था।"[39]

16 दिसम्बर, सन् 2012 को घटित दामिनी, निर्भया काण्ड निश्चित तौर पर स्त्री जागरूकता की दिशा में एक महत्त्वपूर्ण आयाम था। इस घटना ने स्त्रियों को जागरूकता की दिशा में आगे बढ़ने को किस प्रकार प्रवृत्त किया, उसकी एक बानगी 27 दिसम्बर, सन् 2012 को शोभा मिश्रा द्वारा *फरगुदिया* में प्रकाशित वन्दना ग्रोवर की महिलाओं/बालिकाओं से परिचर्चा में देखी जा सकती है, जो '*एक समाधान की प्रतीक्षा*' शीर्षक से छपी थी, जिसका लिंक शोभा मिश्रा तथा वन्दना ग्रोवर एवं अनेक फेसबुक मित्रों ने शेयर किया था। इस परिचर्चा से स्त्रियों एवं छात्राओं में व्याप्त असुरक्षा बोध का बड़ा ही दर्दनाक खुलासा देखा जा सकता है–

"16 दिसंबर दामिनी/निर्भया/पीड़िता की ज़िन्दगी के साथ साथ बहुत सारी ज़िंदगियों में बदलाव लाया है...बदलाव के नाम पर भय, आक्रोश और कहीं कहीं हताशा भी नज़र आई....

इनसे बात करने पर इन युवा बच्चियों ने जिनमें एक बीबीए की छात्रा, एक दिल्ली विश्वविद्यालय में बी.कॉम (ऑनर्स) के साथ-साथ छात्र संघ की वाइस प्रेजिडेंट, एक ग्राफिक डिजायनर एक 12वीं और एक दसवीं की छात्रा है, अलग-अलग बातचीत करने पर पहली बात सभी ने यही की कि वे सब बहुत असुरक्षित महसूस कर रहे हैं।

दसवीं में पढ़ने वाली मुस्कान घर से अकेले बाहर निकलने में डरने लगी है, बोलती भी कम है, उसकी माँ का कहना था कि शाम को रोज उन्हें बच्ची को टयूशन से लेने जाना पड़ रहा है।

ग्राफिक डिजायनर अदिति को उनके पिता सुबह उनके ऑफिस छोड़ने जाते हैं और शाम को लेकर आते हैं और इनकी अपनी छोटी बहन जो सीए कर रही है और आक्रामक स्वभाव की है, को सख्त हिदायत है कि फब्ती कसने वालों को अनसुना किया जाए।

बीबीए की छात्रा अनामिका के मन में काफी आक्रोश तो है, पर असहाय होने का भाव भी है। उसे हर नज़र बलात्कारी लगने लगी है। अनामिका ने तो यहाँ तक कहा कि वो पीड़िता का दर्द महसूस करती हैं एक बुरा सपना सा है ये, लेकिन उनके लिए कोई भविष्य नहीं देखती।

छात्र संघ की वाइस प्रेजिडेंट अनिला कहती है कि असुरक्षा की भावना बढ़ी है और साफ तौर पर मानती हैं कि ऐसी स्थिति में कुछ भी करना संभव नहीं है, वह दिन में भी सुरक्षित महसूस नहीं कर रही है।

12वीं की छात्रा वेरोनिका कहती हैं कि उनकी माँ नहीं चाहती कि फब्ती कसने वालों को पलट कर जवाब दिया जाए और अपनी माँ की इस सलाह से बहुत हैरान नजर आती हैं क्योंकि उनकी नज़र में उनकी माँ हमेशा बहुत साहसी महिला रही हैं और अब माँ के दृष्टिकोण में आया बदलाव वेरोनिका समझ नहीं पा रही है।"[40]

दामिनी/निर्भया की हृदयविदारक काण्ड के पश्चात् हुई मृत्यु के पश्चात् सरोज सिंह ने '*फरगुदिया*' पर ही रविवार 30 दिसम्बर, सन् 2012 को '*एक समाधान की प्रतीक्षा–भाग दो, कुछ अनछुए पहलू, कुछ सवाल* शीर्षक से एक विचार श्रृंखला के साथ परिचर्चा प्रकाशित की थी। इसके निष्कर्ष भी महत्त्वपूर्ण हैं, जो नीचे दिए जा रहे हैं–

माँ!! उसका जीवित बचना उचित था या मर जाना? .....कुछ अनछुए पहलू, कुछ सवाल।

दामिनी की दारुण मृत्यु की खबर मिलते ही विचार शून्य थी। बस शोक, शर्मिंदगी, बेबसी और लाचारी के भाव ही उभरे....कुछ सत्ताधारियों ने उसे शहीद और बलिदानी कहकर इस समस्या से पल्ला झाड़ने की चेष्टा की। ये बलिदान नहीं, नृशंस बलि है.... उसका जिस्म ज़रूर खत्म हुआ है, पर उसकी रूह हम सभी के जेहन में तब तक भटकेगी, झकझोरती रहेगी, जब तक इन्साफ नहीं होता।

मेरी 13 साल की बेटी शुभि, जो टीवी पर कार्टून शो देखना पसंद करती है, पिछले तेरह दिनों से केवल न्यूज़ चैनल ही देखती रही, उसके जाने की खबर सुनते ही मुझसे कहने लगी, मम्मी अच्छा ही हुआ न दामिनी मर गयी, अगर ज़िन्दा रहती भी तो फिजिकली और मेण्टली सोसाइटी को कैसे फेस करती? उसकी बात बड़ी क्रूर लगी मुझे, कैसे सपाट उसने कह दिया...पर बात में सत्यता तो थी ही...शारीरिक तकलीफ से ज़्यादा लोगों की दया दृष्टि उसके लिए कष्टकर होती।

हमारे समाज में एक नहीं, ऐसी कई दामिनियाँ हैं, जिनके बारे में हम नहीं जानते कि वो किस गर्त में गईं, इस घटना के बाद लोगों के हुजूम और जन जागृति देखकर कुछ उम्मीद तो बंधी है, शायद अब वो समय आ गया है जब

समाज एक वैचारिक क्रांति चाहता है। जहाँ सेक्स शब्द को अपराध से न जोड़ा जाये...पीड़ितों को समाज में स्थान और सम्मान मिले...महिलाएँ खुलेआम वक्त बेवक्त बेखौफ बाहर निकल सकें। समानता व स्वतंत्रता हो।

इस दुर्घटना ने जेहन में कुछ प्रश्न उजागर किये हैं, जिनका हल ढूँढना और समझना चाहती हूँ....

- हमारे समाज में चर्चा का विशेष मुद्दा बाहर महिलाओं का पहनावा क्यों बनता है जबकि मुद्दा बलात्कार का होता है?
- ऐसे माहौल में क्या हम बेहिचक अपने बच्चों को पढ़ने या नौकरी करने दूसरे शहरों में भेज सकते हैं?
- हमारे समाज में क्यों 'प्यार' शब्द 'रेप' शब्द से भी अधिक अप्रतिष्ठित है?
- हमारे कानून व्यवस्था में अभी भी पुरातन व अप्रासंगिक नियमों का अनुपालन क्यों हो रहा है?
- हमारे समाज के कुछ लोग अब भी यह मानते हैं कि महिलाओं का देर रात निकलना उचित नहीं है?
- क्यों बाजार में एसिड कहीं भी आसानी से खरीदा जा सकता है, जबकि अल्कोहल खरीदने के लिए परमिट की जरूरत होती है?

सभी युवतियाँ यौन शिक्षा पाठ्य-क्रम में शामिल करने के पक्ष में हैं, सख्त कानून की मांग तो करती हैं लेकिन अनिला मृत्युदण्ड के विरोध में अपनी यह दलील देती हैं कि बतौर सजा मृत्युदण्ड की स्थिति में पीड़िता की हत्या करने की संभावना बढ़ जायेगी क्योंकि एक से अधिक हत्या करने पर भी समान दण्ड का प्रावधान होने की स्थिति में बलात्कारी सबूत मिटाने के लिए पीड़िता की हत्या कर सकता है।

अनामिका कहती हैं कि मानसिकता और सोच में बदलाव बहुत ज़रूरी है, अब वो फब्तियों को अनसुना करने लगी हैं जबकि अनिला पलट कर जवाब देने की अपनी जिद पर कायम हैं जबकि उनकी मित्र ऐसी स्थिति में चुप रहना पसंद करती है।

अनामिका कहती हैं कि कड़े कानून के बावजूद सोच न बदलने पर स्थिति में ज़्यादा परिवर्तन की आशा नहीं दिखाई देती। पहले वो छेड़छाड़ को लेकर भयभीत नहीं थी, पर अब उन्हें लगता है कि यह कब एक दूसरी स्थिति में बदल जाए, अब विश्वास नहीं किया जा सकता। काफी रोष से उन्होंने कहा कि

आक्रान्ता की हिम्मत भी इसीलिए होती है क्योंकि वह जानता है कि उसे सजा नहीं होगी, लोकतंत्र है, कानून है पर उसका क्रियान्वयन ठीक से नहीं हुआ है।

अनिला, अदिति, वेरोनिका, अनामिका सभी का कहना था कि लड़कों के पालन-पोषण और शिक्षा पर शुरू से ध्यान दिया जाना चाहिए, जिससे एक मानसिक रूप से रुग्ण युवा बनने की संभावनाएँ न्यूनतम हों...कैसे? यह जवाब इन युवतियों ने अपने-अपने ढंग से दिया और परिवार, विशेष रूप से माता-पिता की भूमिका को महत्त्वपूर्ण माना।

अभिवावक के विचार: युवा बेटियों की माँओं से बात करने पर लगभग यही असंतोष दिखाई दिया कि इस सबके लिए प्रशासन जिम्मेदार है। अदिति की माँ काफी हद तक फोन और इण्टरनेट को भी दोषी मानती हैं, जबकि अनिला और अनामिका की माएँ कहती हैं कि इस स्थिति को नए सिरे से देखे जाने की आवश्यकता है। बच्चियों को, उनके पहनावे को दोषी ठहराना गलत है, जब छोटी बच्चियाँ और उम्रदराज महिलाएँ इन हमलों की शिकार हो रही हैं, तब पहनावे पर प्रश्न-चिह्न लगाना उचित नहीं।

सब एक बात पर सहमत थे अब वे भयभीत हैं, असुरक्षा की भावना बढ़ी है, कानून और व्यवस्था में उनकी आस्था कम हुई लेकिन खत्म नहीं हुई है और एक समाधान की प्रतीक्षा है उन्हें.....।"[41]

फरगुदिया की सम्पादक शोभा मिश्रा ने विगत मई 2013 में स्लम एरिया में रहने वाली कुछ बच्चियों को लेखन के प्रति प्रोत्साहित करने के लिए एक-एक डायरी भेंट की। इन डायरियों में से चौदह वर्ष की बच्ची बेबी की डायरी को उन्होंने एक जून 2013 के *फरगुदिया* अंक में प्रकाशित किया है। यह डायरी वास्तव में एक किशोर बालिका की सामाजिक परिवेश के प्रति सोच, उसकी प्रतिक्रिया, दायित्व बोध और उसकी आकांक्षा को किस बाल स्वरूप सुलभता में मुखरित करती है, यह देखने के लायक तो है ही, साथ ही इससे पारिवारिक माहौल का बच्चों विशेषकर बालिकाओं पर पड़ने वाले प्रभाव का भी आकलन किया जा सकता है। आइए देखते हैं, इस नन्हीं बच्ची के हृदय में उमड़ते-घुमड़ते मनोभाव-

काश! हमेशा मेरे पापा ऐसे ही रहते तो कितना अच्छा होता-बेबी

फरगुदिया-डायरी अंश

बेबी की उम्र अभी 14 वर्ष है...घर-गृहस्थी की जिम्मेदारियों और विपरीत परिस्थितियों की वजह से बेबी की शिक्षा अधूरी रह गयी। बेबी फिर से स्कूल जाना चाहती है....

कुछ महीने पहले हमने स्लम एरिया में रहने वाली कुछ बच्चियों को लेखन के प्रति प्रोत्साहित करने के लिए उन्हें डायरी गिफ्ट की। सभी लड़कियाँ बहुत अच्छा लिख रही हैं लेकिन बेबी की डायरी पढ़कर उसकी परेशानियों की तरफ हमारा ध्यान गया...बेबी की परेशानियों को दूर करने के लिए हम हर तरह से उसके साथ हैं.... प्रस्तुत है बेबी की डायरी के कुछ भावुक अंश....

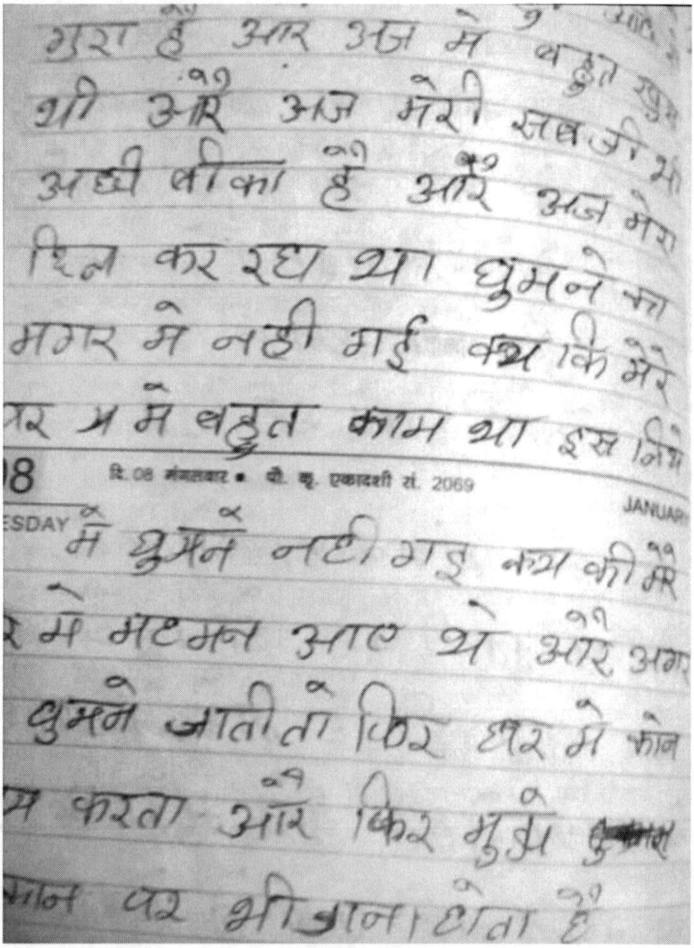

चित्र 1

(नोट–पहले बेबी लिखने में बहुत गलतियाँ करती थी... जैसे–'श' को 'स' लिखती थी और भी मात्राओं से सम्बंधित कुछ गलतियाँ करती थी लेकिन

अपनी लगन और लगातार अभ्यास से अब बेबी के लेखन में बहुत सुधार हुआ है.... बेबी द्वारा लिखे डायरी अंश में कोई भी सुधार नहीं किया गया है)

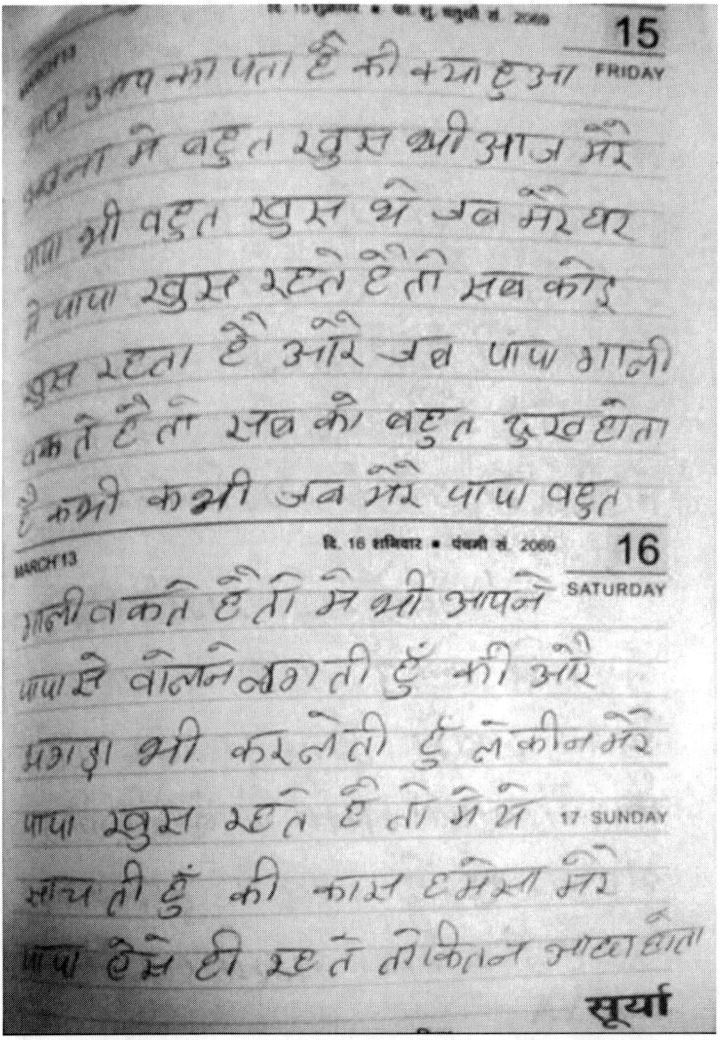
15 FRIDAY

आप को पता है की क्या हुआ
मे बहुत खुस थी आज मेरे
भी बहुत खुस थे जब मेरे घर
पापा खुस रहते है तो सब कोइ
रहता है और जब पापा गाली
ते है तो सब को बहुत दुख होता
है कभी कभी जब मेरे पापा बहुत

दि. 16 शनिवार • पंचमी सं. 2069
MARCH 13
16 SATURDAY

गाली बकते है तो मे भी अपने
पापा से बोलने लगती हुँ की और
झगड़ा भी करलेती हुँ लेकीन मेरे
पापा खुस रहते है तो मे
17 SUNDAY
सोच ती हुं की काश हमेसा मेरे
पापा ऐसे ही रहते तो कितना अच्छा होता
सूर्या

चित्र 2

1. आज आपको पता है कि मेरे घर में क्या हुआ है...मेरे पापा सब्जी लाकर घर में सो गए और जब मैं देखी कि मेरे पापा सो गए हैं तो मैं और मेरा भाई

दुकान लगाने चले गए...और जब मैं दुकान लगा ली तो फिर मैं अपनी मम्मी को फोन करी...फिर मेरी मम्मी बताई कि कैसे आऊं यहाँ पर 'ये' दारु पीकर सबसे झगड़ा कर रहे हैं...फिर मैं अपनी मम्मी से बोली कि कुछ भी कर रहे हैं करने दे...तू यहाँ पर आ जा...फिर मेरी मम्मी घर में ताला लगाकर दुकान पर आ गयी....

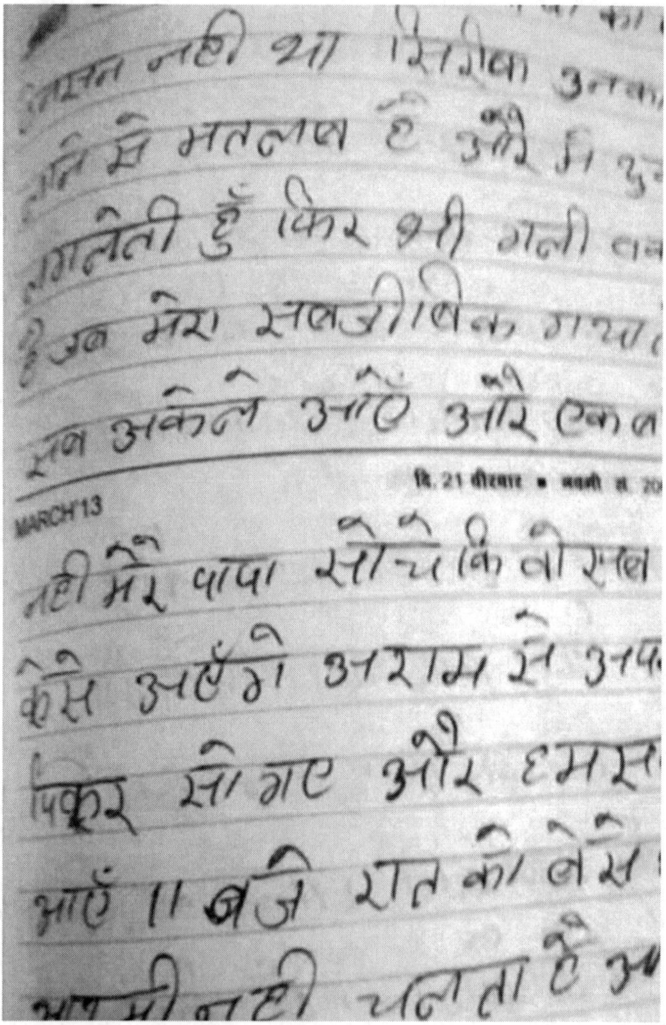
नहीं था सिर्फ
से मतलब है और
लेती हूँ फिर भी गली
जब मेरा सब्जी बिक
अकेले आऐ और
दि. 21 बीरवार
MARCH'13
नहीं मेरे पापा सोचे कि वो
कैसे आएँगे आराम से
पीकर सो गए और
आएँ 11 बजे रात को
नहीं चलता है

चित्र 3

मेरे पापा को कोई टेनसन नहीं था...सिरिफ उनका सब्जी लाने से मतलब है और मैं दुकान अकेले लगा लेती हूँ...फिर भी गाली बकते रहते हैं...जब मेरा सब्जी बिक गया तो हम सब अकेले आये और एक बार भी मेरे पापा नहीं सोचे कि वो सब कैसे आयेंगे...आराम से अपना दारु पीकर सो गए और हम सब अकेले आये 11 बजे रात को...वैसे भी ज्यादा आदमी नहीं चलता है...आप वहाँ से आयीं है...आप तो देखे हो कि कैसा रास्ता है....

2. आज मेरा दिन बहुत अच्छे से गुजरा और आज मैं बहुत खुश थी और आज मेरी सब्जी भी अच्छी बिका है...और आज मेरा दिल कर रहा था घूमने का मगर मैं नहीं गयी क्योंकि मेरे घर में बहुत काम था इसलिए मैं घूमने नहीं गयी...क्योंकि मेरे घर में मेहमान आये थे और अगर मैं घूमने जाती तो फिर घर कौन काम करता और फिर मुझे दुकान पर भी जाना होता है....

3. आज आपको पता है कि आज क्या हुआ आज न मैं बहुत खुश थी.... आज मेरे पापा भी बहुत खुश थे...जब मेरे घर में पापा खुश रहतें हैं तो सब कोई खुश रहता है और जब पापा गाली बकते हैं तो सबको बहुत दुःख होता है...कभी कभी जब मेरे पापा बहुत गाली बकते हैं तो मैं भी अपने पापा से बोलने लगती हूँ और झगड़ा भी कर लेती हूँ लेकिन जब मेरे पापा खुश रहते हैं तो मैं ये सोचती हूँ कि काश! हमेशा मेरे पापा ऐसे ही रहते तो कितना अच्छा होता....।[42]

फेसबुक ने अनेक साहित्यिक विवादों एवं विमर्शों की शुरूआत की है। विशेषकर स्त्री के सम्बन्ध में फेसबुक पर कई वाद-विवाद-संवाद समय-समय पर होते रहे हैं।[43] पवन करण और अनामिका की '*स्तन कैंसर*' विषयक कविता के बहाने स्त्री की विमुक्ति के प्रश्नों पर सन् 2012 के उत्तरार्द्ध में अनेक गरमागरम बहसें हुईं। '*कथा देश*' के अगस्त 2012 के अंक में इसी विषय पर शालिनी माथुर के लेख '*व्याधि पर कविता या कविता की व्याधि*' पर फेसबुक एवं ब्लॉगों पर रूपसिंह चन्देल, डॉ. दीप्ति गुप्ता, आशुतोष कुमार[44] तथा अनेक कवियों एवं कवयित्रियों की गहन-गम्भीर चर्चा से यह मंच गुंजायमान रहा था। शालिनी माथुर का '*तहलका*' पत्रिका में '*मर्दों के खेला में औरत का नाच*' शीर्षक से 6 जनवरी, सन् 2014 को एक लेख प्रकाशित हुआ था, जिसमें स्त्री विमर्श के बहाने स्त्रियों द्वारा किया जा रहा 'अश्लीलता यज्ञ' अनावृत किया गया है और अनेक ख्यातनाम लेखकों, लेखिकाओं की धज्जियाँ उड़ाई गयी हैं।[45] *मोहल्ला लाइव* (अविनाश रास), *जानकीपुल* (प्रभात रंजन), *समालोचन* (अरूण देव), *फरगुदिया* (शोभा मिश्रा), *आपका साथ साथ फूलों का* (अपर्णा

मनोज), *हंस पाठक मंच* (दीपक तिरूवा, *असुविधा* (अशोक कुमार पाण्डेय) *साहित्यकार संसद* (पुनीत बिसारिया), स्त्रीकाल (संजीव चंदन), आदि ब्लॉगरों ने भी फेसबुक पर अपने ब्लॉग शेयर कर फेसबुक मंच पर स्त्री सम्बन्धी विमर्श को आगे बढ़ाने का काम किया है।

इनके अतिरिक्त वत्सला पाण्डेय, पूनम सिंह, वन्दना गुप्ता, अंजू शर्मा, स्वाति तिवारी, वर्तिका नन्दा, कविता कृष्णपल्लवी, शरद सिंह, मैत्रेयी पुष्पा, सुधा राजे, अनीता कपूर, रंजना जायसवाल, सुधा ओम धींगरा, सुधा अरोड़ा, लीना मल्होत्रा राव, जयश्री राय, विद्याबिन्दु सिंह, पूर्णिमा बर्मन, लावण्या शाह, अनीता भारती, तारा सिंह, हेमलता महीश्वर, इंदु सिंह, शीबा असलम फहमी, मधु अरोड़ा, ओम थानवी, संतोष त्रिवेदी, प्रकाश के रे, महेन्द्र प्रजापति, कुमारेन्द्र सिंह सेंगर, नवनीत पाण्डेय, सईद अयूब, मिथिलेश श्रीवास्तव, डॉ. धनंजय सिंह, गिरीश पंकज, बोधिसत्व, तेजेन्द्र शर्मा, एस. आर. हरनोट, कँवल भारती, नन्द भारद्वाज, गणेश पाण्डेय, रामजी तिवारी, अमित द्विवेदी, महेश पुनेठा, केदारनाथ कादर, आलोक पुराणिक, प्रमोद तांबत, अतुल चतुर्वेदी, प्रेम जनमेजय, रवीन्द्र के दास, लाल रत्नाकर, जयप्रकाश मानस, पंकज दीक्षित, आशीष कुमार अंशु, विनोद पासी हंसकमल, दिविक रमेश, लालित्य ललित, निलय उपाध्याय, ललित कुमार (*कविता कोश*), मोहन श्रोत्रिय, जगदीश्वर चतुर्वेदी, पंकज चतुर्वेदी, अजय नावरिया, प्रेमचंद सहजवाला, प्रेमचंद गाँधी, राजीवरंजन प्रसाद, श्यामबिहारी श्यामल, राजीव तनेजा, ललित शर्मा, गिरिराज किशोर, सुभाष चन्दर, राजनारायण शुक्ला, अग्निशेखर, अरूणचंद्र राय, किशन कालजयी, सुधीर सोती, आशीष कांधवे, विवेक मिश्रा, विवेक निराला, सुशील सिद्धार्थ, शाह आलम, अजित राय, प्रेम भारद्वाज, देवेन मेवाड़ी, वीरेन्द्र यादव, हरीश अरोड़ा, प्रेम भारद्वाज, गंगासहाय मीणा, श्यौराज सिंह बेचैन, जयश्री राय, विजय कुमार, हरिओम राजोरिया, शरण घई, हरेराम समीप, नीलाभ, विमलेन्दु द्विवेदी, विमलचन्द्र पाण्डेय, मंगलेश डबराल, उदय प्रकाश, संजीव चंदन, आशीष देवराडी, सूरज प्रकाश, मायामृग, सूर्य कुमार पाण्डेय, कुँवर कुसुमेश, शिवजी श्रीवास्तव, दुर्गा प्रसाद अग्रवाल, सुधाकर अदीब, शैलेश भारतवासी, किशन कालजयी, शामली मोहम्मद मुस्तफा, सुधीर सोनी, डोड्डा शेवू बाबू, नलिन चौहान, कौशलेन्द्र प्रपन्न, प्रमोद मीणा, विनोद विश्वकर्मा, देवराज, रश्मि तारिका, सह्दयी मोदी (प्रतिलिपि), संजय अलंग, राकेश नारायण द्विवेदी, जयशंकर तिवारी, सुभाष चन्द्रा, आदि लेखक, कवि, पत्रकार अपने-अपने माध्यमों से स्त्री स्वर को विमर्श का माध्यम बनाते रहते हैं। इनके अलावा राजकमल, दखल, वाणी, किताबघर, नेशनल बुक ट्रस्ट,

अयन, प्रभात, आधार, अमन, तक्षशिला, बोधि, अनंग, सामयिक, भावना, हिंद युग्म, लेखक मंच, शलभ, ऋत्विज, वैभव, अनुराधा, अनामिका, आचार्य, एकता, मोनिका, सुभांजलि, हंसा, अन्तिका, भारतीय कला प्रकाशन, कथादेश सहयात्रा प्रकाशन, रचना, अभिषेक, आलेख, अनुज, परिलेख, कविता, किरण, शिवना, शैलजा, अनामिका, स्वराज, माण्डवी, अंजुमन, क्षितिज, शशि, किताबनामा सूर्या प्रकाशन आदि अपनी पुस्तकों के परिचय के माध्यम से स्त्री विमर्श पर अपने विचार प्रस्तुत करते रहते हैं। फेसबुक पर अनेक साहित्य प्रेमियों ने अपने-अपने 'ग्रुप' विकसित किए हैं, जिनके माध्यम से स्त्री विमर्श पर सार्थक परिचर्चा होती रहती है। इनमें "*स्त्री के हक में, साहित्यकार संसद, फ़िल्म समीक्षा, हिन्दी टाकीज, अंतर्राष्ट्रीय हिन्दी प्राध्यापक परिषद, राइटर्स ब्लॉक, विश्व हिन्दी अकादमी, विश्व हिन्दी संस्थान, कनाडा, कॉफी हॉउस आनलाइन, वाणी, कलमकार, जब जागो तब सवेरा, मित्र मधुर, हिन्दी राइटर्स गिल्ड, हिन्दी मंच, साहित्य नेस्ट, काव्यांजलि, नव्या, राइटर्स कार्नर, पब्लिशिंग, युवा साहित्यकार, साहित्य सिनेमा सेतु, मीडिया दरबार, सार्थक नव्या, निरंतर, शब्द शिखर, विमर्श, अपराजिता, साहित्य* आदि प्रमुख हैं।"

सन्दर्भ संकेत

1. मनीषा पाण्डेय की फेसबुक वाल से उद्धृत, दिनांक 22 दिसम्बर, सन् 2012
2. रति सक्सेना की फेसबुक वाल से उद्धृत, करवाचौथ 2 नवम्बर, सन् 2012
3. जगदीश्वर चतुर्वेदी की फेसबुक वाल से उद्धृत, दिनांक 18 दिसम्बर, सन् 2012
4. अंजू शर्मा की फेसबुक वाल से उद्धृत, दिनांक 18 दिसम्बर, सन् 2012
5. जयश्री राय की फेसबुक वाल से उद्धृत, दिनांक 26 जनवरी, सन् 2013
6. गुलशन उवेर की फेसबुक वाल से उद्धृत, दिनांक 28 अगस्त, सन् 2013
7. अनामिका, *स्त्री विमर्श का लोकपक्ष*, वाणी प्रकाशन, नई दिल्ली प्रथम संस्करण, 2012 पृ. 89-90
8. गुप्त मन्मथनाथ, *स्त्री पुरुष सम्बन्धों का रोमांचकारी इतिहास*, वाणी प्रकाशन, नई दिल्ली, आवृत्ति संस्करण, 2011 पृ. 349
9. पवन करण की फेसबुक वाल से उद्धृत, दिनांक 8 फरवरी, सन् 2014
10. शोभा मिश्रा की फेसबुक वाल से उद्धृत, दिनांक 26 जनवरी, सन् 2014
11. शोभा मिश्रा की फेसबुक वाल से उद्धृत, दिनांक 13 दिसम्बर, सन् 2013
12. डॉ. कविता वाचक्नवी की फेसबुक वाल से उद्धृत, दिनांक 18 फरवरी, सन् 2014
13. डॉ. कविता वाचक्नवी की फेसबुक वाल से उद्धृत, दिनांक 20 दिसम्बर, सन् 2013
14. मनीषा कुलश्रेष्ठ की फेसबुक वाल से उद्धृत, दिनांक 8 फरवरी, सन् 2014

15. मनीषा कुलश्रेष्ठ की फेसबुक वाल से उद्धृत, दिनांक 21 दिसम्बर, सन् 2012
16. अंजू शर्मा की फेसबुक वाल से उद्धृत, दिनांक 22 सितम्बर, सन् 2012
17. शीबा असलम फहमी की फेसबुक वाल से उद्धृत, दिनांक 3 अप्रैल, सन् 2013
18. कविता कृष्णन की फेसबुक वाल से उद्धृत, दिनांक 23 मार्च, सन् 2013
19. गुलशन उवेर की फेसबुक वाल से उद्धृत, दिनांक 24 दिसम्बर, सन् 2012
20. सुमन केशरी की फेसबुक वाल से उद्धृत, दिनांक 26 फरवरी, सन् 2014
21. ध्रुव गुप्त की फेसबुक वाल से उद्धृत, दिनांक 21 नवम्बर, सन् 2013
22. सुनीता सनाढ्य पाण्डेय की फेसबुक वाल से उद्धृत, दिनांक 7 अगस्त, सन् 2013
23. धर्मराज शर्मा की फेसबुक वाल से उद्धृत, दिनांक 24 फरवरी, सन् 2014
24. स्वतन्त्र मिश्रा की फेसबुक वाल से उद्धृत, दिनांक 24 फरवरी, सन् 2014 तथा *बिंदिया* सम्पादकीय, मार्च, 2014, पृष्ठ 8
25. अपर्णा मनोज की फेसबुक वाल से उद्धृत, दिनांक 27 जनवरी, 2014
26. बाबूषा कोहली की फेसबुक वाल से उद्धृत, दिनांक 28 फरवरी, 2014
27. अविनाश दास की फेसबुक वाल से उद्धृत, दिनांक 1 मार्च, 2014
28. उमेश कुमार राठी की फेसबुक वाल से उद्धृत, दिनांक 2 मार्च, 2014
29. हनुमंत शर्मा की फेसबुक वाल से उद्धृत, दिनांक 9 जनवरी, 2014
30. ध्रुव गुप्त की फेसबुक वाल से उद्धृत, दिनांक 4 अक्तूबर, 2013
31. ध्रुव गुप्त की फेसबुक वाल से उद्धृत, दिनांक 3 सितम्बर, 2013
32. सुभाष चन्द्र की फेसबुक वाल से उद्धृत, दिनांक 6 मार्च, 2014
33. भरत तिवारी की फेसबुक वाल से उद्धृत, दिनांक 26 फरवरी, 2014
34. सुधा अरोड़ा की फेसबुक वाल से उद्धृत, दिनांक 21 अप्रैल, 2014, '*स्त्रीकाल*' ब्लॉग का लिंक www.strekaal.com/2014/04/blog-post_21.html
35. संजीव चंदन की फेसबुक वाल से उद्धृत, दिनांक 4 अप्रैल, 2014
36. रोहिणी अग्रवाल की फेसबुक वाल से उद्धृत, दिनांक 9 अप्रैल, 2014
37. शरद सिंह की फेसबुक वाल से उद्धृत, दिनांक 8 मार्च, 2014
38. रंजना जायसवाल की फेसबुक वाल से उद्धृत, दिनांक 10 अप्रैल, 2014
39. अनीता भारती द्वारा शेयर 'स्त्रीकाल' का लिंक, 15 अप्रैल, 2014
40. शोभा मिश्रा द्वारा 'फरगुदिया' में प्रकाशित किया गया वन्दना ग्रोवर की परिचर्चा का लिंक, 27 दिसम्बर, 2012
41. शोभा मिश्रा द्वारा 'फरगुदिया' में प्रकाशित किया गया सरोज सिंह की परिचर्चा का लिंक, 30 दिसम्बर, 2012

42. शोभा मिश्रा द्वारा 'फरगुदिया' में प्रकाशित 'बेबी' बालिका की डायरी का लिंक, 1 जून, 2013

43. www.rachnasamay.blogspot.in/2012_8_01_archive.html

44. www.facebook.com/notes/ashutosh-kumar/कविता-आलोचना-और-पोर्नोग्राफी-कथादेश-के-कविता-व्याधि-विवाद-पर-एक-प्रतिवाद/401054586609956

45. tehelkahindi.com/मर्दों-के-खेला-में-औरत-का-न

8
अन्ततः

वैदिक काल से लेकर वर्तमान समाज तक के स्त्री विषयक विचारों को ध्यान से देखने पर पता चलता है कि वैदिक काल से लेकर अब से प्रायः पच्चीस वर्ष पूर्व तक का स्त्री विषयक विचार स्त्री को प्रायः दोयम दर्जे का प्राणी समझकर ही चलता आया था। स्त्री या तो क्रीतदासी बनी, या फिर देवदासी बनी, परिवार में रही तो वह पुरुष के कठोर अनुशासन में रही और दरिंदों की कामपिपासा का सहज प्राप्य बनी। दुराचार, तेजाबी हमले, सार्वजनिक सम्पत्ति, परदे के भीतर बैठी निरीह प्राणी, शराब एवं जुए के आदी पुरुषों से पिटने को अभिशप्त पत्नी, माँ या पुत्री, कार्यस्थलों पर शोषण झेलने को विवश, दायभाग से बहिष्कृत मर्दवादी सामाजिक व्यवस्था में हाशिए पर रहने वाली स्त्री का पुनरुत्थान विगत कुछ वर्षों की महत्त्वपूर्ण उपलब्धि रही है। बीसवीं शताब्दी के ढलते हुए वर्षों में स्त्री को अपनी अस्मिता की पहचान हो सकी है और वह अब समाज के प्रत्येक अवसर को अपने लिए अवसर के रूप में देख रही है।

यदि स्त्री पुनरुत्थान के प्रारम्भिक उदाहरण को देखें तो पाएंगे कि शाहबानो केस (1986) और रूपकुँवर सती काण्ड (1987) ये दो ऐसी घटनाएँ थीं, जिन्होंने भारत में स्त्री विमर्श की चर्चा को जागरूकता के स्तर पर ले जाने का कार्य किया। इसकी चरम परिणति 16 दिसम्बर, सन् 2012 को हुए दुःखद निर्भया (दामिनी) काण्ड के रूप में आयी और इसके बाद समूचे देश ने महिला जागरूकता का एक नया शिखर उभरता हुआ देखा। आज सन् 2015 के पूर्वार्द्ध में यह कह सकते हैं कि स्त्री को उसकी इयत्ता, उसकी गरिमा, उसकी अर्थवत्ता लौटाने को समूचा देश कृतसंकल्पित है। हालांकि आज भी स्त्री पर खाप पंचायतों, कुछ संस्कृति के ठेकेदारों, दहेज लोभियों, काम पिपासुओं की गिद्ध दृष्टि पड़ी हुई है लेकिन फिर भी सामाजिक जागरूकता के कुछ चिह्न ये

संकेत प्रदर्शित करते हैं कि उत्तरोत्तर स्त्री की स्थिति में सुधार आएगा और आने वाला दशक स्त्री के सर्वतोन्मुखी विकास के लिए बेहतर अवसर लेकर आएगा।

और अन्ततः मैंने 'महिला' और 'women' शब्दों के लिए कुछ सूत्र बनाए हैं। आइए देखें क्या हैं, वे सूत्र–

म – 'मजबूर' नहीं 'मजबूत' बनाओ
हि – 'हिकारत' नहीं 'हिम्मत' दो
ला – 'लाचार' नहीं 'लायक' बनाओ
W – Waken (चैतन्य)
O – Overlooker (चौकस)
M – Meritorious (गुणवान)
A – Appreciable (प्रशंसनीय)
N – Nimbus (प्रकाशमान)